# 인삼의 세계사

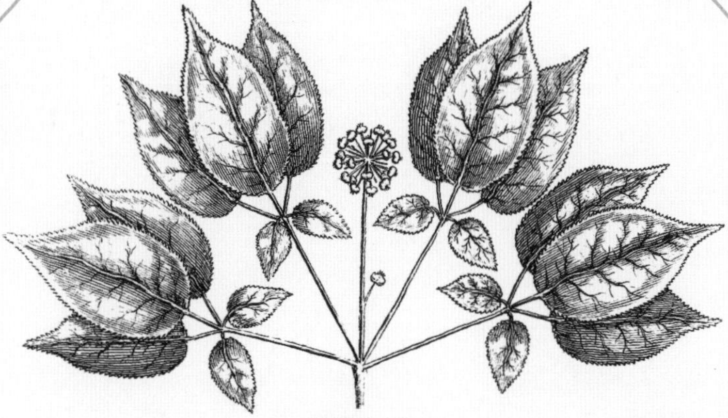

**설혜심** 지음

# 인삼의 세계사

## 서양이 은폐한 '세계상품' 인삼을 찾아서

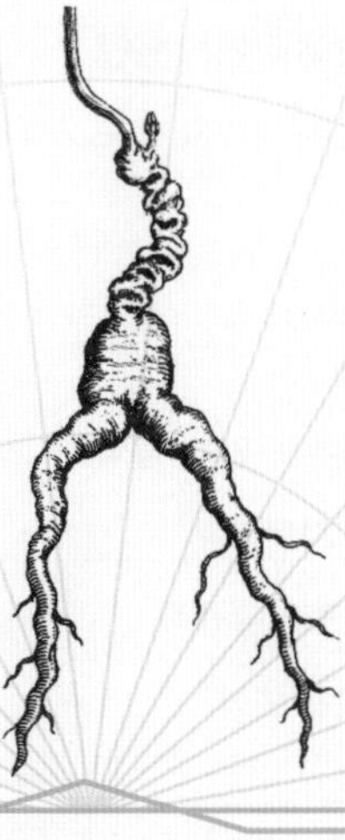

Humanist

# 차례

## 3부 위기와 대응



## 4부 인삼의 오리엔탈리즘

# 책을 내면서

이 책의 출발은 1995년 어느 여름날로 거슬러 올라간다. 당시 미국에서는 건강보조식품 열풍이 불면서 GNC 같은 건강보조제 전문 매장이 여기저기 생겨났다. 고급 쇼핑몰 명품 매장이 있던 자리에 건강기능식품 전문 매장이 들어선 광경은 낯설고도 신기했다. 그날 나는 뉴포트비치 쇼핑몰의 GNC 매장에서 '아메리칸 진생 페스티벌American Ginseng Festival'을 보게 되었다. 순간 머리를 한 대 맞은 기분이었다. 미국인삼이라니? 인삼은 한국 고유의 산물이 아니었던가?

충격 반 호기심 반으로 매장에 들어가 자세히 살펴보았다. 행사 홍보 현수막에 커다랗게 그려진 인삼 그림이 이상해 보였다. 내가 익히 보아 온 통통한 고려인삼이 아니라 빗자루처럼 길쭉하고 아주 큰, 게다가 왠지 균형도 맞지 않는 것 같은 모습이었다. 진열된 인삼 제품들을 살펴보니 어디에도 고려인삼 혹은 한국산 인삼을 함유한 제품이라는 문구가 없었다. 다만 계산대 옆에서 한자로 '고려인삼高麗人蔘'이라고 쓰인 껌을 발견했을 뿐이다. 반가운 마음에 집어 들었는데, 어린 시절 보았던 우리나라 고려인삼 껌의 포장지와 흡사했지만 생산지 표기가 아예 없었다.

그날 이후 나에게 '미국인삼'이 숙제처럼 남았던 것 같다. 주변의 미국 친구들에게 미국인삼에 대해 물어보았지만 아는 이가 없었다. 그 뒤로 접했던 수많은 서양의 역사서에서도 인삼을 보지 못했다. 그렇게 시간이 흘러 2013년 겨울이 되었다. 미국의 한 학술 데이터베이스 회사가 새로운 역사 자료 데이터베이스를 구축했다며 홍보를 위해 열흘간 무료로 사용할 수 있는 이용권을 보내주었다. 19세기 영국의 소도시에서 발간된 신문 기사를 모아놓은 데이터베이스였다. 미시사에 관심이 많은 나에게 소규모로 발간된 지방지는 아주 매력적인 자료였다. 데이터베이스에 접속한 뒤 무엇을 검색할까 고민하다가 재미 삼아서 검색어로 'ginseng+Corea'를 쳤다.

그 순간 나는 놀랐다. 무려 200개가 넘는 기사가 검색된 것이다. 19세기 영국의 작은 도시에서 발행된 신문에 한국인삼을 다룬 기사가 이렇게 많다니! 서양 사람들이 도대체 왜 19세기에 한국산 인삼에 대해 관심을 가졌단 말인가? 그런데 왜 역사서에서는 한 줄도 다루지 않았던 것일까? 씁쓸함과 궁금증, 약간의 오기가 발동한 나는 인삼을 언급한 서양 문헌을 본격적으로 찾아보기 시작했다. 동인도회사 보고서부터 관세율 차트, 약전藥典과 본초학서本草學書, 미국인삼재배자협회 회의록에 이르기까지 한 줄이라도 인삼을 언급한 자료라면 닥치는 대로 모았다. 생각보다 쉽지 않은 작업이었지만, 무언가를 발견했을 때 그 기쁨은 고생을 상쇄하고도 남았다. 그리고 그 과정에서 나는 인삼이 이미 17세기부터 동서양을 잇는 거대한 교역 네트워크에서 매우 중요한 상품이었다는 사실을 알게 되었다. 그리고 그렇게 중요한 인삼을 서구 역사학에서 전혀 다루지 않았던 이유를 규명해야겠다는 일종의 사명감이 생겨났다.

문헌 조사가 어느 정도 진행되면서 답사의 필요성을 느끼게 되었다. 부여의 고려인삼창과 인삼박물관을 시작으로 인삼 재배지와 원주 인삼창 등 가공공장들을 견학했다. 그 과정에서 KGC인삼공사의 옥순종, 김호겸, 김호규 님은 한국의 인삼산업에 대해 하나라도 더 알려주려고 애쓰셨다. 인삼협회의 반상배 선생님은 횡성에서 인삼을 수확하는 현장에 초대해 수확과 가공 과정을 직접 보여주셨다. 2015년 여름에는 미국으로 건너가 위스콘신주의 마라톤 카운티Marathon County에 머물면서 미국 최대 규모라는 인삼밭과 제조공장을 견학했다. 워소Wausau시의 아카이브와 박물관을 둘러보고 인삼밭을 운영해온 농부들의 경험을 듣고 그들이 가꾸는 소규모 인삼밭도 구경할 수 있었다.

미국에서 활동하는 심마니들과의 인터뷰도 이루어졌다. 애팔래치아 산맥의 깊은 숲속에서 인삼을 채취해온 교포 심마니 장석훈 씨는 여러 차례 전화로 인터뷰에 응해주었고, 미네소타와 위스콘신에서 활동했던 여성 심마니 라도나 야돈과도 많은 이야기를 나눌 수 있었다. 2016년 학술 발표차 프랑스에 갔을 때는 18세기 초 인삼을 이식했다는 낭트의 왕립약초원 자리를 찾아 헤매기도 했다. 홍콩과 샌프란시스코, 싱가포르를 여행하던 친구와 제자들은 차이나타운 약재상에 쌓여 있는 다양한 건삼을 직접 사진으로 찍어 보내주었다. 그런 많은 자료를 이 책에 모두 담지 못해서 무척 아쉽다.

그런데 생각보다 자료가 너무 많이 쌓이자 이 방대한 자료를 과연 탄탄하고 속도감 있게 엮을 수 있을까 하는 걱정이 들었다. 어디서부터 손을 대야 하나 하는 막연함과 주제가 너무 크다는 버거움에 시달리면서 시간이 흘러갔다. 그런데 연구를 하다 보면 더는 집필을 미뤄서는 안 되겠다 싶은 순간을 맞이하게 된다. 이 책의 경우 위대한 식물학자 린네Carl von Linné가 그 순간을 제공했다. 린네는 인삼의 학명을 만든 바 있고, 그의 학명이 큰 권위를 지닌 채 회자되었다. 그런데 나는 과연 그가 인삼을 직접 보았을지 늘 궁금했다. 2019년 봄 어느 날, 린네가 실제로 인삼을 보았다는 기록을 찾아낸 순간 이제는 집필에 돌입해야겠다는 결심이 섰다.

집필을 시작하고 인삼을 매개로 세계사를 들여다보니 마치 역사의 두터운 표피 아래에 살포시 숨어 있는 다른 세상을 보는 것 같았다. 백제의 대표적 유적인 부여 정림사지는 나에게 한국전쟁 때 개성인삼 종자를 묻어두었다는 설화가 깃든 장소가 되었다. 영국의 민싱레인Mincing Lane은 중국과 인도에서 건너온 차의 거래소로 역사에 기록되어 있지만 그 거리의 이름을 들으면 나는 보관료를 내지 않아 차압된 북미삼 인삼통이 쌓여 있는 광경을 떠올리게 된다. 그리고 역사의 단단한 거죽 한 꺼풀 아래의 사실들이 서로 연결되어 범지구적인 거대한 네트워크를 형성하고 있었다는 것을 알게 되면서 신선한 기쁨을 느꼈다.

이 책은 내가 해왔던 어떤 연구보다 훨씬 넓은 공간과 긴 시간을 다룬다. 그런 탓에 많은 분의 도움 없이는 결코 이루어질 수 없는 작업이었다. 가장 먼저 대학원 시절 나를 지도해주셨던 케네스 포메란츠Kenneth Pomeranz 선생님께 큰 감사를 올린다. 선생님은 1993년 새로 개설한 '세계 경제World Economy' 강좌에 나를 조교로 뽑아주셨는데, 그 경험은 각국사의 프레임에서 벗어난 세계사 혹은 지구사적 시각을 접하게 된 계기가 되었다. 그 강좌의 내용은 《대분기The Great Divergence》로 출간되어 세계적으로 큰 반향을 불러일으켰다. 2014년 11월 포메란츠 선생님이 신한석좌교수 자격으로 연세대학교를 방문하셨을 때 나는 이 책에 대한 구상을 말씀드리며 과연 작업이 가능할지에 대해 조언을 구했다. 선생님은 아주 좋은 주제라고 격려해주시며 이 주제에 관심을 갖고 계신 홍콩대학의 교수를 소개해주셨다. 하지만 연세가 높은 홍콩 교수님이 연구 활동을 더는 할 수 없게 되어 공동연구는 무산되고 말았다.

그러던 중 2015년 봄 휴머니스트에서 '지구사 단행본 시리즈'를 선물로 보내왔다. 마치 누군가가 내가 해오던 작업을 엿보고 있던 것처럼 느껴졌다. 당시 나는 본격적인 집필에 앞서 소비사 이론을 정리해야겠다는 생각을 하고 있었다. 결국 휴머니스트와 논의해 《소비의 역사》를 먼저 발간한 뒤 그다음 작업으로 이 책을 출간하기로 했다. 이 모든 과정을 기획하고 집필을 독려해준 휴머니스트 편집부에 깊은 감사와 애정을 전한다. 또한 〈네이버 파워라이터 온〉을 함께 연재했던 주경철 교수님이 프랑스 인삼과 관련해 수집한 자료를 주셨는데 이 지면을 빌려 감사를 전하고 싶다.

인삼을 범지구적 시각으로 바라보면서 나는 그 어느 때보다 현재에 힘주어 발을 딛고서 역사를 보고 있다는 느낌을 받곤 했다. 하지만 집필을 시작하자 나의 전공 영역인 영국사 이외에도 잘 모르는 다른 분야들을 다뤄야 했기 때문에 연구자로서 불안감이 컸다. 이만큼이나마 꾸려낼 수 있었던 것은 훌륭한 전문가들이 선뜻 도움을 준 덕이다. 프랑스사 분야에서 이혜민 교수님, 독일사의 정용숙 교수님, 일본사의 임성모 교수님, 만주사의 김선민 교수님, 중국현대사의 박경석 교수님, 해양사에서는 석영달 교수님께 많은 도움을 받았다. 중국 문헌을 해석하고 검토해주신 김하림 교수님과 한국사 관련 내용을 감수해주신 양정필 교수님께도 깊이 감사드린다. 약학 분야를 검토해주신 서울대학교 약학대학의 박정일 교수님께도 큰 은혜를 입었다.

이 책의 밑 작업과 최종 집필은 여름과 겨울 방학 동안 고즈넉한 고도古都 부여에서 이루어졌다. 주말이면 세탁물이며 필요한 자료를 싸들고 서울과 부여를 오가며 격려를 아끼지 않은 이혁 씨에게 사랑을 담아 이 책을 바친다.

2020년 2월

설혜심

* 일러두기

1 이 책에서 다루는 인삼은 크게 고려인삼(Panax ginseng)과 화기삼(Panax quinquefolius) 두 종류이다. 인삼은 파낙스(Panax)속 식물 전체를 통칭하는데, 우리나라 인삼학계에서는 아래 표와 같이 고려인삼만을 '인삼'으로 부르고 다른 인삼은 '~삼'이라고 부를 것을 권장한다.

**식물 명칭**

| 학명 | 권장 표현 | 비권장 표현 |
|---|---|---|
| *Panax ginseng* | 인삼, 고려인삼<br>ginseng, Korean ginseng | 아시아삼, 아시아인삼<br>Asian ginseng |
| *Panax notoginseng* | 전칠, 전칠삼, 삼칠, 삼칠삼, 중국삼<br>sanchi, notoginseng, Chinese ginseng | 전칠인삼, 삼칠인삼, 중국인삼 |
| *Panax quinquefolius* | 화기삼, 미국삼<br>American ginseng | 화기인삼, 미국인삼, 인삼 |
| *Panax vietnamensis* | 베트남삼<br>Vietnamese ginseng | 베트남인삼 |
| *Panax japonicus* | 일본삼, 죽절삼<br>Japanese ginseng, | 일본인삼, 죽절인삼 |

출처: 고려인삼학회,《인삼문화》창간호, 141쪽.

하지만 이 책에서는 비권장 표현인 아시아삼, 북미삼, 조선인삼 같은 표현을 많이 사용한다. 책의 내용상 식물학적인 인삼의 종류보다는 자생지나 산출지 혹은 수출국을 주목해야 하는 특성 때문이다. 또한 본문의 상당 부분에서 고려인삼, 화기삼 등으로 인삼의 종류를 일일이 구분하지 않고 '인삼'이라고 서술했는데, 이는 각 종류의 인삼을 구별 없이 통칭해야 하는 경우, 그리고 원자료에서 'ginseng'으로 표기한 경우 원문을 그대로 살려 '인삼'으로 번역한 것이다.

2 고려인삼(高麗人參)은 현재 영어로는 '진생(ginseng)'이라 불린다. 진생이 일본어에서 나온 것으로 오해하는 경우가 많은데, 진생은 인삼의 중국 고명(古名)인 상삼(祥蔘)의 발음 'Xiangshen'에서 유래한 것으로, 서양에 인삼이 알려지는 과정에서 점차 발음이 변해 'shinseng'을 거쳐 'ginseng'으로 바뀐 것으로 추정된다. 일본에서 인삼은 '닌징(にんじん)'으로 불리며, 고려인삼은 '고라이닌징(こうらいにんじん)'으로 불린다. '고라이(こうらい)'는 고려(高麗)를 의미하고, '닌징(にんじん)'은 당근 혹은 인삼을 의미한다. 17세기부터 유럽에서는 일본삼을 '닌진(Ningine, Ninzin)' 혹은 '닌시(Ninsi)'라고 불렀는데, 간혹 닌진은 종류와 관계없이 인삼을 통칭했다.

3 중국 고대 문헌에서 인삼을 나타내는 한자로는 '參, 蔘, 浸, 侵, 寑' 등이 있었다. 우리나라도 처음에는 '人參'으로 표기했으나 조선시대 이후에는 모두 '人蔘'으로 표기했다. 또한 우리 선조들은 인삼을 '심'이라 불렀고, '人蔘'을 한글로 '심'이라고 표기했다. 본문에서 인삼을 나타내는 한자는 원사료를 준용했다.

# 들어가는 글

우리나라는 인삼 종주국을 자처하며 한국을 대표하는 특산물로 인삼을 꼽는 데 주저하지 않는다. '고려인삼'은 한국 역사에서 중국과 일본에 수출해온 대표 상품이었고, 1970년대 말까지도 세계 인삼시장의 중심지 홍콩에서 점유율 1위를 자랑했다. 그런데 건강과 웰빙에 대한 관심이 높아진 오늘날 세계 인삼시장은 해마다 팽창하는 반면, 고려인삼의 시장 점유율은 오히려 크게 하락하고 있다.[1] 이뿐만 아니라 최근 중국이 엄청난 물량 공세로 세계 인삼시장을 공략하면서 동북공정東北工程의 확장판인 '인삼공정人蔘工程'까지 벌이는 바람에 고려인삼이라는 우리 고유의 브랜드마저 언제 사라질지 모르는 상황이다.

한국에서 인삼 연구는 이미 일제강점기에 활발하게 진행된 바 있지만 범세계적 차원에서 보자면 1950년대가 되어서야 본격적으로 시작되었

1 실제로 세계 인삼 유통 중심지인 홍콩에서 한국인삼의 시장 점유율은 6% 정도로, 캐나다의 72%에 비해 크게 낮아 대책 마련이 시급한 것으로 나타났다. 한국농촌경제연구원, 〈보도자료: 고려인삼 수출 확대 위해 안전성 강화와 과학적 홍보 필요〉 (2017. 10. 26).

다. 그 뒤 인삼 성분과 효능에 관한 연구를 필두로 8,000편에 가까운 연구 성과물이 나왔다. 그런데 오늘날 인삼 연구는 두 측면에서 극심한 비대칭성을 보이고 있다. 첫째, 인삼 연구의 90% 이상이 인삼의 약리작용과 관련한 주제를 중심으로 이공계 분야에 집중되어온 한편, 인문사회학적 연구는 상대적으로 그 비중이 매우 낮다는 사실이다.[2] 둘째, 인삼 연구가 동아시아 출신 학자들을 중심으로, 동아시아에서 생산되는 인삼에 주로 초점을 맞추고 있다는 점이다. 그 결과 동아시아를 제외한 지역, 즉 오늘날 인삼 제품을 많이 소비하게 된 미국이나 유럽에서 인삼이 차지하는 위상이나 인삼에 대한 인식은 알기 힘든 상황이다.

한국 학계에서 본격적으로 인삼을 연구하기 시작한 시점은 1970년대 이후로, 이공계 분야가 주도하기 시작하여 뒤늦게 인문사회학이 합류하게 되었다. 역사학 분야에서는 기록의 부재로 매우 더디게 이루어진 경향이 있다. 하지만 2000년대 이후 연구자들의 관심이 증가하면서 인삼에 대한 역사학적 접근이 활기를 띠고 있다. 한국사 분야에서 인삼 연구가 활발한 영역은 대對중국 무역과 인삼 정책, 개성삼업의 발달과 관련된 교역사와 제도사다.[3] 삼국시대부터 오늘에 이르기까지 인삼의 생산과

2 현재 널리 통용되는 인삼은 크게 고려인삼(Panax ginseng)과 화기삼(Panax quinquefolius)이며, 진세노사이드(ginsenosides)라고 불리는 복합 탄수화물(알코올 또는 페놀과 당의 복합체)이 주요 활성 성분으로 꼽힌다. 이공계 분야에서는 주로 한국, 중국, 일본을 중심으로 진세노사이드의 작용에 대한 연구와 인삼의 생체단백질 및 DNA 합성 촉진작용·항암작용에 대한 연구가 주를 이루고 있다.

3 양정필·여인석, 〈삼국-신라통일기 인삼 생산과 대외교역〉, 《의사학》 13(2) (2004); 박평식, 〈선조조(宣祖朝)의 대명(對明) 인삼 무역과 인삼 상인〉, 《역사교육》 108 (2008); 박평식, 〈조선 전기의 인삼 정책과 인삼 유통〉, 《한국사연구》 143 (2008); 문광균, 〈18세기 강계 지역 공삼제의 운영과 변화〉, 《조선시대사학보》 57 (2011); 양정필, 〈대한제국기 개성 지역 삼업(蔘業) 변동과 삼포민의 대응〉, 《의사학》 18(2) (2009); 양정필, 〈1910년대 일제의 삼업 정책과 개성 삼포주의 활동〉, 《역사문제연구》 24 (2010); 양정필, 〈1910~20년대 개성상인의 백삼 상품화와 판매 활동〉, 《의사학》 20(1) (2011).

통제, 대외교역 및 일제의 인삼 수탈은 한국 역사의 굵직굵직한 사건 또는 거대 담론과도 밀접하게 연결되어 있다.

그런데 최근에는 한국인삼의 역사에서 주제가 다양해지는 경향을 보인다. 일제하 개성상인들이 개성삼업조합을 결성하여 상권을 지켜냈음을 주목한 윤선자의 연구와 상해에서 활동한 인삼 상인들의 면면을 재구성한 김광재 등의 연구는 기존 제도사 및 경제사에서 벗어나 문화사적 전환을 꾀하고 있다는 점에서 주목할 만하다.[4] 또한 여인석과 양정필은 일본 학자들이 인삼 연구의 정전正典으로 내세우는 이마무라 도모今村鞆, 1870~1943의 《인삼사人蔘史》의 주장을 재검토해 그 바탕에 깔린 식민사관의 편견과 왜곡을 짚어낸 바 있다. 나아가 학제적 시각에서 중국인삼의 실체가 현재의 진인삼眞人蔘과는 다른 별도의 특정 식물일 가능성을 제안하는 한편, 인삼의 중국 기원설이 지닌 문제점을 지적하고 오히려 조선인삼이 유입되었을 가능성을 주장한다.[5]

중국 학계에서 인삼 연구는 한국과 마찬가지로 인삼산업의 발전과 정책을 다루는 경제·경영학적 접근과 인삼 품종의 개량, 재배, 가공 등 농업 기술 개발 관련 접근, 그리고 중의학中醫學 분야에서 인삼의 효능, 약리, 임상 등을 다루는 경우가 압도적으로 높은 비중을 차지하고 있다. 중국사 분야에서 인삼에 대한 관심은 최근 들어 급속히 높아졌는데, 1990년대 중반부터 중국 정부가 적극적으로 추진하는 인삼 진흥책의 일환으로 보인다. 여기서 하얼빈의과대학 출신으로 중의학의 입장에서 인삼 연

---

4 윤선자, 〈일제의 경제 수탈과 개성의 삼업〉, 《한국 근현대사 연구》 35 (2005); 김광재, 〈일제 시기 상해 고려인삼 상인들의 활동〉, 《한국독립운동사연구》 40 (2011).

5 양정필·여인석, 〈'중국인삼'의 실체에 대한 비판적 고찰–이마무라 도모의 학설을 중심으로〉, 《의사학》 12(2) (2003); 양정필·여인석, 〈'조선인삼'의 기원에 대하여〉, 《의사학》 13(1) (2004).

구를 진행해온 쑹청지宋承吉를 대표적 연구자로 꼽을 수 있다. 그는 중국인삼에 관한 기록이 실린 본초 문헌 중 가장 오래된《신농본초경神農本草經》이 진한시대秦漢時代, 기원전 221~기원후 220에 집필되었다는 점에서 인삼 응용사의 기원을 소급하는 한편, 문헌들에 기대어 고대 중국의 인삼 생산지역이 '상당上黨과 요동遼東' 지역이었다고 강조하면서 당시의 인삼이 '당삼黨蔘'이라는 의견을 정면으로 반박한다.[6]

그런데 한국과 마찬가지로 중국 역사학에서도 교역사 분야에서 인삼 연구가 가장 활발하게 이루어졌다. 18세기 전후 명비단-조선인삼-일본은의 삼각무역을 다룬 연구,[7] 명말 후금이 요동 지역에서 변강무역邊疆貿易으로 경제력을 확충하고 세력화하던 상황에서 인삼의 역할,[8] 청대 변강지역의 봉금封禁 조치와 그에 따른 조선 등 주변 세력과의 갈등 및 영향,[9] 명·청대 인삼 관리 문제,[10] 청대 서양삼의 유입과 중미 무역에 관한 연구[11] 등이 눈에 띈다. 한편, 한국 학자인 김선민은 만주와 인삼을 다룬 연구에

6 宋承吉, 〈試論中國古代人蔘的主産區〉,《中國農史》(1986-3); 宋承吉, 張秀娟, 〈中國藥用人参史綱〉,《人蔘研究》(1993-1).

7 費馳, 〈17世紀末18世紀初的東亞商路及其影響〉,《中國邊疆史地研究》(2011-4); 侯馥中, 〈明代中國與朝鮮貿易研究〉, 山東大學 博士學位論文, 2010.

8 龍武, 〈明末遼東馬市貿易戰和女真諸部興衰〉, 中國社會科學研究生院 碩士學位論文, 2014.

9 張傑, 〈清前期對鴨綠江封禁區的管轄〉,《中國邊疆史地研究》(2004-4); 張傑, 〈柳條邊, 印票與淸朝東北封禁新論〉,《中國邊疆史地研究》(1999-1); 朴福蘭, 〈清朝封禁时期朝鲜人犯越事例研究〉, 延邊大學 碩士學位論文, 2013.

10 林仲凡, 〈明淸時代我國東北各地人蔘的開採與經營〉,《中國農史》(1988-4); 趙郁楠, 〈淸代東北蔘務管理考述〉, 中央民族大學 碩士學位論文, 2007; 于磊, 〈論淸代前期東北蔘務管理體制的演變及影響〉, 遼寧大學 碩士學位論文, 2009.

11 藍偉吉, 〈18世紀末中國西洋蔘热原因淺析〉,《黑龍江史志》(2013-13); 郭衛東, 〈西洋蔘: 中美早期貿易中的重要貨品〉,《廣東社會科學》(2013-2); 宋軍令, 〈明淸時期美洲农作物在中國的傳種及其影響研究〉, 河南大學 博士學位論文, 2007.

서 세계적으로 이 분야를 선도하고 있다.[12]

동아시아와 비교해볼 때 서구 인문사회학계에서의 인삼 연구는 아직 걸음마 단계라고 볼 수 있다. 이미 1900년을 전후해 미국에서 인삼의 역사와 문화를 다룬 개설서들이 등장했지만 주로 인삼 재배 매뉴얼의 부록이어서 학술적 가치를 지닌 것은 아니었다.[13] 서양에서 인삼 관련 연구와 출판은 오랫동안 침체기를 겪다가 1980년대 대체의학과 건강식품에 대한 관심이 커지면서 다시 활기를 띠기 시작했다.[14] 하지만 여전히 북아메리카 대륙에서 인삼 발견 및 재배의 역사적 추이, 그리고 북미삼의 대중국 수출이라는 주제에 집중되어 있다.[15]

---

12 Seonmin Kim, *Ginseng and Borderland: Territorial Boundaries and Political Relations Between Qing China and Choson Korea, 1636~1912* (Okland, CA: Univ. of California Press, 2017); 김선민, 〈인삼(人蔘)과 강역(疆域): 후금-청의 강역 인식과 대외관계의 변화〉, 《명청사연구》 30 (2008); 김선민, 〈17~18세기 청대 인삼 정책의 변화〉, 《중국학보》 74 (2015).

13 George V. Nash, *American Ginseng: Its Commercial History, Protection and Cultivation* [1895], U.S. Department of Agriculture Division of Botany Bulletin No. 16-Revised Edition (Washington D.C.: Government Printing Office, 1898); Maurice Grenville Kains, *Ginseng: Its Cultivation, Harvesting, Marketing And Market Value* (New York: Orange Judd Company, 1901); Charles Marvin Root, *What is Ginseng* (Omaha, NE: J. M. Roucek, 1905); John Henry Koehler, *Ginseng and Goldenseal Growers Handbook* (Wausau, WI: P. F. Stolze, 1912).

14 Len C. Polczinski, "Ginseng (Panax quinquefolius L.) Culture in Marathon County, Wisconsin: Historical growth, distribution, soils inventory," MS Thesis, University of Wisconsin, Stevens Point. 1982; Sharon Wai-Seung Lee "Evolution of the "Shang" (American ginseng) Industry in Marathon County," Wisconsin, MA Thesis, University of Wisconsin, Madison, 1998.

15 Brian L. Evans, "Ginseng: Root of Chinese-Canadian Relations," *Canadian Historical Review* 66 (1985); Alvar W. Carlson, "Ginseng: America's Botanical Drug Connection to the Orient," *Economic Botany* 40 (1986); Paul E. Fontenoy, "Ginseng, Otter Skins, and Sandalwood: The Conundrum of the China Trade," *The Northern Mariner* 7 (1997); Dave Wang, "Chinese Civilization and the United States: Tea, Ginseng, Porcelain Ware and Silk in Colonial America," *Virginia Review of Asian Studies* 13 (2011); Luke Mange, "Ginseng, China, and the Transformation of the Ohio Valley, 1783~1840," *Ohio Valley History* 17 (2017).

인삼은 이미 17세기 초 유럽에 소개되었고, 그때부터 동서양을 가로지르는 '세계상품global commodity'이나 마찬가지였다. 인삼이 서구 사회에 알려진 과정은 계피, 후추, 정향, 육두구 등 향신료의 도입 과정과 별반 다르지 않았다. 또한 서구 식민주의와 더불어 세계로 퍼져나간 설탕, 커피, 담배 등이 한때 '만병통치약'으로 인식되었던 것처럼 인삼 역시 그러한 후광을 입었다. 하지만 서양 역사에서 인삼을 찾아보기란 거의 불가능하다. 최근 근대 초 경제를 범세계적으로 확대해보려는 브린T. H. Breen의 시도나, 산업혁명에서 아시아 이니셔티브를 강조하는 맥신 버그Maxin Berg의 시각, 18세기 식물학·의학 등의 발달이 식민지의 물질적 맥락을 필요조건으로 삼았음을 강조하는 프라틱 차크라바티Pratik Chakrabarti의 연구 등 지구사Global History의 관점이 강력하게 부상하고 있지만,[16] 이 연구들 어디서도 인삼을 찾아볼 수 없다.

이 책은 인삼을 세계사에서 되살려내려는 실험적 프로젝트의 결과물이다. 특히 서양 문헌을 중심으로 인삼에 관한 기록을 찾아내어 서양 역사학이 은폐했던 인삼의 존재와 국제적 교역로를 복원하는 한편, 세계상품이었던 인삼이 역사학에서 주목받지 못했던 원인을 규명하려는 것이다. 이 작업은 일방적 확산론에 근거한 유럽중심주의적 세계관을 교정하는 작업이자 근대 초 다수의 '세계체제들World Systems'이 존재했을 가능성에 대한 밑그림을 그려보려는 시도이기도 하다. 그 과정에서 왜 20세기 말까지도 인삼의 소비층이 동아시아에 국한될 수밖에 없었는지 그 이유

16 T. H. Breen, "An Empire of Goods: The Anglicization of Colonial America, 1690~1776," *Journal of British Studies* 25 (1986); Maxine Berg, "In Pursuit of Luxury, Global History and British Consumer Goods in the Eighteenth Century," *Past and Present* 182 (2004); Pratik Chakrabarti, *Materials and Medicine: Trade, Conquest and Therapeutics in the Eighteenth Century* (Manchester: Manchester UP., 2010).

도 찾아보려 한다.

이런 목적 아래 이 책의 1부는 인삼이 서양과 조우한 17세기 초부터 18세기까지 동서양의 지적 교류를 본초학本草學을 중심으로 개괄한다. 1617년 런던 동인도회사East India Company 본부에 보내진 고려인삼이 서양의 지식체계에 편입되는 데는 예수회혹은 제수이트Jesuits의 활동이 결정적이었다. 만주에서 인삼을 직접 본 예수회 선교사의 보고서는 북아메리카 대륙에서 또 다른 인삼화기삼을 발견하는 결과를 불러왔다. 중상주의 기치하에 유럽 엘리트들은 인삼을 귀중한 자원으로 주목했으며, 영국 '왕립학회'와 프랑스 '왕립과학원'은 인삼 연구에 매진하기도 했다. 그 결과로 인삼의 학명이 탄생하게 되는 과정과 실제 의료에 사용된 사례들을 살펴본다.

2부는 세계상품으로서 인삼이 동아시아라는 중심부와 유럽과 북아메리카 대륙을 연결하는 주변부의 이중구조 속에서 유통되었음을 밝히고 그 궤적을 추적해본다. 한국-중국-일본에서는 고대부터 조공과 교역의 형태로 인삼의 유통이 이루어지고 있었다. 17세기 초 이 구조의 언저리에 뛰어든 영국은 주변부 인삼 교역망의 패권을 쥐게 되었지만 미국이 독립 후 독자적으로 인삼 무역에 뛰어들면서 주도권을 상실하게 된다. 중국을 상대로 마땅한 수출 상품이 없었던 미국에서 인삼은 최초의 수출품이자 최고의 상품으로 자리매김한다. 19세기 세계 최고의 패권국이었던 영국은 비록 인삼 무역에서는 한발 물러설 수밖에 없었지만 인삼에 대한 관심의 끈을 놓지 않았다. 한반도를 둘러싼 열강의 경쟁이 치열해지는 상황에서 한국에서 가장 중요한 자원이 인삼이었기 때문이다.

3부는 인삼의 역사에 불어닥친 위기와 그 대응을 살펴본다. 서양 의학계에서는 인삼을 다양한 병증을 치료하는 데 사용했고, 매약賣藥의 형태로도 유통했다. 그런데 18세기 후반부터 서양 의학계는 인삼의 약성을 폄하하고 약전藥典, pharmacopoeia에서 퇴출하려는 움직임을 보인다. 화학식과 유효성분 위주의 '근대식' 의약학을 정립해가던 서양 의학계가 인삼에서 유효성분을 추출하는 데 실패했기 때문이다. 이에 그 실패의 원인을 분석하는 한편, 인삼이 아주 더디게 근대 약학 시스템에 진입하는 과정을 추적해본다. 한편, 동아시아와 북아메리카 대륙 양측에서 인삼은 절멸 위기에 봉착하게 되었다. 야생삼 고갈의 위기에 대응하여 인공재배에 돌입하는 과정과 인삼 재배지가 확대되면서 인삼의 국적이 사라져가는 현황에 대해 살펴본다.

4부는 서양 역사학에서 인삼을 다루지 않았던 원인을 문화적 차원에서 규명해본다. 서양은 인삼을 '동양의 전유물'로 규정하고, 인삼에 사치, 방탕, 전제성, 비합리성 등 부정적인 요소를 덧칠해갔다. 인삼의 생산과 수출에 깊이 관여하고 있었음에도 서양이 인삼을 타자화하게 된 배경에는 인삼 가공 기술에서 동아시아에 결코 범접할 수 없다는 열등감과 내다 팔기에 급급한 나머지 내수화는 요원했던 경제적 이해관계가 깔려 있다. 그런데 인삼에 투영된 오리엔탈리즘은 인삼 채취를 업으로 삼는 심마니에게도 투사되어, 미국의 심마니에게는 낙후되고 반사회적이라는 부정적인 이미지가 덧씌워진다. 불가해한 동양의 물건인 인삼에 생계를 걸고 있는 미국의 심마니들은 오늘날까지도 내부적 식민지인이나 마찬가지인 정체성을 부여받고 있다.

앞서 언급했듯이 이 책의 가장 큰 목적은 범세계적 차원에서 인삼의 역사를 복원하는 것이다. 이 거대한 틀은 크게 동아시아라는 핵심부와 그 외의 지역이라는 두 영역으로 나뉜다. 그런데 한국·중국·일본을 다루는 내용 대부분은 인삼과 관련된 굵직한 정책과 교역 상황 등을 간략하게 정리해서 소개하는 데 그쳤다. 내 전공 분야가 아닌 탓도 있지만 다른 연구자들이 이미 훌륭한 연구를 많이 내놓았기 때문이다. 오히려 내게는 서양 문헌 속에서 인삼의 흔적을 찾아내어 역사에 되살려놓는 일이 더 시급하고 중요했다. 의학 논고부터 약전, 동인도회사 보고서, 경제학 논고, 식물학서, 지리지, 여행기, 박물지, 신문 기사, 서신, 사전, 소설, 시, 광고에 이르기까지 다양한 자료가 동원된 것은 그 때문이다. 그리고 가급적 그 다양한 자료를 인용해 생생함을 드러내고자 했다. 이 연구가 시작된 시점부터 지금까지 나의 모토는 그런 자료들로 하여금 '서양 역사 속 인삼의 존재를 스스로 말하게 하라'였다.

# 1부

# 인삼, 서양과 만나다

고려인삼은 17세기 초 동인도회사를 통해 유럽에 소개되었다. 또한 중국에서 활동한 예수회는 '만병통치약' 인삼의 명성을 유럽에 전파하기 시작했다. 중상주의 기치하에 유럽 엘리트들은 인삼을 귀중한 자원으로 주목했으며, 영국 '왕립학회'와 프랑스 '왕립과학원'은 인삼 연구에 매진하기도 했다. 만주에서 인삼을 직접 본 예수회 선교사의 보고서는 북아메리카 대륙에서 또 다른 인삼[화기삼]을 발견하는 결과를 불러왔다. 이후 고려인삼과 화기삼이라는 두 종류의 인삼을 둘러싸고 서구의 과학계와 의료계는 끊임없는 혼돈을 겪게 되었다.

chapter01

# 한국인삼의 유럽 상륙

## 런던에 도착한 고려인삼

1617년 일본 히라도平戶에 주재하던 영국 동인도회사East India Company, EIC의 상관원 리처드 콕스Richard Cocks, 1566~1624는 런던 본사에 통신문과 함께 작은 꾸러미를 보냈다. 그 꾸러미에는 고려인삼이 들어 있었다. 이 통신문은 고려인삼이 유럽에 상륙한 것을 증명하는 최초의 '공식적인' 기록이다.

> 중개인을 통해 희망봉에서 어떤 뿌리를 받았는데, 이곳에서는 아무런 가치가 없습니다. 너무 말랐고 아무런 성분이 남아 있지 않아서입니다. 그래서 한국에서 온 좋은 뿌리를 보냅니다. 여기서 이 뿌리는 은과 맞먹는 가치를 가지는데, 너무 귀해서 보통 사람의 손에는 들어오지 못하고 한국과 교류할 수 있는 쓰시마對馬島 번주藩主에 의해 무조건 일본 천황에게 보내집니다. 이곳에서 이 뿌리는 세상에서 가장 귀한

약으로 간주되며 죽은 사람도 살려내기에 충분합니다. 하지만 적당량을 사용해야지 그렇지 않으면 해가 된다고 합니다. 희망봉의 뿌리도 이것과 같다고 생각되지만 적절치 않은 시기에 캔 데다 너무 말라서 아무런 가치가 없는 것 같습니다. 우리 배가 희망봉을 지날 때 야만인들이 가져온 그 뿌리를 처음으로 본 적이 있는데, 파슬리 뿌리처럼 생겼고 이것[고려인삼]처럼 아주 달콤했습니다. 하지만 그 뿌리가 이 인삼처럼 온전히 잘 건조되지 않고 쪼그라져서 말라비틀어진다면 아무런 가치가 없을 것입니다.[1]

한국에서 일본으로, 그곳에서 다시 런던으로 향하게 되었던 긴 여정의 인삼은 유럽의 해외 팽창, 이른바 대항해시대의 결과물이었다. 그런데 콕스의 통신문은 흥미롭게도 고려인삼이 런던으로 향한 여정의 중간 기착지인 아프리카 남단에 인삼처럼 인식되었던 또 다른 식물이 존재했음을 알려준다. 실제로 1611년 동인도회사의 문서철에는 아프리카 최남단 희망봉에서 피터Peter라는 직원에게 '닌진Ninzin, ningine'이라 불리는 뿌리를 찾아오라고 지시했던 기록이 남아 있다.[2]

여기서 피터는 네덜란드 상인 피터 플로리스Peter Floris, 본명 Pieter Willemsz를 말한다. 그는 30세가 넘어 영국 동인도회사에 입사했는데, 운 좋게도 '글로브The Globe'호를 타고 멀리 벵골만, 말라카해협, 싱가포르해협까지 항해할 기회를 얻었다. 4년 반에 걸친 여행은 세 배의 수익을 낼 정도로

1 "Richard Cocks to the Company, Firando, January 1 & 14, 1616~1617," in William Foyster, ed., *Letters Received by the East India Company*, Vol. 5 [1617: January to June] (London: Sampson Low, Marston & Co., 1901), pp. 17-18.

2 Foyster, *Letters Received by the East India Company*, Vol. 5, p. 18.

성공적이었고 그는 그 경험을 자랑스럽게 책으로 펴냈다. 플로리스는 그 책에서 1611년 희망봉에 도착했던 상황을 이렇게 묘사했다.

> 1611년 5월 21일 테이블만灣에 무사히 정박하게 된 것을 신에게 감사드리며, 필요한 물품과 물을 채우느라 바쁜 사이 최대한 부지런을 떨어 본부의 지시대로 닌짐Ningimm을 찾으러 나섰다. 벌써 네덜란드 선박 두 척이 같은 목적으로 와 있었다. 둘 중 한 척의 배에 타고 있던 일본 선원이 처음으로 그 비밀[닌짐]을 알게 되었던 자이기 때문이다. 하지만 겨울이어서 우리가 도착했을 때는 뿌리들이 이미 상했거나 썩었고, 새잎은 겨우 돋아나려 하는 상태라서 할 수 있는 일이 별로 없었다. 네덜란드 선원에게 비밀스럽게 알아낸 바에 따르면, 이 뿌리를 채취하는 데 가장 적절한 때는 12, 1, 2월로, 원주민들이 카나Canna라고 부르는 것을 찾아야 한다는 것이다.[3]

여기서 알 수 있는 또 다른 흥미로운 정보는 네덜란드 동인도회사 Vereenigde Oost-Indische Compagnie, VOC 선박에 일본인 선원이 타고 있었다는 사실이다. 그가 자발적으로 선원이 되었는지, 팔려온 사람인지, 혹은 네덜란드 선박에 포로로 잡혀 있던 상태였는지는 알 수 없다. 하지만 위의 기록은 그 일본인이 인삼에 대해 알고 있었고, 인삼을 식별할 수 있었다는 사실을 드러낸다. 그래서인지 이 기록에서는 인삼이 일본어에 가까운 '닌짐'으로 표기되어 있다. 사실 '닌진' 혹은 '닌시ninsi' 등은 일본삼만이 아니라 17~18세기 유럽에서 인삼을 통칭하는 용어였다. 따라서 '닌

---

3 Peter Floris, *His Voyage to the East Indies in the Globe, 1611~1615* (London: Hakluyt Society, 1934), pp. 4-5.

진'의 용례는 유럽과 일본의 접촉이 유럽의 외래어에 영향을 끼친 한 사례다.

한편, 앞의 두 기록은 유럽의 상인들이 남아프리카의 원주민들 사이에서 카나Canna 혹은 Kanna라고 불리던 식물을 인삼과 같거나, 혹은 흡사한 것으로 여겼음을 보여준다. 오늘날에는 카나가 인삼이 아닌 것으로 밝혀졌지만 당시 유럽 사람들은 그것이 '중국에서 온 것', 즉 중국이 원산지인 식물이라고 믿고 있었다.[4] 이 식물은 기운을 북돋우는 효과가 탁월하다고 알려져 아주 귀한 대접을 받았고, 원주민 사회에서도 상류층만이 사용할 수 있는 약초였다. 1735년에 발간된 한 문헌에서는 "이 뿌리는 호텐토트족Hottentots이 카나라고 부르며, 그것을 구하기 위해서라면 무엇이든 줄 정도로 귀한 것이다"라고 설명하면서 아주 조금만 사용해도 엄청나게 기운을 북돋우는 효과가 있으며, 중국의 인삼과 비교된다고 소개하고 있다.[5]

한동안 희망봉은 이 뿌리로 인해 소란스러웠다. 배가 들어오면 선원들에게 카나를 팔려는 원주민들이 몰려들었다. 동인도회사 직원들은 그것을 구리 조각과 바꾸거나, 심지어 자신들이 직접 캐기 위해 산에 오르기도 했다. 하지만 막상 찾아내더라도 작고 덜 여문 것이 대부분이라서 원주민이 가져온 것과는 비교가 되지 않아 실망했다고 한다. 이런 기록들은 당시 동인도회사가 이 뿌리를 인삼과 동일시했고, 그 매력적인 상품을 얻기 위해 상당히 노력을 기울였음을 보여준다. 이뿐만 아니라 그들 사이에서 좋은 뿌리를 구별하는 나름의 기준이 있었음도 알 수 있다.

4 Thomas Salmon, *Modern History: or, the Present State of All Nations*, Vol. 27 (London, 1735), p. 133.

5 Salmon, *Modern History*, p. 133.

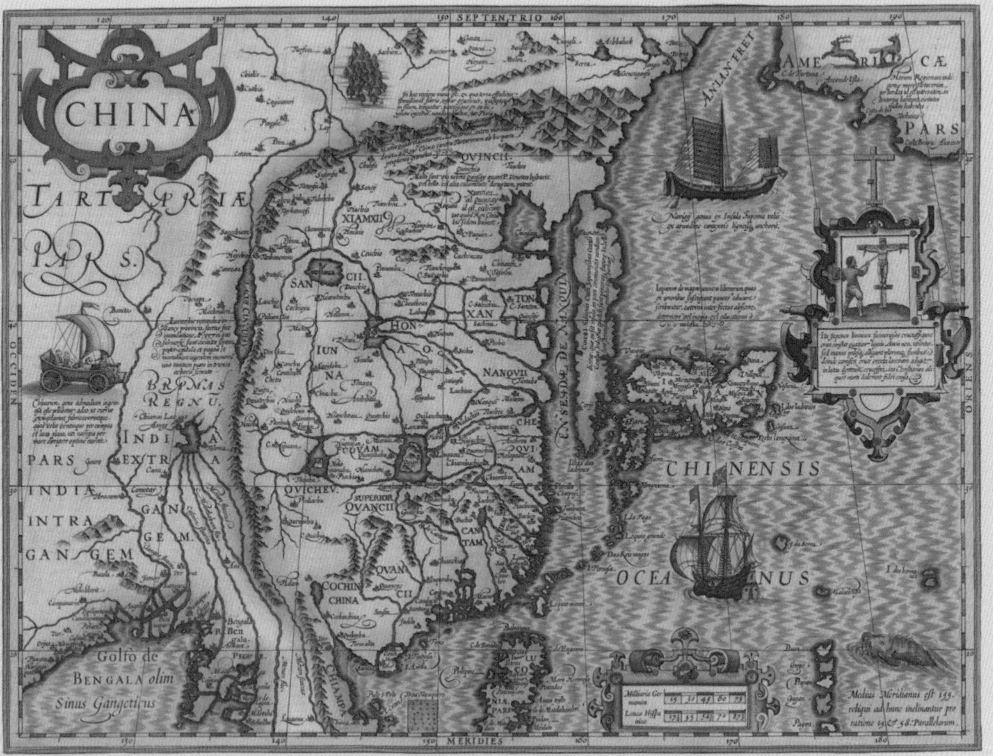


**서양이 그린 동양(1606)** 요도쿠스 혼디우스(Jodocus Hondius, 1563~1612)가 암스테르담에서 제작한 지도. 17세기 초반 동양에 대해 알려진 것이 거의 없던 상황에서 중국의 만리장성을 비롯해 한국, 일본, 루손, 타이, 버마의 '섬' 등 유럽인들에게 기본적인 지리 정보를 제공했다. (출처: Wikimedia Commons)

이런 상황에서 질이 낮은 카나가 아닌 진정한 고급 인삼의 대명사로 등장한 것이 바로 고려인삼으로, 그것을 영국 동인도회사 본부에 소개한 사람이 바로 콕스였다.

콕스는 영국 스태퍼드셔Staffordshire에서 농부의 아들로 태어났다. 직물업에 뛰어들어 런던에서 도제 생활을 거친 뒤 조합의 회원이 되었다. 그런데 그는 장사꾼 기질을 타고난 듯 직물업에 종사하면서도 부업으로 장사를 했다. 이후 콕스는 프랑스로 건너가 영국 동인도회사를 위해 일할 기회를 얻게 되었다. 상인을 대신해 영국에 물건을 사서 보내는 상관원factor 일을 맡았던 것인데, 그 일을 계기로 해외 교역에 재미를 붙이게 되었다. 경험과 자신감으로 무장한 그는 47세라는 비교적 늦은 나이에 일본으로 건너갔다. 히라도에 위치한 영국 동인도회사 상관의 책임자 자격이었다. 히라도는 1550년 일본이 최초로 유럽 국가들과 무역을 개시한 항구로, 1636년 나가사키長崎가 부상하기 전까지 동아시아 무역의 거점 역할을 했다. 1614년에는 쇼군將軍이 기독교를 금지하는 조치를 취하면서도 히라도의 네덜란드인과 영국인에게는 교역을 허락했는데, 그 이유가 그들이 선교나 개종에 신경 쓰지 않고 오로지 교역에만 관심을 보였기 때문이다.

콕스는 그야말로 모범적인, 그리고 교역에 몹시 열성적인 상관원이었다. 열두 명 정도의 직원을 통솔하면서 오사카大阪, 교토京都, 에도江戶, 지금의 도쿄에 영국 동인도회사 상관의 지부를 세우기도 했다. 그뿐만 아니라 그 도시들을 거점으로 일본 곳곳을 부지런히 돌면서 주요 인사들을 만나 인맥을 쌓았다. 그는 '마팅가Matinga'라는 일본 귀족 딸과 결혼했는데, 그 덕분에 사업과 언어 습득에 큰 도움이 되었던 것으로 알려진다. 콕스는 마팅가에게 다섯 명의 하인이 딸린 집을 마련해주고 돈과 쌀, 값비싼 옷 등 선물 세례를 퍼부었다. 하지만 1621년 콕스는 아내가 자기 말고도 무려 일곱 명의 다른 남자들과 관계를 맺고 있음을 알게 되었다. 그 가운데 한 명은 자신의 부하 직원인 윌리엄 넬슨William Nelson이었다.[6] 콕스는 절망한 나머지 마팅가와의 관계를 청산했으며, 얼마 가지 않아 히라도의 상관 또한 파산으로 폐쇄되기에 이르렀다. 참담한 심정으로 영국으로 귀국한 그는 곧 사망한다. 하지만 그가 일본에 주재하는 동안 꼼꼼하게 작성한 일지는 향후 초기 영일 교역의 면면을 보여주는 귀중한 자료가 되었다.[7]

프랑스에 머물 당시부터 콕스는 영국 정부를 위해 비공식적 스파이 활동을 해왔다. 사실 외국 동인도회사의 상관원이 자국 정부를 위해 스파이 활동을 하는 것은 드문 일이 아니었다. 그런데 스파이로서 콕스의 진가는 일본에 도착해서 더욱 빛을 발하게 되었다. 그는 동아시아의 상황 및 에스파냐와 네덜란드 등 경쟁국의 동향을 파악하고 정보를 모아 전달했다. 정보를 모으기 위해 흥겨운 파티는 필수적이었다. 콕스는 일본에 주재하던 유럽인들의 일본인 아내들과 자녀들에게 후한 선물을 보내고 화려한 파티를 열며 흥미로운 여흥을 제공하는 사람으로 명성이 높았다.

그뿐만이 아니었다. 그는 일본 친구, 유럽 및 기타 외국인 방문객, 잠재적 고객과 후원자 들과 만나서 끈기 있게 그들이 무엇을 입고 먹는지, 무엇을 원하는지 취향과 선호도를 읽으려 했다. 나아가 그 정보를 토대로 나중에 팔 만한 물건의 목록을 꼼꼼하게 작성했다.[8] 단순한 정보 수집

6 Gary P. Leupp, *Interracial Intimacy in Japan: Western Men and Japanese Women, 1543~1900* (London: Continuum, 2003), p. 60.

7 Richard Cocks, *Diary of Richard Cocks* (London: The Hakluyt Society, 1883).

8 Alison Games, *The Web of Empire: English Cosmopolitans in an Age of Expansion, 1560~1660* (New York: Oxford UP., 2008), p. 88.

에서 나아가 장사꾼 기질을 발휘했던 것이다. 그 과정에서 그가 인삼에 대해 알게 되고, 본부에 보고할 정도로 상업적 가치가 크다고 판단했던 것은 놀랍지 않다. 고급 인삼과 저급 인삼을 구별하는 안목을 갖추게 된 것도 우연이 아닐 것이다. 즉, 인삼은 상인과 스파이라는 두 가지 정체성을 지닌 콕스가 주목했던, 영국의 국익에 도움이 될 만한 어쩌면 '비밀스런 상품'이었다.

그런데 인삼은 히라도의 상관이 폐쇄되면서 영국의 해외 교역 기록에서 한동안 자취를 감춘다. 하지만 유럽에서 인삼은 다른 경로를 통해 널리 알려질 운명이었다. 바로 예수회를 통해서 말이다.

## 예수회와 동서 교류

인삼을 세계적으로 알리는 데 결정적인 역할을 한 주인공은 바로 예수회였다. 흔히 '대항해시대'라고 불리는 항로 개척은 예수회 선교사들이 활발히 이동할 수 있는 물리적 기반이 되었다.[9] 상인들을 따라 선교사들, 특히 예수회가 동아시아와 중앙아시아로 들어갔다.[10] 동인도회사가 동서양을 가로지르며 실물 인삼을 실어 날랐다면, 예수회의 활동은 서구세계에 인삼에 대한 지식체계를 만들었을 뿐만 아니라 북아메리카 대륙에서

---

9 에스파냐와 포르투갈이 독점하던 무역체제는 16세기 중반이 되면서 네덜란드에 의해 서서히 잠식되었고, 이후 영국과 프랑스가 가세하게 된다. 그러는 와중에 아시아로의 여정과 중국에 관한 정보를 담은 얀 니우호프(Jan Nieuhoff, 1618~1672)의 《중국 황제를 방문한 네덜란드 동인도회사의 사절단(L'Ambassade de la Compagnie Orientale des Provinces Unies vers l'Empereur de la Chine)》(1665) 같은 책들이 유럽에서 여러 언어로 번역되면서 중국 열풍이 일어난다. Johannes Nieuhof, *L'Ambassade de la Compagnie Orientale des Provinces Unies vers l'Empereur de la Chine, ou Grand Cam de Tartarie* (Leyde, 1665).

또 다른 인삼을 발견하는 데 핵심 정보를 제공했다.[11]

그런데 당시 유럽의 해외 팽창은 국가가 주도하는 사업이었고, 해외 전도 역시 국가의 후원이 필수적이었다. 이제 선교에서도 전쟁이나 마찬가지로 경쟁이 치열했다. 해외 선교의 최전선은 포르투갈이 선점하고 있었는데 곧 에스파냐, 프랑스가 도전하기 시작했다. 교황 바오로 5세 Paulus V, 재위 1605~1621는 그동안 포르투갈에 허락했던 아시아 전도의 독점권을 철회하고 좀 더 직접적으로 통제하고자 했다. 그 결과 1622년 포교성성布教聖省, Sacra Congregatio de Propaganda Fide이 설립되었다.[12]

탈식민주의 관점에서 보자면 예수회의 활동은 총칼 대신 한 손에는 성경, 다른 손에는 나침반을 들고 나선 종교적이자 학문적인 '식민주의 프로그램'의 일환이었다. 하지만 황제를 시작으로 중국 전체를 기독교화하겠다는 전략을 제외하고 보면, 근대 초 예수회의 활동은 서구의 일방적인 우위의 과시였다기보다는 호기심을 앞세운 문화 교류라는 성격이 강했다. 무엇보다도 유럽은 중국에 대해 알고 있는 것이 별로 없었다. 따

---

10 교황은 1249년부터 지오반니 디 플라노 카르피니(Giovanni di Plano Carpini, 1182~1252) 같은 선교사들을 몽골에 파견했다. 1339년에 교황은 조반니 디 마리뇰리(Giovanni de' Marignolli, 1290~1357)를 필두로 무려 32명에 이르는 사절을 중국에 파견하기도 했다. 이들은 교황의 친서와 선물을 전달했다. 하지만 이들이 원했던 기독교 전교는 실패로 끝나고 말았다. 주겸지(朱謙之) 지음, 전홍석 옮김, 《중국이 만든 유럽의 근대: 근대 유럽의 중국 문화 열풍》(청계, 2003), pp. 31-36.

11 16세기 예수회가 적극적으로 해외 선교에 나서게 된 근본적인 이유는 다름 아닌 로마 가톨릭교회의 절박함에 있었다. 종교개혁으로 인해 유럽 전역이 극도의 혼란 상태에 빠지게 되고, 수세에 몰린 가톨릭교회는 반성과 개혁을 위한 '반동종교개혁(Counter-Reformation)'을 펼치게 된다. 반동종교개혁 프로그램에서 매우 중요한 위치를 차지하게 된 것이 바로 해외 선교로, 해외 선교를 책임지게 된 예수회의 궁극적 사명은 중국을 비롯한 해외에 가톨릭을 전파하는 일이었다.

12 예수회는 아시아 전도의 선구자로서 거의 독점적인 상태를 유지했으나 이에 대해 다른 교단들이 도전하고 나서면서 도미니크 교단과 프란체스코 교단도 중국에 선교사를 보내기 시작했다. 주경철, 《대항해시대: 해상 팽창과 근대 세계의 형성》(서울대학교 출판부, 2008), p. 464.

라서 17세기만 해도 예수회가 유럽에 들여온 지식과 이에 대한 유럽 지식인의 반응은 극도로 호의적이었고, 중국을 자신들이 배우고 따라잡아야 할 준거틀로 설정하는 경향도 강하게 나타났다.[13]

존 제임스 클라크John James Clarke는 "중국에 대한 서양의 인식은 결코 단일하지 않고 어두운 면과 밝은 면 모두를 아우를 정도로 아주 광범하다"라고 말한 바 있다.[14] 그리고 서양은 자신들에게 익숙한 '권력'이나 '지배'라는 개념으로 완전하게 이해할 수 없는 동양 사상을 자신들의 지적 관심사에 통합하려고 노력했으며, 그것이 결국 유럽의 계몽주의를 풍부하게 만들었다고 주장한다. 서양이 지식과 기술을 동양에 일방적으로 전파했다는 인식은 서구 제국주의가 세계적인 패권을 장악한 뒤에 만들어진 것이다.

예수회는 유럽 사회에 해외의 지식과 기술을 들여오고 동서양의 문화 교류를 촉진하는 데 핵심적인 역할을 수행했다. 또한 세계 곳곳에 교육기관을 설치해 학제적이고 다민족적인 성향을 지닌 학문이 발날하는 데 크게 기여했다.[15] 무엇보다 예수회는 상인들과 함께 이동했는데 그들과 구별되는 특징이 있다면, 매우 정확하고 수준 높은 보고서를 출신국에

---

13 이 시기 영국과 프랑스를 중심으로 학자들 사이에 촉발되었던 고대와 근대 논쟁(Battle between Ancients and Moderns)에서도 중국은 유럽이 본받아야 할 모델로 등장했다. 고대파 학자들은 중국이 유럽보다 훨씬 오랜 역사와 매우 효율적인 통치체제를 갖고 있다면서 중국이야말로 유럽이 닮아야 할 모범이라고 주장했던 것이다. 고대 중국의 기록들이 성경의 기술보다 훨씬 탄탄한, 실증적이고도 경험적인 역사 기록으로 비춰지면서 그것을 기초로 서양 고대의 역사를 다시 쓰자는 제안이 나타나기도 했다. 민은경, 〈고대와 근대 논쟁: 템플과 워튼의 중국관을 중심으로〉, 《영국연구》 9 (2003), pp. 35-36.

14 John James Clarke, *Oriental Enlightenment: The Encounter between Asian and Western Thought* (London: Routledge, 1997), pp. 8-9. 한국어 번역본은 J. J. 클라크 지음, 장세룡 옮김, 《동양은 어떻게 서양을 계몽했는가》 (우물이 있는 집, 2004).

**중국에서 예수회 선교사들의 활동** 예수회 선교사들이 강희제와 함께 천문 관측을 하는 모습을 묘사한 태피스트리. 예수회는 선교뿐 아니라 유럽에 해외의 지식과 기술을 들여오고 동서양의 문화 교류를 촉진하는 데 핵심적인 역할을 수행했다. (출처: 폴 게티 미술관J. Paul Getty Museum)

보냈다는 점이다. 그리고 그 보고서는 유럽의 지식인 사회에서 회람되며 유럽의 지식 지형도를 바꿔놓았다. 특히 중국, 인도, 동인도에 대한 예수회의 보고서는 유럽의 세계관을 엄청나게 확장했으며 유럽 학자들 사이

15 예수회 선교사들은 특히 천문학, 지도제작학, 지리학, 자연사, 인종지학, 식물학, 본초학 분야에 크게 기여한 것으로 평가되며, 그런 맥락에서 그들의 활동은 "자연신학, 식민주의적 자연사와 계몽주의 형이상학의 교차점을 보여주는 대표적인 사례"로 꼽히기도 한다. Steven J. Harris, "Jesuit Scientific Activity in the Overseas Missions, 1540~1773," *Isis* 96 (2005), p. 76.

에 중국에 대한 큰 관심을 불러일으켰다.[16]

예수회의 학문 활동 가운데 이 책에서 특히 주목한 분야는 본초학이다. 여기서 흥미로운 점은 예수회가 본초학에 접근하는 방식이 천문학 같은 학문을 탐구하는 방식과 달랐다는 것이다. 천문학은 비록 기초적인 장비에 기댔을지라도 뛰어난 전문가 선교사가 개인적으로 활약했던 분야인데 반해, 본초학은 특별한 전문 지식이 없는 평범한 수사들까지도 참여했던 활동이었다.[17] 예수회는 주요 근거지마다 일종의 약방을 설치해 운영했는데, 그곳에서 선교사들은 개인적인 호기심 차원에서, 혹은 자신이 아플 때를 대비하여 온갖 처방전을 모았다.[18] 특히 중국에 파견된 서양 선교사들은 현지의 본초학과 의약학을 그야말로 맹렬하게 습득했다.

그뿐만 아니라 예수회는 반대로 서양의 의학을 중국에 전하기도 했다. 북경과 마카오에 머물렀던 프랑스와 포르투갈 예수회 선교사들은 유럽의 의학서를 들여와 그곳에 세운 도서관을 채우는가 하면 중국 황실에 서양의 약을 공급하기도 했다.[19] 1680~1690년대 프랑스 예수회는 황제의 명에 따라 스네이크스톤snakestones, 암모나이트, 뱀 물린 데 잘 듣는다는 돌, 테리아카theriac, 여러 약품에 벌꿀을 섞은 것으로서 항독제抗毒劑로 사용, 기나피cinchona, 페루비안 바크Peruvian bark 혹은 제수이트 바크Jesuit's bark로도 불림 등을 북경으로 들여왔다.[20] 그렇게 들여온 약재가 실제로 큰 도움이 되기도 했다.

---

16 Donald F. Lach, "China and the Era of the Enlightenment," *The Journal of Modern History* 14 (1942), p. 209.

17 Harris, "Jesuit Scientific Activity in the Overseas Missions," p. 73.

18 Marta Hanson and Gianna Pomata, "Medicinal Formulas and Experiential Knowledge in the Seventeenth-Century Epistemic Exchange between China and Europe," *Isis* 108 (2017), p. 7.

19 Linda L. Barnes, *Needles, Herbs, Gods, and Ghosts: China, Healing, and the West to 1848* (Cambridge, MA: Harvard UP., 2005), p. 179.

프랑스 예수회를 이끌던 장 드 퐁타네Jean de Fontaney, 1643~1710는 1692년 강희제康熙帝, 재위 1662~1722의 궁성에 호출되었다. 황제는 말라리아에 걸려 고열로 신음하고 있었다. 그는 서양의 기술과 의학에 관심이 많았던 터라 예수회 선교사들이 가져온 기나피를 써보기로 한다. 비슷한 증상을 보이던 다른 환자 세 명에게 '임상 실험'을 거친 다음, 황제의 건강을 책임지는 네 명의 귀족에게 투약해 안전성을 확인받은 뒤에야 황제는 기나피를 복용했다. 강희제는 곧 완치되었고, 그 공을 치하하기 위해 프랑스 예수회 전교본부 북당北堂를 세워주게 된다.[21] 하지만 중국과 유럽 가운데 상대방으로부터 더 많은 지식과 정보를 얻고자 한 쪽은 단연코 유럽이었다.

## 중국의 본초학서와 인삼

유럽은 중국과 접촉을 시작했을 때부터 중국의 약초와 다른 식물에 대한 정보를 원했다. 여기서 식물학이 왜 유럽 국가들의 관심사일 수밖에 없었는지를 잠시 설명해야 한다. '신대륙'과의 조우는 유럽에서 식물학 자체의 범위를 엄청나게 확장하게 만든 충격적 사건이었다. 황금을 찾아 신대륙에 다다른 에스파냐 사람들은 그곳이 금은보석뿐 아니라 값비싸고 유용한 약초의 보고임을 알게 되었다. 1518년 신성로마제국 황제 막시밀리안 1세의 주치의였던 파올로 리치오Paolo Riccio, 1480~1541가 남아메

20 Hanson and Pomata, "Medicinal Formulas and Experiential Knowledge," p. 6.

21 Harold J Cook, "Testing the Effects of Jesuit's Bark in the Chinese Emperor's Court," *Journal of the Royal Society of Medicine* 107 (2014), pp. 326-327.

리카의 유창목Guaiacum officinale이 매독 치료에 효과가 있다는 것을 알게 된 뒤, 곧 그 내용은 독일에서 출판되었다. 콜럼버스의 첫 항해에서 발견한 담배Tobacco는 1548년 포르투갈에 들어온 뒤 곧 피부병 치료제로 사용되기 시작했다.[22]

흔히 유럽의 해외 팽창은 향료 무역에서 출발했다고 알려져 있는데, 당시 향료의 범주는 특정 상품을 지칭할 수 없을 만큼 넓었다. 음식에 넣는 향신료부터 기호식품, 약재 혹은 마약을 포괄할 뿐 아니라 그 용도 또한 대부분 호환이 가능했다. 그런데 이 약재 혹은 마약류 식품들 대부분은 유럽이 아닌 다른 지역에서만 산출되었다. 예를 들어 에티오피아가 원산지인 아라비카 커피는 예멘으로 건너가 농작물로 바뀌었고, 또 꽤 오랫동안 그곳에서만 재배되었다. 그리고 카카오는 멕시코, 코카는 안데스 산맥 일대, 차는 중국, 담배는 아메리카 대륙에서만 자랐다.

이런 작물들을 수출했던 비유럽계 '원조'들, 이를테면 중국, 오스만제국, 아스테카제국, 잉카제국 등은 거래를 틀어쥐고 씨앗이나 묘목의 수출을 금지하고 있었다. 유럽의 제국주의는 회유와 전쟁이라는 강경책을 동원해 시장 개방을 강요하거나 그런 식물들이 자라는 기후를 찾아 식민지를 삼음으로써 그 독점을 깨트렸다. 곧 대부분의 마약류 식품들은 식민지가 된 멀고 낯선 땅에서 생산되기 시작한다. 케네스 포메란츠Kenneth Pomeranz와 스티븐 토픽Steven Topik은 "이 이국적인 식물들의 묘목을 길러낸 식물원이야말로 유럽 제국주의의 전위부대였던 셈이다"라고 말한다. 유럽의 제국들은 '마약 거래'를 통해 제국의 기반을 다졌으며, 차나 설탕, 담배 등에 매겼던 관세가 관료제와 군대를 양성하는 재원이 되었다는 시

---

22 Alain Touwaide, "Nature's Medicine Cabinet: Notes on Botanical Therapeutics at the Birth of the New World," *Journal of the Washington Academy of Science* 89 (2003), p. 146.

각이다.[23]

당시 예수회 선교사들이 이런 냉혹한 식민주의적 매커니즘을 꿰뚫고 있었는지는 알 수 없다. 해외에 파견된 선교사들은 현지의 동식물을 연구하며 적어도 표면적으로는 인류 전체에 도움이 되는 지식을 탐구한다는 사명을 내세웠다. 폴란드 출신 예수회 선교사인 미하우 보임Michał Boym, 1612~1659은 중국 식물과 의학에 관한 지식을 서구에 전파한 선구적인 인물이었다. 그는 중국에 머무는 동안 채집한 식물의 표본과 씨앗을 프랑스 왕립식물원으로 보냈고, '보물과도 같은 중국 의학의 우수성을 유럽, 아니 전 세계에 널리 알려 혜택을 주고 싶다'는 소망을 피력했다.[24] 중국의 본초학을 연구하면서 보임은 중국 명明나라 때의 본초학자本草學者 이시진李時珍, 1518~1593이 엮은 《본초강목本草綱目》(1596)에 빠져들었다. 결국 그 책에 실린 약재들 가운데 22종에 대한 내용을 정리해 유럽에서 《중국의 식물군Flora Sinensis》(1656)으로 출간했다.

중국의 약초 가운데 유럽인들이 특히 관심을 보인 것은 인삼이었다. 인삼은 놀라운 치유력을 가진 '신비의 명약'으로 알려졌기에 관심을 받을 수밖에 없는 운명이었다.[25] 동아시아에서 인삼은 수천 년 동안 약재로 이용되어왔다. 인삼에 대한 최초의 기록은 전한前漢 원제시대元帝時代, 기원전 48~기원후 33 사유史遊가 지은 《급취장急就章》으로 알려져 있다. 여기서 여러 가지 약재를 열거하는 가운데 '삼參'이란 이름이 처음 나온다.[26]

---

23 케네스 포메란츠·스티븐 토픽 지음, 박광식 옮김, 《설탕, 커피 그리고 폭력》 (심산, 2003), p. 163. 원제: Kenneth Pomeranz and Steven Topik, *The World That Trade Created: Society, Culture, and the World Economy, 1400 to the Present* (Armonk, NY: M. E. Sharpe, 1999).

24 Hanson and Pomata, "Medicinal Formulas and Experiential Knowledge," p. 13.

25 Alexandra Cook, "Linnaeus and Chinese plants: A test of the linguistic imperialism thesis," *Notes and Records of the Royal Society of London* 64 (2010), p. 122.

이후 전한 말기 《춘추春秋》의 해설서인 《춘추위운두추春秋緯運斗樞》 및 《예기禮記》의 해설서인 《예위두위의禮緯斗威儀》 등에서도 인삼人參이라는 표현이 등장한다. 인삼을 의약품으로 응용한 최초의 문헌은 후한後漢의 의사 장중경張仲景, 150~219이 편찬한 《상한론傷寒論》으로 알려진다.[27]

그런데 인삼의 효능을 구체적으로 언급한 최초의 문헌으로는 《신농본초경神農本草經》[28]을 꼽는다. 진한秦漢 시기에 출판된 것으로 추정되는 이 책은 가장 오래된 약물학 서적으로, 비록 원서는 유실되었지만 이후 《본초강목》 등 여러 의약학서에 내용이 실려 전해졌다. 총 365종의 약물을 상중하의 3품品으로 나누어 특성과 약효 등을 수록하고 있는데, 상품上品 약은 수명을 연장해주며 전혀 독이 없고 아무리 많이 복용해도 인체에 해가 없는 약을 말한다.[29]

여기서 인삼은 상품 약재의 첫 번째로 분류되며 '오장五臟의 기능을 돋우는 주약主藥으로 사용하고, 정신을 안정시키고, 오부五腑로 진입하는 병사를 제거해주며, 눈을 밝게 하고, 심장을 편안하게 하며, 지혜롭게

---

26 중국 고대 문헌에서 인삼을 나타내는 한자로는 '參, 蔘, 浸, 侵, 寖' 등이 있었다. 우리나라도 처음에는 '人參'으로 표기했으나 조선시대 이후에는 모두 '人蔘'으로 표기했다. 또한 우리 선조들은 인삼을 '심'이라 불렀고, '人蔘'을 한글로 '심'이라고 표기했다.

27 곽이성, 〈고려인삼의 유래 및 효능의 서지학적 고찰〉, 《인삼문화》 창간호 (2019), p. 45.

28 《신농본초경》의 원서는 유실되었고 관련 내용이 양대(梁代) 도홍경(陶弘景)의 《신농본초경집주(神農本草經集注)》, 당대(唐代) 소경(蘇敬)의 《신수본초(新修本草)》, 송대(宋代) 당신미(唐愼微)의 《경사증류비급본초(經史證類備急本草)》, 명대(明代) 이시진의 《본초강목》에 선별되어 수록되어 있다. 명·청시대에 이르러 여러 본초학자가 소실된 것을 모아 여러 판본의 《신농본초경》을 펴냈다.

29 이시진 지음, 김종하 옮김, 《신주해 본초강목(新註解 本草綱目)》 제1권 (여일, 2007), pp. 62-63. 중품약은 앞날을 대비하는 강장·강정약으로, 개인의 신체 상태에 따라 독이 될 수도 있는 약이다. 하품약은 이미 병든 사람이 병을 고치기 위해 복용하는 약으로, 장기간 사용하면 해로울 수 있으므로 반드시 전문가의 처방이 있어야 한다.

하고, 오래 복용하면 몸이 가벼워지고 장수하는 효능이 있다'고 기술하고 있다.[30] 중국 학자들은《신농본초경》이 인삼의 약용가치에 대해 이미 체계적이고 완성된 지식체계를 형성하고 있음을 보여준다고 평가한다.[31]

《신농본초경》이후 인삼에 대한 상세한 기록으로는《본초강목》이 단연 훌륭하다. 명대 이시진이 편저한 이 책은 중국이 그동안 축적해온 본초학과 약물학 지식을 총합한 대작으로 불린다. 여기서《본초강목》의 여러 항목 가운데 인삼에 대한 서술이 가장 길고 상세하다는 점에 주목해야 한다. '부방附方' 항목 아래 인삼을 운용한 67가지 처방을 정리하고 15종류의 병증으로 나눠 응용법을 서술하고 있다.[32] 30여 년에 걸친 집필 끝에 1592년 전 52권에 달하는 방대한《본초강목》이 출간되었다. 바로 이 무렵 예수회는 중국 선교를 본격화하기 시작했다. 그리고 이 책은 앞서 언급한 보임 같은 예수회 학자들을 통해 서구로 흘러들어갔다. 방대한 내용이 모두 번역되지는 못했지만 약초에 관한 내용은 라틴어, 프랑스어, 독일어, 영어, 일본어, 러시아어, 에스파냐어 등으로 번역되어 세계 곳곳에 알려졌다.

한편, 유럽에서 인삼에 대해 가장 먼저 언급한 저술가는 포르투갈 출신의 예수회 선교사 알바루 세메두Álvaro Semedo, 1585~1658로, 그는 중국에서 20년간 체류했다고 한다. 그는 보임과도 관계가 깊어 보임을 남명南明

---

30 "主補五臟 安精神 定魂魄 止驚悸 除邪氣 明目 開心益智 久服 輕身 延年." 이시진 지음, 김종하 옮김,《신주해 본초강목》제4권 (여일, 2007), p. 49; 고성권 외,《우리 인삼의 이해》(중앙대학교 출판사, 2005), p. 13.

31 王鐵生 主編,《中國人蔘》(遼寧科學技術出版社, 2001), pp. 9-10.

32 이시진,《신주해 본초강목》제4권, pp. 42-66.

의 마지막 황제 영력제永曆帝, 재위 1647~1662의 궁정으로 보내기도 했다. 사실 세메두 본인의 선교 활동은 파란만장했다. 중국의 기독교 박해 정책으로 인해 감옥에 갇히는가 하면 명·청 교체기에 명조에 대한 충성을 유지하는 행보를 보여 요주의 인물로 주목받기도 했다. 하지만 정작 그가 유명해진 것은 중국을 소개한 《대중국지Relatione della grande monarchia della Cina》(1643) 덕분이었다.[33] 이 책은 인삼을 비롯한 아시아의 각종 산물에 대한 소개로 유럽에서 큰 인기를 끌었고, 여러 언어로 번역되어 퍼져나갔다.

세메두는 중국인들 사이에 최고의 강장제로 통한다는 인삼이 요동 근처에서 난다고 기술했다. 한국에서도 인삼이 난다고 하며 중국에 조공을 바친다는 사실과 임진왜란에 대해서도 언급했다. 1654년에는 이탈리아 수도사 마르티노 마르티니Martino Martini, 1614~1661가 《만주족의 중국 침략사Bellum Tartaricum》를 펴냈는데, 이 책에서도 인삼을 언급했다.[34] 이처럼 17세기 중반까지는 주로 포르투갈과 이탈리아 출신 예수회 선교사들에 의해 중국과 인삼에 대한 정보가 유럽에 확산되었다. 그런데 곧 프랑스 출신 예수회가 선교 활동에 본격적으로 나서게 되면서 인삼에 대한 관심이 보다 구체화되는 사건들이 벌어진다.

1687년 루이 14세Louis XIV, 재위 1643~1715는 교황청으로부터 중국에 대한 선교권을 인정받아 다섯 명의 예수회 선교사를 청나라에 파견했다. 이들은 강희제의 궁정에서 천문학, 수학, 물리학, 지리학, 동물학, 식물학, 의학 등 다양한 학문을 연구하게 되었다. 어떤 연유에서인지는 불분

33 Alvaro Semedo, *Relatione della grande monarchia della Cina*… (Rome, 1643).

34 Martino Martini, *Bellum Tartaricum, or The conquest of the great and most renowned empire of China, by the invasion of the Tartars* (London, 1654).

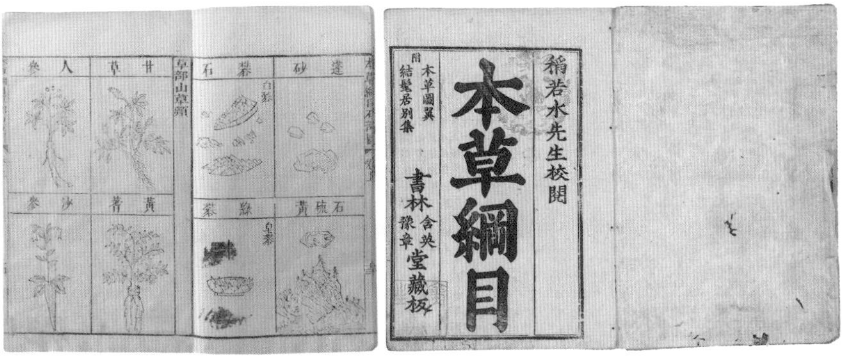


**《본초강목》(1596)** 명나라 때 본초학자 이시진이 엮은 《본초강목》. 이 책에 실린 1,871종의 약재 가운데 인삼에 대한 서술이 가장 길고 상세하다. (출처: 국립중앙박물관)

명하지만 이들의 연구에서 인삼이 중요한 주제 가운데 하나로 다뤄졌다. 특히 루이 다니엘 르 콩트Louis Daniel Le Comte, 1655~1728는 인삼의 외형적 특징과 복용법을 소개하면서 인삼이야말로 중국이 자랑하는 탁월한 강심제이자 만병통치약이라고 보고했다.[35] 또 다른 신부 앙투안 토마Antoine Thomas, 1644~1709는 인삼을 복용하는 특권을 누리기도 했다. 1691년 앓아누운 자신에게 강희제가 인삼을 하사해 두 차례 복용했고 효험을 보았다는 기록을 자랑스러운 어투로 남겼던 것이다.[36] 그럴 만도 한 것이 중국에서 황제가 인삼을 하사하는 일은 신하를 총애한다는 최상의 징표였기 때문이다.

---

35 Louis Daniel Le Comte, *Nouveau mémoire sur l'état présent de la Chine*, Tome 1 (Paris, 1696), p. 377.

36 Evrariste-Régis Huc, "Mémorial du père Thomas," *Le christianisme en Chine, en Tartatie et au Thibet*, Tome 3 (Paris, 1857~1858), p. 409.

## 자르투의 인삼 보고서

1713년, 서양의 인삼사人蔘史에서 가장 혁명적인 변화를 불러오게 될 문헌이 나타났다. 프랑스 출신 예수회 신부로, 중국에서 활동한 피에르 자르투Pierre Jartoux, 1668~1720가 쓴 보고서가 그것이다.[37] 1601년 마테오 리치Matteo Ricci, 1552~1610가 자명종을 보고 싶어 했던 만력제萬曆帝, 재위 1572~1620에게 발탁되면서부터 중국의 과학 연구 프로젝트의 많은 부분이 예수회 신부들에 의해 추진되기 시작했다. 그들은 북경의 황실 천문부Imperial Astronomical Bureau에서 일했고, 동시에 어마어마한 지리학적 정보를 유럽으로 보냈다.[38] 그 가운데 중요하게 꼽히는 것이 강희제의 명령으로 수행된 지도 제작 사업이다. 수학 이론과 기계 제작에 재능이 탁월했던 자르투는 황제에게 발탁되어 중국 지도를 만드는 프로젝트에 동원되었다. 1708년 자르투는 조아킴 부베Joachim Bouvet, 1656~1730, 장-밥티스트 레지Jean-Baptiste Régis, 1664~1738와 함께 만주 지역을 답사하러 떠났다.

1709년 7월 말 자르투는 한국과의 국경 근처에서 인삼을 보게 되었다. 그는 1711년 본국에 보낸 보고서의 첫 줄에 "만주 지도를 제작하라는 황제의 명령은 우리에게 그 유명한 인삼을 볼 수 있는 기회를 주었습니다"라고 썼다.[39] 인삼을 볼 수 있게 된 경험이 아주 황송하다는 어조였다. 그는 '중국인과 만주인 들이 이 뿌리에 얼마만큼의 가치를 두는지 아무도 상상할 수 없을 것'이라고 했다. 그의 기록을 좀 더 자세히 살펴보자.

---

37 *Jesuits Lettres edifiantes et curieuses, ecrites des missions etrangeres, par quelques missionnaires de la Compagnie de Jesus*, X. recueil (Paris, 1713), pp. 159-185.

38 Harris, "Jesuit Scientific Activity," p. 74.

중국 최고의 의사들이 이 식물의 효능과 특질에 대해 방대한 기록을 남겼습니다. 높은 귀족들에게 처방하는 거의 모든 약에는 인삼이 포함됩니다. 일반 백성은 너무 비싸서 사용하기 어렵습니다. 중국 의사들은 심신이 과하게 피로하여 기력이 떨어졌을 때 인삼이 포함된 약을 투여하는 것이 최고라고 단언합니다. 인삼의 여러 효능은 이렇습니다. 굳어진 뇌 점액질을 풀어주며, 저하된 폐와 흉막의 기능을 올려주고, 구토를 진정시키고, 위장에 활력을 주어 식욕을 돋우며, 나쁜 기운을 흩어지게 하고, 흉부 기능에 활력을 주며, 짧고 약한 호흡을 정상화하며, 정신력을 강화하고, 혈액 중의 림프세포를 증가시키며, 어지럼증과 침침한 시력을 정상화하고, 노인의 수명을 연장해준다고 합니다.

중국인과 만주인이 이 뿌리에 얼마나 높은 가치를 두는지 아무도 상상할 수 없을 정도입니다. 만약 [인삼이] 항상 좋은 효능을 발휘하지 않았다면 이런 일은 없을 것입니다. 저는 인삼이 유럽 약학자의 손에 들어가 뛰어난 약이라는 사실이 증명되기를 바랍니다. 만약 다양한 효능 시험과 화학적 구성을 알아내고 어떤 질병에 치료 효과가 있는지를 밝혀내려면 충분한 양이 필요할 것입니다.

인삼이 피를 덥게 하고 혈행을 증속하는 효능이 있는 것은 확실합니다. 그리고 소화를 돕고, 활력을 주는 것을 느낄 수 있습니다. 맥박을 잰 뒤 야생인삼 반 뿌리를 먹고 한 시간 뒤에 맥박을 재보니 맥박이 빨라졌고 세기도 강해졌습니다. 그리고 식욕이 증가되고 훨씬 활기가

---

39 1713년 영국 '왕립학회'는 자르투의 보고서가 출간되자마자 인삼에 관한 부분만을 발췌하여 《철학회보》에 실음으로써 영국 과학자들의 인삼에 대한 관심을 증명했다. Pierre Jartoux, "The Description of a Tartarian Plant, Call'd Gin-seng, with an Account of Its Virtues. In a Letter from Father Jartoux to the Procurator General of the Missions of India and China," *Philosophical Transactions* 28 (1713), p. 237.

넘쳐서 맡은 작업을 이전보다 수월하게 수행할 수 있었습니다. 하지만 이 한 번의 실험만으로 인삼의 효과를 논할 수는 없을 것입니다. 그날은 마침 쉴 수 있었기 때문에 피로가 회복된 것이 꼭 인삼 때문이라고 말하기 어려울 수도 있으니까요. 그런데 나흘 뒤에 저는 너무 피곤하고 쇠약해진 나머지 말에 제대로 올라탈 수도 없었습니다. 이때 동행한 중국인이 저의 이러한 상태를 알아채고 인삼 한 뿌리를 주어 즉시 반쪽을 먹었습니다. 한 시간 뒤 저는 어떤 피로도 느낄 수 없었습니다. 그 뒤로 저는 인삼을 종종 사용하는데, 항상 좋은 효과를 경험합니다. 그리고 인삼의 푸른 잎에서 섬유질이 많은 부분을 씹어 먹어본 결과 뿌리와 거의 동일한 효과를 지니고 있다는 것을 알게 되었습니다.[40]

이어지는 내용은 그림을 곁들인 인삼에 대한 상세한 식물학적 묘사다. 북위 39~47도, 동경 10~20도 사이에서만 나며, 산속의 그늘진 곳, 수천 가지 다른 식물들 속에서 발견할 수 있다는 것이다. 다섯 개의 잎과 뇌두腦頭, 혹은 노두, 삼머리를 비롯한 뿌리의 형태에 대한 설명도 자세하다. 그 역시 인삼의 꽃을 보지 못했는데, 어떤 사람은 그것이 아주 작은 흰색이라 하고, 어떤 사람은 아예 꽃이 없다고 말한다면서 몹시 궁금해했다. 만주 사람들은 오직 뿌리만 중히 여기며, 땅에 약 10~15일간 묻어서 보관하거나, 잘 씻어서 표면을 솔로 닦아내고 훈증해 보관한다면서 유럽의 의사들도 인삼의 성분을 정확히 알아서 정확한 양을 처방한다면 큰 혜택을 볼 것이라고 덧붙였다.[41]

---

40 Jartoux, "The Description of a Tartarian Plant, Call'd Gin-seng," pp. 238-239.

41 Jartoux, "The Description of a Tartarian Plant, Call'd Gin-seng," pp. 239-247.

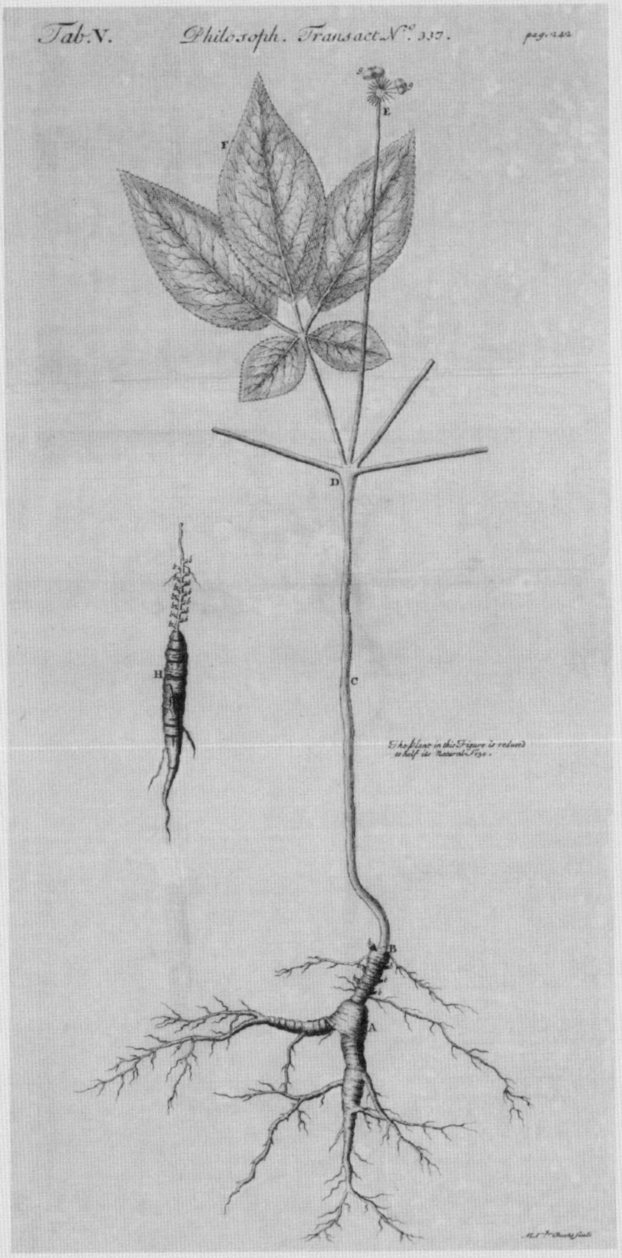


**한국 국경 근처에서 본 인삼** 프랑스 출신 예수회 신부 자르투가 1711년 본국에 보낸 보고서에 실은 인삼 그림. 자르투의 보고서는 서양에 처음으로 고려인삼의 산지를 확인해준 사례에 해당한다. (출처: royalsocietypublishing.org)

## 인삼의 자생지 문제

자르투의 보고서에서 주목해야 할 점은 인삼의 자생지에 관한 언급이다. 자르투는 인삼이 만주에서는 발견되지만 중국 내지內地에서는 자라지 않는다고 단언한다. 그는 마르티니의 《만주족의 중국 침략사》에서 '인삼이 북경성에 있는 영평부永平府, 지금의 하북성河北省 노용현盧龍縣 지역 인근의 산에서 자란다'고 기술한 내용에 대해 사실이 아니라고 정면으로 반박한다. 자르투는 마르티니가 영평부를 언급한 것은 만주 지역에서 채취한 인삼이 중국으로 운송되어 가장 먼저 도착하는 지역이 영평부이기 때문에 그곳을 자생지로 착각했다고 판단했다.[42]

여기서 자르투의 주장은 매우 중요하다. 이 기록이야말로 중국 심장부에서 최고의 인삼이 산출된다는 일종의 '신화'를 정면으로 반박하는 서양 최초의 기록이기 때문이다. 인삼의 자생지가 어디인가 하는 문제는 이후 경제적·문화적으로 엄청난 파장을 불러일으키게 될 주제였다. 더는 존재하지도 않는 상당삼上黨蔘 같은 '중국 내지의 인삼'에 밀려 요동삼이나 고려인삼이 19세기 말까지도 2등 인삼 취급을 받게 되었으니 말이다. 그리고 그런 신화가 최소한 서구세계에서 지속되게 만든 것은 마르티니의 저작을 비롯한 서양의 텍스트들이었다. 그렇다면 이런 왜곡은 어디서부터 시작되었을까?

인삼이 상당上黨, 지금의 산서성山西省 장치현長治縣 지역에서 난다는 기록은 후한시대後漢時代, 25~220로 거슬러 올라간다. 허신許愼, 30~124의 《설문해자說文解字》(121)는 '삼蔘' 자에 대한 상세한 기록을 남겼는데, 거기서 인

42 Jartoux, "The Description of a Tartarian Plant, Call'd Gin-seng," p. 246.

삼이 상당 지방에서 산출된다고 기록했던 것이다. 양梁의 본초학자 도홍경陶弘景, 456~536이 쓴 《신농본초경집주神農本草經集注》에서도 인삼이 "상당과 요동에서 자란다生上黨及遼東"라는 내용을 발견할 수 있다.[43] 《본초강목》은 도홍경의 저작을 포함해서 이전의 의학서의 내용을 수합한 것이었고, 그로 인해 '인삼이 상당과 요동에서 난다'는 부분도 함께 실리게 된다.[44] 바로 그 《본초강목》이 유럽에 퍼져나가면서 인삼의 자생지를 규정하는 일종의 정전 역할을 하게 된 것이다.

그런데 이시진은 도홍경의 《명의별록名醫別錄》을 인용하면서[45] 백제와 고(구)려의 인삼도 언급한다.

> 인삼은 백제의 것을 중하게 여기는데, 형체가 가늘고 단단하며 희다. 기운과 맛은 상당에서 나는 것보다 박薄하다. 다음으로는 고[구]려의 것을 쓰는데, 고[구]려는 바로 요동으로 형체가 크며 허虛하고 연軟하여 백제의 인삼만 못하다. 백제는 지금 고[구]려에 신속臣屬되었는바 고려에서 바치는 인삼에는 두 가지 종류가 겸해서 있으니 어느 것을 취해 쓰느냐에 달려 있을 뿐이다. 그러나 실제로 쓰기에는 모두 상당에서 나는 인삼만 못하다.[46]

---

43 王鐵生, 《中國人蔘》, pp. 1-2.

44 이시진, 《신주해 본초강목》 제4권, p. 43. 상당군(上黨郡)은 이후 노주(潞州)로 개칭했기 때문에 상당인삼은 노주인삼으로도 불렸다.

45 《본초강목》에서 이시진은 위 내용이 도홍경의 《명의별록》에 실려 있다고 했지만 후대의 문헌학적 연구자들은 같은 저자의 《신농본초경집주》에 들어 있다고 본다. 이시진, 《신주해 본초강목》 제1권, p. 63, 주 2. 여기서는 《본초강목》의 원문을 인용하므로 《명의별록》으로 기록한다.

46 이시진, 《신주해 본초강목》 제4권, p. 44.

16세기 말에 출간된《본초강목》에 실려 있기는 하지만《명의별록》을 발췌한 것이기에 이 내용은 실제로는 도홍경이 살았던 6세기 전후의 상황을 반영한다. 따라서 이 문헌은 한국에서 삼국이 정립하던 시기 고구려와 백제에서 인삼이 산출되고 있었다는 사실과 그것이 중국에서 중요한 약재로 유통되고 있었음을 보여준다.[47] 그런데 여기서 백제삼을 상당삼보다 열등하다고 평가하는 대목이 눈에 띈다. 사실 상당삼이 과연 진짜 인삼이었는지에 대해서는 학자들 사이에 의견이 분분하다. 양정필과 여인석은 상당삼이 중국 고대 의약서에서 최고의 인삼으로 거론되어왔지만 오늘날의 고증에 따르자면 초롱꽃과에 속하는 만삼蔓蔘으로, 진짜 인삼이 아니라고 주장한다.[48]

그런데 설사 상당에서 만삼이 아닌, 진짜 인삼이 산출되었고 그것이 최고의 품질을 지닌 것이었다 할지라도 이시진이《본초강목》을 집필할 당시 이미 상당 지역의 인삼은 절멸하다시피 한 상태였다. 그리고 '인삼이 상당과 요동에서 난다'는 내용을 가감 없이 책에 실었던 이시진 스스로도 이런 사실을 잘 알고 있었다. 왜냐하면 같은 책에서 "지금 쓰이고 있는 것은 다 요삼이다. 고(구)려, 백제, 신라 3국은 모두 지금 조선의 영역에 속하고 요즘도 중국에 수출해서 판매하고 있다"는 말을 남기고 있기 때문이다.[49]

따라서 이런 내용들을 종합해보자면 중국의 내지에서 인삼은 더는 산출되지 않았고, 명나라 시기 중국에 유통되었던 인삼은 모두 요동산과

---

47 양정필·여인석,〈삼국-신라통일기 인삼 생산과 대외교역〉,《의사학》13(2) (2004), pp. 179-180.

48 한치윤(韓致奫),《해동역사(海東繹史)》초류(草類) 인삼(人參), 한국어 번역본 주 77, 98쪽. 양정필·여인석,〈삼국-신라통일기 인삼 생산과 대외교역〉, p. 179, 주 8에서 재인용.

49 이시진,《신주해 본초강목》제4권, pp. 46-47.

한국산 인삼이었다. 《본초강목》을 비롯한 의약학서들이 통상 기존에 전해 내려오는 오래된 고전들을 수합해 펴낸 탓에 수록된 내용들 사이에는 1,000년이 넘는 시간차가 존재하고, 그로 인해 연대기적 오류가 나타나는 것이다. 하지만 이런 문헌학적인 이해가 부족했던 유럽에서는 《본초강목》이 16세기 말에 이시진이 단독으로 내놓은 저작처럼 소개되곤 했고, 그 과정에서 백제삼은 더는 존재하시 않는 상당삼보다 못하다는 인식이 퍼진 것이다.

따라서 마르티니와 자르투 모두 중국에 머물렀지만 고전에만 의존한 마르티니의 인삼론은 틀렸고, 인삼을 직접 본 자르투의 견해는 옳았던 것이다. 하지만 백제삼이 상당삼보다 못하다는 이야기는 이후 유럽에서 두고두고 문헌에 반복되어 실리면서 한국의 인삼이 열등하다는 이미지를 만들어내게 된다. 그리고 이런 이미지가 형성되는 데 가장 크게 기여한 책이 바로 《중국통사The General History of China》(1735)다. 18세기 지식인들 사이에 베스트셀러로 등극한 이 책의 저자는 장-밥티스트 뒤알드 Jean-Baptiste Du Halde, 1674~1743라는 프랑스 예수회 소속 신부였다.

뒤알드는 비록 한 번도 중국에 가보지 못했지만 동료 선교사들이 보내온 방대한 기록을 수합하는 일을 맡아 '중국 전문가'의 명성을 누린 인물이다. 중국의 지리와 역사를 포괄적으로 다룬 《중국통사》는 중국에 대한 입문서 격으로 큰 인기를 끌면서 유럽 전역에 번역·출판되었다.[50] 1735년 프랑스에서 출판되자마자 곧바로 재판에 들어갔고, 1738년에는 영역본이 나왔으며, 독일어와 러시아어 번역본도 나왔다. 중국의 학자

50 Jean-Baptiste Du Halde, *Description Geographique, Historique, Chronologique, Politique, et Physique de l'Empire de la Chine et de la Tartarie Chinoise*, 4 Vols. (Paris, 1735). 《중국통사(The General History of China》로 더 잘 알려져 있다.

주겸지朱謙之, 1899~1972도 유럽 전역에서 예수회 선교사들의 중국 연구 결과물이 환영받았음을 강조하면서, 특히 《중국통사》가 유럽의 일반적인 지식인 계층에서 중국에 대한 참신한 관심을 불러일으켰다고 평가했다.[51]

《중국통사》는 중국의 약초에 대해 세 장章을 할애했는데, 그 내용을 보면 《본초강목》에 크게 기대고 있음이 분명하다. 《중국통사》에서 주목하는 약초들은 유럽에서는 자라지 않는 중국 원산의 식물들로, 그중 특히 인삼이 매우 중요하게 다뤄지고 있다. 인삼에 대한 내용은 식물학적 묘사를 비롯해 중국인들의 인삼에 대한 평가, 인삼을 둘러싼 신화와 전설까지 상세하게 소개하고 있다. 그런데 오래된 자료들과 여러 사람이 보내온 정보를 엮은 탓에 부정확한 내용도 많다.[52] 앞서 언급했던, 이시진이 도홍경의 책을 인용한 부분과 비교하며 뒤알드의 기술을 읽어보자.

> 인삼은 상당에서 자란다. 그러나 최근 가장 높이 평가되는 것은 백제에서 온 것으로, 그것은 작고 단단하고 희며 상당의 것보다는 맛이 덜 강하다. 그보다 둘째로 치는 것이 한국Corea과 요동 것으로 뿌리가 더 크지만 즙이 적고 부드럽다. 한국인은 [자국산] 인삼을 높이 평가한다. 요즘 쓰이는 인삼은 거의 모두가 한국과 백제에서 온다고 중국인이 전해주었다.[53]

---

51 주겸지, 《중국이 만든 유럽의 근대》, pp. 89-90.

52 뒤알드에게 정보를 보내준 사람 중 하나가 프랑수아 자비에 당트르콜(François-Xavier Dentrecolles, 1663~1741)이다. 당트르콜은 1698년에 중국으로 건너간 예수회 신부로, 중국의 의서를 번역해 유럽에 전했다.

53 Du Halde, *The General History of China*, Vol. 4 (London, 1736), pp. 2-3.

**예수회 선교사들이 제작한 중국 전도** 18세기 초 청나라 강희제의 명에 따라 예수회 선교사들이 만든 〈황여전람도(皇輿全覽圖)〉(1718)를 저본으로 프랑스 왕실의 수석 지리학자이자 지도 제작자였던 당빌(J. B. B. d'Anville, 1697~1782)이 발간한 중국 전도이다. 〈황여전람도〉의 판본은 선교사 레지에 의해 은밀하게 프랑스에 전해지고, 그 지도는 뒤알드 신부에 의해 국왕 루이 15세에게 바쳐졌다. 중국 지도 제작 프로젝트가 진행되던 당시 예수회 신부 자르투가 한국 국경 근처에서 자생하던 인삼을 보게 되었던 것이다. (출처: 미국 의회도서관Library of Congress)

뒤알드가 이 내용을《본초강목》에서 따왔음은 쉽게 추측할 수 있다.[54] 그런데 이시진은 위의 내용이 도홍경의 저작임을 분명히 밝히고 있지만, 뒤알드는 그런 고려 없이 당대의 상황인 것처럼 기술함으로써 심각한 연대기적 오류를 범하고 만다. 이뿐만 아니라 뒤알드는 백제와 한국을 다른 나라로 취급하는 무지를 드러낸다. 같은 맥락에서 시기도 위치도 불분명한 채로 신라를 언급하기도 한다. '신라가 중국에 조공으로 보냈다는 인삼의 형태'에 대해 설명하는 것이다. 그 인삼은 길이가 무려 1피트 30.48센티미터 가까이 되고, 사람과 닮았을 뿐만 아니라 손과 발이 달려 있으며, 전나무로 만든 널빤지 사이에 눌러서 보관하며 붉은 비단으로 싸여 있었다.[55] 이 내용은 당唐 숙종肅宗, 재위 756~762 시기 이순李珣이 쓴《해약본초解藥本草》에 나오는 것으로,[56] 마찬가지로《본초강목》에 실린 것을 뒤알드가 그대로 갖다 쓴 것으로 보인다.[57]

뒤알드는 인삼의 의학적 효능에 대해서도 길게 소개했다. 위장, 심장, 폐 문제를 비롯해 혈액순환, 갈증, 고열, 악몽이나 다몽多夢에 의한 수면장애, 해충 박멸, 성 기능 장애, 임신 전후의 문제에 이르기까지 무려 77가지 질환에 인삼을 사용하는 사례들을 제시한 것이다. 인삼은 만병통치약이라고 부를 수 있지만 상당 기간 복용해야 효과가 확실하다는 말도

---

54 이시진,《신주해 본초강목》제4권, p. 44.

55 Du Halde, *The General History of China*, Vol. 4, pp. 2-3. 이와 비슷한 내용은 한치윤(韓致奫, 1765~1814)의《해동역사(海東繹史)》에도 나온다. 한치윤,《해동역사》, 신라국(新羅國) 소공인(所貢人) [해약본초(海藥本草)]. "신라국에서 조공하는 인삼은 손과 발이 있어서, 모양이 마치 사람과 같으며 길이는 1척 남짓 된다. 삼(杉)나무를 양편에 대고 붉은 비단으로 쌌다."

56 이마무라 도모(今村鞆) 지음, 고승태 옮김,《인삼사(人蔘史) 제1권 인삼사상편》[조선총독부 전매국판, 1940] (동양대학교, 2015), p. 51.

57 이시진,《신주해 본초강목》제4권, p. 45.

덧붙이고 있다.[58] 인삼은 주로 탕약 형태로 처방하지만 복용량이 정확하게 정해지지 않아서 사용이 매우 까다로운 약재로, 질병의 종류와 환자의 연령, 체질을 고려해 복용해야 한다는 조언도 담고 있다.[59] 인삼에 대한 소개를 마무리하면서 뒤알드는 이런 이야기를 남기고 있다.

> 황제에게 인삼을 바치는 일은 대단한 의무여서 그것을 제대로 수행하지 못할 경우에는 죽음을 각오해야 한다. 북경에 들어오는 인삼은 요동, 한국, 북만주 등 여러 곳에서 오는 것으로, 일본에서도 인삼이 들어오기는 하지만 하찮게 취급된다. 그리고 오늘날 인삼은 매우 귀해서 그 값이 은의 여섯 배 정도이고, 언젠가는 북경에서 은 가치의 여덟 배 혹은 그 이상으로 거래된 적도 있다.[60]

뒤알드의 인삼 이야기는 유럽에서 출판의 활성화와 맞물려 여행기와 식물학서, 심지어 약전과 신문에까지 지속적으로 실렸다. 그리고 그 안에 담고 있는 잘못된 정보 또한 끈질긴 생명력을 지닌 채 서구에서 한국산 인삼에 대한 이미지를 형성하는 데 영향력을 발휘했다.

## 라이프니츠와 인삼

예수회가 부지런히 실어 날랐던 중국에 대한 정보들, 특히 인삼에 대한

58 Du Halde, *The General History of China*, Vol. 4, pp. 7-8.

59 Du Halde, *The General History of China*, Vol. 4, p. 20.

60 Du Halde, *The General History of China*, Vol. 4, pp. 19-20.

정보들이 당시 유럽의 지식사회에 과연 어떤 영향을 끼쳤을까? 이 의문에 대해 정확한 답을 찾기란 거의 불가능할 것이다. 하지만 당대를 대표하는 과학자들의 사례로 당시 지식인들의 인삼에 대한 인식을 살짝 엿볼 수 있다.

먼저 영국의 철학자 존 로크John Locke, 1632~1704가 인삼을 언급한 일화를 예로 들 수 있다. 위대한 정치사상가로 널리 알려진 로크는 외과의로 활동했을 뿐 아니라 과학 분야 전반에 두루 관심이 있던 과학자이기도 했다. 그는 강박적으로 일기를 쓰고 가계부를 기록한 사람으로도 유명한데, 그 일기에서 인삼에 대한 내용을 찾아볼 수 있다. 네덜란드에서 망명생활1683~1689을 하던 중 보임의 《중국 의학 고찰Specimen Medicinae Sinicae》(1682)[61]을 읽고 인삼에 대해 자세히 알게 된 것 같다. 로크는 인삼이 아시아에서는 열병과 성병 치료제이자 강장제 기능을 한다는 노트를 남겼다.[62]

라이프니츠Gottfried Wilhelm Leibniz, 1646~1716의 사례는 예수회와 중국, 그리고 인삼 사이의 관계를 좀 더 선명하게 드러낸다. 1689년 라이프니츠는 예수회 신부 클라우디오 필리포 그리말디Claudio Filippo Grimaldi, 1638~1712에게 "인삼 뿌리가 그렇게 큰 칭송을 받을 만큼 효능이 좋은가?"[63]라고 묻는 편지를 보냈다. 위대한 철학자이자 미적분을 발견한 수

---

61 《중국 의학 고찰(Specimen Medicinae Sinicae)》(1682)은 폴란드 출신 예수회 신부 미하우 보임(Michał Boym)이 집필한 것이나 예수회와 네덜란드 동인도회사 사이에서 출간을 둘러싸고 이견이 발생하는 바람에 동인도회사 소속 의사인 안드레아스 클라이어(Andreas Cleyer)의 이름으로 출간되었다. John H. Appleby, "Ginseng and the Royal Society," *Notes and Records of the Royal Society of London* 37 (1983), p. 126; Barnes, *Needles, Herbs, Gods, and Ghosts*, p. 105.

62 Dewhurst Kenneth, *John Locke(1632~1704), Physician and Philosopher: A Medical Bibliography with an Edition of the Medical Notes in his Journals* (London: The Wellcome Historical Medical Library, 1963), p. 277.

학자로 유명한 라이프니츠가 인삼에 관심을 갖게 된 것은 당시 유럽의 지적 지형에서는 어쩌면 당연한 일이었다.

라이프니츠는 불과 14세에 라이프치히대학에 입학하여 1667년 〈결합술에 관한 논고〉로 박사학위를 받은 뒤 행정가와 국정 조언가, 역사가로서 여러 궁정을 돌며 평생을 보냈다. 그는 다양한 방면의 학문에 조예가 깊었는데, 중국에 대해서도 큰 관심을 갖고 있었다. 중국의 사서四書부터 도덕 및 철학, 과학기술에 이르기까지 중국에 대한 그의 지식과 관심은 주로 예수회 선교사들이 펴낸 책을 통해 형성된 것이었다.[64] 라이프니츠는 일찍이 22세에 "의학에서 일반적으로 중국인들이 어리석고 모순적인 사람들로 보이지만, 그럼에도 불구하고 그들의 의학이 우리 것보다 낫다"라고 쓰기도 했다.[65]

중국에 대해 알고자 하는 라이프니츠의 의지는 그가 모시던 독일 군주들의 이해관계와도 일치했다. 경제적 자립에 관심이 많던 유럽의 지배자들은 중국의 농업과 수공업의 비법을 배우고자 했으며, 중국 물건에 필적할 상품을 만들어 좀 더 효율적으로 경쟁하고자 하는 욕망이 있었다. 따라서 유럽인들이 진정으로 원했던 중국에 관한 정보는 대부분 기술로 이어질 수 있는 '실제적'이고 '과학적'인 것들이었다. 이런 맥락에서

63 라이프니츠가 예수회 소속 클라우디오 필리포 그리말디에게 보낸 편지, Rome, 19, July, 1689. Gottfried W Leibniz, *Der Briefwechsel mit den Jesuiten in China* (1689~1714), eds., Rita Widmaier and Malte L Babin (Hamburg: Felix Meiner Verlag, 2006), p. 10.

64 1737년 카를 귄터 루도비치(Carl Günther Ludovici, 1707~1778)는 라이프니츠 철학의 발전에 대한 평론에서 라이프니츠의 세계관에 큰 영향을 끼친 두 가지로 플라톤과 중국 철학을 꼽았다. 주겸지, 《중국이 만든 유럽의 근대》, pp. 255-256.

65 Preussische Akademie der Wissenschaften, eds., "Gottfried Wilhelm Leibniz: Politische Schriften," in G. W. Leibniz, *Sämtliche Schriften und Briefe*, Seris IV (Darmstad: Otto Reichl Verlag, 1931), p. 552.

보자면 라이프니츠가 인삼에 관심을 갖게 된 것은 자연스러운 일이었다. 인삼은 그가 읽은 예수회 선교사들의 저작에서 만병통치약인 약초로, 손꼽히는 중국의 자원으로 소개되곤 했기 때문이다.

라이프니츠가 인삼에 대해 좀 더 적극적으로 관심을 기울이게 된 계기는 이탈리아에서 중국에 체류했던 예수회 신부들과 만나면서였다. 라이프니츠는 1689년 하노버 왕조의 역사를 집필하는 사명을 받게 되었다. 그는 자료를 수집한다는 명분을 내세워 로마로 향했다. 이탈리아에 머무는 동안 라이프니츠는 여러 도시를 여행하고 과학협회들과 교류하며 저작을 출판하는 한편, 예수회 신부들과도 친분을 쌓았다. 특히 예수회 신부 그리말디와는 1689년 여름 매일같이 만나 대화를 나누었다. 그리말디는 이탈리아 피에몬테Piemonte 출신으로 1658년 예수회에 입문한 뒤 1666년 중국으로 파견되어 강희제의 궁정에서 천문학과 과학을 가르치다가 1686년 유럽으로 귀국했다. 당시 로마에 있던 그리말디는 곧 다시 중국으로 떠날 예정이었다.[66]

라이프니츠는 중국으로 다시 출발하려는 그리말디에게 편지를 보내 그동안 많은 정보를 준 데 감사를 표하며 "그동안 [우리 유럽은] 동인도 제도the Indies[67]와 다양한 방식으로 교류했지만 과학적인 것은 별로 없었다"라고 복기하면서 "관찰력이 뛰어난 사람이 중국에 대해 더 풍부한 정보를 주기 바란다"는 희망을 피력했다.[68] 그리말디처럼 중국의 현지 사정에

---

66 그리말디는 중국 예수회의 수장으로서 북경의 예수회 대학 교장을 지냈으며, 1712년 북경에서 사망했다.

67 동인도 제도를 일컫는 말. 동인도 제도는 16세기 이후 현재의 인도 아대륙, 동남아시아, 오세아니아 제도, 그리고 동남아 해양 지역을 일컫기 위해 유럽인들이 사용한 용어이다.

68 Donald F. Lach, *The Preface to Leibniz' Novissima Sinica* (Honolulu: Univ. of Hawaii Press, 1957), p. 29.

능통한 사람이 제공하는 정보를 수합해 유럽의 수공업자, 과학자, 학자들에게 필요한 자료를 제공하고자 했던 것이다. 라이프니츠는 이 편지에 30개나 되는 아주 구체적인 질문을 작성해 보냈다. 금속 제조, 차, 종이, 비단과 '진짜' 도자기, 염료, 일본도日本刀의 날, 유리 등에 대한 질문이었다. 물론 인삼에 대한 질문도 들어 있었다. 먼저 원문을 보자.

> 질문 2: 인삼 뿌리가 일반적으로 찬양받을 만큼 그렇게 약효가 좋은가?[69]

이에 대해 그리말디가 보내온 답변을 라이프니츠는 이렇게 요약해서 기록해두었다.

> 인삼 뿌리 1파운드는 중국에서 대략 40스쿠도scudo, 19세기까지의 이탈리아 은화 단위에 팔린다. 인삼 뿌리는 특히 나이 든 사람에게 매우 효과가 있다. 그것은 물에 넣어 익혀 차처럼 달여서 마시는데, 다른 점이라면 차는 끓는 물로 우리지만 인삼 뿌리는 물에 넣은 채로 달인다. 인삼은 특별한 맛이 없으며 별다른 특징을 보이지 않는다. 그리말디가 인삼 뿌리 약간을 피렌체로 가져와 대공에게 바쳤다.[70]

인삼에 대한 질문은 라이프니츠가 작성한 30개의 질문 가운데 두 번째 문항이다. 첫 번째 질문은 중국의 불, 즉 화력에 대한 것이었다. 인삼

69 라틴어 원문: An Radix Ginseng magnarum virtutum, ut vulgò praedicatur. 라이프니츠가 예수회 소속 클라우디오 필리포 그리말디에게 보낸 편지, Rome, 19, July, 1689. Leibniz, *Der Briefwechsel mit den Jesuiten in China*, p. 10.

에 대한 질문이 두 번째라는 것은 인삼에 대한 라이프니츠의 호기심이 얼마나 컸는지를 잘 보여준다. 인삼에 이어 라이프니츠는 약용식물의 유럽 이식 가능성에 대해 질문했다. 로크와 마찬가지로 라이프니츠도 보임이 쓴《중국의 식물군》에 대해 알고 있었는데,[71] 보임의 책으로 충족되지 않은, 좀 더 실제적이고 정확한 정보를 현지에서 얻고자 한 것으로 보인다. 라이프니츠는 예수회 선교사들에게서 얻은 중국에 대한 정보를 바탕으로《최근의 중국Novissima Sinica》(1697)을 펴낼 정도로 당시 중국의 현황에 관심이 높았다.

라이프니츠는 루이 14세에 의해 최초로 중국으로 파견된 프랑스 출신 예수회 선교사 가운데 한 사람인 부베[72]와도 인삼에 대한 질문을 주고받았다.[73] 라이프니치는 부베에게 프랑스에서 중국으로 가져간 물건과 거꾸로 중국에서 프랑스로 들여온 물건에 대해 질문했다. 그 답신에서 인삼은 중국에서 프랑스로 가져온 물건 가운데 첫 번째로 등장한다.[74] 부베는 인삼이 한국과 요동에서 지란다고 진했다.

---

70 라틴어 원문: Radicis Ginseng in China ipsa libra 40 circiter scutatis venditur. Magnas vires habet pro senibus inprimis. Coquitur cum aqua et decoctum bibitur ut Thee, eo discrimine quod ipsi Thee infunditur aqua fervens. Hic coquitur cum aqua. Insipidum est, nec qualitates notabiles ostendit. Grimaldus Florentiam nonnihil ejus attulit ad Magnum Ducem. 라이프니츠가 남긴 예수회 소속 클라우디오 필리포 그리말디와의 대화록, Rome, Summer, 1689. Leibniz, *Der Briefwechsel mit den Jesuiten in China*, p. 16.

71 Lach, *The Preface to Leibniz' Novissima Sinica*, p. 29.

72 부베는 중국으로 떠나기 전 프랑스 '왕립과학원' 회원으로 선출되었으며, 1687년부터는 청나라에서 강희제에게 천문학, 의학, 화학을 강의하는 시강(侍講)으로 활약했다.

73 예수회 소속 조아킴 부베가 라이프니츠에게 보낸 편지. La Rochelle, 28, February, 1698. Leibniz, *Der Briefwechsel mit den Jesuiten in China*, p. 164.

74 예수회 소속 조아킴 부베가 라이프니츠에게 보낸 편지, Peking, 19, September, 1699. Leibniz, *Der Briefwechsel mit den Jesuiten in China*, pp. 234-236.

> 인삼 뿌리는 특히 한국과 요동에서 자랍니다. 요동의 인삼이 특히 가장 좋습니다. 요동의 인삼 가운데 가장 좋은 것은 황제에게 진상됩니다. 중국에서 인삼은 몇몇 다른 장소에서도 자라지만, 이 인삼들은 심지어 한국의 인삼보다 뒤떨어집니다.[75]

편지가 쓰인 1699년으로부터 10년 뒤인 1708년에 부베는 강희제의 만주 지역 지도 제작 프로젝트를 이끌게 된다. 한국과의 국경 근처에서 자생하던 인삼을 생생하게 묘사한 자르투의 기록이 나오게 된 바로 그 측량 여행 말이다.

75 예수회 소속 조아킴 부베가 라이프니츠에게 보낸 편지, Peking, 19, September, 1699. Leibniz, *Der Briefwechsel mit den Jesuiten in China*, p. 238.

chapter02

# 영국 왕립학회와 프랑스 왕립과학원의 인삼 연구

## 영국 왕립학회와 인삼

서양에서 근대를 연 동력 중 하나는 과학혁명이었다. 그 과학혁명의 견인차 역할을 한 집단이 영국의 '왕립학회The Royal Society of London for Improving Natural Knowledge'와 프랑스의 '왕립과학원Académie Royale des Sciences' 이었다. 1662년 영국 국왕 찰스 2세의 인가를 받아 출발한 왕립학회는 세계 최초의 '과학학술지'를 발간했는가 하면, 과학언어를 만들고 동료평가제도를 도입하고 실험 방법을 체계화하는 등 근대 과학의 기초가 될 시스템을 구축했다. 몇 년 뒤 프랑스에서도 재상 장바티스트 콜베르Jean-Baptiste Colbert, 1619~1683의 주도로 왕립과학원이 설립되었다. 왕립학회가 민간 과학자들로 이루어진 학술단체였던 데 비해 왕립과학원은 국왕에게 직속된 과학자 관료들로 구성된 중상주의 정책 진흥기관으로서의 성격이 강했다. 이처럼 두 기관은 성격에 차이가 있었지만 과학이 신성을 대치하기 시작하는 역사적 변화에 공히 핵심적인 선도 역할을 했다.

**영국 왕립학회 출범** 《런던 왕립학회의 역사》(1667)에 실린 삽화. 학회의 설립을 승인하고 후원해준 찰스 2세의 흉상을 중심으로 왼쪽은 학회 초대회장인 수학자 윌리엄 브롱커 자작(William Brouncker, 2nd Viscount Brouncker, 1620~1684), 오른쪽은 프랜시스 베이컨(Francis Bacon, 1561~1626)이다. (출처: 영국 국립초상화미술관National Portrait Gallery)

왕립학회는 1665년 기관지 《철학회보The Philosophical Transactions》를 창간했다. 이 창간호에 인삼에 대한 논문이 실렸다는 사실은 매우 흥미롭다.[76] 영국을 대표하는 과학자들이 인삼에 관심이 높았음을 보여주는 증거

76 Melchisedec Thévenot, "Relations de divers voyages curieux (Paris, 1655)," *Philosophical Transactions* 1 (1665~1666), p. 249.

이기 때문이다. 그 논문은 프랑스인 멜키세덱 테브노Melchisédech Thévenot, 1620~1692의 《여행기Relation de divers voyages curieux》에서 발췌·번역한 인삼에 대한 기록이다. 과학자이자 발명가, 작가, 외교관을 지낸 테브노는 네덜란드 동인도회사에서 일했던 경험을 바탕으로 중상주의 정책에 부응하여 해외 여러 곳의 자연과 자원, 문물을 소개하는 학술동아리를 이끌고 있었다. 콜베르의 후원으로 결성된 이 학술동아리는 이후 프랑스 왕립과학원 출범으로 이어졌다.

《철학회보》에 실린 테브노의 인삼론을 살펴보자면, 허브나 나무, 돌 등을 이용하는 중국 의약학의 독특성에 대해 논의한 뒤 중국인들이 숭배하다시피 하는 인삼의 효능을 설명하고 있다. 1파운드당 은 3파운드나 할 정도로 귀한 이 약재는 놀라운 원기 회복제이자 강장제로 '만병통치약'으로 불린다는 사실도 빼놓지 않고 소개했다. 왕립학회가 인삼을 주목해 학회지에 실었던 것은 시대적 요청을 반영한 움직임이었다. 특히 본초학의 발달은 매독처럼 갑자기 창궐한 전염병, 나아가 수많은 역병과 전쟁 때문에 생존에 대한 관심이 많았던 17세기 유럽에서 국왕을 비롯한 엘리트 계층의 권력의지와도 연관이 있었다.[77] 당시 유럽에 보급되기 시작한 식물원과 '호기심의 방Cabinet of curiosities' 등에서는 인삼을 주요 수집품 목록에 올렸다.[78]

왕립학회의 기록에는 과학자들이 직접 동아시아에서 인삼을 들여와 관찰하고, 그 효능을 실험한 내역이 많이 남아 있다. 1679년에는 철학

---

77 애너 파보르드 지음, 구계원 옮김, 《2천 년 식물 탐구의 역사》 (글항아리, 2011), pp. 483-484. 1630년대 파리에 왕립약초원이 설립된 것도 이런 맥락에서 이해할 수 있다. Eugene Flaumenhaft and Mrs. Eugene Flaumenhaft, "Asian Medicinal Plants in Seventeenth Century French Literature," *Economic Botany* 36 (1982), p. 147.

자이자 의사로서 천연약재에 관심이 많았던 토머스 브라운Thomas Browne, 1605~1682이 왕립학회 회원인 아들 에드워드Edward Browne, 1644~1708에게 "인삼을 잘 관찰했다"는 편지를 썼다. 브라운은 예수회 수도사인 마르티니와 키르허Athanasius Kircher, 1602~1680가 내놓은 인삼에 대한 저술들을 언급하기도 했다.[79] 같은 해 6월 26일 왕립학회 모임에서는 의사 앤드류 클렌치Andrew Clench, ?~1692가 중국 종이에 싸인 인삼을 회원들에게 보여주며 자신의 실험 결과를 보고했다. 세인트폴 대성당의 건축가로 잘 알려진 크리스토퍼 렌Christopher Wren, 1632~1723은 당시 왕립학회 부회장을 맡고 있었는데, 클렌치의 실험에 참여해 그 과정을 기록으로 남겼다.[80]

인삼은 영국 최고의 학자들 사이에서 점차 친숙한 주제가 되었다. '영국 식물학의 아버지'로 불리는 존 레이John Ray, 1627~1705도 《식물의 역사Historia Plantarum》(1686)에서 인삼을 묘사하는 데 따로 한 장을 할애했다.[81]

인삼이 학계에서 귀한 대접을 받았던 정황은 《왕립학회 주요 수집품 카탈로그》(1681)에 '인삼 뿌리'가 수록되었다는 사실로 뒷받침될 것이다. 이 뿌리는 한 중국인 의사가 보내온 꾸러미에 들어 있던 것으로 아래와

---

78 William Curtis, *A Catalogue of the British, Medicinal, Culinary, and Agricultural Plants, Cultivated in the London Botanic Garden* (London, 1783), p. 44; Anon., *A Companion to Every Place of Curiosity and Enjoyment in and about London and Westminster* (London, 1767), p. 93; Lady Charlotte Murray, *The British Garden. A Descriptive Catalogue of Hardy Plants, Indigenous, or Cultivated in the Climate of Great-Britain* (Bath, 1799), p. 241.

79 BM. Dept. of MSS., Sloane MS 1847, f. 68. 2 April [1679].

80 Thomas Birch, *History of the Royal Society* (London, 1737), p. 490. 여기서 클렌치가 보여준 샘플은 니어마이아 그루(Nehemiah Grew, 1641~1712)에 의해서도 묘사된 바 있다. Nehemiah Grew, *Musaeum Regalis Societatis* (London, 1681), p. 227.

81 John Ray, *Historia Plantarum*, Vol. 2 (London, 1686), p. 1338 and Chapter 20.

같은 설명이 곁들여 있었는데, 야생인삼이 한국에서만 자란다는 내용이 특히 눈길을 끈다.

> 맨드레이크mandrake, 통화식물목 가지과의 여러해살이풀나 기타 뿌리처럼 두 개의 다리로 갈라져 있음. 달콤한 맛, 하지만 이곳에 와서는 쓴맛이 난다. 처음에는 혹은 아주 낮은 온도에서는 단맛이 나지만 온도가 높아지면서 쓴맛이 남. 야생으로, 어디서나 자라는 것이 아니라 한국에서만 자란다. 또한 통킹Tonkin, 중국, 일본에서 널리 사용된다. 간질, 고열과 다른 만성적, 심각한 질환에 쓰인다. 단독 혹은 약재와 함께 쓰인다. 매우 값비싼 식물로 은과 동일한 가치를 지닌다.[82]

## 슬론과 인삼, 그리고 코코아

그런데 왕립학회와 인삼의 관계를 논할 때 빼놓을 수 없는 인물이 있으니 바로 한스 슬론Hans Sloane, 1660~1753이다. 오늘날에는 영국박물관British Museum, 우리나라에서는 '대영박물관'으로 잘못 불리고 있다을 탄생시킨 유명한 수집가로, 혹은 유럽에 코코아를 들여온 인물로 알려져 있지만 슬론은 뛰어난 의사로서 왕립의과대학 총장을 역임했는가 하면 뉴턴에 이어 왕립학회 회장을 맡았던 과학자이기도 했다. 그는 어릴 적부터 다양한 식물의 표본과 신기한 것들을 수집하는 취미가 있었고, 그 때문에 식물학의 대가 레이와 '보일의 법칙'으로 유명한 로버트 보일Robert Boyle, 1627~1691 등

---

82 Grew, *Musaeum Regalis Societatis*, p. 227.

과 깊이 교류했다.

1687년 슬론은 국왕의 명을 받아 자메이카에서 총독의 주치의로 일하게 되었다. 체류 기간은 1년 3개월에 불과했지만 자메이카와 인근 섬들에서 열성적으로 동식물의 표본을 수집해 식물만 해도 800종이 넘는 방대한 컬렉션을 만들었다.[83] 당시 자메이카는 제국주의를 펼치기 시작한 영국이 초미의 관심을 가진 곳이었다. 에스파냐가 바다를 장악해서 해양대국을 이루었다면 영국은 곳곳에 플랜테이션을 건설해 좀 더 장기적이고 안정적으로 더 많은 돈을 벌어들이고자 했다. 슬론은 자신이 수집한 동식물을 본국으로 보내면서 의학을 위해 그 수집품이 사용되기를 바란다고 밝혔다. 하지만 본질적으로 그는 플랜테이션 확장에 앞선 제국주의자였다.

슬론은 에스파냐, 포르투갈, 아프리카의 기니, 동인도 등 세계 각지에서 보내온 식물의 채집본들을 살펴본 결과 많은 것이 에스파냐, 포르투갈, 자메이카에서 공통적으로 자라고 있으며, 동인도보다 자메이카와 기니에 더 많다고 분석했다. 결론적으로 그는 자메이카가 플랜테이션을 건설하기에 훨씬 더 우월한 입지를 지니고 있다고 주장했다.[84] 물론 이 주장의 이면에는 개인적인 이해관계가 작용했을 가능성도 크다. 슬론은 자메이카의 대토지 소유자이자 노예상이었던 의사 풀크 로즈Fulke Rose, 1644~1694와 함께 일했는데, 1694년 로즈가 갑자기 사망하자 그의 아내와 결혼하면서 자메이카에 있는 대토지를 소유하게 되었다. 그는 그 돈으

---

83 Hans Sloane, *A Voyage to the Islands Madera, Barbados, Nieves, S. Christophers and Jamaica*, 2 Vols. (London, 1707, 1725).

84 Pratik Chakrabarti, *Materials and Medicine: Trade, Conquest and Therapeutics in the Eighteenth Century* (Manchester: Manchester UP., 2010), pp. 144-146.

**첼시 약초원(Chelsea Physic Garden)** 1673년 의약용 식물을 연구하기 위해 설립된 약초원으로, 슬론의 지원 아래 세계 곳곳의 다양한 약용 식물이 재배되었다. 이곳에서 인삼 재배도 시도되었으나 실패했다. (출처: Wikimedia Commons)

로 이후 영국박물관의 기초가 될 방대한 수집품을 사 모으는 한편, 첼시 Chelsea에 약초원도 설립할 수 있었다.

슬론의 약초원을 필두로 영국 곳곳에 약초정원이 생겨나고, 그곳에서 인삼을 재배하려는 시도가 이어졌다. 슬론도 비록 참담한 실패로 끝났지만 자메이카에서 인삼을 재배하려고 시도했다. 그의 수집품 목록에는 13개가 넘는 인삼 종류가 수록되어 있는데, 1691~1692년경에 채집했다는 일본인삼의 씨와 잎도 들어 있다. 이로 인해 슬론은 일본인삼까지 포괄하는 전문가로서 독보적인 입지를 누리게 되었다.[85] 그가 소유한 인삼

85 Nat. Hist. Museum (BM), Botany Library, Sir Hans Sloane-Vegetables and vegetable substances, nos. 887, 12140 and 12141.

표본의 일부에는 고위공직자에게 선물받은 진귀한 것이라는 노트가 붙어 있는데, 이로 미루어 당시 영국에서도 인삼이 고관대작들 사이에서 선물로 쓰였음을 알 수 있다.

인삼 전문가로 통한 덕분에 슬론은 인삼과 관련된 일에 대해서는 반드시 의견을 구해야 할 권위자라는 평을 받았다. 왕립학회 회원이자 아메리카의 영국 식민지 농장주였던 윌리엄 버드 2세William Byrd II, 1674~1744는 인삼화기삼 교역에 뛰어들면서 슬론에게 인삼의 약효에 대해 추천장을 써달라고 부탁했다. 그런데 슬론은 인삼에 관심이 높았음에도 불구하고 인삼이 약재로서 별 쓸모가 없다는 답신을 보냈다. 큰 상처를 받은 버드는 슬론에게 편지를 보내 "아마 귀하는 경애하는 펨브로크 경Lord Pembroke이 보내주신 상자를 받자마자 그 안에 들어 있는 인삼을 꺼내 야금야금 씹어 드시고 계실 것입니다. 그것의 약효 덕분에 자메이카가 귀하의 건강에 끼친 모든 해악이 고쳐졌으리라 믿습니다"라고 비아냥거렸다.[86]

역사학자 크리스토퍼 이아니니Christopher P. Iannini는 이처럼 슬론이 인삼의 효능을 폄하했던 이유가 사실은 경제적 이해관계 때문이었을 것이라고 추측했다. 슬론은 자메이카에서 코코아초콜릿에 우유를 넣은 것를 처음 접하게 되었는데, 그것을 상품화해 유럽에서 판매한다면 큰돈을 벌 수 있을 거라 기대했다. 그러기 위해서는 코코아를 만병통치약으로 포장할 필요가 있었고, 같은 시기에 경쟁 상품이 될 가능성이 높았던 인삼을 깎아내렸다는 것이다.[87] 앞서 언급했듯이 슬론 자신은 자메이카에 인삼을

86 "Byrd to Sloane, Aug. 20, 1738," in Marion Tinling ed., *The Correspondence of the Three William Byrds of Westover, Virginia*, Vol. 2 (Charlottesville, VA: Virginia Historical Society Documents, 1977), pp. 528-529.

이식하려 했으나 실패한 바 있었고, 따라서 아무리 인삼 전문가로 통했다 할지라도 다른 사람이 인삼을 재배해 파는 사업을 지지할 수는 없었다. 그에게 인삼은 '신포도'나 마찬가지였다.

## 루이 14세와 인삼

테브노의 인삼론이 일찍이 1650년대에 나왔음에도 불구하고, 프랑스에서는 인삼 연구가 영국보다 훨씬 늦은 1690년대에야 시작되었다.[88] 그전까지는 주로 상인, 모험가와 선교사 들이 쓴 여행기나 보고서에서 동양의 인삼이 소개되었다. 당시 프랑스의 해외 무역은 네덜란드와 영국에 비해 훨씬 뒤처져 있었다. 이에 재상 콜베르는 경쟁국들을 따라잡기 위해 강력한 중상주의 정책을 내세우며 1664년 프랑스 왕립 동인도회사 Compagnie royale des Indes를 설립하게 된다. 콜베르는 동인도회사 설립 이전부터 테브노를 중심으로 학술동아리를 만들어 항해 기술부터 외국의 지리와 풍습, 동식물, 약초에 대한 정보 등에 이르기까지 중상주의 정책을 뒷받침할 수 있는 방대한 정보를 수집하는 데 적극적이었다. 그 결과물로 탄생한 테브노의 《여행기》에 동양의 신비로운 약초인 인삼을 소개하는 대목이 영국 왕립학회 기관지 창간호에 실렸던 것이다.

1666년 콜베르는 테브노의 학술동아리를 더욱 발전시켜 과학 진흥 정

---

87 Christopher P. Iannini, *Fatal Revolutions: Natural History, West Indian Slavery, and the Routes of American Literature* (Chapel Hill: Univ. of North Carolina Press, 2013), pp. 116-117.

88 프랑스 왕립과학원의 인삼 연구에 관한 내용은 다음 논문을 적극 참조했다. 이혜민, 〈루이 14세의 인삼: 17세기 말~18세기 초 프랑스의 본초학 지식 형성〉, 《의사학》 25(1) (2016), pp. 111-145.

책을 전담할 왕립과학원을 설립하기에 이른다. 왕립과학원의 임무 가운데 하나가 해외에서 들여온 식물과 약초에 대한 연구였다. 국왕의 주치의로 파리대학 약학교수였던 드니 도다르Denis Dodart, 1634~1707와 약학자 겸 화학자인 클로드 부르들랭Claude Bourdelain, 1621~1699, '국왕의 정원Jardin du Roi' 총책임자인 니콜라 마르샹Nicolas Marchand, ?~1687 등이 이 과업을 수행할 핵심 멤버였다. 이미 테브노가 인삼론을 내놓은 바 있지만 프랑스 왕립과학원이 본격적으로 인삼을 연구하게 된 계기는 따로 있다. 바로 루이 14세에게 인삼이 '공식적으로' 진상되는 일이 일어난 것이다.

1686년 9월 1일, 베르사유궁전의 거울의 방에서는 성대한 환영행사가 열렸다. '태양왕'으로 불린 루이 14세가 시암Siam, 지금의 타이의 외교사절단을 맞이하는 자리였다. 해외 무역에 뒤늦게 뛰어든 프랑스는 경쟁국 네덜란드의 방해로 골치를 앓고 있었다. 동양에 교두보를 구축하는 일이 시급했던 프랑스는 중국, 인도와 더불어 동양의 강국으로 알려진 시암과 긴밀한 관계를 맺어 네덜란드를 견제하고자 했다. 외세에 시달리던 시암의 국왕 프라 나라이Phra Narai, 재위 1656~1688 또한 유럽 국가들 가운데서 우방을 찾고 있었는데, 이때 선택한 나라가 프랑스였다.

시암은 1681년 최초의 사절단을 프랑스에 보냈고, 곧 1684년 두 번째 사절단을 파견했다. 루이 14세는 그들을 성대하게 환영했을 뿐 아니라 두 차례 방문에 대한 보답으로 1685년 시암에 프랑스 외교단을 보내게 되었다. 이 외교단에는 종교인부터 과학자까지 대거 포함되어 정치뿐만 아니라 문화사절로서의 성격도 짙었다. 그들은 아시아의 문물과 산물을 자세히 조사하여 본국에 보고했다. 프랑스 사절단 대부분은 이때 시암에서 인삼을 처음 직접 접했다. 프랑수아 티몰레옹 드 슈아지François-Timoléon de Choisy, 1644~1724 신부와 예수회 선교사 기 타샤르Guy Tachard, 1651~1712는 자신들이 본 인삼에 대한 상세한 기록을 본국에 보냈다.

**프랑스에 온 시암 외교 사절단** 1686년 9월 1일 베르사유궁에서 시암 대사가 루이 14세에게 나라이 왕의 친서와 선물을 전하는 장면. 프랑스는 동양에 교두보를 구축하기 위해, 시암은 유럽 국가들 중에서 우방을 찾기 위해 서로 사절단을 파견했다. (출처: Wikimedia Commons)

1686년 새로운 시암 사절단이 베르사유궁전에 도착했다. 당시 승마로 인해 생긴 치루로 고생하던 루이 14세는 염증과 고열에 시달리면서도 사절단을 위해 최고의 환영과 연회를 베풀었다. 거울의 방에는 은으로 만든 가구들이 배치되었고, 루이 14세는 사절단에게 자신의 거처와 보물실, 국왕의 정원을 보여주기까지 했다. 1,500명이나 되는 고관대작이 참석한 이 환영행사에서 인삼의 역사에 길이 남을 일이 벌어졌다. 시암의 대사가 루이 14세의 만수무강을 기원하며 인삼을 진상한 것이었다. 기록에는 인삼이 "잔캄Jancam"으로 표기되어 있는데, 선물 꾸러미에는 인삼과 더불어 "차를 우려내고 인삼을 익히기 위해 물을 데우는" 은주전자 하나와 중국의 다기도 들어 있었다.[89]

루이 14세가 실제로 인삼을 복용했는지 여부는 확실하지 않다. 하지만 태양왕의 건강을 위해 전력을 다하던 어의들이 동양에서 만병통치약으로 불린 인삼에 큰 관심을 가졌던 것은 확실하다. 1690년대 왕립과학원에서 인삼을 본격적으로 연구하기 시작했기 때문이다. 프랑스 왕립과학원은 수십 년이 지난 뒤까지도 시암 사절단이 진상한 인삼의 일부를 귀중한 수집품으로 소장하고 있었다.

## 서구 최초의 인삼 박사학위논문

이런 분위기 속에서 프랑스에서 처음으로 인삼을 학술적으로 연구한 성과물이 나타났다. 1697년 11월 27일 왕립과학원에서 부르들랭이 중국

89 Michael Smithies, ed. and trans., *The discourses at Versailles of the First Siamese Ambassadors to France, 1686~1687* (Bankok: The Siam Society, 1986), pp. 84-87.

에서 높이 평가받고 있는 "인삼Sin...sem"에 대한 논고를 발표한 것이다. 그는 우선 이 이방식물의 이름이 곧 '인간hominem'과 '식물plantam'이라는 뜻으로, 인간의 형상을 한 중국의 뿌리식물을 말한다고 설명했다. 부르들랭의 발표는 인삼의 식물학적 특징에 집중되어 있었다. 인삼의 자생지는 주로 중국 동부 타타르 지방인 요동이고, 병으로 크게 쇠약해진 환자나 노인 들에게 힘을 북돋아준다고 언급했다.[90]

1718년에 간행된 《왕립과학원사Histoire de l'Académie royale des sciences》는 부르들랭의 소고가 프랑스 인삼 연구의 출발점이라고 평가하면서 그때까지 알려지거나 연구된 인삼에 대한 지식을 정리한 〈인삼에 대하여Sur le Gin-Seng〉라는 논고를 실었다. 이에 따르면, "과거에 예수회 선교사들이 최초로 중국에서 높이 평가받고 있는 약초인 인삼에 대해 이야기했고, 그들 덕분에 유럽에서 인삼에 대해 약간 알게 되었다". 그리고 이후 선박 몇 척에 인삼을 소량 들여왔지만, 워낙 "귀하고 대단히 비싼 약초인지라 진기한 견본標本 정도만" 들여왔다고 한나.[91]

1736년 2월 9일 파리의과대학에서는 유럽 최초로 인삼을 주제로 작성된 박사학위논문의 심사가 열렸다.[92] 뤼카 오귀스탱 폴리오 드 생바스Lucas Augustin Folliot de Saint-Vast[93]가 쓴 논문의 제목은 〈인삼, 병자들에게 강장제 역할을 하는가?An infirmis à morbo viribus reparandis Gin Seng?〉였다.[94] 그

90 Jean-Baptist Du Hamel, *Regiae Scientiarum Academiae Historia* [Paris, 1698] Rev. ed. (Paris, 1701), p. 451.

91 L'Académie royale des sciences, "Sur le Gin-Seng," in *Histoire de l'Académie royale des sciences* (Paris, 1718), pp. 41-45.

92 이혜민, 〈루이 14세의 인삼: 17세기 말~18세기 초 프랑스의 본초학 지식 형성〉, pp. 111-145.

93 폴리오 드 생바스의 정확한 생몰년은 알 수 없으나 1737년 연감에 따르면 파리의과대학 박사 및 교수로 재직한 것으로 나타난다.

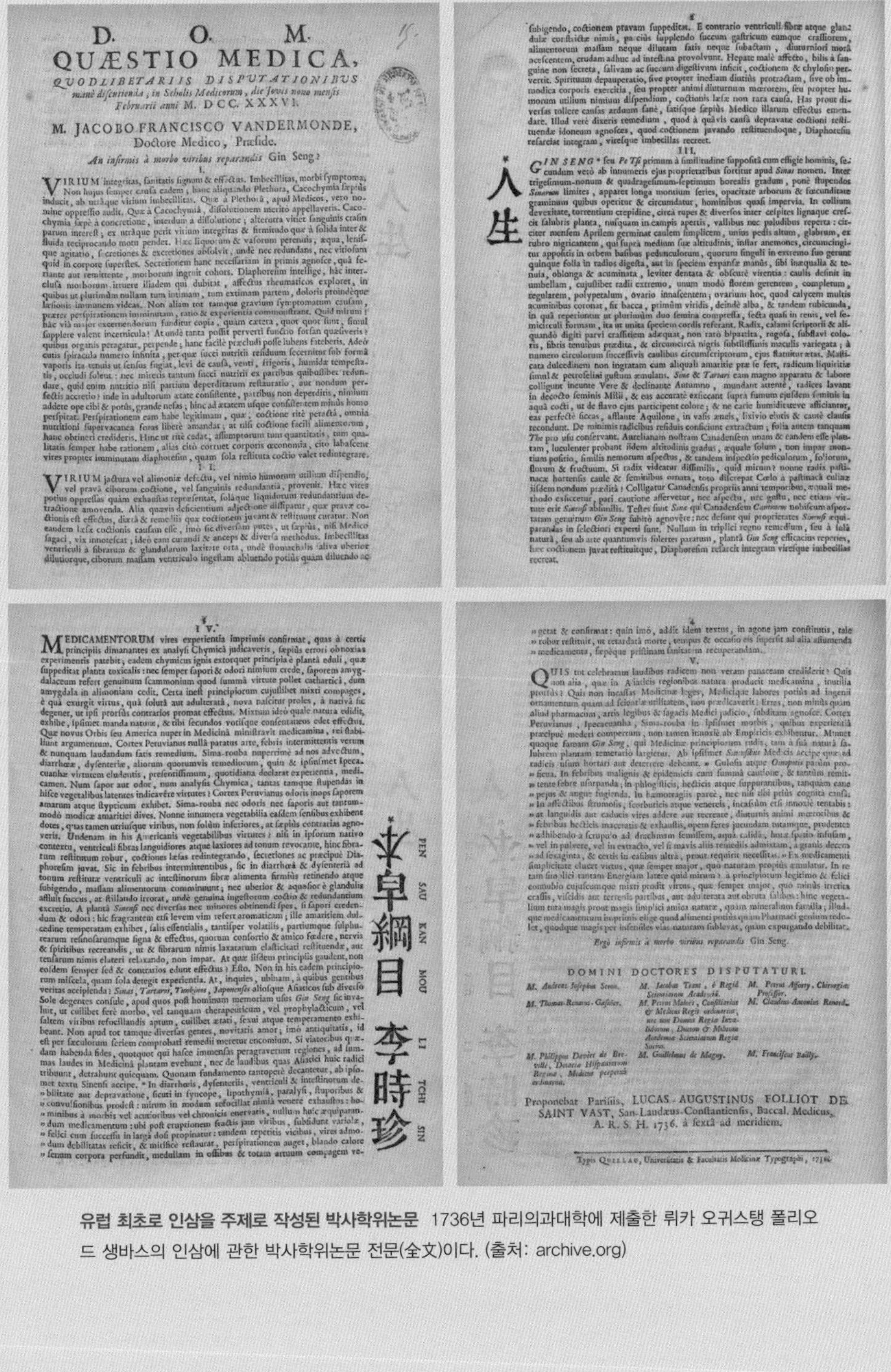

D. O. M.

QUÆSTIO MEDICA,

*QUODLIBETARIIS DISPUTATIONIBUS manè discutienda; in Scholis Medicorum, die Jovis nono mensis Februarii anni* M. DCC. XXXVI.

M. JACOBO-FRANCISCO VANDERMONDE, Doctore Medico, Præside.

*An infirmis à morbo viribus reparandis* Gin Seng?

I.

VIRIUM integritas, sanitatis signum & effectus. Imbecillitas, morbi symptoma. Non hujus semper causa eadem; hanc aliquando Plethora, Cacochymia sæpiùs inducit, ab utrâque virium imbecillitas. Quæ à Plethorâ, apud Medicos, vero nomine oppressio audit. Quæ à Cacochymiâ, dissolutionem meritò appellaveris. Cacochymia sæpè à concretione, interdum a dissolutione; alterutra vitiet sanguinis crasin parum interest; ex utrâque perit virium integritas & firmitudo quæ à solida inter & fluida reciprocando motu pendet. Hæc liquorum & vasorum perennis, æqua, lenisque agitatio, secretiones & excretiones absolvit, undè nec redundans, nec vitiosum quid in corpore superstes. Secretionem hanc necessariam in primis agnosce, quâ feriante aut remittente, morborum ingruit cohors. Diaphoresim intellige, hâc interclusâ morborum irruere iliadem qui dubitat, affectus rheumaticos exploret, in quibus ut plurimùm nullam tum intimam, tum extimam partem, doloris proindèque læsionis immunem videas. Non aliam tot tamque gravium symptomatum causam, præter perspirationem imminutam, ratio & experientia commonstrant. Quid mirum? hâc viâ major excernendorum funditur copia, quam cætera, quot quot sunt, simul supplere valent incernicula! At undè tanta possit perverti functio forsan quæsiveris? quibus organis peragatur, perpende; hanc facilè præcludi posse lubens fateberis. Adeò cutis spiracula numero infinita, per quæ succi nutritii residuum secernitur sub formâ vaporis ita tenuis ut sensus fugiat, levi de causâ, venti, frigoris, humidæ tempestatis, occludi solent: nec mireris tantum succi nutritii ex partibus quibuslibet redundare, quid enim nutritio nisi partium deperditarum restauratio, aut nondum perfectis accretio? inde in adultorum ætate consistente, partibus non deperditis, nimium addere ope cibi & potûs, grande nefas; hinc ad ætatem usque consistentem minùs homo perspirat. Perspirationem eam habe legitimam, quæ, coctione ritè peractâ, omnia nutritioni supervacanea foras liberè amandat; at nisi coctione facili alimentorum, hanc obtineri credideris. Hinc ut ritè cedat, assumptorum tum quantitatis, tum qualitatis semper habe rationem, alias citò corruet corporis œconomia, citò labascent vires propter imminutam diaphoresim, quam sola restituta coctio valet redintegrare.

II.

VIRIUM jactura vel alimoniæ defectu, vel nimio humorum utilium dispendio, vel pravâ ciborum coctione, vel sanguinis redundantiâ, provenit. Hæc vires potius oppressas quàm exhaustas repræsentat, solâque liquidorum redundantium detractione amovenda. Alia quævis deficientium adjectione dissipatur, quæ pravæ coctionis est effectus, diætâ & remediis quæ coctionem juvant & restituunt curatur. Non eandem læsæ coctionis causam esse, imò sic diversam putes, ut sæpiùs, nisi Medico sagaci, vix innotescat; ideò eam curandi & anceps & diversa methodus. Imbecillitas ventriculi à fibrarum & glandularum laxitate orta, undè stomachalis saliva uberior dilutiorque, ciborum massam ventriculo ingestam abluendo potiùs quam diluendo ac

2

subigendo, coctionem pravam suppeditat. E contrario ventriculi fibræ atque glandulæ constrictæ nimis, parciùs supplendo succum gastricum eumque crassiorem, alimentorum massam neque dilutam satis neque subactam, diuturniori morâ acescentem, crudam adhuc ad intestina provolvunt. Hepate malè affecto, bilis à sanguine non secreta, salivam ac succum digestivum inficit, coctionem & chylosin pervertit. Spirituum depauperatio, sive propter inediam diutiùs protractam, sive ob immodica corporis exercitia, seu propter animi diuturnum mœrorem, seu propter humorum utilium nimium dispendium, coctionis læsæ non rara causa. Has prout diversas tollere causas arduum sanè, satisque sæpiùs Medico illarum effectus emendare. Illud verè dixeris remedium, quod à quâvis causâ depravatæ coctioni restituendæ idoneum agnosces, quod coctionem juvando restituendoque, Diaphoresin resarciat integram, viresque imbecillas recreet.

III.

人生

GIN SENG * seu *Pe Tsi* primum à similitudine suppositâ cum effigie hominis, secundum verò ab innumeris ejus proprietatibus sortitur apud *Sinas* nomen. Inter trigesimum-nonum & quadragesimum-septimum borealis gradum, ponè stupendos *Sinarum* limites, apparet longa montium series, opacitate arborum & fœcunditate graminum quibus operitur & circumdatur, hominibus quasi impervia. In collium devexitate, torrentium crepidine, circà rupes & diversos inter cespites lignaque crescit salubris planta, nusquam in campis apertis, vallibus nec paludibus reperta: circiter mensem Aprilem germinat caulem simplicem, unius pedis altum, glabrum, ex rubro nigricantem, qui suprà medium suæ altitudinis, instar anemones, circumcingitur appositis in orbem basibus pedunculorum, quorum singuli in extremo suo gerunt quinque folia in radios digesta, aut in speciem expansæ manûs, sibi inæqualia & tenuia, oblonga & acuminata, leviter dentata & obscurè virentia: caulis desinit in umbellam, cujuslibet radii extremo, unum modò florem gerentem, completum, regularem, polypetalum, ovario innascentem; ovarium hoc, quod calycem multis acuminibus coronat, fit bacca, primùm viridis, deindè alba, & tandem rubicunda, in quâ reperiuntur ut plurimùm duo semina compressa, secta quasi in renis, vel semicirculi formam, ita ut unita speciem cordis referant. Radix, calami scriptorii & aliquandò digiti parvi crassitiem adæquat, non rarò bipartita, rugosa, subflavi coloris, fibris tenuibus prædita, & circumcircà nigris subtilissimis maculis variegata; à numero circulorum successivis caulibus circumscriptorum, ejus statuitur ætas. Masticata dulcedinem non ingratam cum aliquali amaritie præ se fert, radicum liquiritiæ simul & petroselini gustum æmulans. *Sinæ* & *Tartari* eam magno apparatu & labore colligunt ineunte Vere & declinante Autumno, mundant attentè, radices lavant in decocto seminis Milii, & eas accuratè exsiccant suprà fumum ejusdem seminis in aquâ cocti, ut de flavo ejus participent colore; & ne carie humiditateve afficiantur, eas perfectè siccas, afflante Aquilone, in vasis æneis, lixivio elutis & cautè clausis recondunt. De minimis radicibus residuis conficiunt extractum; folia autem tanquam *The* pro usu conservant. Aurelianam nostram Canadensem unam & eandem esse plantam, luculenter probant iidem altitudinis gradus, æquale solum, non impar montium positio, similis nemorum aspectus, & tandem inspectio pediculorum, foliorum, florum & fructuum. Si radix videatur dissimilis, quid mirum? nonne radix pastinacæ hortensis caule & seminibus ornata, toto discrepat Cœlo à pastinacâ culinæ iisdem nondum præditâ? Colligatur Canadensis propriis anni temporibus, æquali methodo exsiccetur, pari cautione asservetur, nec aspectu, nec gustu, nec etiam virtute erit *Sinensi* absimilis. Testes sunt *Sinæ* qui Canadensem *Cantonem* nobiscum asportatam genuinum *Gin Seng* subitò agnovêre: nec desunt qui proprietates *Sinensi* æquiparandas in selectiori experti sunt. Nullum in triplici regno remedium, seu à solâ naturâ, seu ab arte quantumvis solerter paratum, plantâ *Gin Seng* efficacius reperies, hæc coctionem juvat restituitque, Diaphoresim resarcit integram viresque imbecillas recreat.

3

IV.

MEDICAMENTORUM vires experientia imprimis confirmat, quas à certis principiis dimanantes ex analysi Chymicâ judicaveris, sæpiùs errori obnoxias experimentis patebit; eadem chymicus ignis extorquet principia è plantâ eduli, quæ suppeditat planta toxicalis: nec semper sapori & odori nimium crede, saporem amygdalaceum refert genuinum scammonium quod summâ virtute pollet catharticâ, dum amygdala in alimoniam cedit. Certa inest principiorum cujuslibet mixti compages, è quâ exurgit virtus, quâ solutâ aut adulteratâ, nova nascitur proles, à nativâ sic degener, ut ipsi prorsùs contrarios promat effectus. Mixtum ideò quale natura edidit, exhibe, ipsimet manda naturæ, & tibi secundos votisque consentaneos edet effectus. Quæ novus Orbis seu America nuper in Medicinâ ministravit medicamina, rei stabiliunt argumentum. Cortex Peruvianus nullâ paratus arte, febris intermittentis verum & nunquam laudandum satis remedium. Sima-rouba nuperrimè ad nos advectum, diarrhϾ, dysenteriæ, aliorum quorumvis remediorum, quin & ipsiusmet Ipecacuanhæ virtutem eludentis, presentissimum, quotidiana declarat experientia, medicamen. Num sapor aut odor, num analysis Chymica, tantas tamque stupendas in hisce vegetalibus latentes indicavêre virtutes? Cortex Peruvianus odoris inops saporem amarum atque stypticum exhibet. Sima-rouba nec odoris nec saporis aut tantummodò modicæ amaritiei dives. Nonne innumera vegetabilia easdem sensibus exhibent dotes, quas tamen utriusque viribus, non solùm inferiores, at sæpiùs contrarias agnoveris. Undenam in his Americanis vegetabilibus virtutes? nisi in ipsorum nativo contextu, ventriculi fibras languidiores atque laxiores ad tonum revocante, hinc fibrarum restitutum robur, coctiones læsas redintegrando, secretiones ac præcipuè Diaphoresim juvat. Sic in febribus intermittentibus, sic in diarrhω & dysenteriâ ad tonum restitutæ ventriculi ac intestinorum fibræ alimenta firmiùs retinendo atque subigendo, massam alimentorum comminuunt; nec uberior & aquosior è glandulis affluit succus, at stillando irrorat, undè genuina ingestorum coctio & redundantium excretio. A plantâ *Sinensi* nec diversas nec minores obtinendi spes, si sapori credendum & odori: hic fragrantem etsi levem vim refert aromaticam; ille amaritiem dulcedine temperatam exhibet, salis essentialis, tantisper volatilis, partiumque sulphurearum resinosarumque signa & effectus, quorum consortio & amico fœdere, nervis & spiritibus recreandis, ut & fibrarum nimis laxatarum elasticitati restituendæ, aut tensarum nimis elateri relaxando, non impar. At quæ iisdem principiis gaudent, non eosdem semper sed & contrarios edunt effectus? Esto. Non in his eadem principiorum miscela, quam sola detegit experientia. At, inquies, ubinam, à quibus gentibus veritas accipienda? *Sinas*, *Tartaros*, *Tunkinos*, *Japonenses* aliosque Asiaticos sub diverso Sole degentes consule, apud quos post hominum memoriam usus *Gin Seng* sic invaluit, ut cuilibet ferè morbo, vel tanquam therapeuticum, vel prophylacticum, vel saltem viribus refocillandis aptum, cuilibet ætati, sexui atque temperamento exhibeant. Non apud tot tamque diversas gentes, novitatis amor; imò antiquitatis, id est per sæculorum seriem comprobati remedii meretur encomium. Si viatoribus quædam habenda fides, quotquot qui hasce immensas peragraverunt regiones, ad summas laudes in Medicinâ plantam evehunt, nec de laudibus quas Asiatici huic radici tribuunt, detrahunt quicquam. Quonam fundamento tantoperè decantetur, ab ipsomet textu Sinensi accipe. * In diarrhœis, dysenteriis, ventriculi & intestinorum debilitate aut depravatione, sicuti in syncope, lipothymiâ, paralysi, stuporibus & convulsionibus prodest: mirum in modum refocillat nimiâ venere exhaustos: hominibus à morbis vel acutioribus vel chronicis enervatis, nullum huic æquiparandum medicamentum: ubi post eruptionem fractis jam viribus, subsidunt variolæ, felici cum successu in largâ dosi propinatur: tandem repetitis vicibus, vires admodum debilitatas reficit, & mirificè restaurat, perspirationem auget, blando calore senum corpora perfundit, medullam in ossibus & totam artuum compagem ve-

* 本草綱目 李時珍

PEN SAU KAN MOU LI TCHI SIN

4

» getat & confirmat: quin imò, addit idem textus, in agone jam constitutis, tale » robur restituit, ut retardatâ morte, tempus & occasio eis supersit ad alia assumenda » medicamenta, sæpèque pristinam sanitatem recuperandam.

V.

QUIS tot celebratam laudibus radicem non veram panaceam crediderit? Quis non alia, quæ in Asiaticis regionibus natura producit medicamina, inutilia prorsùs? Quis non incassas Medicinæ leges, Medicique labores potiùs ad ingenii ornamentum quam ad scientiæ utilitatem, non prædicaverit? Erres, non minùs quam aliud pharmacum, artis legibus & sagacis Medici judicio, subditam agnosce. Cortex Peruvianus, Ipecacuanha, Sima-rouba in ipsismet morbis, quibus experientiâ præcipuè mederi compertum, non tamen innoxiè ab Empiricis exhibentur. Minuet quoque famam *Gin Seng*, qui Medicinæ principiorum rudis, tam à suâ naturâ salubrem plantam temerariò largietur. Ab ipsismet *Sinensibus* Medicis accipe quæ ad radicis usum hortari aut deterrere debeant. » Gulosis atque *Oinopotis* parùm proficua. In febribus malignis & epidemicis cum summâ cautione, & tantùm remittente febre usurpanda; in phlogisticis, hecticis atque suppurantibus, tanquàm cane » pejus & angue fugienda. In hæmorragiis parcè, nec nisi tibi priùs cognitâ causâ: » In affectibus strumosis, scorbuticis atque venereis, incassùm etsi innoxiè tentabis: » at languidis aut caducis vires addere aut recreare, diuturnis animi mœroribus & » febribus hecticis maceratis & exhaustis, opem feres jucundam tutamque, prudenter » adhibendo à scrupulo ad drachmam semissem, aquâ calidâ, horæ spatio infusam, » vel in pulvere, vel in extracto, vel si mavis aliis remediis admixtam, à granis decem » ad sexaginta, & certis in casibus ultra, prout requirit necessitas. » Ex medicamenti simplicitate elucet virtus, quæ semper major, quò naturam propiùs æmulatur. In re tam simplici tantam Energiam latere quid mirum? à principiorum legitimo & felici connubio cujuscumque mixti prodit virtus, quæ semper major, quò minùs irretita crassis, viscidis aut terrenis partibus, aut adulterata aut obruta salibus: hinc vegetalium tuta magis prout magis simplici amica naturæ, quàm mineralium familia; illudque medicamentum imprimis elige quod alimenti potiùs quàm Pharmaci genium redolet, quodque magis per insensiles vias naturam sublevat, quàm expurgando debilitat.

*Ergò infirmis à morbo viribus reparandis* Gin Seng.

DOMINI DOCTORES DISPUTATURI.

| | | |
|---|---|---|
| *M. Andreas Josephus Seron.* | *M. Jacobus Trant, è Regiâ Scientiarum Academiâ.* | *M. Petrus Afforty, Chirurgiæ Professor.* |
| *M. Thomas-Renatus-Gasselier.* | *M. Petrus Maloet, Consiliarius & Medicus Regis ordinarius, nec non Domus Regiæ Invalidorum, Ducum & Militum Academiæ Scientiarum Regiæ Socius.* | *M. Claudius-Antonius Renard.* |
| *M. Philippus Daviet de Breville, Dotariæ Hispaniarum Reginæ, Medicus perpetuò ordinarius.* | *M. Guillelmus de Magny.* | *M. Franciscus Bailly.* |

Proponebat Parisiis, LUCAS-AUGUSTINUS FOLLIOT DE SAINT VAST, San-Laudæus-Constantiensis, Baccal. Medicus, A. R. S. H. 1736. à sextâ ad meridiem.

Typis QUILLAU, Universitatis & Facultatis Medicinæ Typographi, 1736.

**유럽 최초로 인삼을 주제로 작성된 박사학위논문** 1736년 파리의과대학에 제출한 뤼카 오귀스탱 폴리오 드 생바스의 인삼에 관한 박사학위논문 전문(全文)이다. (출처: archive.org)

는 프랑스 북부 노르망디 지방 출신으로 중국학 연구자도 아니었고, 평생 중국이나 아시아에는 가본 적도 없었다. 그런데 이 논문의 심사위원장이었던 파리의과대학 교수 자크 프랑수아 방데르몽드Jacques-François Vendermonde, ?~1746는 마카오에서 10년 이상 체류하며 포르투갈 국적을 취득하고 다시 파리의과대학에서 의학박사학위를 취득한, 아시아와 깊은 인연을 가진 인물이었다.[95]

폴리오 드 생바스는 자르투 등의 연구를 바탕으로 인삼을 식물학적으로 개괄한 뒤 인삼이 약으로 사용될 수 있는 증거를 제시했다. 인삼이 설사, 이질, 기력 약화, 위와 창자의 통증, 실신, 마비 증세, 무기력증, 경련 등을 치료하는 데 유용하며, 쇠약해진 기력을 회복하는 데도 독보적인 효능을 지닌 약이라고 주장했다. 그는 인삼이 아메리카 대륙에서 들여온 페루비안 바크기나피나 시마루바Simarouba, 이페카쿠아나Ipecacuanha 등과 견주어도 전혀 뒤지지 않는 효력을 지니고 있으며, 발열, 설사, 이질, 소화불량 등을 치료한다고 주장했다. 이를 뒷받침하기 위해 폴리오 드 생바스는 이시진의《본초강목》을 인용했다.[96]

폴리오 드 생바스의 논문은 인삼을 복용할 때 주의할 점들도 지적한다. 식도락가와 주정뱅이는 인삼을 복용해도 큰 효과가 없으며, 전염병으로 인한 발열이나 염증성 발열, 개나 뱀에게 물렸을 경우 등에는 인삼

---

94 Lucas Augustin Folliot de Saint-Vast et Jacobus Franciscus Vandermonde, *Resp. Quaestio medica, An infirmis à morbo viribus reparandis Gin Seng?*, Prads. F. Vandermonde (Paris, 1736).

95 Antoine Laurent Jessé Bayle, *Encyclopédie des sciences médicales*, Sixième Division, Biographie médicale, II (Paris, 1841), p. 522.

96 Folliot de Saint-Vast et Vandermonde, *Resp. Quaestio medica, An infirmis à morbo viribus reparandis Gin Seng?*, p. 3.

복용을 금해야 한다는 것이다.[97] 인삼은 다른 약재와 적절하게 혼합해 사용할 때 그 효과가 더 커진다고 강조하기도 했다. 또한 그는 인삼이 질병의 치료뿐만 아니라 건강을 점진적으로 증진하는 식품으로서의 특징도 갖고 있다고 말했다. 이 부분은 마치 오늘날 인삼의 활용을 예견한 것처럼 보이기도 한다. 큰 관심과 호응 속에 무사히 통과된 이 논문은 인삼이 강장제로서 적합하다는 결론을 내린 서양 최초의 박사학위논문으로 기록에 남았다.

97 Folliot de Saint-Vast et Vandermonde, *Resp. Quaestio medica, An infirmis à morbo viribus reparandis Gin Seng?*, p. 3.

# chapter03 북아메리카 대륙의 인삼 발견

## 북아메리카에서 인삼을 찾다

1716년 인삼을 둘러싸고 세계사에 일대 변혁을 가져온 사건이 일어났다. 북아메리카에서 '인삼화기삼'이 발견된 것이다. 앞서 살펴보았듯이 예수회 신부 자르투가 만주에서 인삼을 직접 본 뒤 작성한 보고서가 영국의 왕립학회 기관지 등을 통해 유럽에 널리 퍼져나갔다. 교단의 소식지로 그 기록을 접했던 프랑스 출신 예수회 신부 조제프 프랑수아 라피토Joseph François Lafitau, 1681~1746가 캐나다에서 비슷한 식물을 발견하게 된 것이다. 사실 자르투는 한때 캐나다에 머문 적이 있어서 그곳의 생태를 알고 있었는데, 자생 조건이 까다로운 인삼이 만약 다른 곳에서도 자란다면 캐나다 정도가 아닐까 하는 추측을 내놓았던 적이 있다.[98] 결과적으로

98 Jartoux, "The Description of a Tartarian Plant, Call'd Gin-seng," p. 240.

라피토는 1716년 몬트리올과 오타와 사이 북위 45.31도 지역에서 인삼과 비슷한 식물을 발견하게 된다.

그런데 실제로 북아메리카 대륙에서 인삼을 처음 발견한 사람은 라피토가 아닌 미셸 사라쟁Michel Sarrazin, 1659~1734이었다. 프랑스 왕립과학원 회원이었던 사라쟁은 1697년 캐나다령 프랑스퀘벡에 국왕이 임명한 의사로 파견되었는데, 1700년경 그곳에서 인삼을 채집한 뒤 "아랄리아Aralia"라고 표기했다. 그는 이 식물이 중국의 인삼과 비슷하다고 생각해서 "닌진 혹은 인삼 종種"이라는 메모까지 붙여 프랑스 왕립식물원으로 보냈다. 하지만 그의 발견은 주목받지 못했고, 결국 북미삼 발견의 공은 라피토에게 넘어갔다. 학자로서 권위를 인정받던 사라쟁의 공이 묻히고 라피토가 북아메리카 대륙 인삼의 발견자로 기억된 것은 당시 학계의 성격으로 볼 때 납득하기 어려운 일이다. 왜냐하면 유럽의 정통 과학집단은 예수회의 과학적 업적에 대해 존중하지 않는 경향이 매우 강했기 때문이다.[99]

따라서 '라피토의 발견'이 승인된 사건을 두고 일각에서 여러 해석이 나오게 된 것은 우연이 아닐 것이다. 먼저 당시의 수송 수단이 열악해서 목적지에 도착하기도 전에 채집한 식물 대부분이 부패했고, 너무 많은 식물이 신대륙에서 오는 바람에 관리나 처리를 제대로 하지 못했다는 기술적 이유가 원인으로 제기되었다.[100] 한편, 크리스토퍼 파슨스Christopher M. Parsons 같은 학자는 권위주의와 타성에 젖은 유럽의 과학자들과 달리 예수회 선교사들은 현지의 전통적인 지식을 존중하는 개방적인 태도를

99 Chakrabarti, *Materials and Medicine*, p. 116.

100 장일무, 《한국인삼산업사》 제2권 (KGC인삼공사, 2018), p. 74. 주 27 참조.

지녔다는 사실을 강조한다. 실제로 라피토는 이미 5년 정도 그 지역에서 머물며 언어와 문화를 습득했다. 그뿐만 아니라 원주민을 존중하는 태도로 대했기에 그들에게서 신망과 존경을 받았다. 파슨스는 이처럼 라피토가 신뢰를 쌓아온 덕분에 원주민의 도움을 받아 인삼을 쉽게 발견할 수 있었고, 그 식물에 '인삼'으로서의 정체성도 부여할 수 있었다고 설명한다. 그와 달리 사라쟁은 라피토보다 먼저 발견했음에도 유럽의 전통적 본초학적 틀 속에서 식물을 묘사하는 데 치중하고 원주민들의 경험과 지식은 귀담아듣지 않았기에 인삼의 특별한 가치를 포착해낼 수 없었다는 말이다.[101]

라피토가 북아메리카 대륙에서 최초로 인삼을 발견했다고 승인되었지만 정확히 말하자면 실제로 인삼을 발견한 사람은 라피토가 아니라 그 지역의 모호크족Mohawk 여성이었다. 라피토는 자신이 머물던 캐나다의 위치가 중국에서 인삼이 자생하는 곳과 비슷한 위도에 있다는 사실을 깨닫고 본초학에 능통한 치료주술사인 그 여성에게 인삼과 흡사한 식물이 있는지 찾아달라고 부탁했던 것이다.[102] 라피토는 그들과 함께 석 달 동안 인삼을 찾아 헤맸는데, 마침내 인삼을 발견하자 그동안 수색을 도와준 원주민원문에는 '야만인들(Sauvages)'이라고 표현함에게 그것을 "즐거운 마음으로 가져가서 보였다"고 기록했다.[103] 이후 인삼 발견 관련 보고서에서 그

---

101 Christopher M. Parsons, "The Natural History of Colonial Science: Joseph-François Lafitau's Discovery of Ginseng and its Afterlives," *William & Mary Quarterly* 73 (2016), pp. 41. 45. 루이지애나에 머물던 프랑스 왕립과학원 통신원 장 프라트(Jean Prat)는 1736년 국왕의 정원에 인삼 표본을 보냈는데, 이 역시 예수회 선교사들에게서 얻은 것이었다. p. 63.

102 William N. Fenton, "Contacts between Iroquois Herbalism and Colonial Medicine," in *Annual Report of the Smithsonian Institute* (Washington D.C.: Smithsonian Institute, 1941), pp. 503-526. 특히 pp. 518-520을 참조하라.

는 "나는 오직 나의 야만인들에게서 배운 것만을 보고한다"[104]고 강조함으로써 현지의 지식을 존중하는 한편, 향후 발생할지 모르는 과학계의 논쟁에서 슬쩍 피해가려는 영리함을 보이기도 했다.

## 현지의 지식 vs 학계의 권위주의

인삼을 발견하고 1년 뒤인 1717년 파리로 귀환한 라피토는 인삼 발견에 대한 내용을 최초로 프랑스 학술저널지 《주르날 드 트레보Journal de Trévoux》에 실었다.[105] 《주르날 드 트레보》는 당시 지식인들 사이에서 상당한 인기를 끌던 잡지로, 투고자 대부분이 예수회 소속이었다. 라피토는 기고문을 통해 캐나다 지역의 원주민들이 이 식물을 이용해 여러 질환을 성공적으로 치료하고 있다고 보고했다. 그리고 라피토는 알코올에 담긴 북미삼 뿌리, 전초全草와 인삼 씨, 인삼 스케치 여러 장을 프랑스 왕립과학원에 기증했다. 그런데 왕립과학원은 라피토의 발견이 과학적 근거가 부족하다는 이유로 오히려 그를 신랄하게 비판했다. 특히 식물학자들

---

103 Joseph-François Lafitau, *Mémoire presenté a son altesse royale Monseigneur le duc d'Orléans, regent du royaume de France: Concernant la précieuse plante du gin-seng de Tartarie, découverte en Canada par le P. Joseph François Lafitau, de la Compagnie de Jesus, missionnaire des Iroquois du Sault Saint Louis* (Paris, 1718), p. 14.

104 Lafitau, *Mémoire presenté a son altesse royale Monseigneur le duc d'Orléans*, p. 61,

105 1702년 발간하기 시작해 1782년까지 매달 발간되었다. 'Journal de Trévoux'는 줄임말이고 원래 잡지명은 'Mémoires pour l'Histoire Des Sciences & des beaux Arts' 이다. 트레보(Trévoux)는 리옹 근처 종교 중심지로, 저널이 최초로 출판되었던 곳이다. Lafitau, "Le Genseng, Plante si précieuse à la Chine, découverte dans le Canada," *Mémoires pour l'Histoire Des Sciences & des beaux Arts*, January (1717), pp. 121-124.

은 자르투와 라피토의 비체계적인 연구 방식과 논리 전개에 불만을 나타내며 전문가도 아닌 일개 예수회 신부가 새로운 식물에 학명까지 붙이는 일은 용납할 수 없다고 목소리를 높였다.

결국 치열한 논의를 거쳐 프랑스 왕립과학원은 인삼에 대해서는 독일 출신 의사인 엥겔베르트 캠퍼Engelbert Kämpfer, 1651~1716가 더 믿을 만한 권위자라고 결론을 내렸다. 캠퍼는 서아시아 지역은 물론 러시아를 통과해서 일본까지 여행한 사람으로, 유럽에 은행나무를 들여온 사람으로 유명하다. 캠퍼는 네덜란드 동인도회사 소속으로 1690년부터 2년 동안 나가사키에 체류한 적이 있는데, 일본의 역사와 문화, 그리고 식물군에 지대한 관심을 가지고 자료를 모으고 원고를 쓰기 시작했다. 유럽으로 돌아온 캠퍼는 1712년 《이국의 매력Amoenitatum Exoticarum》을 라틴어로 펴냈는데, 그 책의 한 장인 〈일본의 식물Plantarum Japonicarum〉에서 인삼을 꽤 자세하게 다루었다. 캠퍼는 인삼에는 여러 종류가 있으며 타타르인삼, 조선인삼, 일본인삼Ninjin이 각각 다른 종이라고 주장했다.[106] 학자들은 동아시아에서만도 지역마다 인삼의 종류가 다른데, 라피토가 발견했다는 캐나다인삼이 타타르인삼과 동일하다는 것은 말이 안 된다고 비판했다.

라피토는 이런 비판에 대해 현장을 방문해 직접 식물 채집도 하지 않고, 원주민에게 사용법을 물어본 적도 없이, 그저 책에서 읽은 지식으로 비난하는 건 마땅치 않다고 반론했다. 하지만 프랑스 학자들은 전적으로 캠퍼의 편이었다. 캠퍼의 논리가 좀 더 정통적인 유럽 식물학의 전통을 계승한 '식물학자의 칼 아래' 놓여 있다는 이유를 들면서 말이다.[107]

---

106 Engelbert Kämpfer, *Amoenitatum Exoticarum politico-physico-medicarum fasciculi V* (Lemgo, 1712), pp. 818-821.

107 Christopher M. Parsons, "The Natural History of Colonial Science," pp. 47-48.

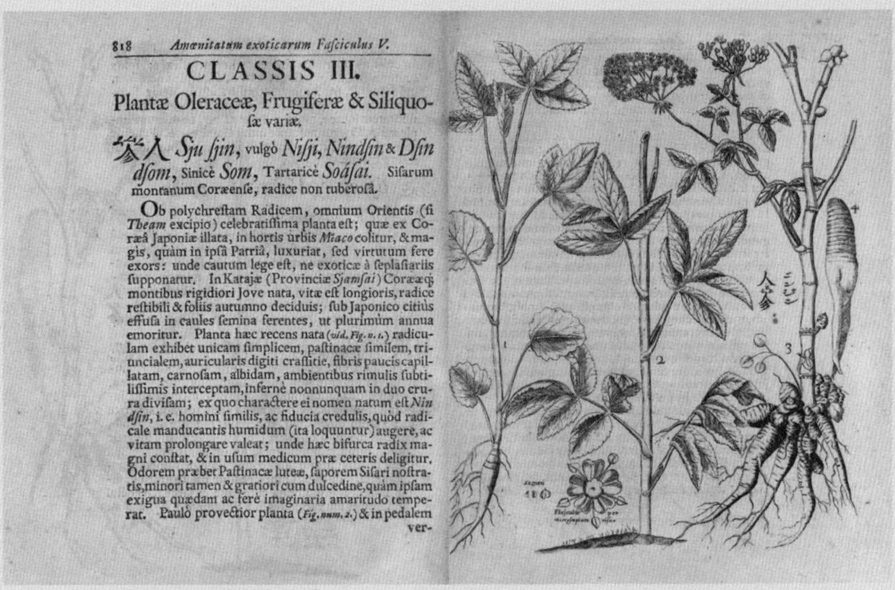

818 *Amœnitatum exoticarum Fasciculus V.*

CLASSIS III.

Plantæ Oleraceæ, Frugiferæ & Siliquosæ variæ.

人參 *Sju sjin*, vulgò *Nisji, Nindsin* & *Dsin dsom*, Sinicè *Som*, Tartaricè *Soásai*. Sisarum montanum Coræense, radice non tuberosâ.

Ob polychrestam Radicem, omnium Orientis (si *Theam* excipio) celebratissima planta est; quæ ex Coræâ Japoniæ illata, in hortis urbis *Miaco* colitur, & magis, quàm in ipsâ Patriâ, luxuriat, sed virtutum fere exors: unde cautum lege est, ne exoticæ à seplasiariis supponatur. In Katajæ (Provinciæ *Sjamsai*) Corææq; montibus rigidiori Jove nata, vitæ est longioris, radice restibili & foliis autumno deciduis; sub Japonico citiùs effusa in caules semina ferentes, ut plurimùm annua emoritur. Planta hæc recens nata (*vid. Fig. n. 1.*) radiculam exhibet unicam simplicem, pastinacæ similem, triuncialem, auricularis digiti crassitie, fibris paucis capillatam, carnosam, albidam, ambientibus rimulis subtilissimis interceptam, infernè nonnunquam in duo crura divisam; ex quo charactere ei nomen natum est *Nin dsin*, i. e. homini similis, ac fiducia credulis, quòd radicale manducantis humidum (ita loquuntur) augere, ac vitam prolongare valeat; unde hæc bifurca radix magni constat, & in usum medicum præ ceteris deligitur. Odorem præbet Pastinacæ luteæ, saporem Sisari nostratis, minori tamen & gratiori cum dulcedine, quàm ipsam exigua quædam ac ferè imaginaria amaritudo temperat. Paulò provectior planta (*Fig. num. 2.*) & in pedalem ver-

**켐퍼가 소개한 동아시아의 여러 인삼** 1712년에 출간된 라틴어판 《이국의 매력(Amoenitatum Exoticarum)》에 실린 인삼에 대한 소개글과 그림. 여기서 켐퍼는 인삼에는 여러 종류가 있으며 타타르 인삼, 조선인삼, 일본인삼이 각각 다른 종이라고 주장했다. (출처: archive.org)

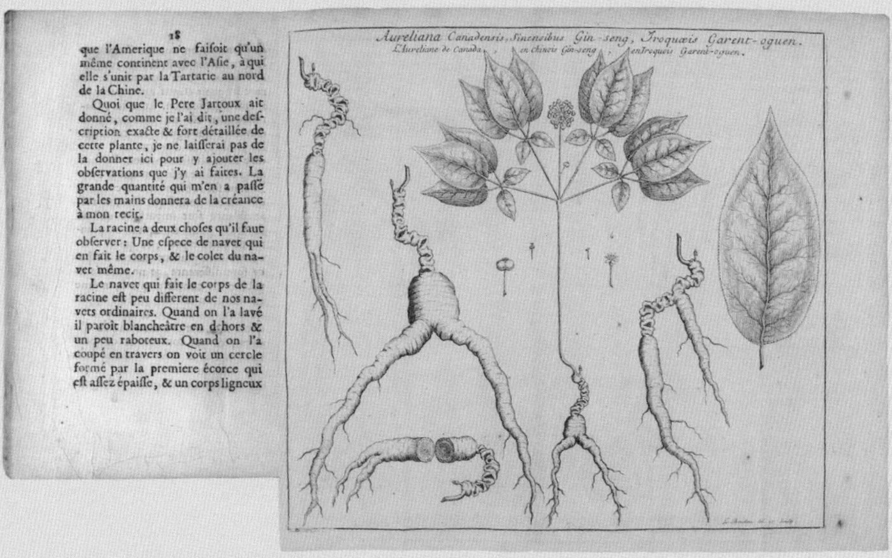

18

que l'Amerique ne faisoit qu'un même continent avec l'Asie, à qui elle s'unit par la Tartarie au nord de la Chine.

Quoi que le Pere Jartoux ait donné, comme je l'ai dit, une description exacte & fort détaillée de cette plante, je ne laisserai pas de la donner ici pour y ajouter les observations que j'y ai faites. La grande quantité qui m'en a passé par les mains donnera de la créance à mon recit.

La racine a deux choses qu'il faut observer: Une espece de navet qui en fait le corps, & le colet du navet même.

Le navet qui fait le corps de la racine est peu different de nos navets ordinaires. Quand on l'a lavé il paroît blancheâtre en dehors & un peu raboteux. Quand on l'a coupé en travers on voit un cercle formé par la premiere écorce qui est assez épaisse, & un corps ligneux



**라피토가 캐나다에서 발견한 인삼** 1718년 라피토가 파리에서 발간한 〈보고서(Mémoire)〉에 실린 인삼 그림. 라피토는 자신이 캐나다에서 발견한 식물이 '타타르인삼(고려인삼)'과 같은 것이라고 확신했다. (출처: archive.org)

이런 갈등의 와중에 라피토보다 무려 16년이나 먼저 북미삼을 발견했던 사라쟁은 1717년 11월 왕립과학원 원장에게 편지를 보낸다. 자신이 그 식물을 알아보지 못한 실수를 저질렀음을 고백하는 편지였다. 켐퍼와 달리 그는 캐나다인삼이 아시아의 인삼과 같은 종이라고 믿었다. 그리고 스스로가 예수회 선교사들에 비해 원주민의 문화와 언어에 대한 이해도가 부족했음을 인정했다. 그곳에서 20년이나 체류한 식물학자였음에도 불구하고 "불행하게도 인삼이 나를 빠져나갔다"라고 표현하며 자책하기도 했다.[108]

하지만 왕립과학원은 다시금 라피토를 깎아내리는 한편, 이미 몇 해 전에 사라쟁이 보냈던 표본이 라피토의 인삼과 동일한 것이라고 결론지으며 사안을 마무리한다. 이것은 사실상 사라쟁이 라피토보다 먼저 캐나다인삼을 발견했다고 선언하는 셈이었다. 왕립과학원은 1718년 2월 9일 회합에서 인삼이 "아랄리아스트룸Araliastrum"이라는 새로운 식물 속屬에 포함된다고 선포했다. 결국 사라쟁이 붙인 '아랄리아'라는 이름을 준용한 결론이었다.

라피토는 참담한 심정이었겠지만 결국 1718년 3월 12일 당시의 관행에 따라 왕립과학원에 공식적으로 자신의 발견을 기록한 논고 〈인삼에 대하여〉를 제출한다.[109] 그리고 다른 한편으로는 자신의 보고서의 완결판을 파리에서 별도의 출판물로 발간했다. 그 출판물은 〈보고서Mémoire〉라는 이름으로 불리게 된다.[110]

---

108 "Michel Sarrazin to Jean-Paul Bignon, Nov. 5, 1717," in Arthur Vallée, *Un Biologiste Canadien: Michel Sarrazin, 1659~1735* (Quebec: Le Quotidien, 1927), p. 216.

109 Académie Royale des Sciences, *Procès-verbaux* 37 (1718), p. 69.

110 Lafitau, *Mémoire presenté a son altesse royale Monseigneur le duc d'Orléans* (Paris, 1718).

라피토는 자신이 캐나다에서 발견한 식물이 자르투가 만주에서 보았던 '타타르인삼고려인삼'과 같은 것이라고 확신했다. 이 사실은 프랑스와 네덜란드 상인들이 인삼 무역을 하면서 이미 입증했다고 주장하기도 했다. 사라쟁이 캐나다인삼을 '아랄리아'라고 명명한 사실을 상기시키며 "당시에는 아직 자르투의 활동 보고서가 출간된 시기가 아니었기에 아마도 사라쟁 본인이 채집한 식물이 인삼인지 확실히 알지 못했다고 보이며 분류명도 확정하지 않았다고 생각됩니다"라고 덧붙였다. 나름 사라쟁의 상황을 이해해주는 듯이 보이지만 어찌 보면 인쇄물을 통해 '확인 사살'을 한 것처럼 보인다.

라피토는 결단코 인삼 발견의 공을 사라쟁에게 내줄 용의가 없었던 것 같다. 그는 〈보고서〉에서 자신이 원주민들과 함께 인삼을 찾아다니던 과정을 장황하게 늘어놓으며 원주민 치료법의 우수성을 설파했다. 천연 약물 치료법은 매우 단순하고 간단해 보이지만 실제로는 비결秘訣에 가까운 것이라서 원주민의 언어로 소통하며 신뢰받는 선교사들만이 유일하게 이런 지식을 전파하여 모두의 이익에 기여할 수 있다고 주장했다. 실제로 라피토의 보고서가 다른 인삼 관련 문헌들과 다른 지점은 아메리카 원주민들의 인삼 사용법을 기록하고 있다는 점이었다. 여기서 원문을 잠깐 들여다보자.

> 저는 먼저 원주민들에게 인삼 사용법을 물어보았습니다. 그들이 대답하기를, 인삼은 유아들의 하제下劑로 사용한다고 했습니다. 그들은 더 나이가 많은 이에게 하제로 사용하기에는 인삼이 충분히 강력하지 않다고 말했습니다. 이런 연유로 일부 사람들이 그것에 '소아 약물'이라는 이름을 붙인 것 같습니다. 원주민들은 또한 그것을 식욕을 돋우는 데도 이용하고 있었습니다. 하지만 이곳 원주민들 사이에서 식욕

> 부진은 그다지 흔하게 발생하는 질병이 아닙니다. 휴런족Huron과 아베나키족Abenaki은 각각 그것을 자신들의 방식으로 능숙하게 사용하고 있었습니다. 그들은 인삼을 이질 치료에 사용한다고 말했는데, 다만 그들은 그것을 다른 식물들과 혼합하곤 했습니다. 제가 캐나다에서 채취한 인삼을 파리로 보낼 당시, 그리고 전하, 르블랑 신부Père le Blanc가 이를 황송스럽게도 섭정 전하께 바칠 당시 제가 알고 있던 정보라고는 열병에서 세 번이나 치료된 원주민 여성의 대답과 경험에 대한 것이며, 이에 대해서는 제가 이미 언급한 바 있습니다. 저는 인삼을 제 스스로 시험해보았고, 인삼을 쓴 덕분에 그동안 시달려온 류머티즘 증상이 치료되었으며 더는 통증을 느끼지 않게 되었다고 확신합니다.[111]

이어서 라피토는 다른 사람에게 인삼을 주어 병을 낫게 한 일화를 덧붙였다. 자신이 잘 아는 어느 여인이 19개월 동안 위장병을 앓은 데다 발열과 불면증, 그리고 심각한 식욕 부진으로 고생하고 있었다. 기나피를 복용했으나 열만 내릴 뿐 목 안쪽에 타는 듯한 통증이 생겨났다는 것이다. 그런데 라피토가 보낸 인삼을 7일 연속으로 복용하고는 곧 식욕도 돌아오고 잠도 잘 수 있었다고 한다. 그 여인은 한 달 전에 편지를 보내서 "더는 열이 나지 않고 통증도 말끔히 사라졌다"고 알려왔다고 한다.[112]

---

111 Lafitau, *Mémoire presenté a son altesse royale Monseigneur le duc d'Orléans*, pp. 49-50.

112 Lafitau, *Mémoire presenté a son altesse royale Monseigneur le duc d'Orléans*, pp. 51-52.

## '인삼은 대륙 분리설의 증거다'

라피토는 캐나다 지역의 이로쿼이족Iroquois이 인삼을 '가렌토긴Garent-oguen'이라고 부른다는 사실을 알게 되었다. 가렌토긴은 '사람의 다리' 혹은 '허벅지'라는 뜻이었다. 중국어로 '사람을 닮은 식물'이라는 인삼의 의미와 매우 흡사하다. 라피토는 일본에서 인삼을 부르는 말인 '니시Nisi' 역시 그 의미가 가렌토긴과 같다고 주장했다.[113] 그런데 이 사실은 라피토에게 단순한 우연 그 이상이었다. 그리고 바로 이 용어의 유사성이야말로 라피토가 그토록 치열하게 예수회 잡지와 왕립과학원에 자신의 발견을 알렸던 핵심적인 모티브일 수 있었다. 즉, 인삼이 아메리카 대륙의 원주민이 구대륙에서 왔다는 것을 '증명'해주는 분명한 증거로 볼 수 있기 때문이다.

라피토는 확신에 찬 목소리로 "인삼으로 인해 아메리카 대륙은 원래 아시아와 연결되어 있었음이 증명되었다"고 말한다. 같은 땅에 살던 사람들이 대륙이 분리되면서 떨어져 살게 되었지만 같은 언어와 문화를 유지해왔고, 인삼을 뜻하는 용어의 유사성이 바로 그 동질성을 보여준다는 것이다. 여기서 라피토가 주장하고자 한 것은 한 곳에서 갈라져 나온 사람들의 역사가 결국 에덴동산 시절까지 거슬러 올라갈 수 있다는 것이었다.[114] 즉, 전 인류의 기원을 단 하나의 기독교적 시원에서 찾고자 한 것이다.

이런 믿음은 당시 예수회 선교사들 사이에 강하게 공유되었던 일종

---

113 Lafitau, *Mémoire presenté a son altesse royale Monseigneur le duc d'Orléans*, pp. 17, 40-41.

114 Lafitau, *Mémoire presenté a son altesse royale Monseigneur le duc d'Orléans*, pp. 17-18.

의 신념이었다. 중국에 파견된 선교사들은 중국 고전이 실제로 기독교적 신, 즉 하나님을 인지하고 있었다고 주장하거나 일부 한자의 형태가 중국과 유럽의 문화가 같은 뿌리에서 출발했음을 증명한다고 주장하고 있었다.[115] 같은 맥락에서 라피토는 인삼이나 아메리카 대륙의 원주민이 모두 북아메리카에서 비롯한 것이 아니고 다른 곳에서 온 것이라고 생각했다. 인삼은 한때 서유럽에도 퍼져 있었으며 한때 맨드레이크로 알려진 식물이라고 믿었다. 현재 원주민들이 인삼의 효능을 경험하고 있지만 유럽에는 그런 현상이 부재하다는 사실에 비추어 유럽의 인삼은 오래전에 멸종되었을 것이라고 추측하기도 했다.[116]

라피토의 발견 이후 아메리카 대륙 곳곳에서 인삼을 사용하는 원주민의 사례가 보고되었다. 라피토의 동료 선교사는 오대호 연안의 마이애미족Miami의 인삼 사용 현황을 전한 바 있다. "이 야만인들은 다른 사람들보다 훨씬 약을 많이 쓰는데, 특히 인삼을 많이 먹으며 그것이 여성들의 임신을 촉진하는 효능이 있다고 한다"고 보고한 것이다.[117] 아일랜드 출신으로 미국으로 건너간 뒤 원주민들과 긴밀하게 접촉했던 상인 제임스 아데어James Adair, 1709~1783는 치카소족Chickasaw, 미시시피주와 앨라배마주에 분포한 원주민 부족의 역사를 개괄하면서 원주민들이 인삼을 종교행사에 사용했다고 기록했다.[118] 1830년 필라델피아에서 출간된 문헌에는 원주민들이 인

115 Arnold H. Rowbotham, "The Jesuit Figurists and Eighteenth-Century Religious Thought," *Journal of the History of Ideas* 17 (1956), pp. 476-478.

116 Lafitau, *Mémoire presenté a son altesse royale Monseigneur le duc d'Orléans*, pp. 74-79, 82-83.

117 Pierre-François-Xavier de Charlevoix, *Journal d'un voyage fait par ordre du Roi dans l'Amérique septentrionale*, ed. Pierre Berthiaume, Vol. 2 (Montreal: Presses de l'Université de Montréal, 1994), p. 640.

118 James Adair, *The History of the American Indians* (London, 1775), p. 362.

삼으로 천식, 허약한 위장, 쇠약, 골통骨痛, 성병, 결석 등을 치료해왔다는 역사적 기록이 포함되어 있다.[119] 체로키족Cherokee은 인삼을 '산을 오르는 자a'tli-guli, the mountain climber'라고 불렀는데, 그 이유가 사람들이 이주해올 때마다 인삼이 산 위쪽으로 후퇴하는 것처럼 보였기 때문이다.[120]

여기서 중요한 사실은 인삼을 뜻하는 각지의 용어와 대륙 분리설을 연결한 라피토의 주장을 이후 여러 사람이 열광적으로 받아들이고 인용했다는 점이다. 한 프랑스인 선장은 자신의 여행기에서 이렇게 썼다.

> 여러분은 모두 인삼의 원산지가 만주Mantcheoux Tartary라는 것을 알 것이다. 그 이름이 중국어 혹은 만주어라는 사실이 증명한다. 아메리카에서도 이것[인삼]을 오랫동안 잘 알고 있었고 사용해왔다. 그것을 가렌토긴이라고 부르는데 [만주어와] 같은 뜻이다. 만약 미국이 타타르와 붙어 있지 않았다면, 만약 만주에 사람들이 먼저 살지 않았다면, 어떻게 이처럼 주민들이 같은 뜻을 가진 이름을 지었단 말인가?[121]

하지만 이 주장이 허무맹랑하다며 비판하는 시선도 있었다. 대문호 볼테르Francois-Marie Arouet Voltaire, 1694~1778가 대표적 인물이었다. 볼테르는 만주의 타타르인이 페루인의 조상이라거나 중국인삼과 비슷한 식물

---

119 S. C. Atkinson, *The Casket, Flowers of Literature, Wit and Sentiment* (Philadelphia: S. C. Atkinson, 1830), p. 236.

120 Luke Manget, "Sangin'io the Mountains: The Ginseng Economy of the Southern Appalachians, 1865~1900," *Appalachian Journal* 40 (2012), p. 33.

121 Jean-Bernard Bossu, *Travels through that Part of North America formaly called Louisiana by Mr. Bossu, Captain in the French Marines, translated from the French by John Reinhold Forster*, Vol. 1 (London, 1771), p. 386.

이 캐나다에서 자라기 때문에 만주의 중국인이 그곳에 와서 중국을 평정하기 전에 인삼을 키웠다거나, 혹은 중국인들이 워낙 뛰어난 항해가여서 그곳에 도착했을 것이라는 등의 논설들이 오늘날 세상에 돌고 있다고 전하면서, "그런 사람들이나 그런 이야기들에 대해 내가 무슨 할 말이 있겠느냐"고 비웃었다.[122] 냉소적이긴 하지만 이런 논설이 나올 정도로 당시 지식인 사회에서 이 가설을 상당히 진지하게 받아들였던 것이다.

## 두 종류의 인삼과 본초학적 논쟁

북아메리카에서 인삼이 발견되었다는 소식이 유럽에 알려지면서 영국과 프랑스에서는 두 인삼의 본초학적 특성을 두고 토론이 활발했다. 북아메리카 대륙 사람들은 자신들의 인삼이 중국산과 같은 효능을 지녔다고 주장했지만 영국인들 가운데는 북미삼이 중국산에 비해 효능이 떨어진다고 믿는 사람들이 많았다.[123] 혹자는 런던에서 구입한 북미삼이 과연 동인도회사가 취급하는 중국산과 같은 효능을 지니고 있을지 의구심을 표시했다.[124] "캐나다산 인삼은 색깔, 향기, 투명성뿐만 아니라 함유된 성분과 효능에서도 훨씬 열등하다"는 기록도 나타났다.[125]

---

122 T. Smollet, M. D., T. Francklin, M. A. and Others, *The works of M. de Voltaire : translated from the French. With notes, historical and critical*, Vol. 12 (London, 1761), p. 91.

123 John Payne, *Geographical Extracts, Forming a General View of Earth and Nature* (London, 1796), p. 336.

124 Tobias Smollett, *Humphry Clinker* [1771] (London: G. Routledge & Co., 1857), p. 31.

125 Abbé Alexis Rochon, *A Voyage to Madagascar and the East Indies*, trans. Joseph Trapp (London, 1793), p. 378.

초창기에 두 대륙의 인삼을 둘러싼 논의를 주도했던 사람은 영국 내 '인삼 전문가'로 통했던 슬론과 영국의 자연학자 피터 콜린슨Peter Collinson, 1694~1768이다. 콜린슨은 코코아 홍보에 열을 올리던 슬론에게 배신감을 느낀 버드와 인삼 수출을 위한 동업자 관계를 맺고 있어서 많은 정보를 나누곤 했다. 그 과정에서 버드를 통해 미국의 식자층 사이에서 인삼이 본격적으로 논의된다.

콜린슨은 북아메리카 대륙의 인삼을 1740년 처음으로 영국에 들여온 사람이었다. 그는 미국 식민지의 식물학자였던 존 바트람John Bartram, 1699~1777에게 북미삼을 보내줄 것을 의뢰했고, 바트람은 필라델피아 동쪽에서 직접 채취한 인삼을 영국으로 보냈다. 인삼을 받은 콜린슨은 영국에서 부드러운 토양과 그늘진 장소 등 적합한 환경을 열심히 찾아 심기 시작했다. 하지만 꽃이 피거나 열매가 맺지 않았다. 메릴랜드에서 온 인삼을 첼시 약초원에서 키우던 식물학자 필립 밀러Philip Miller, 1691~1771도 실패를 맛보았다. 꽃도 피고 씨앗도 완벽했는데, 새싹이 나지 않았던 것이다. 인삼을 3년 동안 묵히며 기다려보기도 했지만 아무 소용이 없었다.[126]

영국인들이 북미삼에 큰 관심을 보였던 이유는 엄청난 경제적 효과에 대한 기대 때문이었다. 특히 해외 무역에 관심을 가진 사람들은 귀하디 귀한 인삼을 대량으로 구할 수 있을지도 모른다는 생각에 북미삼 재배에 큰 기대를 걸고 있었다. 하지만 과연 북미삼이 아시아인삼과 같은 종인지 어느 누구도 장담하지는 못했다. 흡사하기는 하지만 똑같은 식물이 아니라는 의견이 많았지만 같은 인삼이라고 믿고 싶어 하는 사람들이 더

---

126 Anon., *Encyclopaedia: or, a Dictionary of Arts, Sciences, and Miscellaneous Literature* Vol. 8 (Philadelphia, 1798), pp. 689-690.

많았다. 결과적으로 북미삼을 심는 일은 유행처럼 번져서 캐나다에서 인삼이 발견된 지 반세기도 지나지 않아 영국 곳곳의 식물원과 약초정원에서 북미삼을 찾아볼 수 있게 되었다.

콜린슨은 바트람이 보내준 인삼을 런던 근교의 페컴 가든Peckham Garden에서 키우고 있었다.[127] 하지만 인삼이 생각처럼 잘 자라지 않자 불만이 많았다. 반면, 1769년 의사이자 수집가였던 존 포더길John Fothergill, 1712~1780은 자신이 소유하고 있던 유명한 에섹스의 업톤 가든Upton Garden에서 인삼이 아주 잘 자라고 있다고 자랑했다.[128] 그 인삼 역시 바트람이 보내준 것이었다. 옥스퍼드와 에든버러의 식물원에서도 인삼을 재배하고 있었고, 1757년 런던의 플레저 가든pleasure garden에서도 '현재 꽃 피는 식물' 목록에 인삼을 소개했다.[129] 1799년 출간된 《영국 정원의 식물 카탈로그》에서는 '북미삼Panax Quinquefolium Ginseng'을 "6월에 꽃이 피고 잎이 다섯 개인 중국이 원산지"인 식물로서 1740년 피터 콜린슨이 영국으로 들여온 것이라고 기록했다.[130] 이처럼 북미삼의 원산지가 중국이라는 시각이 만연했다.

이 당시 유럽과 미국에서는 두 종류의 인삼이 동일하다는 시각과 둘은 다르다는 견해가 대립하고 있었다. 같은 식물이라고 보는 사람들은 북미삼이 원산지로 인해 차별적인 대접을 받는다고 생각했다. 1762년 출판된 영국박물관의 《귀한 소장품 목록》에 실린 인삼에 대한 개괄적인

---

127 R. Hingston Fox, *Dr. John Fothergill and His Friends: Chapters in Eighteenth-century Life* (London: Macmillan and Co. Ltd., 1919), p. 197.

128 William Darlington, ed., *Memorials of John Bartram and Humphrey Marshall* (Philadelphia: Lindsay & Blakiston, 1849), p. 339.

129 Philip Miller, *The Gardener's Kalendar*, 11th edn. (London, 1757), p. 215.

130 *The British Garden: A Descriptive Catalogue of Hardy Plants*, Vol. 1 (London, 1799), p. 241.

소개 글은 이런 입장을 대변해준다. 그 글은 인삼이 중국과 일본에서 두뇌 활동을 활성화하고 기운을 북돋워주며 신경을 치료하는 효능이 있어 명성이 자자한 식물로, 과거 유럽에서 금과 같은 값으로 팔렸고 인도에서도 귀하게 거래된다는 이야기로 시작한다. 하지만 결론은 이곳영국에서는 그만큼 가치를 인정받지 못한다는 비판이었다. 중국인들이 북미삼은 하찮게 여기고 오직 자국산만을 높이 평가한다고 부연하면서 말이다.[131] 영국의 의사 윌리엄 루이스William Lewis, 1708~1781는 북아메리카에서 난 인삼을 중국 남경南京에서 받은 삼과 비교한 뒤 물질적 차이는 크게 없으나 다만 중국산이 외형적으로 더 색이 엷고 속이 희다고 분석하며, 결국 효능의 차이는 가공 과정에 있다고 생각했다. 그러면서도 그런 가공 과정을 거치지 않은 열등한 북미삼이 진짜 인삼으로 받아들여진다는 사실을 이해할 수 없다는 의견을 내놓았다.[132]

## 진생과 닌진

이 시기 인삼에 관련된 또 다른 본초학적 논쟁은 '진생ginseng'과 '닌진ninzin'의 구별이었다. 많은 문헌에서 닌진을 인삼의 다른 이름일 뿐이라며 동일시하곤 했지만, 그 둘을 구별하려는 노력 또한 만만찮았다. 특히 이 문제에 열을 올린 사람은 존 힐John Hill, 1714~1775이다. 원래 돌팔이 의사로 출발해 정원사, 식물학자, 배우 등 다양한 이력을 쌓은 인물로, 18세

---

131 *The General Contents of the British Museum with Remarks Serving as a Directory in Viewing that Noble Cabinet* (London, 1762), pp. 155-156.

132 William Lewis, *An Experimental History of the Materia Medica*, Vol. 1 (Dublin, 1769), p. 393.

기 영국에서 출판시장이 확대되자 이에 편승해 작가로 변신했는데, 여러 권의 저서를 내면서 명성을 얻었다. 힐은 널리 유통된 《약물학사History of the Materia Medica》(1751)에서 인삼이 그늘진 산속, 위도 39~47도 지역에서, 만주뿐 아니라 아메리카 대륙, 한국에서도 난다고 밝혔다. 그런데 "일반적으로 한국산 인삼은 크지만 속이 비어 있고, 우리가 언급한 곳들의 것보다는 질이 나쁘다"면서 그 이유가 바로 한국산 인삼이 '닌진'이라는 전혀 다른 뿌리이기 때문이라고 주장했다.[133]

힐의 저서는 당시 명성을 희구하던 작가들의 특성을 고스란히 드러낸다. 힐은 영국 식물학의 아버지 레이부터 프랑스 왕립과학원이 절대적인 지지를 보냈던 켐퍼, 나아가 스스로가 라이벌로 삼았던 린네Carl von Linné, 1707~1778에 이르기까지 당대의 유명한 전문가들을 모두 거론하면서 자신의 인삼론을 펼친다. 유럽에서는 닌진과 진생을 구별하지 못하며, 진짜 약용하는 닌진은 한국의 산에서 채집된다고 주장했다. 일본에서는 이 식물이 엄청나게 힘들게 재배되고 있는데 재배된 것은 야생만 못하다는 것이다. 그러면서도 본격적으로 닌진을 다룬 장에서는 닌진이 산형과Umbelliferae에 속하는 식물이면서도 "모양이나 색깔, 나아가 성분에 이르기까지 거의 모든 면에서 인삼과 별 차이가 없다"는 모순적인 발언을 했다.[134] 이처럼 부정확한 정보는 '진짜 인삼true ginseng'에 대해 다루는 부분에서 정점을 찍는데, 바로 "진짜 인삼이라는 명칭은 오직 백제에서 나는 것에만 붙일 수 있다"는 결론이 그것이다.[135]

---

133 John Hill, *History of the Materia Medica* (London, 1751), p. 590.

134 Hill, *History of the Materia Medica*, pp. 589-591; Hill, *The Vegetable System*, Vol. 5 (London, 1759), p. 25.

135 Hill, *History of the Materia Medica,* p. 591.

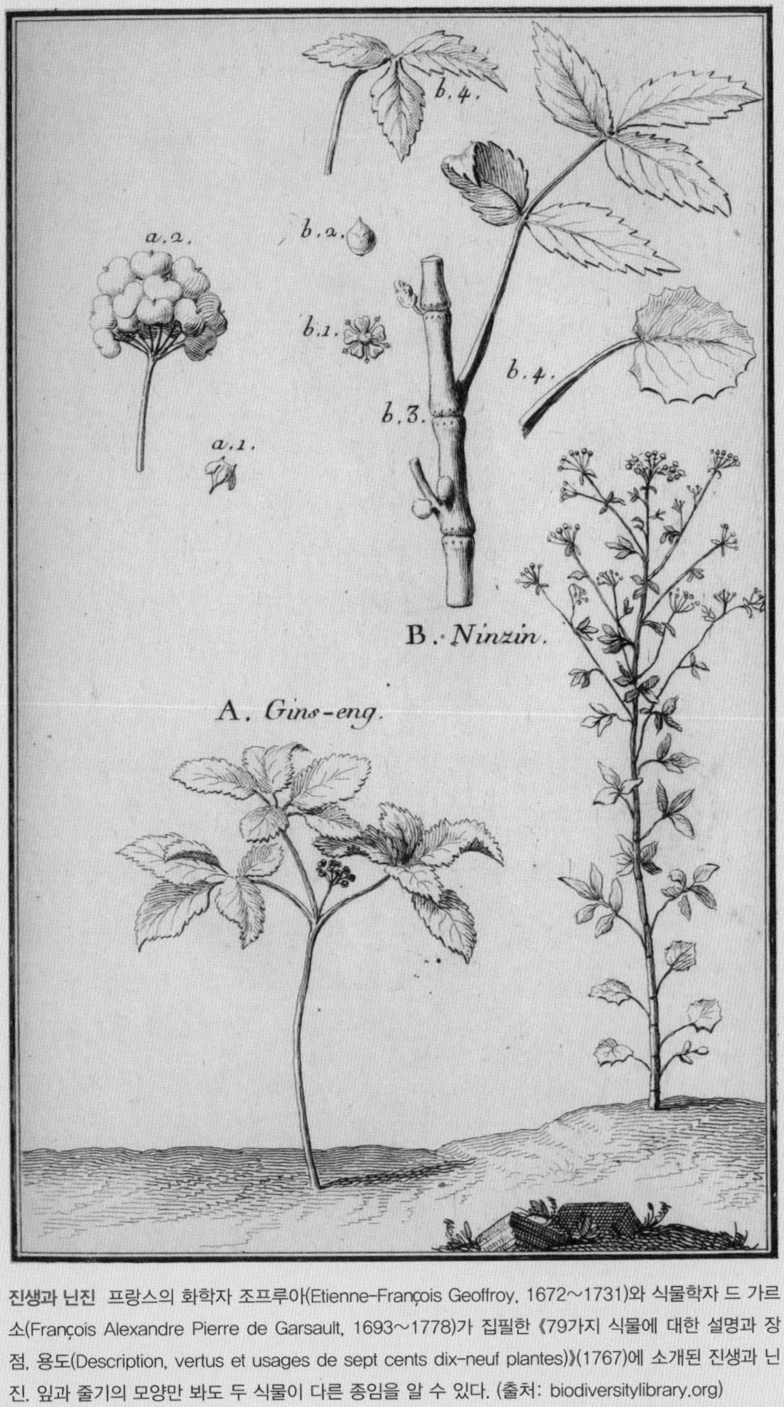


**진생과 닌진** 프랑스의 화학자 조프루아(Etienne-François Geoffroy, 1672~1731)와 식물학자 드 가르소(François Alexandre Pierre de Garsault, 1693~1778)가 집필한 《79가지 식물에 대한 설명과 장점, 용도(Description, vertus et usages de sept cents dix-neuf plantes)》(1767)에 소개된 진생과 닌진. 잎과 줄기의 모양만 봐도 두 식물이 다른 종임을 알 수 있다. (출처: biodiversitylibrary.org)

닌진이 다른 식물이라는 점을 좀 더 확신하는 사람들도 있었다. 제임스 밀러James Millar는 《새로운 약제학A New Course of Chemistry》(1754)에서 인삼이 의과대학의 약제학에서 다루지는 않지만 "자주 회자되고 아주 유명하기 때문에" 언급할 필요가 있다고 하면서 인삼과 닌진을 구별했다.

> 인삼은 흰빛을 띠는 뿌리로 길이와 두께가 사람의 작은 손가락만 하고, 대부분 그보다 크지 않다. 보통 둘 혹은 세 갈래로 아래로 갈수록 갈라지고, 연한 향기가 나며 살짝 쓰지만 기분 좋은 맛이 난다. 이 식물은 중국에서 주로 나는데, 줄기는 보랏빛이며 잎은 다섯 개로 크고 톱니 모양이다. 작은 꽃은 둥근 열매가 된다.
>
> 닌시 혹은 닌진은 큰 뿌리로, 긴 타원형이고 겉은 흰빛을 띠지만 속은 누리끼리하다. 인삼보다 덜 단단하고 맛도 덜 쓰다. 스키렛Skirret, 미나리과의 다년초 종류로 산형과 식물이다. 꽃이 핀 뒤 두 개의 씨를 만든다.[136]

이처럼 인삼과 닌진을 구별하는 논의는 특히 약제학 분야에서 많이 나타나는데, 이는 아마도 그 문제가 인삼을 조제·판매하는 사람들에게 민감한 사안이었기 때문이라고 추측할 수 있다. 닌진과 인삼의 혼동은 "판매자seller의 이해관계가 초래한 것"으로, "그 둘이 같아야만 하는 사람들은 약제사로, [닌진이] 훨씬 싼값에 공급되기 때문"이라는 말은 이런 추론을 뒷받침한다.[137]

---

136 James Millar, *A New Course of Chemistry* (London, 1754), p. 89.

137 Hill, *History of the Materia Medica*, pp. 589, 591.

chapter04 인삼의 분류법과 의학적 활용

## 분류의 시대

식물학에서 인삼의 자리매김은 아주 오랜 기간에 걸쳐 이루어졌다. 새로운 인삼이 발견되고, 그와 흡사한 식물들 또한 속속 발견되면서 인삼의 식물학적 분류는 단번에 이루어질 수 없었다. 라피토의 발견에서도 그랬듯이 유럽이 고안한 식물학적 분류체계에 비유럽이 원산지인 인삼을 위치시키는 일은 사실 대단히 복잡하고도 중요한 문제였다.

그렇다면 인삼의 분류가 왜 그렇게 중요한 문제였을까? 이 시기 유럽에서 대두한 분류법은 근대 초 과학 발달의 특징 중 하나였다. 분류법의 탄생은 17세기 유럽에서 자연사Natural History가 크게 발전되었던 상황과 밀접한 관계가 있다. 프랜시스 베이컨을 비롯한 수많은 과학자가 자연의 세계에 관한 엄청난 데이터를 모으고 그것을 '자연사'라고 부르기 시작했다. 과거에 비해 비교할 수 없을 만큼 방대해진 과학과 아주 멀리까지 소급해가는 역사를 엮어 하나의 학문 분야를 탄생시킨 것이다.

자연사가 발전하게 된 배경에는 르네상스시대에 시작된 수집 열풍과 그렇게 모은 신기한 물건들을 전시한 '호기심의 방'이 유행한 것도 한몫을 했다. 하지만 신대륙에서 새로운 것들이 쏟아져 들어오자 단순한 수집과 전시 혹은 물건에 대한 묘사를 넘어서 좀 더 체계적인 관리가 필요했다. 동인도에서 향료를, 그리고 서인도에서는 설탕을 가져오던 배들은 식물, 새, 조개껍질, 곤충 등도 싣고 왔다. 이제 그것들을 분류하고, 정리하고, 이름 붙이는 일이 매우 중요해졌다. 수집품이 자신의 사회적 지위를 드러내는 수단이기도 했던 권력자들에게 분류와 명명은 매우 중요한 프로젝트였다. 또한 17세기 중반 최초로 공공박물관과 과학연구소가 설립되면서 해외에서 들여온 신기한 것들을 관찰하고 실험하는 관행이 생겨나기도 했는데, 이 과정에서 수많은 물건을 분류하고 나름의 질서를 부여해야 할 필요성이 대두되었다.[138] 계몽주의의 특징인 '분류'에 대한 집착이 시작된 것이다.[139]

분류야말로 17세기 자연철학자들에게는 일종의 사명이나 나름없었다. 식물학의 예만 보더라도 린네가 분류법을 내놓기 100년도 훨씬 전인 17세기 초부터 여러 학자가 식물을 분류할 수 있는 다양한 방법을 모색하기 시작했다. 식물의 종과 속을 나누는 분류법의 기초를 만든 사람은 스위스의 식물학자 가스파르트 바우힌Gaspard Bauhin, 1560~1624이었다. 그는 명사형을 속명, 형용사형을 종명으로 사용할 것을 제안했다. 영국에서는 레이가 식물을 분류하기 시작해서 결국 '영국 식물학의 아버지'라는

---

138 Anna Marie Roos, "Naturalia: The History of Natural History and Medicine in the Seventeenth Century," *Notes and Records of the Royal Society of London* 66 (2012), p. 317.

139 계몽주의와 분류법의 관계에 대해서는 로버트 단턴 지음, 조한욱 옮김, 《고양이 대학살》(문학과 지성사, 1996)을 참조하라.

영광스런 별명을 얻게 된다. 그는 1660년 케임브리지 인근에 자라던 식물의 카탈로그를 내놓은 데 이어 여러 기준으로 세계의 식물을 분류한《식물의 역사Historia Plantarum》(1권-1686년, 2권-1688년, 3권-1704년)를 출간했다.

흥미롭게도 레이는 식물을 분류하는 기준의 하나로 효용을 꼽았다. 그 기준에 따라 그는 이방식물을 식용, 의료용, 공예용 세 종류로 분류했다. 커피, 초콜릿, 차, 바나나 등이 식용식물이었다면 인삼은 페루비안 바크, 성 이그나티우스 콩the St. Ignatius bean, Ignatia amara, 히스테리와 간대성 근경련 치료제과 함께 대표적인 의료용 식물로 기록되었다. 공예용 식물이란 가구 등을 만드는 데 쓰이는 나무를 일컬었다.

레이는 인삼을 "중국 뿌리 닌시 혹은 인삼Chinese root Ninsi or Ginseng"이라고 부르며 "이것은 만병통치약이다"라고 기록했다.[140] 인삼에 대한 좀 더 구체적인 묘사에서는 "손가락 굵기만 한 뿌리로, 길고 갈라져 있으며 겉은 갈색을 띠고 속은 좀 더 희다. 맵고 향기로우며, 쓴맛이 있다. 이 식물은 우리 약방shops에서는 거의, 혹은 전혀 처방되지 않는다"고 적었다.[141] 레이조차도 인삼이 무엇인지 정확히 모른 채 그것을 묘사한 것으로 보이지만 최소한 그가 분류한 인삼이 아시아삼인 것은 분명하다. 아직 북미삼이 발견되지 않았기 때문이다.

18세기 초 캐나다에서 인삼이 발견되자 유럽의 식물학계에는 이 식물을 어떻게 분류할 것인가 하는 숙제가 주어졌다. 프랑스 왕립과학원과 국왕의 정원 소속 식물학 교수 세바스티앙 바이양Sébastien Vaillant, 1669~1722은 1700년 사라쟁이 캐나다에서 보낸 화기삼을 분류했던 장본인이었다.

140 John Ray, *Historia Plantarum*, Vol. 2 (London, 1688), p. 1338.

141 Ray, *Historia Plantarum*, p. 1338.

'아랄리아'라고 보고된 73번 표본에는 "닌진 혹은 인삼 종種"[142]이라는 메모가 붙어 있는데,[143] 이는 사라쟁이 써서 보냈다는 메모로 보인다. 1718년 바이양은 꽃의 구조에 따른 식물분류법을 제안하면서 "아랄리아스트룸Araliastrum", "셰르아르디아Sherardia", "보에르아비아Boerhaavia"라는 세 가지 새로운 속屬을 제시했다.[144] 라피토가 스스로의 발견을 기록한 〈보고서〉를 제출한 이후에도 바이양이 중심이 된 프랑스 식물학계는 사라쟁이 그 식물을 더 먼저 발견했다고 인정하는 한편, 인삼이 "아랄리아스트룸"이라는 새로운 식물 속에 포함된다고 선포했다. 이로써 북미삼이 서구의 식물 분류 체계 속에 들어오게 되었다. 레이가 아시아삼을 분류한 지 30여 년이 지나서였다.

## 린네의 인삼 분류법

1753년 린네는 《식물의 종Species Plantarum》에서 인삼캐나다산을 '두릅나무과Araliaceae의 파낙스[만병통치약]속Panax genus 다섯잎종quinquefolius species'으로 규정했다.[145] 이것이 인삼에 대한 최초의 '체계적인 이명법二名法'으로 알려진다. 그런데 이미 얀 프레데릭 그로노비우스Jan Frederik Gronovius, 1686~1762가 린네보다 먼저 《버지니아의 식물군Flora Virginica》(1743)에서 인

142 라틴어로는 "Ninzin seu singin species", 프랑스어로는 "espèce de ninzin ou ginseng"이라 기록되어 있다.

143 Bernard Boivin, "La Flore du Canada en 1708. Étude d'un manuscrit de Michel Sarrazin et Sébastien Vaillant," *Études littéraires* 10 (1977), p. 281.

144 Sébastien Vaillant, "A New Genus of Plants, call'd Aralistrum, of which the famous Nin-zin or Ginseng of the Chinese, is a Species," *Philosophical Transactions* 30 (1717).

삼을 파낙스속Panax genus으로 분류한 바 있다. 하지만 식물학사에서 그로노비우스의 공은 보이지 않는다. 오늘날 인삼의 명명법과 관련해서 린네만이 부각된 이유는 두 사람의 특별한 관계에서 찾을 수 있다.

린네는 스웨덴 출신으로, 웁살라Uppsala대학을 졸업한 뒤 대학에서 식물학 등을 강의하고 있었다. 하지만 동료와 불화를 겪으며 주위 환경에 불만을 품게 되었고, 미래를 개척하기 위해 1735년 네덜란드로 유학을 떠나기로 결심한다. 당시 네덜란드는 자연사를 공부하기에 최적의 장소였으며, 스웨덴 사람들이 박사학위를 받기 위해 선택하는 최상의 유학지였다. 린네 역시 의학박사학위와 자기가 쓴 식물학 원고를 출판할 기회를 찾기 위해 네덜란드 레이덴Leiden으로 향했다. 당시 스웨덴과 네덜란드는 문화적·상업적으로 끈끈하게 연결되어 있었다. 라틴어로 쓰인 글을 가장 잘 출판할 수 있는 곳 또한 네덜란드였다. 네덜란드는 당시 유럽에서 출판업의 중심지였을 뿐만 아니라 대부분의 저술이 라틴어로 이루어져왔기 때문이다.

네덜란드의 국제적 분위기 속에서 린네는 여러 나라에서 온 사람들을 만나게 되었고 평생의 후원자와 든든한 학문적 동료를 얻게 되었다. 그뿐만 아니라 5,000종이 넘는 식물을 갖춘 레이덴대학의 식물원은 그의 학구열에 불을 지폈다. 그런데 린네가 네덜란드에서 무엇보다 놀랐던 점은 부유한 지식인이 많다는 사실이었다. 가난에 쪼들리던 젊은 학자 린네는 레이덴의 명망 높은 고전학자 가문 출신인 그로노비우스를 만나게 된다. 그로노비우스는 레이덴 출신의 의사이자 자연학자로 당시 네덜란

145 Caroli Linnæi, *Species Plantarum, exhibentes plantas rite cognitas ad genera relatas, cum differentiis specificis, nominibus trivialibus, synonymis selectis, locis natalibus, secundum systema sexuale digestas*, Tomus II (Holmiæ [Stockholm], 1753), p. 1058.

**17세기 레이덴대학의 식물원** 1587년 세워진 레이덴대학 식물원은 17세기 당시 세계에서 가장 큰 식물원이자 표본실을 운영하는 곳이었다. 스웨덴에서 레이덴대학으로 유학을 온 린네는 이 식물원에서 살다시피 하면서 각종 식물의 형태와 특징을 분류했다. (출처: Wikimedia Commons)

란드의 눈부신 해외 교역의 성과물이었던 방대한 자연사 컬렉션을 보유하고 있었다. 특히 버지니아에 기반을 두었던 식물학자 존 클레이턴John Clayton, 1694/5~1773을 통해 입수한 엄청난 양의 북아메리카 대륙 식물 표본의 소장자로서 유명했다. 그로노비우스는 린네에게 자신의 소장품들을 보여주고 분류 방법에 대해 논의했다.

린네는 식물 표본 몇 개를 본 뒤 아주 단순하고도 기발한 분류법을 고안했는데, 이것을 그로노비우스가 즉각 받아들이면서 그로노비우스는 린네의 든든한 후원자가 된다. 린네의 기념비적 저작 《자연의 체계Systema Naturae》(1735)도 그로노비우스의 후원금으로 출간된 것이었다.[146] 널리 알려졌듯이 린네는 해부학, 생리학의 지식을 바탕으로 동물, 식물, 광물계의 통합적인 분류체계를 만들어냈는데, 그 분류법은 1750년대가 되자 범유럽적으로 엄청난 호평을 받게 되었다. 그야말로 린네는 하루아침에 유명인이 된 것이다.

린네는 《식물의 종》의 서문에서 "내가 직접 보지 않은 식물은 제외했다"고 밝힌 바 있다.[147] 그만큼 직접 관찰과 경험을 중시했던 것이다. 따라서 린네가 학명을 붙인 인삼 역시 스스로 관찰했을 것이라고 짐작할 수 있다. 실제로 린네는 하테캠프Hartekamp의 식물원에서 인삼을 보았다는 기록을 남겼다.[148] 그 식물원은 네덜란드 동인도회사 이사이자 은행가로 막대한 재산가였던 조지 클리포드 3세George Clifford III, 1685~1760의 별장에 위치해 있었다. 린네의 식물 분류 능력에 크게 감명을 받은 클리포드는 린네를 자신의 의사이자 정원 관리자로 초빙했다. 1735년 린네는 하테캠프에서 일하면서 마음껏 식물 연구에 매진할 수 있었고, 영국 여행도 다녀왔다.

린네는 하테캠프에서 본 인삼을 바이양의 구분에 따라 '아랄리아속genus Aralia'이라고 불렀다. 따라서 그가 본 인삼은 북미삼화기삼일 것이다. 그런데 린네의 인삼 분류는 일관적이지 않았다. 1749년 출간한 《약물학Materia Medica》에서는 인삼을 묘사하는 데 라피토를 인용하며 중국 이름인

---

146 마찬가지로 *Genera Plantarum* (Leyden, 1737), *Methodus Sexualis* (Leyden, 1737), *Critica Botanica* (Leyden, 1737)도 그로노비우스의 도움으로 출판되었다. William T. Stearn, "The Influence of Leyden on Botany in the Seventeenth and Eighteenth Centuries," *The British Journal for the History of Science* 1 (1962), pp. 154-155.

147 Alexandra Cook, "Linnaeus and Chinese plants: A test of the linguistic imperialism thesis," *Notes and Records of the Royal Society of London* 64 (2010), p. 123에서 재인용.

148 Carolus Linnaeus, *Hortus Cliffortianus* (Amsterdam, 1737), p. 113.

'Sinensibus Ginseng'으로 부르며, 'Panax'라는 속명屬名을 붙였다.[149] 혹시 린네가 《약물학》을 쓸 무렵 화기삼이 아닌 고려인삼을 관찰했을까? 만약 그것이 화기삼을 묘사한 것이라면 어떤 연유에서인지 모르지만 바이양보다 라피토를 더 신뢰하게 된 것일까? 더욱 근본적으로, 이처럼 린네의 인삼 명명법이 다르게 나타나는 이유는 무엇일까?

우선 린네가 점차 동아시아 지역과 아시아삼에 대한 지식을 축적하게 된 것이 아닐까 하는 추측이 가능할 것이다. 린네는 유럽에 중국 열풍이 거세게 불던 시기를 살았던 사람이고, 그의 고국인 스웨덴도 1731년 동인도회사를 설립하고 중국도자기를 수입하고 중국정원을 가꾸는 등의 '시누아즈리Chinoiserie, 중국풍 취미'에 가세했다. 린네 자신도 중국을 유럽이 모방해야 할 모델로 여기던 당시 지식인들의 시각을 공유하고 있었다. 하지만 대부분의 유럽인과 마찬가지로 그는 중국의 정확한 위치조차 모르고 있었다. 실제로 18세기 유럽인들은 중국과 인도를 구별하지 못했고, 중국을 인도 안에 포함하거나 '인디아 오리엔탈리스India Orientalis'라고 부르기도 했다.[150] 린네도 마찬가지여서 인디아와 그 동쪽 혹은 서인도를 언급할 때 인디아, 인디스 등으로 불렀다.[151]

이런 상황에서 린네에게는 아시아의 식물에 대한 정보를 가져다준 친구들이 있었다. 그 가운데 인삼과 관련이 있을 법한 사람은 페르 오스벡Pehr Osbeck, 1723~1805이다. 스웨덴의 탐험가이자 자연학자인 오스벡은 중

---

149 Carolus Linnaeus, *Materia Medica*, liber I. de plantis (Stockholm, 1749), p. 39.

150 동인도(East Indies)는 아주 다양한 나라와 지역을 포함하는 말로, 오늘날 인도, 스리랑카, 인도네시아, 필리핀, 마리아나 제도(Marianas) 등이었다. 이것은 또한 중국, 일본, 베트남을 포괄하며 'Indies는' 남북아메리카 모두를 지칭하기도 했다.

151 Cook, "Linnaeus and Chinese plants," p. 123.

국을 오가는 상선의 목사로 일했다. 1751년 그는 광동廣東에 도착했는데, 당시 중국 정부의 기독교 박해조치로 인해 목사 신분이었던 그는 배에서 내릴 수조차 없었다고 한다. 그뿐만 아니라 금전적으로도 풍족하지 못해 멀리 여행할 수도 없었다. 궁정을 중심으로 활동하던 예수회 선교사들과 비교해볼 때 중국에서 얻을 수 있는 정보며 운신의 폭이 무척 제한적이었던 셈이다. 그런 어려움 속에서도 오스벡은 무려 37종의 중국 식물을 구해 1752년 린네에게 가져다주었다. 린네는 그 고마움을 이렇게 표현했다.

> 이렇게 대단한 식물 컬렉션은 동인도에서 9년을 살았던 (지금은 스리랑카에 살고 있지만) 헤르만Hermann이 보내준 것을 제외하고는 본 적이 없습니다. …… 짧은 기간 머물렀고 그렇게 열악한 상황에서 어찌 이 많은 것을 모을 수 있었는지, 정말 이해할 수 없을 정도입니다. …… 이제 저는 다른 식물학자들이 언급한 약초에 대한 작업을 완수할 수 있게 되었습니다.[152]

혹시 이때 오스벡이 린네에게 중국인삼을 가져다주었을까? 사실 이 부분은 확인할 길이 없다. 다만 오스벡은 그 유명한 인삼에 대해 분명히 알고 있었다. 자신의 여행기에서 인삼에 대해 이렇게 언급했다.

> 얀셈Yan-Sam 혹은 얀섬Yan-som은 이 뿌리의 중국 이름이고, 이것이 우리 약재상에서 닌시Ninsi(Panax quinque folia, Linn.)로 불리는 것이다. 이 뿌리는 가

152 "Linnaeus to Osbeck, 10 August and 7 September, 1752," in Carlo Hansen and Anne Fox Maule, "Pehr Osbeck's Collections and Linnaeus's Species Plantarum (1753)," *Botanical Journal of the Linnaean Society* 67 (1973), p. 203에서 재인용.

끔 두 개로 갈라져 있는데, 그 때문에 중국인들은 사람과의 유사성을 들어 이런 이름을 붙이게 된 것이다.

……

얀셈 혹은 우리가 흔히 진생Ginseng이라고 부르는 이것은 중국으로 수입되는 것이 금지되었다, 왜냐하면 중국에서 야생으로 자라기 때문이다. …… 자르투 신부가 타타리의 지도를 제작할 때 이 식물을 묘사한 바 있다. 이것은 아주 드물게 스촨Setchuen에서 발견된다. 아메리카에서 이것은 가렌토긴Garentouges 혹은 사람의 허벅지로 불린다.[153]

물론 오스벡의 기록에는 많은 오류가 있다. 우선 '스촨사천성四川省'에서 인삼이 발견된다는 내용이 그렇다. 그런데 더욱 심각한 것은 그가 중국삼과 북미삼이 같은 것이라고 철썩같이 믿고 있었다는 점이다. 식물학자인 오스벡도 이럴 정도였는데, 일반 지식층에서 이 두 식물을 구별한다는 것은 요원한 과제일 수 있었다. 프랑스의 그 유명한《백과전서Encyclopédie》 1757년판에서도 "Gins-eng"이라는 항목에서 "결국 이 두 인삼은 같은 식물인 것 같다"고 결론지었다. 이렇게 결론지은 이유는 "두 식물이 같지 않고서야 어떻게 프랑스 상인들이 오늘날까지도 캐나다에서 중국으로 삼사천 파운드에 이르는 인삼을 가져다 팔면서도 들키지 않을 수 있는가"라는 것이었다.[154]

153 Pehr Osbeck, *A Voyage to China and the East Indies*, trans. John Reinhold Forster, Vol. 2 (London, 1771), pp. 222-224.

154 Denis Diderot and Jean le Rond d'Alembert, eds., *Encyclopédie, ou dictionnaire raisonné des sciences, des arts et des métiers* (Chicago: Univ. of Chicago Press, 2008), s.v. "ginseng," Robert Morrissey, ed., ARTFL Encyclopédie Project, Winter 2008 edition, University of Chicago, http://encyclopedie.uchicago.edu.access.yonsei.ac.kr:8080/.

## 메이어의 '진짜 인삼' 학명 정리

린네의 분류법도 일관적이지 않았던 상태에서 1780년대가 되면 영국의 식물학서는 'Panax'를 '1. 잎이 다섯 개인 캐나다인삼. 2. 잎이 세 개인 버지니아인삼'으로 나누기 시작한다.[155] 1798년에 발간된 미국의 백과사전은 'Panax Ginseng'을 다섯 종류로 나누었는데, 여기서도 북미삼을 만주삼과 동일시하고 있다.

> 1. Quinquefolium. 2. Trifolium. 3. Fruticosum 4. Arborea 5. Spinosa. 이 가운데 1, 2번은 북아메리카가 원산지. 1번은 유명한 만주산 인삼과 같다고 알려져 있다.[156]

이런 혼동 속에서 1833년 독일의 식물학자이자 약리학자인 테오도르 네스Theodor Friedrich Ludwig Nees von Esenbeck, 1787~1837[157]가 《약용식물Plantae medicinales》에서 처음으로 동아시아삼고려인삼을 별도로 분류하기에 이르렀다. 분류명은 자신의 이름을 붙인 'Panax Schin-seng var. Coraiensis T. Nees'였다.[158] 그는 동아시아의 인삼이 북미삼과는 다른 종이라는 것을

---

155 John Abercrombie, *The Propagation and Botanical Arrangements of Plants and Trees*, Vol. 2 (London, 1784), p. 456; J. Gordon, T. Dermer, and A. Thomson, *A Catalogue of Trees, Shrubs, Plants, Flower Roots, Seeds, &c. Sold by Gorden, Dermer, and Thomson* (London, 1783), p. 68.

156 Anon., *Encyclopaedia: or, a Dictionary of Arts, Sciences*, pp. 689-690 [s. v. "ginseng"].

157 저명한 식물학자, 동물학자, 의사, 자연철학자였던 크리스티안 네스(Christian Gottfried Daniel Nees von Esenbeck, 1776~1858)의 동생이다.

158 Theodor Friedrich Ludwig Nees von Esenbeck, *Plantae Medicinales* (Düsseldorf: Arnz & Co., 1833), p. 70.

분명하게 파악하고 있었고, 그런 연유로 고려인삼을 린네와 달리 'Panax Schin-seng'으로 명명하는 한편, 한국Corea을 의미하는 'Coraiensis'를 뒤에 붙였다. 이 당시 적어도 독일에서는 고려인삼의 주산지가 한국이라는 사실을 알고 있었음을 보여주는 사례이다. 'Schin-seng'은 인삼의 중국 옛 명칭인 '상삼祥蔘'의 발음 'Xiangshen'에서 유래한 'ginseng'과 유사한 표기일 것으로 추정된다.[159]

네스의 작업 이후 1842년 최종적으로 오늘날까지 사용하게 되는 고려인삼의 학명이 결정된다. 러시아 학자 칼 안톤 본 메이어Carl Anton von Meyer, 1795~1855가 1843년 세계 식물학회에서 인삼을 이종명명법에 의거해 'Panax ginseng C. A. Meyer'라고 등록하면서 공식화된 것이었다.[160] 메이어는 원래 독일 출신 식물학자로 러시아에 귀화한 뒤 차르 소유의 식물원 책임자를 역임했다.[161] 그는 북미삼과 동아시아삼을 확실하게 구별했을 뿐만 아니라 동아시아삼을 '진짜 인삼true ginseng'이라고 부르며 자신의 이름을 붙였다. 그는 북미삼Panax quinquefoliate은 북아메리카에서 자라고, 진짜 인삼Panax ginseng C. A. Meyer은 아무르강흑룡강黑龍江 중앙에서 북쪽, 동쪽으로는 사할린섬과 일본, 남쪽으로는 한국 남부와 중국의 산서성山西省과 하북성河北省에서 난다고 말했다.[162]

---

159 옥순종, 《교양으로 읽는 인삼 이야기》 (이가서, 2005), p. 24.

160 장일무는 마이어가 고려인삼에 대한 학명을 1842~1843년 두 차례에 걸쳐 각각 다른 학술지에 발표했음을 고려해 1842년을 최초의 발표 시기로 인용하고 있다. 마이어는 다음 두 논문에서 고려인삼의 학명을 부여했다. *Rep. Pharm. Prakt. Chem*. Russ. 7 (1842), p. 524; *Bull. Phys.-Math. Acad Sci*. St.-Petersb. 1 (1843), p. 340. 장일무, 《한국인삼산업사》 제1권 (KGC인삼공사, 2018), pp. 33-34에서 재인용.

161 Ulrike Schwemmer, *Wunderdroge Ginseng. Vom Einzug einer mythischen Heilpflanze in die moderne Medizin* (Wien-München: Franz Deuticke Verlag, 1998), p. 64.

162 Appleby, "Ginseng and the Royal Society," p. 137.

여기서 산서성과 하북성이 자생지로 언급되는 점이 눈에 띈다. 북미삼과 고려인삼을 구별할 줄 알았던 메이어였지만 뒤알드의 《중국통사》가 전파했던 오류를 200년이 지난 뒤에도 여전히 답습하고 있다. 더욱이 인삼의 학명을 정하기 시작했을 무렵 중국 내지에서 이미 인삼이 절멸되었던 상황이었음을 감안한다면 산서성과 하북성이 계속 '진짜 인삼'의 자생지로 언급된다는 사실은 씁쓸하기까지 하다. 유럽이 축적한 중국 본초학 지식의 한계와 왜곡된 정보의 끈질긴 생명력을 실감하게 하기 때문이다.

## 서구에서 인삼 활용의 시작

영국 왕립학회가 인삼을 관찰하기 시작한 뒤 얼마 되지 않은 1680년 영국에서는 인삼을 이용한 치료법을 담은 임상 사례집이 출판되었다.[163] 윌리엄 심슨William Simpson, 1665~1677년경 활동이 쓴 《동인도에서 수입한 닌징이라 불리는 뿌리에 대한 고찰Some Observations Made Upon the Root called Nean, or Ninsing, imported from the East-Indies》이 바로 그것이다.[164] 요크셔에서 개업의로 활동하던 심슨은 중세 이래 지속되어온 갈레노스 의학에 반대하며 이른바 '새로운 화학적 방법론에 기반을 둔 제약학'에 심취한 젊은 의사였다. 그는 온천요법hydrotherapy을 둘러싸고 저명한 의사들을 상대로 1660년부터 무려 20년간 논쟁을 벌이기도 했다.[165] 그만큼 출세욕과 더불어 명성에 대한 집착이 강한 사람이었다.

---

163 William Simpson, *Some Observations Made Upon the Root called Nean, or Ninsing, Imported from the East-Indies* (London, 1680).

당시 부유한 환자들을 유치할 수 있었던 온천요법과 더불어 그가 새롭게 주목한 약재medicinal drug는 인삼이었다. 심슨이 출판한 사례집은 왕립학회 회원에게 보낸 편지를 발췌한 형식을 취하고 있지만 선전용 출판물에 가깝다. 당시 요크셔에 거주하던 심슨이 런던의 왕립학회를 중심으로 펼쳐지던 인삼에 관한 최신 논의에 출판물을 통해서라도 참여하려는 의지를 드러낸 것으로 보인다. 흥미로운 것은 현재 남아 있는 팸플릿에 저자의 이름이 인쇄되어 있지 않다는 점인데, 이는 명망 높은 사람들에게 직접 선물하는 방식으로 이 책자를 사용하려 했기 때문이라고 추측할 수 있다. 좀 더 은밀하고 배타적인 정보처럼 꾸밈으로써 더 큰 홍보 효과를 노리는 전략을 구사한 것이다.

심슨은 선물로 받은 '인삼 한 꾸러미a parcel of ginseng'를 이용해 환자를 치료한 결과 "놀라운 성공"을 경험했다고 고백한다.[166] 인삼은 그가 오랫동안 매달려온 스카버러Scarborough 온천수 다음으로 "세계 최고의 약"이며, 폐질환에 관해서는 온천수보다 효과가 더 좋다고 밝히기도 한다. 그

---

164 이 사례집은 익명으로 출간되었기 때문에 저자가 누구인가에 대해서는 이견이 있다. 영국 왕립학회 회원을 연구한 존 애플비(John H. Appleby)는 이 문헌이 왕립학회 회원이었던 다니엘 콜월(Daniel Colwall)에게 보내는 편지 형식을 띠고 있다는 점에 주목하여 그와 친분이 있었던 헐(Hull)의 개업의 로버트 위티(Robert Wittie, 1613?~1684)의 작품이라고 보았다. Appleby, "Ginseng and the Royal Society," p. 124. 하지만 나는 오히려 헐의 의료시장 자리를 놓고 위티에게 도전장을 내밀었던 젊은 심슨이 저자라고 판단한다. 심슨은 위티보다 훨씬 실험적이어서 새로운 약재를 도입하는 데 적극적이었다. 또한 이미 상당한 지명도를 누리고 있던 위티 입장에서는 굳이 익명으로 출간하기보다는 오히려 자신의 이름을 내걸고 콜웰과의 친분을 과시하는 편이 나았을 것이다. 영국에서 16~17세기에 출판된 모든 텍스트를 제공하는 데이터베이스인 EEBO(Early English Books Online)에서도 이 출판물의 저자를 윌리엄 심슨으로 표기하고 있다. 위티와 심슨의 논쟁은 설혜심, 《온천의 문화사: 건전한 스포츠에서 퇴폐적인 향락에 이르기까지》(한길사, 2001), pp. 153-156을 참조하라.

165 설혜심, 《온천의 문화사》, pp. 153-156.

166 Simpson, *Some Observations Made Upon the Root called Nean, or Ninsing*, p. 3.

는 자신이 환자들에게 인삼을 처방해 성공한 사례를 구체적으로 나열했는데, 그것을 표로 정리하면 다음과 같다.

〈표〉 윌리엄 심슨이 인삼을 이용해 병증을 치료한 사례들

| 환자 | 증상 혹은 질병 | 인삼 준비 및 처방 | 효과 |
|---|---|---|---|
| 앤드루 마블(Andrew Marvel) | 쇠약해져서 완전히 해골만 남음. 혼을 빼놓는 열, 폐의 궤양 | 인삼 팅크(tincture)로 만들어 매일 아침 붉은 소 우유에 타서 마심 | 다시 살이 찌고 입맛이 돌아오고 얼굴에 홍조가 되살아남 |
| 헐(Hull)에 사는 매우 중요한 인사 | 몹시 여위어감. 숨이 가쁘고 기침을 함. 맥박이 빨라지고 고열에다 때로는 몸의 곳곳에 통증이 돌아다님. 수면 장애, 식욕 부진 | 인삼 농축액. 매일 밤 아몬드 우유에 타서 한 달간 복용 | 지방이 붙고 통통해짐. 모든 나쁜 증상이 사라지고 아직도 생존하고 있음 |
| 요크셔 리즈(Leeds)에 사는 점잖은 부인 | 감기에 걸리고, 극도로 허약해짐. 마른기침, 가슴과 옆구리에 콕콕 쑤시는 통증, 손바닥과 발에 열. 의식을 잃을 정도로 기력이 쇠해짐 | 인삼을 증류하여 한 번에 열 방울씩 저녁식사 뒤 에스파냐산 와인 한 잔에 타서 마심 | 많은 의사가 치료했으나 전혀 호전되지 않았던 반면, 인삼 치료로 짧은 시간 안에 다시 살이 붙고 다섯 명의 아이를 낳음 |
| 영유아 다수 | 이가 날 무렵에 아기들이 극도로 쇠약해지는 경우가 많음 | 인삼으로 만든 알사탕(drops) | 아기들에게 인삼이 효과가 있어 위험한 기간을 무사히 넘김 |
| 리폰(Rippon)에 사는 신분 높은 친구의 외아들 | 이가 날 무렵 심각한 폐결핵에 걸림 | 인삼 팅크와 증류수와 농축액 | 6주가 되기 전 건강을 회복하고 매우 튼튼하고 활기차게 자람 |
| 요크에 사는 친구 | 여섯 명의 자녀를 잃음 | 인삼이 열을 더하는 것이 아니라 체온의 균형을 잡아주기 때문에 모든 음식이나 이유식에 넣어서 먹을 수 있음 | 일곱 번째 아기를 구할 수 있었음 |

심슨은 이 팸플릿에서 인삼이 특히 폐결핵을 치료하는 데 탁월한 효능이 있다고 강조한다. 폐결핵의 원인이 무엇이든 간에 인삼은 환자의 상태를 현저하게 개선한다는 것이다.[167] 이 기록으로 미루어보건대, 심슨

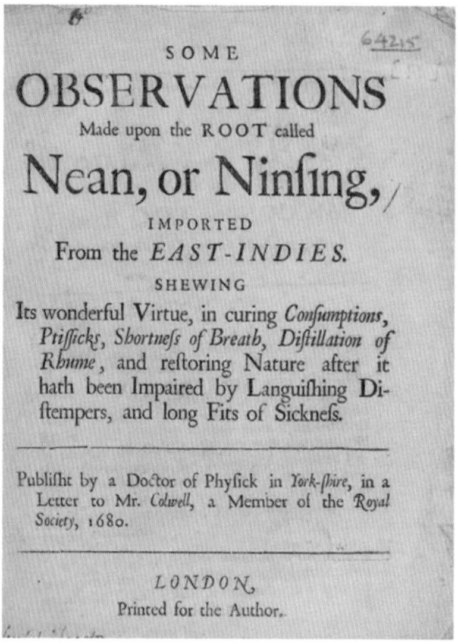

SOME
OBSERVATIONS
Made upon the ROOT called
Nean, or Ninſing,
IMPORTED
From the *EAST-INDIES*.
SHEWING
Its wonderful Virtue, in curing *Conſumptions*, *Ptiſſicks*, *Shortneſs of Breath*, *Diſtillation of Rhume*, and reſtoring Nature after it hath been Impaired by Languiſhing Diſtempers, and long Fits of Sickneſs.

Publiſht by a Doctor of Phyſick in *York-ſhire*, in a Letter to Mr. *Colwell*, a Member of the *Royal Society*, 1680.

*LONDON*,
Printed for the Author.

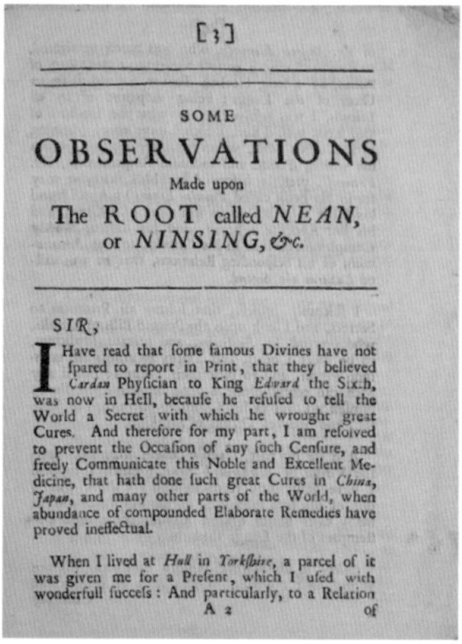

[3]

SOME
OBSERVATIONS
Made upon
The ROOT called *NEAN*, or *NINSING*, &c.

*SIR*,

I Have read that ſome famous Divines have not ſpared to report in Print, that they believed *Cardan* Phyſician to King *Edward* the Sixth, was now in Hell, becauſe he refuſed to tell the World a Secret with which he wrought great Cures. And therefore for my part, I am reſolved to prevent the Occaſion of any ſuch Cenſure, and freely Communicate this Noble and Excellent Medicine, that hath done ſuch great Cures in *China*, *Japan*, and many other parts of the World, when abundance of compounded Elaborate Remedies have proved ineffectual.

When I lived at *Hull* in *Yorkſhire*, a parcel of it was given me for a Preſent, which I uſed with wonderfull ſucceſs: And particularly, to a Relation

A 2 of

**인삼을 이용한 임상 사례집** 1680년 윌리엄 심슨이 인삼을 이용한 치료법을 정리해 발간한 임상 사례집 《동인도에서 수입한 닌징이라 불리는 뿌리에 대한 고찰(Some Observations Made Upon the Root called Nean, or Ninsing, imported from the East-Indies)》. (출처: archive.org)

은 인삼을 이용하여 주로 폐질환과 전반적인 기력 저하, 고열과 통증을 치료했음을 알 수 있다.

홍보성 팸플릿의 특성상, 그리고 야심만만한 심슨의 성정을 반영하듯 이 사례집에는 유명 인사들의 이름이 여러 차례 등장한다. 임상 사례에서 첫 번째로 언급된 앤드루 마블Andrew Marvel, 1621~1678은 심슨이 살던 요크셔 출신의 유명한 시인이다. 마블은 영국 내란Civil War, 1642~1651 시기에 왕당파와 의회파 사이를 오가는 행적을 보임으로써 주목받았던 정치가이기도 하다. 심슨은 팸플릿의 말미에 교황과 보일을 언급하기도 한

167 Simpson, *Some Observations Made Upon the Root called Nean, or Ninsing*, p. 6.

다. 보일이 "인삼은 수많은 사람을 살리기 위해 천상에서 보내온 약이다"라고 한 말을 인용까지 하면서 말이다.[168] '보일의 법칙'으로 유명한 보일은 영국 동인도회사의 임원을 지냈으며, 예수회의 중국 선교를 열렬히 지원했다. 그뿐만 아니라 '인삼 전문가'로 통했던 슬론과도 친분이 깊었다. 이런 이력으로 미루어 보일은 인삼에 대한 충분한 지식이 있었으리라 생각된다. 그가 사용했다는 인삼은 고려인삼으로, 그것이 당시 영국에서 아무리 고가에 거래되었다 할지라도 부유한 아버지를 두었던 보일에게는 큰 문제가 없었으리라.

심슨이 사용한 인삼은 동아시아산 인삼, 즉 고려인삼이었다. 그런데 심슨의 팸플릿이 발간된 뒤 수십 년 뒤 북아메리카 대륙에서 인삼이 발견되면서 이 새로운 인삼을 이용한 임상 사례들도 등장했다. 북미삼 발견의 공을 라피토에게 빼앗겼던 사라쟁도 북미삼을 이용해 치료를 했다. 그것이 동양의 인삼과 흡사하다는 사실을 잘 몰랐지만 그 식물의 약성은 인정했다는 이야기다. 사라쟁은 프랑스 왕립과학원과 교류하는 과정에서 자신이 북미삼을 이용해 환자를 치료했던 사례들을 적어 보냈는데, 그 내용이 바이양의 논문에 남아 있다.

첫째, 전신 부종anasarca에 시달리는 환자를 인삼으로 만든 음료로 치료했고, 둘째, 인삼을 끓여 만든 습포제cataplasm, 濕布劑는 오래된 궤양을 치료하는 데 탁월한 효과를 보았으며, 셋째, 인삼을 달인 탕약decoction으로 목욕을 하거나 주사기로 체내에 주입해서 창상wound, 創傷 치료에 큰 효과를 보았다는 것이다.[169] 앞서 언급했던 심슨의 기록에서 찾아볼 수 없

168 Simpson, *Some Observations Made Upon the Root called Nean, or Ninsing*, p. 7.

169 Vaillant, "A New Genus of Plants, call'd Aralistrum, of which the famous Nin-zin or Ginseng," p. 707.

는 부종이나 창상 등 다른 질환이 언급된다는 사실과, 습포제나 목욕제, 주사액 등 인삼을 약으로 응용하는 다양한 방식이 고안되었다는 점이 흥미롭다.

18세기 중반이 되면 인삼으로 치료했다는 질병의 종류가 더욱 다양하게 나타난다. 스웨덴 출신의 탐험가이자 식물학자로 린네의 수제자로 잘 알려진 피터 캄Peter Kalm, 본명 Pehr Kalm, 1716~1779은 1740년대 북아메리카 대륙 탐험에 나섰다. 스웨덴 왕립학회의 의뢰로 식물 표본을 채집하기 위해서였다. 캄은 캐나다 퀘벡과 몬트리올 지역에서 인삼을 보게 되었는데, 수출을 위해 무분별하게 채취되고 있는 모습에 충격을 받았다. 그런데 그는 현지에서 인삼이 프랑스 사람들에 의해 천식 치료, 건위제stomachics, 健胃劑, 그리고 임신을 촉진하는 약재로 사용되는 모습도 볼 수 있었다.[170]

1788년 영국 런던의 왕립의과대학이 출판한 약전에는 데커F. Dekker라는 의사가 경련과 발작 환자에게 반복적으로 'Эi'1scruple, 20그레인=1.29g을 말함을 투여해서 성공적인 치료를 했다는 사례가 실려 있다.[171] 반면, 인삼을 사용해서 실패한 사례도 있었다. 생식기 궤양을 앓던 중년 남성에게 독미나리hemlock와 인삼으로 만든 탕약을 처방했으나 오히려 궤양이 커졌다는 기록이 있는가 하면,[172] 성병에 감염된 중년 남성에게 황산아연white vitriol과 인삼을 처방하고 찬물 목욕을 권장했으나 효과가 없었다고

---

170 Peter Kalm, *Travels into North America*, trans. John Reinhold Forster, Vol. 3 (London, 1770), p. 116.

171 The Royal College of Physicians of London, *The New Pharmacopoeia of the Royal College of Physicians of London*, trans. Thomas Healdes, 3rd edn. (London, 1788), p. 30.

172 Franz Schwediauer, *Practical Observations on the More Obstinate and Inveterate Venereal Complaints* (London, 1784), pp. 98-99.

한다.[173] 비록 실패한 사례들이지만 인삼이 생식기 질환 치료에 사용되었음을 보여주는 증거다.

매사추세츠에서 활동했던 의사 새뮤얼 스턴스Samuel Stearns, 1741~1810는 인삼을 만성 기침과 폐질환 치료에 자주 사용해왔으며 결과가 모두 아주 성공적이었다고 증언한 바 있다. 그는 아침저녁으로 인삼 조각이나 가루를 물에 끓여 만든 탕약에 설탕을 섞어서 식자마자 마실 것을 권고했다.[174] 실제로 이 시기에 나온 약전이나 약품 해설서dispensatory에서도 인삼을 자주 언급하고 있다. 린네에게 도움을 주었던 헤르만 부르하버Hermann Boerhaave, 1668~1738의 약전에도 마찬가지로 인삼에 대한 항목이 발견된다.[175] 다음과 같이 인삼을 아주 간결하게 묘사한 약전도 있다.[176]

> Panax Quinquefolium. Linn. Ginseng: a small plant growing in Tartary, China, and North America
>
> Part Used: the root
>
> Sens. Prop: Mucilaginous, with sweetness, bitterishness, and some aromatic warmth
>
> Med. Virt: Tonic, obtunding
>
> M. Exhib: Power, Infusion, Extract

173 George Wallis, *Annual Oration, Delivered March 8th, 1790 before the Medical Society* (London, 1790), pp. 53-54.

174 Samuel Stearns, *The American Oracle, comprehending an Account of Recent Discoveries* (London, 1791), p. 584.

175 Hermann Boerhaave, *Boerhaave's Treatise of the Materia Medica* (London, 1739), p. 41.

176 John Aikin, *A Manual of Materia Medica* (Yarmouth, 1785), p. 80.

심지어 유명 작가의 소설에서도 당시 인삼이 의료에 사용되던 정황을 엿볼 수 있다. 18세기 영국의 유명한 소설가이자 비평가이자 의사였던 토비아스 스몰렛Tobias Smollett, 1721~1771이 쓴 소설《험프리 클링커의 원정The Expedition of Humphry Clinker》에는 인삼 처방 사례가 실려 있다. 소설 속 화자가 마음고생을 하다가 의사가 처방해준 인삼 팅크를 복용한 뒤 위장이 놀랍도록 편안해졌다는 내용이다.[177]

그런데 이 시기 서양에서 인삼이 과연 얼마나 빈번하고 널리 사용되었는지 정확히 알기란 불가능하다. 또한 처방을 거치지 않고서 인삼을 사용한 예도 많다. 아메리카의 영국 식민지 농장주였던 버드는 버지니아와 노스캐롤라이나 사이의 오랜 경계선 분쟁을 해결하기 위해 토지 측량에 나섰는데, 힘든 일정을 버티기 위해 걸어가는 동안 인삼 뿌리를 씹곤 했다. 그는 인삼이 "심지어 못된 마누라를 둔 남자의 마음까지도 회복시켜줄 만큼" 효능이 있지만 "진실과 공공정신만큼이나 드물게 난다"고 투덜댔다.[178]

## 고려인삼 수급 문제와 복용 시 유의점

당시 인삼은 의료인들조차도 일반적으로 사용하기가 쉽지 않았던 것으로 보인다. 무엇보다 공급이 부족해 구하기 어렵다는 증언들을 귀담아들을 만하다. 영국의 의사이자 화학자였던 윌리엄 루이스는《신약품주해

---

177 Smollett, *Humphry Clinker*, p. 123.

178 William Byrd, *The Writings of Colonel William Byrd of Westover in Virginia ESQr., ed. John Spencer Bassett* (New York: Doubleday, Page & Co., 1901), p. 211.

The New Dispensatory》에서 "인삼이 그 엄청난 가치로 인해 [중국에서] 다른 나라로 수출되는 것이 금지되었지만, 이제 북아메리카에서 발견되어 충분한 양을 확보할 수 있으므로 많은 관심을 가질 만하다"라고 말한 바 있다.[179] 이는 당시 유럽에서 고려인삼을 구하기가 쉽지 않았음을 반증한다. 같은 맥락에서 인삼이 너무 비싸기 때문에 쉽게 처방하지 못했다는 증언도 나온다. 에든버러의과대학이 자랑하던 윌리엄 컬런William Cullen, 1710~1790 교수는 아주 솔직하게 "인삼은 너무 비싸서 우리가 약으로 쓸 수가 없다"고 단언한 바 있다.[180]

시장 경기에 따라 가격이 들쭉날쭉한 것도 불만을 샀다. 스몰렛의 소설에는 불과 6개월 사이에 같은 가게에서 거래되는 인삼 가격이 수백 배 차이가 난다며 '믿을 놈이 없다'고 불평하는 내용이 나온다.[181] 실제로 아래 의학 논고는 당시 시중에서 인삼 유통 과정에 문제가 있었음을 드러낸다.

> 약재상이 약초를 사두고 오래되면 성분이 변질되어서 효능이 떨어진다. …… 인삼은 원기 회복 효능이 뛰어나지만, 엄청나게 비싸서 잘 처방되지 않는다. 그러다 보면 시간이 흐르면서 효능을 잃는다. 그래서 우리는 인삼을 재배하는 법을 알아야만 한다. …… 그런데 야생 상태의 식물이 더 나은지, 재배종이 더 나은지 우리로서는 알 수 없다.[182]

---

179 William Lewis, *The New Dispensatory* (Dublin, 1782), p. 146.

180 William Cullen, *A Treatise of the Materia Medica*, Vol. 2 (Edinburgh, 1789), p. 161.

181 Smollett, *Humphry Clinker*, p. 31.

182 Benjamin Stillingfleet, trans. and ed., *Miscellaneous Tracts Relating to Natural History, Husbandry, and Physick* (London, 1759), pp. 179-180.

한편, 이 시기 인삼 처방과 관련하여 공통적으로 나타나는 두 가지 조언이 있다. 첫 번째는, 아무리 좋다 할지라도 인삼을 과용할 경우 치명적이라는 경고이다. 이 내용은 1617년 런던에 고려인삼을 보냈던 콕스의 보고서에도 적혀 있던 것으로, 그 뒤 대부분의 인삼 담론에서 지속적으로 제기된 주제였다.[183] 다른 한편으로 인삼을 가장 잘 복용하는 방법을 제시하는 문헌도 있었다. 부자들은 "매일 아침 아주 적은 양, 즉 옥수수 한 알 정도의 무게에 맞먹는 양을 먹는다"는 것이다.[184] 같은 맥락에서 "이 약초가 지닌 힘과 효능이 너무 강하기 때문에" 그 위험성도 두 배라는 사실이 강조되기도 했다.[185] 1793년 《에든버러 매거진The Edinburgh Magazine》은 인삼을 자세하게 소개하는 기사를 내보냈는데, "인삼을 과하게 사용하는 것은 곧 죽음을 가져온다"는 노골적인 경고로 마무리했다. 다른 하나는 인삼은 노인이나 쇠약한 사람에게는 아주 좋지만 젊은이나 열이 많은 사람은 조심해야 할 약재라는 경고였다. 이는 오늘날까지도 크게 논란이 되고 있는 고려인삼의 '승열乘熱작용'과 관련된 인식이라고 볼 수 있다.

흥미로운 것은 이시진의 《본초강목》에서는 열이 많은 사람에게 인삼을 쓰는 일이 위험하다거나 '인삼을 과하게 복용하는 것은 필사必死다'라는 설이 '편견'이라면서 강하게 부정했다는 점이다.[186] 이시진은 최고의 명의로 불리는 갈가구葛可久, 葛乾孫, 1305~1353가 독삼탕獨參湯이든 보진

183 Foyster, *Letters Received by the East India Company*, Vol. 5, pp. 17-18.

184 Abbé Alexis Rochon, *A Voyage to Madagascar and the East Indies, trans. Joseph Trapp* (London, 1793), p. 379.

185 Hill, *History of the Materia Medica*, p. 591.

186 이시진, 《신주해 본초강목》 제4권, p. 53.

탕保眞湯이든 어느 것 할 것 없이 인삼을 제외한 적이 없다고 덧붙이면서 오히려 의사들의 보수가 박한 탓에 인삼을 써야 할 때조차 비싸다는 이유로 쓰지 않는 시류를 비판했다.[187] 《본초강목》의 내용이 유럽에 널리 퍼져 있었음을 고려할 때, 유달리 인삼 과용에 대한 경고가 부각된 것은 유럽인들이 인삼이 귀한 자신들의 상황에 맞춰 정보를 선별했기 때문은 아닐까?

---

187 이시진, 《신주해 본초강목》 제4권, p. 55.

# 2부

# 인삼의 세계체제

17세기부터 인삼은 '세계상품global commodity'이었다. 범지구적으로 볼 때 인삼의 교역은 중심과 주변이라는 이중구조를 형성하고 있었다. 중심에는 조공과 교역이 혼재된 상태로 오래전부터 존재해온 한국-중국-일본의 단단한 회로가 작동했으며, 그 주변에는 16세기부터 활성화되었던 아시아와 유럽과 아메리카 대륙을 잇는 거대한 무역 네트워크가 존재했다. 동서양을 횡단하던 바깥쪽 세계 회로는 18세기 후반 큰 변화를 겪게 된다. 16세기 이래 동서 인삼 교역의 패권을 쥐고 있던 영국을 제치고 미국이 가장 강력한 주역으로 떠오른 것이다.

chapter01

# 한국-중국-일본의 인삼 정책과 교역

## 조공과 무역

우리나라 역사에서 인삼은 왕실의 귀한 물품이었을 뿐만 아니라 주변국과의 대외관계에서도 예물로 사용되었던 중요한 자원이었다. 한반도의 인삼은 이미 기원전부터 한사군 등을 통해 중국으로 들어갔던 것으로 보인다. 삼국시대가 되면 인삼이 중국에 들어간 구체적인 기록이 나타나기 시작한다.[1] 백제 무령왕 12년(512) 4월에 양의 무제武帝에게 인삼을 보냈는가 하면, 신라 진평왕 49년(627)에는 왕사王使를 통해 당 고조高祖에게 인삼을 예물로 보낸 기록이 있다. 신라 문무왕 2년(662)에는 나당羅唐연합군 편성과 관련하여 수교품으로 인삼 200근을 중국에 보냈다. 고려 태조 12년(929)에는 후당後唐 명종明宗에게 광평시랑을 비롯한 53인을 보내

1 자세한 내용은 양정필·여인석, 〈삼국-신라통일기 인삼 생산과 대외교역〉, 《의사학》 13(2) (2004), pp. 177-196을 참조하라.

대량의 금속공예품과 인삼, 잣 등을 진공했다. 인삼은 시중에서 상품으로 거래되기도 했는데, 인삼 교역은 '공시貢市', 즉 조공을 바친 사신에게 특정한 곳에서 물물교환을 할 수 있도록 호시互市를 열어주는 형식으로 이루어졌다.[2] 인삼은 일본으로도 보내졌다. 신라 효성왕 3년(739)에는 발해국 문왕이 인삼 30근을 왜국倭國의 동대사東大寺에게 보낸 것으로 알려진다.[3]

동북 지역의 다른 민족들도 중국을 대상으로 한 조공무역에 편입되어 있었다. 그중 말갈靺鞨과 거란契丹도 중국 황실에 인삼을 조공했다는 기록이 남아 있다. 송대에 편찬된 《본초도경本草圖經》(1061)에는 어디서 어떤 인삼이 중국으로 들어왔는지를 보여주는 구절이 있다. "인삼은 상당 산곡과 요동에서 나는데, 지금 하동의 여러 지역과 태산에도 인삼이 있다. 또한 하북 각장榷場 및 민중閩中, 지금의 복건성福建省 일대에서 온 것이 있는데, 신라인삼新羅人蔘이라 불렀다. 그런데 모두 상당인삼만 못하다"라고 쓰여 있다.[4] 여기서 '각장榷場'은 송, 요, 금, 원 시대에 변경 지역에 설치한 무역장인 호시를 말한다.[5] 1부에서 언급했지만 여기서 인삼이 상당에서 산출되었다거나 특히 복건성에서 온 인삼이라는 내용은 최근 학자들 사이에 논란이 되고 있는 부분이다. 중국인들이 당시 인삼과 당삼黨蔘

---

2 王鐵生 主編,《中國人蔘》(遼寧科學技術出版社, 2001), pp. 32-33.

3 더욱 자세한 내용은 이마무라 도모(今村鞆) 지음, 고승태 옮김,《인삼사(人蔘史) 제2권 인삼정치편》[조선총독부 전매국판, 1935] (동양대학교, 2015), pp. 15-198을 참조하라. 이 책의 상편은 '국제관계에 있어서의 인삼'을 다루고 있는데, 여기 한국-중국-일본 사이의 공물, 국가 간 예물, 기타 국교에 인삼이 사용된 사례들을 자세히 나열하고 있다.

4 이 내용은《본초강목》에도 수록되어 널리 퍼지게 된다. 이시진 지음, 김종하 옮김,《신주해 본초강목(新註解 本草綱目)》 제4권 (여일, 2007), p. 45.

5 고려시대 고려와 거란·여진족 등 북방민족 사이의 교역을 위해 설치된 무역장. 이 시장은 관판 대외무역 장소로, 상인들도 세금을 납부해야 했다. 王鐵生,《中國人蔘》, p. 33.

**〈만국래조도(萬國來朝圖)〉**
18세기 건륭 연간 외번과 외국 사신들이 내조하여 청 자금성에서 조공을 바치며 조회하는 장면. 〈만국래조도〉에는 조회에 참석한 조선(朝鮮國, 아래) 사절을 비롯해 프랑스(法蘭西, 위) 등 각국 사절의 모습이 자세하게 그려져 있어 당시 청의 국제적 위상을 엿볼 수 있다. (출처: 북경 고궁박물원故宮博物院)

을 구별하지 못하고 혼용했다는 해석과 먼 옛날에는 산출되었으나 남채濫採로 인해 절멸되었다는 입장이 첨예하게 대립하고 있기 때문이다.[6]

그런데 여기서 '신라인삼'이라는 용어가 눈에 띈다. 이 문헌으로 미루어볼 때 중국에서 '신라인삼'이라고 불린 것은 변경 지역의 호시에서 거래된 한국산 인삼을 일반적으로 부르는 말이었음을 알 수 있다. 위진시대魏晉時代, 220~420 해로를 통한 인삼 무역이 시작되어 당 초기에 이르러 점차 중요해졌는데, 그 해상 무역에서 한국산 인삼이 '신라인삼'으로 통칭되었다. 즉, 신라인삼은 그 당시 중국에서 한국산 인삼을 포괄적으로 부르는 말로서, 신라라는 국가의 영토나 존속 시기와 관계없이 한반도산 인삼을 지칭하는 국제적인 상품명으로 자리매김했던 것이다.[7]

중국에서는 명대 중기부터 정국이 안정되고 경제가 발전하면서 궁정과 상류사회에 사치 풍조가 만연했다. 사치품의 수요가 급증하면서 모피와 인삼에 대한 수요도 엄청 늘었다. 하지만 명대 중국 내지의 인삼 자원은 고갈되고 있었다. 따라서 인삼에 대한 수요는 변경의 마시馬市나 호시를 통해 들어오는 요동삼과 고려인삼으로 충당해야 했다. 이런 상황에서 1406년 명나라 조정이 요동과 대동선부大同宣府 등에 설치한 마시에서 인삼이 최대 교역품으로 등극하게 된 것은 전혀 놀라운 일이 아니었다.

이후 요동의 마시 무역은 중국 내지의 경제와 밀접한 관계를 맺으며 명대 중국 경제에 중요한 영향을 미치게 되었다. 같은 맥락에서 여진 각 부족의 우두머리, 한족 상인과 요동 세력가 들은 '삼초蔘貂, 인삼과 모피의

---

6 양정필·여인석, 〈'중국인삼'의 실체에 대한 비판적 고찰–이마무라 도모의 학설을 중심으로〉, 《의사학》 12(2) (2003); 양정필·여인석, 〈'조선인삼'의 기원에 대하여〉, 《의사학》 13(1) (2004); 宋承吉, 〈試論中國古代人蔘的主産區〉, 《中國農史》 (1986-3); 宋承吉, 張秀娟, 〈中國藥用人参史綱〉, 《人蔘硏究》 (1993-1).

7 王鐵生, 《中國人蔘》, p. 33.

이익'을 좇는 데 열중하게 된다. 인삼 무역이 거액의 수익을 보장했고, 그만큼이나 엄청난 양의 인삼이 중국 내부로 흘러들어갔다.[8] 누르하치와 그 후계자들이 후금을 건국하고 청조 건국으로 나아가는 과정에서 경제적 기반이 된 것은 인삼과 모피였다.[9]

## 청대의 인삼 정책

중원을 정복한 청은 과거 만주에서 행했던 수렵과 채집의 전통을 유지하기 위해 노력했다. 수렵과 채집 활동을 다른 민족과 구별되는 자신들만의 특징으로 여겼기 때문이다. 인삼·진주·초피담비 가죽는 국가의 허가를 받은 사람들만 접근할 수 있었다. 만주족의 상징물이기에 적법한 사람이 적법한 지역에서 적법한 방식으로 채취해야 했던 것이다.[10] 특히 만주의 인삼은 단순히 만주족의 전통과 문화를 상징하는 데 그치지 않고 황실과 국가의 중요한 재정 수입원으로 엄격하게 관리되었다. 김선민은 인삼업과 관련된 제도가 청대 들어 처음으로 정비되었다는 사실에 주목한다. "인삼이 지닌 경제적 가치를 국가가 분명하게 인식하고 있었음을 보여준다"는 이유에서다.[11]

---

8 《명요동잔당(明遼東殘檔)》의 기록에 따르면 만력 11년 7월에서 12년 3월까지 8개월간 해서여진(海西女眞)이 개원(開原) 광순관(廣順關)과 진북관(鎮北關)에 입시(入市)하여 교역한 것이 총 26차례였는데, 여진이 판 인삼의 양이 1,733.75킬로그램이나 되었다고 한다. 王鐵生,《中國人蔘》, p. 33.

9 양정필, 〈17~18세기 전반 인삼 무역의 변동과 개성상인의 활동〉,《탐라문화》 55 (2017), pp. 118-119.

10 Jonathan Schlesinger, "The Qing Invention of Nature: Environment and Identity in Northeast China and Mongolia, 1750~1850," Ph.D. Dissertation, Harvard University, 2012.

1644년 청이 북경을 정복한 후 만주족은 만주를 떠나 중국 내지로 이주해 살게 되었다. 하지만 만주족의 청은 흔히 '봉금封禁'이라고 불리는 만주 정책을 통해 한인의 만주 출입을 통제하고 이들의 불법적인 정착과 토지 경작을 금지했다.[12] 중국 내지와 달리 만주는 팔기八旗가 다스렸는데, 최고 사령관인 성경장군盛京將軍과 길림장군吉林將軍은 국가의 인삼 행정에 적극 참여했다. 관할 지역에 초소를 설치해 출입을 통제했으며, 팔기 병사를 정기적으로 파견해 순찰하도록 하거나 불법 채삼인採蔘人을 체포했다. 청나라 초기 인삼의 관채官採 지역은 성경盛京 지역에 한정되었지만 강희제康熙帝, 재위 1662~1722 시기에 들어서면서 길림吉林, 영고탑寧古塔, 우수리烏蘇里, 백도눌伯都訥, 삼성三姓 등의 지방으로 확대되었다. 재정 결핍을 극복하기 위해서였다.[13]

17세기 말까지 만주의 인삼 채취는 대체로 부트하 울라打牲烏拉 총관아문總管衙門, 길림에서 수렵과 채집 업무를 총괄하던 기구[14]을 중심으로 이루어졌다. 1657년 길림 지역에 설립된 부트하 울라 총관아문은 황실 업무를 관장하는 내무부에 직속되어 황실에서 사용하는 각종 물품의 공급을 전담했다. 성경에 주둔한 팔기도 사람을 파견하여 인삼을 채취했다. 또한 성

---

11 김선민, 〈17~18세기 청대 인삼 정책의 변화〉, 《중국학보》 74 (2015), p. 406.

12 청대 봉금(封禁)에 대해서는 Richard Edmonds, "The Willow Palisade," *Annals of the Association of American Geographers* 69 (1979); 王景澤, 〈對淸代封禁東北政策的再認識〉, 《東北師大學報》 166 (1997); 張傑, 〈柳條邊, 印票與淸朝東北封禁新論〉, 《中國邊疆史地硏究》 (1999-1)을 참조하라.

13 이마무라 도모 지음, 고승태 옮김, 《인삼사 제1권 인삼사상편》 [조선총독부 전매국판, 1940] (동양대학교, 2015), pp. 82-83.

14 만주어 '부트하(butha, 打牲)'는 수렵과 채취를 가리키는 단어로, 육지의 식물을 캐거나 동물을 사냥하고 하천의 어류를 잡는 활동의 의미로 널리 사용되었다. "울라(Ula, 烏拉)"는 길림 인근을 가리키는 청대 만주어 지명(地名)이다. 따라서 "부트하 울라 총관아문"은 길림에서 수렵과 채집 업무를 총괄하는 기구라는 뜻이 된다. 김선민, 〈만주족과 인삼〉, 《인삼문화》 창간호 (2019), p. 20에서 재인용.

경 상삼기上三旗는 황제의 요구가 있을 때마다 수시로 인삼을 바쳐야 했다. 황실 귀족들도 인삼을 채취할 수 있는 권한이 있었다. 황실 귀족들에게는 각각의 지위에 따라 파견할 수 있는 인원과 채취할 수 있는 인삼의 수량이 정해져 있었다. 그런데 황실의 단속에도 불구하고 귀족들이 너무 많은 채삼인을 파견하여 불법 채삼과 다를 바 없는 남채가 벌어지자 결국 1699년 귀족의 채삼은 완전히 중지된다.[15]

1730년대에 이르러 청은 상인을 고용해 인삼 채취를 위탁하는 방식을 도입했다. 상인이 채삼인의 고용을 책임지는 대신 삼표蔘票 1장당 6량의 인삼을 자신이 투자한 자본금으로 회수할 수 있게 하는 것이었다. 이 정책은 상당한 효과를 거두어 인삼 채집량이 크게 늘고, 인삼업에 개입해서 큰돈을 벌어들인 상인도 나타났다. 하지만 점차로 삼표를 수령하는 상인의 수가 줄어들고 삼표의 액수도 감소하며 국가가 거두어들이는 인삼이 급감하게 된다. 결국 청은 1745년 성경·길림·영고탑 세 곳에 인삼 행정을 전담하는 관삼국官蔘局을 설치해 인삼의 채취와 징수를 중앙정부에서 직접 관리하기로 한다. 하지만 인삼 행정을 맡게 된 관삼국 관리와 민간 상인이 긴밀하게 결탁하면서 또다시 부정부패가 만연하게 되었다.[16]

청의 인삼 정책을 위협한 것은 불법 채삼과 부정부패만이 아니었다. 야생삼의 고갈이야말로 가장 큰 걱정거리였다. 야생삼이 귀해지자 인삼을 심어 키우는 사람이 많아졌는데, 청은 인삼의 재배를 불법 채삼과 마찬가지로 엄하게 단속하고 처벌했다. 인공재배한 인삼이 유통되면 국가

---

15 佟冬 主編, 《中國東北史》 4 (吉林文史出版社, 1998), pp. 1577-1578. 1577-1578. 김선민, 〈만주족과 인삼〉, 《인삼문화》 창간호 (2019), pp. 21-22에서 재인용.

16 김선민, 〈17~18세기 청대 인삼 정책의 변화〉, pp. 414-415.

의 독점물인 자연산 인삼의 가격이 떨어질 것을 우려해서였다. 19세기 중반에 접어들면서 아편전쟁1840~1842과 태평천국운동1851~1864 등 국내외의 혼란으로 청의 통치는 급속하게 구심력을 잃어갔다. 이런 상황에서 청 황실이 만주를 통제하고 인삼을 독점하는 일 또한 어려워졌다. 1853년 청은 마침내 인삼 채취를 둘러싸고 국가가 관리하는 방식을 중지하기로 결정했다.[17]

## 조선-중국의 인삼 교역

중국에 인삼을 보냈던 사례들로 보아 한반도에서는 적어도 삼국시대부터 국가 차원에서 인삼을 징수하는 행정이 존재했으리라 추측된다. 하지만 자료가 부족해 구체적인 내용을 알기 어렵다. 아마도 필요한 양을 징발했지만 그 규모가 내정으로 논할 정도의 가치는 없었기 때문에 기록이 부재하지 않았나 하고 짐작할 뿐이다. 그런데 고려시대에 들어서면 공식적인 기록에서 인삼을 적지 않게 발견할 수 있다. 고려 정부는 외교를 위한 예물용과 왕실 사용분 외에도 의약기관의 약재용으로 인삼을 징수했다. 《고려사高麗史》와 《동사강목東史綱目》에는 진상進上 인삼 및 공삼貢蔘에 대한 내용과 인삼의 생산량이 저조하여 직세職稅를 징수했다는 내용이 있다.[18] 충렬왕 시기에는 인삼과 잣이 생산되지 않는 지역에도 징수와 납입을 강요해서 백성들이 고생을 많이 했다는 기록도 나타난다.[19] 이런

---

17 김선민, 〈17~18세기 청대 인삼 정책의 변화〉, p. 421.

18 《고려사(高麗史)》 권6, 세가6 정종, 정종 2년 병자년 7월; 《동사강목(東史綱目)》 제14상, 계미년 충혜왕 후 4년 춘3월; 《고려사》 권28, 세가28 충렬왕1, 충렬왕 3년 정축년 4월.

문헌들로 미루어 고려시대 인삼을 징수하는 정책이 있었고, 생산지가 아니어도 일종의 인삼세를 부과한 적이 있었음을 짐작할 수 있다.

한편, 조선은 건국과 더불어 인삼 정책을 수립했다. 고려시대와 마찬가지로 일반적인 공납제의 틀 속에서 인삼을 수취하는 방식이었다. 지방 군현에서 호조를 비롯한 내의원, 의정부, 종친부, 중추부, 충훈부 등 중앙 기관에 인삼을 상납했는데, 이 인삼을 '공삼貢蔘'이라고 불렀다. 호조는 각 군현에서 인삼이 채취되던 양을 고려하여 징수할 수량을 정하고, 일반적으로 매년 봄, 가을, 겨울 세 차례 인삼을 거두어들였다.

인삼의 대외 유출과 관련해서 조선 정부는 국제 외교에 따르는 진헌과 답례, 그리고 하사 등으로 국한하며 인삼의 국외 유출을 되도록 막고자 노력했다.[20] 얼마나 많은 인삼이 국외로 빠져나갔는지는 정확하게 알 수 없다. 하지만 박평식의 연구에 따르면 세종 시기 명나라로 파견한 정기·비정기 사절단에 들려 보낸 진헌인삼과 조선에 온 명 사신에 대한 증여를 합쳐서 대략 800여 근의 인삼이 중국으로 건너갔던 것으로 추산된다. 한편, 외교 목적에서 일본으로 보내진 인삼은 중국과 비교할 때 10분의 1 수준으로 훨씬 적었다.[21] 국초國初에 징수한 인삼의 총량은 대략 1,500근 내외로 추정되는데, 약 80년이 지난 세조 대에는 총량이 배 이상으로 늘어난다. 성종 대에 이르러서는 인삼이 산출되지 않는 지역에 대해서도 공납을 부가했다.[22]

---

19 《동사강목》 제12상, 병자년 충렬왕 2년 12월; 충렬왕의 비(妃) 제국대장공주는 이전부터 인삼과 잣을 강남으로 보내 큰 이익을 취했다. 후에 환관들을 지방으로 파견하여 인삼과 잣을 구해 오도록 하여 인삼과 잣이 생산되지 않는 지역에도 징수 및 납입을 강요했기 때문에 백성들의 고생이 이만저만이 아니었다.

20 박평식, 〈선조조의 대명 인삼 무역과 인삼 상인〉, 《역사교육》 108 (2008), p. 127.

21 박평식, 〈조선 전기의 인삼 정책과 인삼 유통〉, 《한국사연구》 143 (2008), p. 226.

《세종실록지리지世宗實錄地理志》에 따르면 전국 329개 군현 가운데 112개 고을에서 인삼을 산출해 약재로 쓰거나 공물로 내고 있었다.[23] 박평식은 조선 전기 공납제를 통해 전국에서 수취하던 인삼의 총액이 1년에 적게는 1,000여 근에서 많게는 1,900여 근에 이르렀다고 파악한다. 인삼은 중요한 진헌 품목이어서 중앙의 해당 관서에 직접 수납하던 일반 공납제에 더해 수령과 감사들에게 상납에 따른 책임까지 지워 매우 엄격하게 관리되었다. 정부는 이처럼 제도를 보강하면서까지 원활하게 인삼을 수납하고 양질의 인삼을 확보하려고 노력했던 것이다. 국가에 바치는 공삼은 야생삼으로, 생삼生蔘의 상태가 아니라 일정한 방법에 따라 햇볕에 말려서 가공한 건삼乾蔘 상태였다. 인삼은 수분 함량이 높기 때문에 보존이 어려워 공납을 위해서는 건조와 가공이 불가피했던 것으로 보인다.[24]

그런데 16세기에 접어들면서 조선의 인삼 정책은 새로운 상황에 직면하게 된다. 먼저 국내에서는 인삼의 대납代納과 방납防納이 늘어나면서 민간에서 인삼 교역이 확대되었다. 대외적으로도 인삼의 사무역私貿易과 밀무역密貿易이 크게 성행했다. 원칙적으로 인삼은 민간이 사무역을 할 수 없는 품목으로, 국초 이래 조선 정부는 인삼의 사무역을 국법으로 엄금하고 있었다.[25] 하지만 앞서 살펴보았듯이 명대 중국의 수요가 워낙 커졌던 탓에 국경에서의 밀무역을 포함해 인삼의 사무역이 횡행하게 되었다.

---

22 이마무라 도모, 《인삼사 제2권 인삼정치편》, pp. 336-337.

23 양정필·여인석, 〈삼국-신라통일기 인삼 생산과 대외교역〉, p. 185 [표1] 《세종실록지리지(世宗實錄地理志)》의 인삼 공납 지역 참조.

24 박평식, 〈조선 전기의 인삼 정책과 인삼 유통〉, pp. 205-208.

25 박평식, 〈조선 전기의 인삼 정책과 인삼 유통〉, p. 233.

그런데 인삼 교역을 둘러싸고 더욱 큰 변화가 일어나는데, 바로 임진왜란1592~1598 때문이었다. 임진왜란이 시작되고 명나라가 참전하면서 군인을 따라온 명의 상인들이 조선에서 활동하게 되었다. 이것은 전시라서 가능했던 특수 상황으로, 군수품 보급이 주목적이었지만 명 상인들은 인삼에 큰 관심을 두고 자국으로 인삼을 반출하기에 바빴다. 이 시기 또 다른 변화는 중강개시中江開市의 허용이었다.[26] 이 역시 전쟁이라는 비상 상황에서 요동 지방에서 식량 등을 조달하기 위해 허용한 예외적인 조치였는데, 이 교역에서 명이 관심을 가졌던 것은 은과 인삼이었다. 중강개시는 향후 중국과의 무역에 중요한 역할을 하게 된다.[27] 명의 멸망(1644) 이후에도 새로 들어선 청의 요청에 따라 인조 25년(1647)에 다시 중강개시가 열리기 시작했고, 거의 1년 내내 양국 상인들의 교역이 일상적으로 이루어졌다.[28]

명 사신들은 광해군에서 인조 대까지 인삼을 대량으로 반출했다. 이는 임진왜란 당시 조선에 진출해 인삼 무역에 종사하던 명 상인들의 인삼 반출이 변형된 형태로 계속되었던 것이다. 명 말기에는 조선인삼에 대한 요구가 더욱 커져서 조선 정부는 인삼 수급에 어려움을 겪었다. 혹자는 "선조 전기까지 방문한 명 사절은 탐욕스럽지 않았지만 명 말기에 이르러서는 그들이 나날이 탐욕스러워져서 국고가 바닥날 정도였는데 특히 인삼에 주목했다"고 기록하고 있다.[29] 이런 상황에서 공식적인 명

---

26 압록강에는 여러 섬이 있어서 강줄기가 세 가닥으로 나뉘어 흘렀는데, 의주에 가까운 쪽부터 소서강(小西江), 중강(中江), 삼강(三江)이라 불렸다. 중강은 여기서 유래한 명칭이며 교역이 열렸던 곳은 중강에 있는 어적도(於赤島)라는 섬이었다. 이철성, 〈개성인삼이 왜 유명하게 되었을까?〉, 《내일을 여는 역사》 13 (2003), p. 89.

27 양정필, 〈17~18세기 전반 인삼 무역의 변동과 개성상인의 활동〉, pp. 112-114.

28 박평식, 〈선조조의 대명 인삼 무역과 인삼 상인〉, pp. 137-138.

사절에게 증품贈品한 인삼 이외에도 삼상蔘商과 역관譯官 들이 인삼 산지에서 인삼을 사들여 사행使行을 이용해 중국으로 수출하는 일이 매우 활발해졌다. 이 삼상의 핵심 세력이 개성상인들이었다.[30]

명·청 교체기에 조선과 중국의 인삼 무역은 이전과는 다른 양상으로 전개된다. 가장 큰 변화는 후금에서 조선으로 향하는 인삼 유통구조가 생겨난 것이다. 후금 사신들은 만주에서 인삼을 가져와 자신들이 필요한 무명 등의 물품과 바꾸어줄 것을 요구했다. 처음으로 조선이 인삼을 수입하는 입장에 놓인 셈이었다. 하지만 이렇게 들어온 만주인삼이 조선의 인삼시장에 큰 영향을 끼치지는 못했던 것으로 보인다. 인삼의 수요는 항상 초과 상태였기 때문에 시장을 흔들지 못했고, 같은 맥락에서 삼상의 활동이 위축되지도 않았다. 하지만 청이 조선과의 인삼 교역 금지령을 선포하면서 조선의 인삼 무역은 방향성이라는 측면에서 큰 전기를 맞게 된다.[31]

## 청의 대對조선 인삼 정책과 그 영향

병자호란에서 인조의 항복을 받아낸 청은 1637년 인삼을 금물禁物로 지정했다. 특히 청 태종은 인삼을 후금의 땅에서 생산되는 상징물이라고 여겼다. 따라서 청은 인삼을 조선의 특산물로 인정하지 않았다. 심지어 조선에 요구한 품목 가운데 인삼을 제외하기까지 했다.[32] 한반도의 인삼

29 이마무라 도모,《인삼사 제2권 인삼정치편》, pp. 69-70.

30 양정필, 〈17~18세기 전반 인삼 무역의 변동과 개성상인의 활동〉, p. 116.

31 양정필, 〈17~18세기 전반 인삼 무역의 변동과 개성상인의 활동〉, pp. 119-120.

이 오랫동안 중국 황제에게 바치는 중요한 공물이었고, 특히 명이 조선의 인삼을 《대명회전大明會典》에 명기할 정도로 중요한 조공품으로 여겼던 사실에 비춰볼 때 이 조치는 매우 중대한 변화가 아닐 수 없었다. 이로 인해 인삼의 중국 수출길이 적어도 '공식적'으로는 막히게 된 것이다. 그 결과 삼상의 입지가 위축되었을 뿐만 아니라, 그들에게서 세금을 거두던 정부도 세금 확보에 어려움을 겪었다. 채삼을 업으로 삼던 사람들이 곤궁에 빠지게 된 것은 물론이다.[33]

이런 어려운 상황을 해결하기 위해 조선 정부는 인삼을 일본에 수출하는 일을 고려하게 된다.[34] 그전까지 인삼의 일본 수출, 즉 왜관을 통한 인삼 무역은 공식적으로는 금지되어 있었다. 하지만 인삼은 암암리에 매매되고 있었는데, 은밀하게 이루어지는 교역이다 보니 제값을 받지 못했다. 양정필은 중국으로의 인삼 무역이 어려운 상황에 놓이자 이에 대한 타개책으로 조정에서 대일 수출을 허락하는 방안을 논의했다고 주장한다. 결국 왜관에서의 대일 인삼 무역이 허가되었고, 18세기 전반기에는 대일 인삼 수출이 대세를 이룬다.[35] 때마침 일본에서 인삼 수요가 크게 늘어나면서 조선의 인삼으로 그 수요를 충당한 것이다.

17세기 중반부터는 청을 상대로 한 인삼 무역도 회복되었다. 청과 조선의 무역은 주로 사행무역과 중강개시 및 후시를 중심으로 이루어졌다.

---

32 김선민, 〈인삼과 강역: 후금-청의 강역 인식과 대외관계의 변화〉, 《명청사연구》 30 (2008), p. 251.

33 양정필, 〈17~18세기 전반 인삼 무역의 변동과 개성상인의 활동〉, p. 121.

34 양정필은 대일 인삼 무역 허가 시기를 위의 논의가 있었던 1638년으로 본다. 1644년 8월에는 부산에서 인삼 무역을 하는 상인들이 호조를 거치지 않고 왕래한다는 기록이 있다. 《비변사등록(備邊司謄錄)》 인조 22년(1644) 8월 12일. 양정필, 〈17~18세기 전반 인삼 무역의 변동과 개성상인의 활동〉, p. 122, 주 49 참조.

35 양정필, 〈17~18세기 전반 인삼 무역의 변동과 개성상인의 활동〉, pp. 121-122.

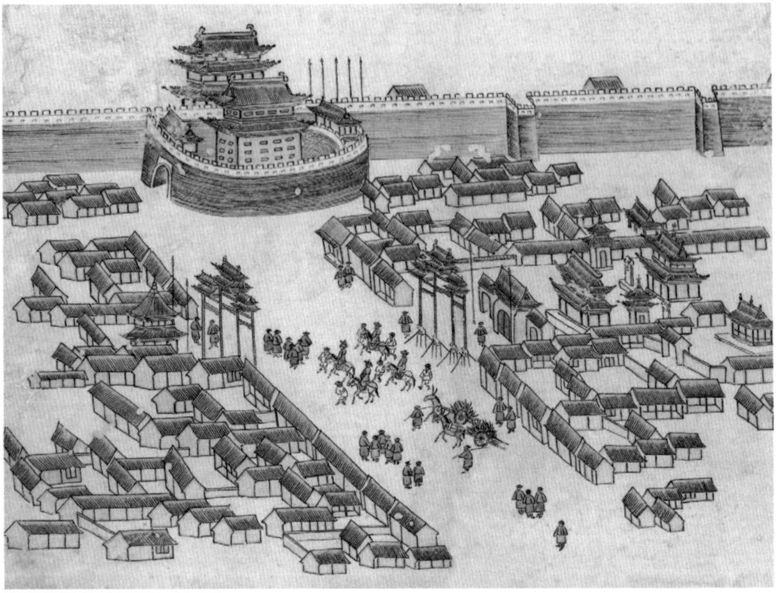

**〈연행도(燕行圖)〉** 조선 사신단이 청나라 연경성(북경성)의 동문인 조양문(朝陽門)으로 들어가는 모습을 그린 〈연행도〉. 매년 3~4회 정도 조선 사신단이 연경(북경)을 오가는 과정에서 사행무역이 이루어졌으며, 이때 상인들은 백사(白絲)와 비단을 사들였으며, 인삼과 은화로 결제했다. 김홍도, 〈연행도〉 제7폭 조양문, 18세기 후반. (출처: 숭실대 한국기독교박물관)

사행무역은 매년 3~4회 정도 파견되는 조선 사신단이 북경을 오가는 과정에서 이루어지는 것으로, 그 중심지는 책문柵門·심양瀋陽·북경이었다. 이 무역에서 조선 상인들은 주로 백사白絲와 비단을 사들였으며, 인삼과 은화로 결제했다.[36] 조선의 인삼이 중국과 일본으로 활발하게 수출되었던 탓에 1650~1670년대에는 국내에서 인삼이 부족할 정도였다. 그 때문에 국내에서 유통되는 인삼의 품질이 저하되는 현상이 나타났고, 정부는

---

36 이철성, 〈개성인삼이 왜 유명하게 되었을까?〉, pp. 89-91.

인삼 무역을 금지하는 정책을 시행하기로 한다.

인삼 무역의 경제적 가치를 고려할 때, 정부는 중국과 일본 양쪽 모두 무역을 금지할 수는 없다고 판단했다. 결국 조선 정부는 일본과의 무역은 계속하되, 대청對淸 인삼 수출을 금지하기로 한다.[37] 동래는 왜인들이 들어와 장사하기 때문에 인삼 유통에 큰 문제가 없었지만 중국과의 교역은 조선 상인들의 위험부담이 큰 편이었다. 북경까지 인삼을 가져갔다가 남방에서 인삼 무역상이 오지 않으면 낭패를 당할 수도 있었다. 하지만 청나라로의 인삼 수출은 완전히 중지되지 않고 밀수출의 형태로 계속 이어졌다. 심지어 1702년 동지사冬至使 일행 중에 잠상潛商이 발각된 일도 있었다. 그 잠상이 갖고 있던 인삼 76근 7냥과 초피 268장이 의주부로 회수되었다.[38] 이처럼 밀수출이 잦아지면서 결국 청나라로의 인삼 수출 금지 조치는 1707년 완전히 해제되기에 이른다.[39]

## 조선-일본의 인삼 교역

일본에 자생하는 삼은 죽절삼竹節蔘[40]으로, 고려인삼에 비해 그 약효가 훨씬 떨어지지만 일본 서민들이 약용하고 있었다. 반면, 일본 왕실과 귀족들은 한국에서 건너온 인삼을 귀중한 약재로 취급했다. 앞서 살펴보았

---

37 양정필, 〈17~18세기 전반 인삼 무역의 변동과 개성상인의 활동〉, p. 124.

38 《비변사등록》 숙종 28년(1702) 3월 9일. 양정필, 〈17~18세기 전반 인삼 무역의 변동과 개성상인의 활동〉, p. 128에서 재인용.

39 양정필, 〈17~18세기 전반 인삼 무역의 변동과 개성상인의 활동〉, p. 130.

40 일본에서 자생하는 삼으로, 모양이 대나무처럼 마디가 있으며 가늘고 길게 자란다. 학명은 'Panax japonicum C. A. Mey. f. typic-um Nakai.'이다.

듯이 조선 정부는 오랫동안 인삼의 일본 수출을 극도로 제한했다. 야생삼의 산출이 적었을 뿐만 아니라 국부의 유출을 막기 위해서였다. 법적 금지에도 불구하고 인삼은 사무역과 밀무역을 통해 일본으로 유출되었는데, 17세기 중엽 청과의 인삼 무역로가 막히자 일본으로의 인삼 수출이 더욱 활발해졌다.[41]

짧은 기간 무역로가 막힌 적도 있지만 16세기 이래로 한·중·일 삼국 간 인삼 무역은 꾸준히 활기를 띠었다. 그런데 17세기 중엽부터 18세기 중엽까지 이 무역로에서 조선의 역할이 훨씬 중요해진다. 임진왜란 후 일본과 청 사이에 공식적인 외교관계가 단절되었던 반면, 일본과 조선은 1609년 국교를 회복했기 때문이다. 이 당시 일본은 필요한 해외 물품 대부분을 쓰시마 번藩을 통해 수입했다. 청의 비단이 특히 큰 이윤을 남길 수 있는 물품이었고 그에 못지않게 조선의 인삼도 인기가 높았다.

그런데 17세기 들어서 일본에 의약문화가 보급됨에 따라 민간에서도 인삼을 약용하는 일이 늘어나 인삼에 대한 요구도가 크게 상승했다.[42] 이철성에 따르면 임진왜란 이후《동의보감東醫寶鑑》을 필두로 각종 조선 의학서가 일본에 알려졌고 이에 따라 조선인삼의 효능에 대한 인식이 한층 높아지면서 수요가 폭발적으로 증가했다고 한다.[43] 이런 상황에서 이 시기 조선 상인은 삼국 간의 교역에서 아주 중요한 매개자의 위치에 서게 된다. 인삼을 일본에 수출해 은을 대금으로 받아 그 은으로 중국에 가서 비단 등을 사서 일부는 국내에서 유통하고 또 일부는 일본으로 수출해서

41 옥순종,《교양으로 읽는 인삼 이야기》(이가서, 2005), p. 50.

42 이마무라 도모 지음, 고승태 옮김,《인삼사 제3권 인삼경제편》[조선총독부 전매국판, 1938] (동양대학교, 2012), p. 238.

43 이철성, 〈개성인삼이 왜 유명하게 되었을까?〉, pp. 87-88.

이득을 남겼던 것이다.

18세기 초 일본에서는 조선의 인삼을 수입하기 위해 '인삼대왕고은人參代往古銀'이라고 불린 특주은特鑄銀을 만들었다.[44] 그 이전까지, 특히 은이 풍부했던 17세기에 일본은 인삼 대금을 결제하는 데 비교적 순도 높은 은을 사용했다. 그런데 18세기 이후 은 생산이 감소하면서 순도가 낮은 은이 유통되기 시작했다. 1710년 무렵에는 일본에서 가장 질이 낮은 은화가 유통되었고, 1711년에는 순도 20%에 불과한 저질 은화를 발행할 정도였다. 동래부사를 비롯해 조선 상인들은 그런 저질 은화를 받고 인삼을 팔 수 없다며 강력하게 거래를 거부했다.[45] 조선 상인들은 1697년에 주조한 64%짜리 겐로쿠 은화元祿銀마저도 받지 않았기 때문에 일본 측에서는 조선인삼과 교환하기 위해 특주은을 주조하지 않을 수 없었다고 알려진다.[46]

일본 각지에서 모은 은이 교토에서 특주은으로 주조되어 쓰시마를 거쳐 왜관으로 들어와 조선인삼, 중국 물품 들과 교환되었다. 당시 일본에서 통용되던 은화의 순도가 30% 내외 수준이었던 점을 감안하면 순도 80%의 인삼대왕고은은 은의 배합률이 매우 높은 것으로, 그만큼 일본이 조선인삼을 수입하려는 의지가 강했음을 보여준다.[47] 특주은을 주조하는

---

44 인삼대금 지급에 사용된 은화의 종류와 은 함량의 변천, 은화 주조와 관련된 막부(幕府) 측의 보조에 관해서는 이마무라 도모, 《인삼사 제3권 인삼경제편》, pp. 274-356에 자세히 실려 있다.

45 이마무라 도모, 《인삼사 제3권 인삼경제편》, p. 324.

46 1601년 일본은 은 함유량 80%의 게이초(慶長) 은화를 발행해 이것으로 조선과 교역을 하다가 1697년 64%짜리 저급인 겐로쿠(元祿) 은화를 발행했다. 그런데 조선 관리들이 은 함유량을 정확히 파악하지 못해서 60~62%라고 강변하자 할 수 없이 63%로 인정했다는 기록이 있다. 그렇다면 할인율을 80분의 64가 아닌 80분의 63으로 계산하므로 일본 측에 불리하지만 교역을 늦출 수가 없으므로 이를 용인할 수밖에 없었다는 것이다. 주경철, 《대항해시대: 해상 팽창과 근대 세계의 형성》(서울대학교 출판부, 2008), p. 269.

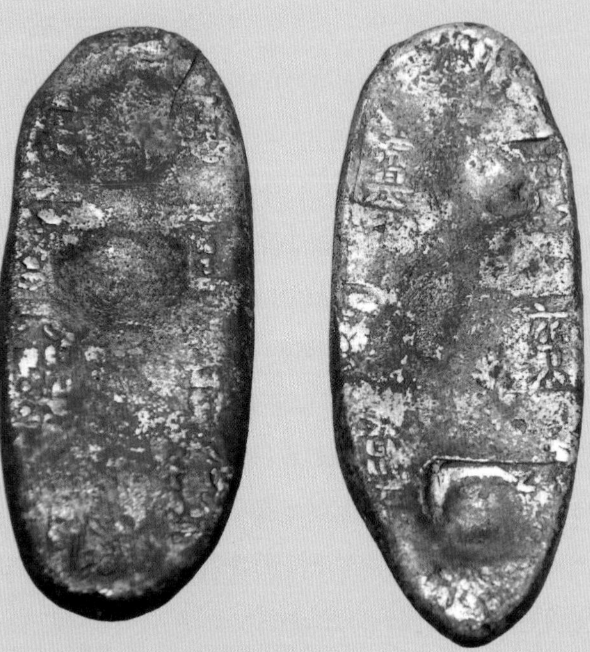

**인삼대왕고은(人參對往古銀)** 18세기 초 일본은 자국 내 유통용이 아니라 오로지 조선인삼 수입을 위해 '인삼대왕고은'이라는 특주은을 만들어 사용했다. 이는 은 함량 80%에 길이 10cm, 무게는 210g에 달했다. (출처: KGC인삼공사)

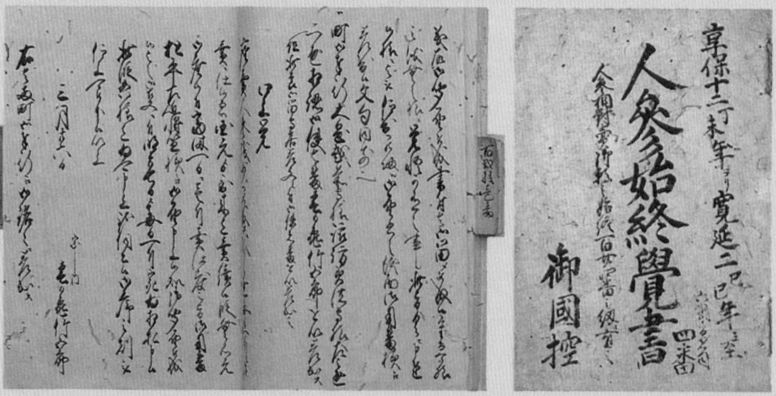


**인삼시종각서(人參始終覺書)** 1727(영조 3)~1749년(영조 25)에 일본이 조선에서 인삼을 수입하고 다시 일본에 판매한 내용을 기록한 문서이다. 메이지유신 이전까지 일본 정부는 조선에서 인삼을 안정적으로 공급받기 위해 많은 관심을 기울였다. (출처: 국사편찬위원회)

데 매년 은 5.3톤이 쓰였다.[48] 그런데 이 은은 조선에 머물렀다기보다는 다시 인삼과 함께 중국으로 건너갈 운명이었다. 주경철은 이러한 은의 이동을 "세계 최대 은 수요자중국와 세계 2위 은 공급자일본를 조선의 인삼이 매개하는 거대한 흐름"으로 파악했다.[49]

일본이 조선에서 수입한 인삼은 일부만 쓰시마에서 소비하고 대부분 에도로 보내졌다. 인삼은 특권층 사이에 '야시키우리屋敷売, 저택판매' 형태로 판매되는 것이 일반적이었다. 1674년에는 '이세야 마고하치伊勢屋孫八'를 도매상으로 지정하여 주로 오사카와 에도, 교토에 판매하는 '동야우리問屋売, 도매판매'가 시작되었으며, 에도 시중에 '인삼좌人参座'를 설치해 소매도 이루어졌다.[50] 1690년에는 전년도에 유통된 인삼이 적었던 탓에 아침마다 인삼 도매인의 집에 사람들이 모여들어 싸움을 벌이는 일도 있었다. 이런 상황에서 막부幕府는 일본인삼을 제조·매매하는 것을 허가하는 한편, 모든 약국에서 일본인삼의 판매는 허용하되 중국인삼과 조선인

47 이철성, 〈개성인삼이 왜 유명하게 되었을까?〉, p. 88.

48 Tashiro Kazui, "Exports of Japan's Silver to China via Korea and Changes in the Tokugawa Monetary System during the Seventeenth and Eighteenth Centuries," in Eddy H. G. Van Cauwenberghe, ed., *Precious Metals, Coinage and the Changes of Monetary Structures in Latin-America, Europe and Asia* (Leuven: Leuven UP., 1989), pp. 102-104.

49 주경철은 조선의 사절이 은을 실어 나르는 대표적인 전달자였다고 파악한다. "조선에 들어온 은이 중국으로 가고 또 중국 상품이 다시 대마도로 전해지는 것은 조선의 사절이 담당했다. 동지사의 경우 공식 인원은 35명이지만 상인들을 포함하면 전체 인원은 300명 정도였다. 공식 수행원은 사무역용으로 인삼을 가져갈 수 있고 나중에는 1인당 2,000~3,000테일의 은을 지닐 수 있었다. 그러므로 35명의 공식 수행원만으로도 이 사절단은 최고 7만 4,000테일(2.8톤)의 은을 수송할 수 있었다. 어느 때 동지사는 8만 테일(3톤)의 은을 가져갔다고 한다. 물론 여기에 밀수도 고려해야 하므로 은 유통량은 더 많을 수도 있다." 주경철, 《대항해시대: 해상 팽창과 근대 세계의 형성》, pp. 269-270.

50 정하미, 〈법령집, '어촉서집성(御燭書集成)'에 나타난 에도 막부의 '인삼' 정책〉, 《비교일본학》 39 (2017), pp. 186-187.

삼을 섞어 파는 것을 금지하게 된다.[51] 이런 조치는 당시 일본에서 인삼 수요가 매우 높았음을 반영하는 것인데, 인삼에 대한 수요가 곧 은의 대량 유출과 직결되었기 때문이다.

도쿠가와 막부 제6대 쇼군인 도쿠가와 이에노부德川家宣, 재위 1709~1712 시기가 되면 일본이 보유한 금의 75%, 은의 25%가 인삼 무역 결제로 사용되면서 국가의 재정 파탄을 염려할 지경이었다. 이 문제를 해결하기 위해 제8대 쇼군 도쿠가와 요시무네德川吉宗, 재위 1716~1745는 조선의 인삼, 즉 고려인삼을 일본에 들여와 재배하기로 마음먹는다. 3부에서 더 자세히 살펴보겠지만 도쿠가와는 쓰시마 도주에게 명하여 조선의 인삼을 들여오게 했고 결국 그 종자를 인공적으로 재배하는 데 성공한다. 1790년 무렵 일본에서는 인삼 매매를 자유화할 정도로 인삼 수급이 원활해지며 심지어 자신들이 인공재배한 조선인삼을 중국으로 수출하기에 이른다.[52] 하지만 그 양이 많은 것은 아니었다.[53] 일본에서 재배한 인삼과는 무관하게 조선인삼에 대한 수요는 언제나 존재했다.

18세기 중·후반에는 조선-일본 간 인삼 무역은 쇠퇴하게 된다. 양정필은 그 쇠퇴의 원인을 두 나라의 주요 수출품인 인삼과 은의 공급이 줄어든 상황에서 찾았다. 18세기 중반을 넘어가면서 한반도에서는 인삼이 귀해서 국내 수요를 충족하기도 어려워졌다. 비슷한 시기에 일본의 은 역시 고갈 상태에 이르러 은 대신 동이 중요한 산물로 등장하게 된다. 이

---

51 이마무라 도모, 《인삼사 제1권 인삼사상편》, p. 87.

52 장일무, 《한국인삼산업사》 제1권 (KGC인삼공사, 2018), pp. 265-271.

53 1870년대 1년 10만 근에서 30만 근 정도를 수출했다. 수출이 가장 활발했던 1880년경에 50만 근(300톤)을 수출한 적이 있지만, 다음 해에 6만 근 정도로 수출량이 급락했다. 품질이 나쁜 인삼을 마구잡이로 수출했기 때문이다. 장일무, 《한국인삼산업사》 제1권, p. 511.

처럼 두 나라가 주요 수출품을 더는 충분하게 확보하지 못하면서 자연스럽게 양국의 교역은 쇠퇴하게 되었다는 시각이다.[54]

## 홍삼의 대외무역

조선에서는 17세기 이전부터 이미 인삼을 끓여서 가공하는 방식이 상당히 널리 알려져 있었다. 그런데 인삼의 인공재배가 시작되면서는 끓여 말리는 방식에서 쪄서 말리는 증조蒸造 방식으로 가공법이 바뀌었는데, 그렇게 가공한 인삼을 홍삼紅蔘이라고 부른다. 조선 정부가 인삼을 수출 금지 품목으로 규제한 탓에 홍삼은 밀무역 형태로 소량이 수출되고 있었다. 사실 홍삼은 사행 경비를 조달하기 위한 중요한 품목이었다. 조선은 북경으로 가는 사절 일행에게 은 대신 인삼 여덟 꾸러미팔포八包를 휴대해서 일부는 소요 비용으로 사용하고 나머지를 매매할 권리를 주었다. 역관譯官들은 특히 팔포무역에 적극적이어서 상역商譯이라 불릴 정도였다.

팔포는 보통 인삼 80근을 말하는데, 1797년정조 21에 이르면 이를 홍삼으로 충당하게 된다. 사절단이 팔포로 가져가던 홍삼은 포삼包蔘으로 불리기도 했는데, 포삼은 점차 홍삼의 제조와 무역을 총괄하는 의미가 되었다. 역관이 중심이 되어 이끌던 홍삼 무역의 규모가 커지가 경성, 의주 등지의 상인들까지 그 권리를 나눠 갖게 되었다.[55] 1797년 조선 정부가 홍삼 무역을 공인한 후 50년 사이에 무역량이 120근에서 4만 근까지 늘

---

54 한국인삼 관련 감수를 맡아준 양정필 교수의 코멘트를 허락받아 그대로 싣는다.

55 이마무라 도모, 《인삼사 제2권 인삼정치편》, pp. 440-442.

어나게 된다. 19세기 초 조선에서 홍삼 1근의 공식 가격은 천은天銀, 순도가 가장 뛰어난 은 100냥으로, 이는 정부의 공식 쌀값으로 따져 60~80석에 해당했다. 그런데 이것이 중국으로 넘어가면 적게는 은 350냥에서 많게는 은 700냥에 팔려 나갔다.[56]

처음에 조선의 홍삼 무역을 주도했던 이들은 역관과 한양의 상인 들이었다. 홍삼을 제조하는 증포소蒸包所가 1797년 한양에 세워진 것은 어쩌면 당연한 일이었다. 그런데 1810년 증포소가 개성으로 옮겨진다. 한양 상인들의 반발은 예견된 것이었고, 그로 인해 1824년 사역원司譯院이 개입해서 다시 한양으로 옮겨졌다가 몇 년 뒤 최종적으로 개성에 자리를 잡았다.[57] 증포소가 개성에 정착한 것은 홍삼 교역에서 개성상인의 높은 위상을 상징하는 것이나 마찬가지였다.

19세기 조선에서 홍삼 교역의 주도권은 온전히 인삼 재배와 홍삼 제조를 장악하고 있던 개성상인과 수출을 책임졌던 역관에게 있었다. 대청 무역권을 가지고 있던 의주상인은 이 구도에서 협력자 역할을 했다. 1850년대 이후 개성상인들은 중국에 연간 2만 근 내외의 홍삼을 수출하게 되었다.[58] 이 무렵 개성은 명실상부한 인삼 재배업의 중심지였다. 1896년 개성의 삼포蔘圃, 인삼을 재배하는 밭 비중은 전국의 47%를 차지하고 있었고, 인근의 금천金川·장단長湍·풍덕豐德 등을 합하면 그 비중이 92%를 넘었다.[59]

19세기 말 서구 열강과 일본은 경제적·정치적으로 조선에 대한 침탈

---

56 이철성, 〈개성인삼이 왜 유명하게 되었을까?〉, p. 96.

57 이마무라 도모, 《인삼사 제2권 인삼정치편》, p. 443.

58 양정필, 〈대한제국기 개성 지역 삼업 변동과 삼포민의 대응〉, 《의사학》 18(2) (2009), p. 134.

59 이철성, 〈개성인삼이 왜 유명하게 되었을까?〉, p. 96.

을 가속화하기 시작했다. 그 여파로 조선은 반강제적으로 여러 나라와 통상조약을 맺게 되는데, 이런 조약에 빠짐없이 등장하는 것이 홍삼에 대한 조항이다. 일반적으로 홍삼 무역 거래에 15%의 세금을 부과한다는 조항과 외국인이 홍삼을 조선에서 구입하여 수출하는 것을 금지한다는 항목이 포함되었다. 그런데 부산, 인천, 목포, 양화진 등 점차로 개항하게 된 항구에서 수출입에 따른 관세해관세가 5~6% 정도로 책정되었음을 감안하면 15%의 홍삼 무역세는 정부가 홍삼을 매우 중요한 재원으로 취급했음을 알 수 있다.[60]

고종은 왕실의 재산을 효율적으로 관리하기 위해 1895년고종 32에 내장원內藏院을 설치했다. 이후 내장원의 기능을 더욱 확대해 1899년 12월에는 내장원 산하에 인삼 및 홍삼에 대한 관리를 담당할 삼정과蔘政課를 설치했다. 이미 청나라에 대한 조공사행朝貢使行이 폐지된 터라 과거 사역원의 업무와 달리 삼정과는 인삼세 징수와 홍삼 제조 및 판매에 집중하게 된다. 이로 인해 국내외 홍삼 판매는 국영사업으로서 내장원의 독점 영역이 되었다. 삼포를 확대하고, 조정에 홍삼을 납품하며 자본을 축적해가던 개성의 삼업인들에게 이런 변화는 낯선 것이었다. 게다가 자신들이 재배한 인삼을 내장원에서 거두어 가고 그 대가로 기대에 훨씬 못 미치는 배상금을 받게 되자 반발하기 시작했다.[61] 그런데 또 다른 문제는

---

60 이와 더불어 인삼과 홍삼을 좀 더 조직적으로 관리하는 기구가 나타났다. 원래 홍삼 제조와 조공무역에 대한 행정은 사역원(司譯院) 소관이었는데, 갑오개혁(1894~1896)으로 과거 호조(戶曹)라고 불렸던 부서가 탁지부(度支部)로 개칭되면서 인삼과 홍삼 관리 업무를 담당하게 되었다. 이제 채삼과 증포를 비롯한 인삼에 대한 제반 업무를 관장하는 포삼공사가 생기고, 인삼 매매는 관의 허가(특허)를 받아야 하며 판매가의 40분의 1을 세금으로 납부하게 되었다. 장일무, 《한국인삼산업사》 제1권, p. 443.

61 한국인삼사 편찬위원회, 《한국인삼사(韓國人蔘史)》 제1권 (한국인삼사 편찬위원회, 2002), p. 184; 장일무, 《한국인삼산업사》 제1권, pp. 447-448.

조선 인삼업을 노린 일본인들의 침탈 행위였다.

개항 후 한반도에 들어온 일본인들은 대청, 대일 무역에서 큰 이익을 낼 수 있는 조선인삼을 손에 넣고자 혈안이 되었다. 일본 거류민들은 처음에는 소량의 홍삼을 인천을 통해 나가사키의 도매상으로 빼돌려 중국으로 수출했다. 그런데 홍삼 무역이 가져오는 수익의 단맛을 본 일본인들은 1894년경부터 아예 규모를 키워 홍삼 제조를 기획하기에 이르렀다. 비밀리에 증조한 소량의 홍삼으로는 성에 차지 않자 아예 인삼밭 전체를 빼앗으려고 나섰던 것이다.[62] 일본인들은 무뢰한들과 결탁하여 몰래 채삼한 뒤 인삼을 구매했다고 하는가 하면 가짜 구매자를 내세워 삼포를 저가로 구매하기도 했다. 심한 경우 일본인 불량배들, 즉 '삼적蔘賊'들이 밤에 무장한 채 100여 명이 무리를 이루어 1,000간에 이르는 삼포의 인삼을 몽땅 도둑질해 가기도 했다. 개성의 삼포민蔘圃民, 인삼 경작자들은 여러 차례에 걸쳐 일본인의 불법 행위에 대한 처벌을 요청했지만 관헌들은 오히려 피해를 입은 삼포민들을 의심하여 그들이 일본인들과 몰래 인삼을 거래했다며 체포하고 처벌하려 했다. 상황이 이렇게 전개되자 개성의 삼업인들은 집단행동에 나서게 된다. 이것이 이른바 '개성민요開城民擾'라 불리는 저항운동이다.[63]

거센 반발에 부딪힌 내장원의 수장 이용익李容翊, 1854~1907은 삼업인들과 타협에 나섰다. 인삼 경작 비용을 대여해주고, 백삼白蔘의 자유판매와 무역을 허용하며, 홍삼을 제조할 수삼水蔘을 납품할 수 있게 해준다는 조건이었다.[64] 하지만 홍삼의 제조와 판매는 엄격하게 내장원의 관할 아

62 이마무라 도모, 《인삼사 제2권 인삼정치편》, pp. 456-457.

63 양정필, 〈대한제국기 개성 지역 삼업 변동과 삼포민의 대응〉, pp. 139-145.

**궁내부 내장원과 삼정사장정(蔘政社章程)**
1899년 궁내부 내장원에 삼정과를 설치해 인삼 채취와 홍삼 제조를 감독하는 한편, 삼포 경영, 인삼 가공 및 판매를 담당할 전매회사인 삼정사(蔘政社)를 설립했다. 오른쪽은 삼정사의 사규(社規)가 적힌 문서다. (출처: KGC인삼공사)

래 놓인다는 조건이 붙었다.[65] 1900년 이용익은 일본의 미쓰이물산합명회사三井物産合名會社, 이하 '미쓰이물산'와 7년 동안 홍삼 위탁판매 계약을 맺는다. 애초 계약상으로는 미쓰이물산이 수고료를 받고 홍삼을 중국에 수송·보관하는 일만 맡는 것이었다. 하지만 일본의 압력으로 결국 수출용 홍삼 전량을 미쓰이물산이 독점하게 된다.

---

64 인삼은 가공 방법에 따라 크게 수삼, 백삼, 홍삼 등으로 구분된다. 수삼은 수확한 후 가공하지 않은 인삼으로, 75% 정도의 수분을 함유하고 있으며 생삼(生蔘)이라고도 불린다. 백삼은 건삼으로, 원료수삼을 햇볕이나 열풍에 수분 함량 15% 이하가 되도록 건조한 인삼이다. 홍삼은 원료수삼을 표피를 벗기지 않은 채 증기에 쪄서 익혀 말린 것이다.

65 장일무, 《한국인삼산업사》 제1권, p. 448.

1908년순종 2 대한제국 법률 제14호로 홍삼 전매법이 제정되어 공포되었다. 이에 따라 홍삼 제조권은 탁지부 사세국 삼정과로 이관되었고, 이때부터 홍삼의 전매제도가 실시되었다. 홍삼 제조를 정부의 독점사업으로 규정하고 인삼특별경작구역[66]을 지정하여 삼업을 장려하는 등 인삼을 자원으로 삼아 엄격한 관리에 돌입한 것이다.[67] 1910년 경술국치庚戌國恥 이후 홍삼은 총독부 전매국의 관할 아래 놓이게 되었고, 미쓰이물산은 독점적으로 홍삼을 불하받아 수출하게 되었다.[68] 미쓰이물산이 불하받은 인삼은 1910년대에는 2,600여 근 정도였는데, 1929년에는 6만여 근으로 증가했고 주로 중국 시장에서 판매되었다. 1916년 중국 시장에서 조선산 고려인삼의 평균 가격은 한 근당 150원 내외였는데, 미국산 인삼은 20원 내외, 만주산 관동인삼은 8원 내외, 일본산 인삼은 5원 내외였음을 볼 때 조선인삼의 위상이 단연코 높았음을 알 수 있다.[69]

## 《인삼사》 간행과 해방, 그리고 한국전쟁

조선총독부 전매국은 1931년 4월 이마무라 도모今村鞆, 1870~1943에게 《인삼사人蔘史》 집필을 의뢰한다.[70] 이마무라는 일본 국립 경찰감옥학교 출

66 경기도 개성군, 장단군, 풍덕군. 황해도 김천군, 토산군, 평산군, 서흥군이 지정되었는데, 이후 봉산군을 추가하여 총 여덟 곳이 되었다.

67 윤선자, 〈일제의 경제 수탈과 개성의 삼업〉, 《한국근현대사연구》 35 (2005), pp. 96-98, 105-110.

68 미쓰이물산은 뿌리삼과 홍삼뿐 아니라 1930년대 이후 개성상인들이 인삼을 활용해 만든 비누와 홍삼정 등을 판매했다. 이 가운데 주력 상품은 홍삼 뿌리삼으로, 주로 중국에 수출했고 일부는 동남아 국가 및 미국에도 수출했다. 장일무, 《한국인삼산업사》 제1권, p. 493.

69 윤선자, 〈일제의 경제 수탈과 개성의 삼업〉, p. 109.

신으로 일본에서 경찰 생활을 하다가 한국으로 건너와 이토 히로부미伊藤博文에게 발탁되어 충청북도와 강원도 등지에서 경찰부장을 지냈던 인물이다. 이후 오늘날 도지사에 해당하는 제주도사濟州道司를 거쳐 원산부윤의 이왕직 사무관서무과장으로 퇴직했는데, 관직에 몸담은 동안 조선의 역사와 민속에 관심을 갖고 여러 편의 글을 남겼다. 그가《인삼사》 집필을 맡게 된 것은 조선 문헌에 조예가 깊다는 점 이외에도 이왕직 사무관이었다는 경력이 고려되었기 때문으로 보인다. 이왕직은 왕실 제반 업무를 맡아보던 관청으로, 인삼과 관련하여 기록을 많이 소장하고 있었다.[71]

이마무라는 1934년 8월《인삼사 제7권 삼명고휘편》의 간행을 시작으로 1940년 3월《인삼사 제1권 인삼사상편》까지 9년 동안 총 일곱 권의 저서를 펴냈다.《인삼사》 시리즈는 동양의 인삼과 관련해서 한국, 중국 일본의 역사적 기록과 의약학, 본초학, 현대 의학, 농학, 인삼과 관련된 설화와 전설에 이르기까지 백과사전이라 할 만큼 방대한 자료를 집대성한 대작이다. 총독부가 이런 대규모 간행사업을 기획했던 이유는 일제에 중요한 자원인 조선의 인삼을 효율적으로 관리할 수 있도록 지적 인프라를 구축하기 위해서였다.

따라서《인삼사》에는 조선의 인삼 자원을 일본이 관리해야 마땅하며, 일제의 침략은 정당한 역사적 수순이었다는 주장과 해석이 노골적으로 담겨 있다. 예를 들자면 "《고려사》 139권과 조선 역대왕의 실록 1,300여 권은 그 죄악의 기록이라고 할 수 있으며 이들 문헌을 보면 악정이 얼마

---

70 이마무라 도모,《인삼사》 전 7권 (조선총독부 전매국, 1934~1940).

71 양정필, 〈해제(解題)〉, 이마무라 도모 지음, 양정필 옮김,《한국 근대 민속·인류학자료대계-21: 인삼신초, 인삼사 1》(민속원, 2009), pp. 6-10.

나 잔혹했는가를 알 수 있다"라고 하면서 "그런 약탈적 요소가 맹렬히 인삼을 향해 움직였다"라고 연결 짓는 것이다.[72] 따라서 역사학적 중립성과 객관성을 심각하게 결여하고 있다는 점에서 《인삼사》는 역사서라기보다는 자료집으로서의 가치만을 인정할 수 있겠다.

총독부가 《인삼사》 간행을 의뢰한 1931년 바로 그해 일본은 만주사변을 일으켜 중국 침략을 본격화한다. 이미 1930년을 전후하여 중국에서 전개되던 배일排日운동과 대공황이 겹치면서 미쓰이물산의 대중국 홍삼 수출은 침체기에 접어들었다. 수출용 홍삼이 창고마다 쌓이게 되자 미쓰이물산 측은 조선에서 시판에 들어가 공장노동자들에게 엑스extract, 엑기스 제품을 저렴하게 공급하는 등 판로를 다각화하기 시작했다. 만주국이 안정기에 들어선 1930년대 중반 홍삼 수출은 다시 활기를 띠었으며, 1930년대 말에는 미쓰이물산이 직접 미국으로 백삼 3,000근과 홍삼 130근을 수출하기도 했다. 하지만 해방과 더불어 미쓰이물산의 홍삼 판매는 결국 막을 내리게 된다. 개성에 보관했던 대량의 홍삼을 놓아둔 채 황급히 철수했던 것이다.[73]

해방 후 미군정 시기에도 개성의 삼포에서는 상당량의 인삼이 생산되었다. 하지만 한국전쟁은 한반도 인삼산업 지형에 엄청난 변화를 가져온다. 피난길에 올랐던 개성의 삼업인들은 개성이 북한 땅으로 귀속되는 바람에 모든 것을 잃게 되었다. 한편, 1951년 3월 충남 부여로 이전한 '개성인삼전매지청'은 삼업을 지속할 방책을 모색 중이었다. 이들에게 가장 시급한 과제는 우량 인삼 종자를 확보하는 일이었다. 남한에도 풍

72 이마무라 도모, 《인삼사 제3권 인삼경제편 》, p. 57.

73 장일무, 《한국인삼산업사》 제1권, p. 461.

기, 금산 지역의 종자가 있었으나 이는 주로 백삼의 원료였고, 당시 홍삼 전문가들은 개성인삼 종자를 최고로 여겼던 터였다.

당국은 북한군이 장악하고 있는 개풍군 망포望浦에 개성인삼 종자가 다량 보관되어 있다는 정보를 입수하게 되었다. 전매지청 직원 3인과 인삼 상인 3인은 '삼종회수특공대蔘種回收特攻隊'를 결성해 인삼 종자 회수를 위한 작전을 계획했다. 1952년 2월 하순, 이들은 강화도를 출발해 망포에 잠입했다. 다행히도 중국군의 총탄 속에서도 단 한 명의 희생자도 없이 무사히 귀환했다. 이들이 소중히 가져온 네 가마니의 개성인삼 종자는 배편으로 강화도를 출발, 인천을 거쳐 부여에 도착했다.[74] 전쟁이 끝난 뒤 1956년 부여 정림사지定林寺址 바로 옆에 현대식 홍삼 제조시설인 '고려인삼창'이 준공되었다.[75]

74 〈남기고 싶은 이야기들-임현영 칼럼〉, 《중앙일보》, 1974년 6월 24일자; 고려인삼창 부여공장 내 인삼박물관 전시자료.

75 1978년에는 부여 읍내를 벗어나 인근 규암면 내리에 대규모 고려인삼창을 세워 이전했다. 오늘날 'KGC인삼공사 고려인삼창'은 5만 6,000평의 대지에 2만 2,000평(7만 2,727m²) 규모인 세계 최대의 홍삼 제조시설이다.

chapter 02

# 동인도회사의 사무역품

## 현지무역 상품

1498년 바스쿠 다가마Vasco da Gama, 1469?~1524가 이끄는 포르투갈의 선단이 인도 서해안의 캘리컷Calicut, 지금의 코지코드에 상륙한 이래 네덜란드, 영국 등이 인도양과 더 멀리는 동아시아의 바다로 진출하기 시작했다. 이 유럽인들은 약탈과 탐험, 모험을 동반한 거대한 해상 무역의 네트워크를 구축해갔다. 이들이 원했던 것은 큰 이윤을 얻을 수 있었던 동양의 향료였다.[76] 그런데 당시 향료의 범주는 매우 넓었다. 우선 향료와 약재는 호환 가능한 범주에 속했고, 음식과 약의 구분 또한 매우 모호했다. 심지어 염료나 왁스도 향료에 포함되었다. 무엇보다 이 물건들은 유럽에서 구하기 어렵거나 이윤이 높다는 공통점이 있었다.

76 Harold J. Cook and Timothy D. Walker, "Circulation of Medicine in the Early Modern Atlantic World," *Social History of Medicine* 26 (2013), p. 338.

이 장거리 무역은 엄청난 이익만큼이나 커다란 위험을 동반했다. 이를 좀 더 효율적으로 수행하기 위해 영국 상인들은 1600년 엘리자베스 1세의 특허장을 받아 동인도회사를 세웠다. 이미 여러 회사가 활발하게 동인도 무역을 펼치고 있던 네덜란드에서도 1602년 6개의 회사가 합병하여 네덜란드 동인도회사를 세웠다. 1616년에 덴마크 동인도회사가, 1664년에는 루이 14세의 인가를 얻어 프랑스 동인도회사가 정식으로 발족되었고, 스코틀랜드, 독일, 스웨덴, 프로이센 등에서도 유사한 회사가 설립되었다. 이처럼 많은 동인도회사가 세워졌지만 17세기 동인도 무역의 대표 주자는 단연코 네덜란드와 영국이었다.

1부에서 살펴보았듯이 동인도회사는 17세기 초부터 동아시아의 인삼을 유럽에 들여오기 시작했다. 그런데 인삼은 본질적으로 장거리 무역 상품이었다기보다는 동인도회사의 '현지무역country trade' 상품으로서의 성격이 짙었던 것으로 보인다. 현지무역이란 아시아의 한 지역에서 구입한 상품을 아시아의 다른 지역에 가서 처분하고 그 돈으로 그곳의 상품을 사서 다시 다른 곳에 판매하는 식의 연쇄적인 거래관계를 말한다.[77] 이것은 17세기에 동인도회사의 중요하고도 독특한 사업 방식이었고, 이 상업망이 잘 유지되도록 하는 것이 무엇보다 중요했다. 약탈과 통행세를 받으며 상업거점제국Trading-Post Empire을 건설했던 포르투갈과 달리, 현지무역이야말로 네덜란드와 영국의 동인도회사가 해외에서 장기적으로 성공적인 교역을 해나갈 수 있었던 핵심 전략이었다.

최근 프라틱 차크라바티Pratik Chakrabarti 같은 학자는 유럽의 해외 팽창이 지나치게 경제적 측면에서만 논의되어왔다고 비판하며 제국의 효

---

77 주경철, 《대항해시대: 해상 팽창과 근대 세계의 형성》, p. 25.

과는 과학, 특히 의학의 영역에서도 탐구되어야 한다고 역설했다. 실제로 16~19세기 사이 유럽에서 새로운 약재료의 사용이 엄청나게 증가했는데, 아시아와 아메리카에서 이방약재foreign drug가 들어온 결과다. 17세기만 해도 해외 약재료의 수입이 적어도 25배가량 늘었고, 토근吐根, ipecacuanha, 남아메리카산 꼭두서니과 관목의 뿌리로, 토제吐劑나 하제로 씀 같은 새로운 약재가 영국에서 엄청 인기를 끌게 되었다. 이런 새로운 약재에 대한 정보는 현지무역을 통해 얻곤 했다. 영국 동인도회사는 선원뿐 아니라 의료 관계자도 대거 고용했다.[78] 긴 항해와 해외 체류에서 선박에 승선한 의사들과 인도 등 각지에서 주둔한 영국 병사, 그리고 현지에서 고용한 용병 들은 필요시 현지의 약재를 이용해 의료 행위를 하기도 했다. 바로 이들이 새롭고 다양한 약재료를 서구세계에 소개하는 주체였던 것이다. 바자bazaar라고 불렸던 아시아의 시장들은 동인도회사 현지무역의 핵심 거래지이자 동서양의 향료와 약재가 만나는 장소였다.

이런 상황에서 식민 활동에 참여한 사람들이 현지에서 조달할 수 있는 약을 일컫는 '바자 메디신Bazaar Medicine'이 나타났다. 이집트산 아라비아고무Gum arabic, 동아시아와 동남아시아산 알로에와 장뇌樟腦, Camphor, 가려움증에 처방함류, 감초甘草, liquorice, 동아시아산 토복령土茯苓, China root smilax glabra, 화농성 감염증 치료에 사용, 동아프리카 모잠비크에서 왔다는 컬럼바 뿌리Columba root, 자바 등지에서 온 용피나무Dragon blood tree 등 세계 각지의 약이 한자리에 모였다. 이 약들은 당시 범세계적으로 펼쳐진 동서교역로

78 Pratik Chakrabarti, "Medical Marketplaces beyond the West: Bazaar Medicine, Trade and the English Establishment in Eighteenth-Century India," in Mark S. R. Jenner and Patrick Wallis eds., *Medicine and the Market in England and Its Colonies, c.1450~c.1850* (Basingstoke: Palgrave Macmillan, 2007), p. 196.

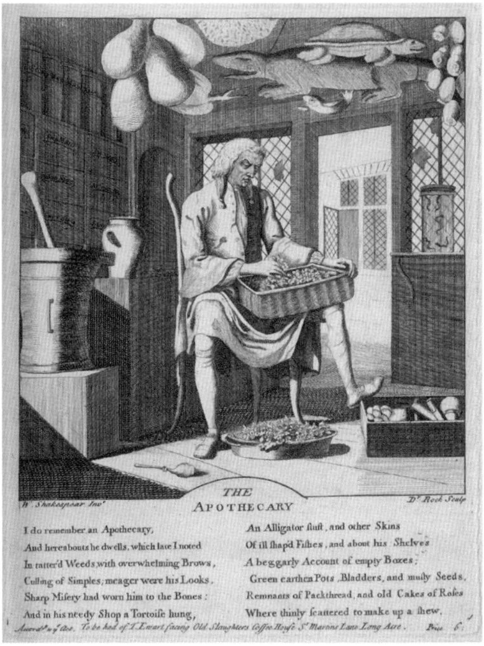


**유럽에 들어온 이방약재(foreign drug)** 각종 이방약재로 둘러싸인 약국에서 약초를 선별하고 있는 약제상. 1750년경 록 박사(Dr. Rock)가 제작한 판화 (출처: Wikimedia Commons)

의 존재를 고스란히 드러내는 물적 증거나 다름없었다. 동인도회사 선박에 소속된 의사들은 각 지방의 바자를 도는 현지무역을 통해 짭짤한 부수입을 올리기도 했다.[79] 인삼은 이러한 현지무역의 귀중한 상품이었다. 특히 17세기에는 동남아시아의 무역 거점에서 인기가 높았던 것으로 보인다.

인삼이 현지무역 루트를 통해 거래되었음을 보여주는 기록들이 있다. 스웨덴 출신의 칼 페테르 툰베리Carl Peter Thunberg, 1743~1828는 네덜란드 동인도회사에서 의사로 복무하면서 일본을 방문했던 식물학자로, 1776년경 이런 말을 남겼다.

79 Pratik Chakrabarti, "Medical Marketplaces beyond the West," pp. 202-203.

일본에서 네덜란드 상인들은 그동안 일본 사람들이 환장하는 유니콘 뿔과 중국인들이 귀하게 여기는 닌시 뿌리Ninsi-root를 가져다 팔았는데, 닌시 뿌리는 중국 북부와 한국에서 자라는 것이다. 이후 네덜란드 상인들이 인삼ginseng root의 아류를 가끔 들여오는데, 진짜로 속을 정도로 교묘하게 사기를 쳐서 팔지 않는 이상 이 뿌리의 수입은 일본 정부에 의해 엄격하게 금지되어 있다.[80]

여기서 '인삼의 아류'란 북미삼을 일컫는 것으로 보인다. 널리 알려진 동양학자Orientalist였던 토머스 모리스Thomas Maurice, 1754~1824는 특히 인도의 역사에 해박했는데, 인도의 풍물을 기록한 책에서 "시골에 가면 언제나 활력을 준다는 인삼 뿌리를 매우 높이 평가한다. 그와 비슷한 것이라도 발견하기만 하면 너무 기뻐 어쩔 줄 모른다"라고 언급했다.[81] 이런 기록은 동인도회사가 아시아 곳곳에 다양한 종류의 인삼을 실어 나르고 있었다는 사실과 인삼이 인도에서도 상당히 알려져 있었음을 보여준다.

인도뿐만이 아니었다. 1793년 영국에서 발간된 보고서에서는 코친차이나Cochinchina, 베트남 남부와 일본 사이에 교역이 중단됨에 따라 중국인들이 가져오는 물품에 만족해야 하는 상황이라면서 영국이 적극적으로 나서서 시장을 개척할 것을 제안했다. 여기서 코친차이나에 들어가는 중요한 물품으로 종이와 구리, 비단과 더불어 인삼을 꼽고 있다.[82] 코친차이

---

80 "Travels in Japan and other Countries, by Charles Peter Thunberg," in William Mavor, *Historical Account of the Most Celebrated Voyages, Travels, and Discoveries*, Vol. 15 (London, 1797), pp. 191-192.

81 Thomas Maurice, *Indian Antiquities, or Dissertations*, Vol. 7 (London, 1800), p. 635.

82 *The New Annual Register, or General Repository of History, Politics and Literature for the Year 1792* (London, 1793).

나는 세계적 진미로 유명한 제비집 요리의 재료인 바다제비 둥지의 주요 수출국이었는데, 제비집 요리에는 인삼이 꼭 들어가게 마련이어서 제비집과 인삼은 자료에 함께 등장하는 경향이 있다.

현지무역에서 판매한 양보다는 적었으리라 추측되지만 인삼이 유럽에서 유통된 흔적도 남아 있다. 17세기 네덜란드에서는 인삼이 "너무 귀해서 파운드당 25플로린에 팔렸다"는 기록이 있다.[83] 1부에서 살펴보았듯이 영국에서는 인삼이 고관대작들 사이에 주고받는 귀한 선물로도 쓰였다. 영국의 항구일지port-book,[84] 즉 관세를 걷기 위한 수입 품목 대장에서도 인삼을 발견할 수 있는데, 인삼은 '약품medical items'이자 면세품으로 분류되었다.[85] 그런데 17세기 유럽의 기록에서 인삼의 정확한 수입 물량을 찾아볼 수 없는 중요한 이유가 있는데, 인삼이 사무역품이었기 때문이다.

## 인삼, 동인도회사의 사무역품

인삼은 영국 동인도회사의 교역품 가운데 '사무역private trade' 상품으로 분류되었다. 이 시대에 사무역이란 일반적으로 배의 선장과 슈퍼카고supercargo, 화주貨主를 대표해 상선에 승선하는 화물 관리인가 개인적으로 일정량의

83 George Henry Loskiel, *History of the Mission of the United Brethren among the Indians in North America*, trans. Christian Ignatius La Trobe (London, 1794), p. 117.

84 정식 명칭은 *The Annual Ledgers of the Inspector-General of the Customs*이다.

85 Patrick Wallis, "Exotic drugs and English medicine: England's drug trade, c.1550~c.1800," *Social History of Medicine* 25 (2012), p. 41.

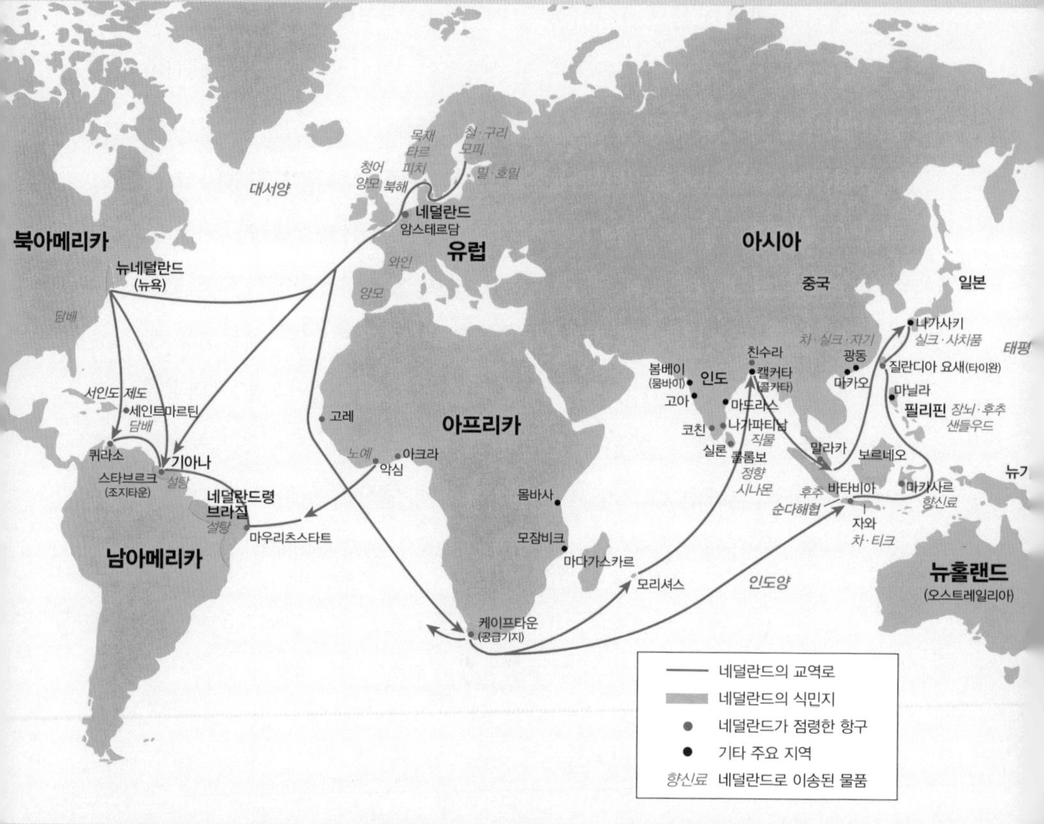


**대항해시대 교역로** 17세기 네덜란드의 교역로와 주요 항구 들을 표시한 지도이다. 영국은 17세기 후반부터 이 교역로와 항구 들을 장악하기 시작한다. 인삼은 이 교역로를 통해 유럽으로 들어갔다.

상품을 배에 실어 거래할 수 있는 특혜를 일컫는다. 원칙적으로 사원이나 선원들의 사적인 무역 행위는 금지되었으나 부족한 급여를 보충하기 위한 선원들의 사적인 교역은 관행처럼 이루어졌다. 상관에 근무하는 직원 중에는 직책을 이용해 대규모로 사무역을 행하는 자도 있었다. 동인도회사가 출범한 지 얼마 되지 않았을 무렵 이미 사무역을 크게 벌여 한밑천 마련한 뒤 귀국해버린 상관원도 나타났다.[86] 1628년 영국 동인도회사는 선원들에게 물품 허용 기준치를 초과하면 몰수하겠다고 선언했으나 사무역을 근절하는 것은 불가능했다. 1635년 영국 동인도회사 이사회는 사무역을 부분적으로 인정하게 된다.

사무역이 허용된 물품은 보석, 사향, 용연향龍涎香, ambergris처럼 매우 귀하고 값비싸며, 큰 이윤을 남길 수 있는 것들이었다. 인삼이 사무역품으로 분류된 이유 역시 마찬가지였다. 그런데 동인도회사가 인삼을 사무역품으로 분류한 또 다른 이유는 많은 양을 거래하기에 적합지 않아서였다. 워낙 구하기 어려웠을 뿐만 아니라 한꺼번에 많은 양이 거래될 경우 가격이 하락할 우려가 있었기 때문이다. 이런 맥락에서 영국인들은 인삼 무역의 비밀을 이미 터득하고 있었던 영리한 상인이었다고 해도 지나치지 않다. 제품을 잘 선별해 최상급만 골라 소량으로 사무역품으로 들여갔던 것이다. 이와 같은 영국인의 상업철학은, 중국에 너무 많은 양의 북미삼을 퍼다 나른 나머지 헐값을 받을 수밖에 없었던 미국인들의 행태와는 확연히 구별되는 것이었다.

그런데 인삼이 반드시 동인도회사를 통해서만 유럽에 들어갔던 것은 아니었다. 당시 영국에서는 동인도회사 소유의 선박 이외의 영국 선박이

---

86 하마우즈 데쓰오 지음, 김성동 옮김, 《대영제국은 인도를 어떻게 통치하였는가: 영국 동인도회사 1600~1858》(심산, 2004), p. 22.

무역을 목적으로 희망봉과 혼곶 사이를 항해하는 것을 금지하고 있었다. 네덜란드 정부도 희망봉 동쪽과 마젤란해협 서쪽 사이 지역에 대한 항해권을 독점적으로 동인도회사에 부여하고 있었다. 국가가 개별 회사에 독점권을 부여한 전형적인 사례인 셈이었다. 이런 조치들이 생겨난 이유는 아시아 시장을 둘러싼 지나친 경쟁 때문이었다. 상호 경쟁으로 무역업자들이 공멸할 위험에 처하자 국가가 나서서 독점권과 특허권을 부여하는 방식으로 질서와 규칙을 세우려 한 것이다.

독점권을 향유하는 만큼 동인도회사 선박은 운임이 비싸기로도 유명했다. 그 때문에 개인 무역업자들은 종종 유럽 다른 나라의 선박이나 미국 선박을 이용해 상품을 수출했다. 당시 이런 형태의 무역을 '밀무역 clandestine trade'이라고 불렀다.[87] 인삼은 밀무역을 통해서도 유럽으로 들어갔으리라 추측된다. 1부에서 살펴보았듯이 동인도회사를 통해서든 밀무역을 통해서든 처음 유럽으로 들어간 인삼은 한국산 고려인삼이었다. 17세기 중·후반까지는 일본을 거쳐 고려인삼이 유럽에 들어갔고, 17세기 후반부터는 중국에서도 인삼이 유럽의 선박에 실리게 된다. 중국이 개항했기 때문이다.

영국은 1684년 중국과 교역을 시작했다. 청나라에 반대하며 명나라 회복운동을 벌이던 정성공鄭成功, 1624~1662 세력을 진압한 뒤 청은 그동안 막았던 바닷길을 여는 전해령展海令, 1684을 선포했다. 민간 선박이 해외 무역을 위해 출항하는 것을 허용함과 동시에 외국 상선의 내항을 위해 광주廣州, 하문廈門, 영파寧波 등 다섯 개 항구를 개방했다. 영국은 청 정부로부터 광주에서 비단, 차, 도자기를 교역할 수 있는 승인을 얻었다.

---

87 하마우즈 데쓰오, 《대영제국은 인도를 어떻게 통치하였는가》, p. 22.

18세기가 되면 더 많은 유럽 선박이 중국을 방문하기 시작한다. 이는 무엇보다도 유럽에서 차 수요가 늘어났기 때문이다.[88] 17세기 전반 후추와 향료가 유럽의 주요한 수입품이었는데 점차 캘리코류 목면과 견직류의 비중이 늘었고, 18세기에 이르러 차와 커피의 수입이 크게 증가했다. 반면, 중국에 팔 수 있는 게 별로 없었던 상황에서 서양인들에 의해 북미삼이 중국에 상륙하게 된다.

18세기 초 북아메리카 대륙에서 인삼이 발견되자마자 영국, 프랑스, 심지어 스웨덴 선박들은 그것을 중국으로 실어 나르기 시작했다. 북미삼은 캐나다의 경우 몬트리올과 퀘벡에서 선적해 먼저 유럽의 대서양 연안 항구들로 보내진 뒤 그곳에서 다시 동인도회사가 중국 광동으로 가져가는 장거리 우회로를 거쳐야 했다. 동인도회사가 해상로를 독점한 탓에 번거로운 재수출 과정이 필수적이었던 것이다. 이처럼 먼 길을 돌아가야 했음에도 18세기 중엽 캐나다의 인삼 무역은 최고 3,000%의 이익을 낸 적도 있다고 한다. 프랑스 동인도회사는 인삼으로 엄청난 수익을 올릴 수 있다는 사실을 알자 1751년 인삼을 공식 무역품으로 전환하게 된다.[89] 북아메리카의 영국 식민지에서도 마찬가지로 필라델피아 등지에서 출발한 인삼은 일단 런던에 도착한 뒤 동인도회사의 사무역품으로 아시아로 들어올 수 있었다.

중국에 도착한 인삼은 우선 공행公行[90]에 넘겨져 판매 등이 이루어졌

---

88 하네다 마사시 지음, 이수열·구지영 옮김, 《동인도회사와 아시아의 바다》(선인, 2012), p. 312.

89 Brian L. Evans, "Ginseng: Root of Chinese-Canadian Relations," *Canadian Historical Review* 66 (1985), p. 12.

90 1726년에는 유력한 행상 6가(家)를 선출해 보상(保商), 보행(保行) 또는 총상(總商)이라 칭하며 관세 업무를 총괄하도록 했다. 이들은 정부에 거액의 수수료를 내는 대신 관세를 부과하며 외국 상인들의 행동을 관리·감독했다.

다. 공행은 외국인과 무역할 수 있도록 공식적인 허가를 받은 상인조합이다. 청 정부는 1686년부터 광동에 양화행洋貨行을 설치하고 수출입품 무역에 대한 독점권을 주는 대신 관세를 납입하게 했다. 그렇다고 서양인이 마음대로 중국 땅에 들어와 공행을 만날 수 있는 것도 아니었다. 서양인의 출몰이 잦아지고 예수회 등의 기독교 선교 활동이 확대되면서 중국에서는 이방인들이 자신들의 세계관과 사회질서를 위협할지도 모른다는 우려가 팽배했다. 그 결과 1757년 청은 쇄국으로 방향을 틀어 해금海禁 정책을 선포한다. 유럽 선박에 의한 무역을 광주 한 곳으로만 한정했다. 1759년 외국인을 관리하기 위한 법인 방범외이규조防范外夷规条를 제정했다. 이때부터 아편전쟁이 끝나는 1840년대까지 80여 년 동안 청의 해안에는 이른바 '광동廣東 시스템'이라고 불리는 관리무역체제가 취해졌다.

서양인들은 무역 기간에는 광주 주강珠江 연안의 외국인 전용지구에 머물고, 상거래가 끝나면 마카오로 돌아가 다음 무역 시즌까지 기다려야 했다. 거래는 '13행'이라고 불리는 특권 상인들과만 가능했고, 서양인들이 전용지구에서 벗어나 광주 거리를 활보하는 일은 금지되었다.[91] 광동 시스템 아래에서 광주에 들어오는 모든 배 역시 공행의 보증을 얻어야 했다. 따라서 특정 행상들은 무역 독점권과 보증권 등을 바탕으로 큰 세력을 형성해 서양인들이 무역을 확대하는 데 제약을 가했다. 공행과 서양인 간에 갈등이 끊이지 않았고, 결국 아편전쟁 뒤 체결한 남경조약南京條約, 1842으로 공행제도는 폐지된다.

18세기 중반 영국은 대중국 무역량이 가장 많은 국가로 부상했는데,

---

91 하네다 마사시, 《동인도회사와 아시아의 바다》, pp. 312-313.

**서양과 중국의 무역 창구, 광주 13행** 광주 13행은 쇄국의 와중에 마련된 대외무역 창구였다. 서양 상인들이 상륙해 무역할 수 있는 장소는 광주 한 곳으로 제한되었고, 정해진 기간에 한해 '이관(夷館)'에 머물며 특권 상인인 13행을 통해 거래를 할 수 있었다. (출처: 스웨덴 베네르스보리 박물관Vänersborgs museum)

광주로 운송되는 북미삼 무역에서도 주도적인 위치를 차지하게 되었다. 이곳을 통해 북미삼이 들어왔다 해서 북미삼을 '광동인삼'이라고 부르기도 한다. 당시 인삼 무역에서 가장 큰 이익을 내는 방법은 차와 교환하는 것이었는데, 이것은 원칙적으로는 동인도회사가 허용하지 않았다. 하지만 흔히 인삼은 차와 교환되었고, 그것이 어려울 경우 공행과의 불법 거래도 언제나 가능했다.[92] 물론 통계나 기록에 잡히지 않는, 동인도회사를

---

92 Evans, "Ginseng," pp. 19-20.

통하지 않은 무역의 가능성도 존재했다.

영국 동인도회사의 보고서에는 미국 독립 전까지 인삼이 막대한 이윤을 가져다주었는데 늘 수요에 비해 공급이 부족했다는 기록이 있다.[93] 미국의 인류학자 린다 반스Linda L. Barnes는 중국 의학에서 사용된 주요 약재들은 큰 변화 없이 오랜 세월 지속되는 경향을 보인다고 지적하면서, 특히 인삼과 아편을 중국의 대외교역에서 가장 큰 비중을 차지하는 약재로 꼽았다.[94] 《리버풀 머큐리Liverpool Mercury》를 비롯한 많은 영국 신문의 기사는 "인삼과 기타 약재drugs"가 1800년대 초 영국이 동인도와 중국으로 수출하던 수출품의 중요한 한 범주로 분류되고 있었다는 사실을 보여준다.[95]

북미삼은 중국에서의 높은 인삼 수요에 부응하며 큰 거부감 없이 퍼져나간 것으로 추측된다. 중국의 역사학자 궈웨이둥郭衛東은 중국인들은 수입 인삼의 내력에 대해 잘 알지 못하고 외부에서 왔음을 대략 짐작했을 뿐이라고 말한다.[96] 처음에는 '양삼洋蔘'이라고 불렸는데, 이 명칭은 사실 범위가 매우 넓은 것이었다. 즉, 어디인지는 모르지만 중국 바깥에서 온 인삼을 의미하는 말로, 일본산 인삼이 '동양삼東洋蔘'이라고 불렸던 것과 달리, 동서남북을 다 포괄한 외국산 인삼을 부르는 말이었던 것이다. 하지만 점차 범위가 서양으로 한정되어 '서양삼西洋蔘'이라 불렸고, 앞서 언급했듯이 '광동인삼'이라고 불리기도 했다.[97]

---

93 *Jordan's Parliamentary Journal, for the year MDCCXCIII*, Vol. 2 (London, 1793), pp. 11-12, 80, 90-97.

94 Linda L. Barnes, *Needles, Herbs, Gods, and Ghosts: China, Healing, and the West to 1848* (Cambridge, MA: Harvard UP., 2005), p. 173.

95 "Imports and Exports," *Liverpool Mercury*, 3 Apr. 1812.

96 郭衛東, 〈西洋蔘: 中美早期貿易中的重要貨品〉, 《廣東社會科學》 (2013-2), pp. 126-127.

북미삼은 중국 의학계에서도 빠른 속도로 수용되었다. 인삼과 대체로 비슷한 용례로 사용되거나 필요시 응급처치 의약품으로 사용되었다. 하지만 그 약성이 아시아삼에 비해 온건하고 품질이 떨어진다는 평이 일반적이었다.[98] 1765년에 조학민趙學敏이 편찬한《본초강목습유本草綱目拾遺》[99]의〈서양삼약성고西洋蔘藥性考〉에서는 "양삼은 요삼遼蔘과 비슷하고", "성질이 차다"라는 기록이 있다.[100] 이에 대해 학자들은 서양삼의 효능이 고려인삼이 갖고 있는 대보원기大補元氣 작용으로서의 보기제補氣劑의 개념이 아니고, 음액陰液 보충제로서의 약성을 나타낸다고 풀이한다. 즉, 고려인삼은 기氣, 혈血, 진액津液을 전부 보충하지만, 서양삼은 진액 보충에 국한된 효능을 나타내고 있으며, 본초학적으로는 전통의약에서 사용하는 사삼沙蔘, 더덕, 잔대이 나타내는 효능과 비슷한 효능이라고 할 수 있다는 말이다.[101]

## 북미삼 수출에 앞장선 사람들

예수회 신부 조제프 프랑수아 라피토Joseph François Lafitau, 1681~1746는 캐나다에서 인삼을 발견한 뒤 펴낸〈보고서Mémoire〉(1718)에서 프랑스 정부가

97 '화기삼'이라는 말은 미국이 독립 후 인삼을 중국에 수출한 이후에 등장했다.

98 郭衛東,〈西洋蔘: 中美早期貿易中的重要貨品〉, p. 128. 주 53.

99 청대 조학민이《본초강목》에서 빠진 약물과 더 자세한 보충 설명이 필요한 921종을 수집해 정리한 책으로, 인삼을 12가지로 분류했다. 郭衛東,〈西洋蔘: 中美早期貿易中的重要貨品〉, pp. 127-128.

100 郭衛東,〈西洋蔘: 中美早期貿易中的重要貨品〉, p. 128. 주 58.

101 고성권 외,《우리 인삼의 이해》(중앙대학교 출판부, 2005), pp. 16-18.

'이 귀중한 자원'에 빨리 관심을 가져야 한다고 호소했다. 서두르지 않으면 영국과 네덜란드 같은 경쟁국들이 장악할 것이라는 이유에서였다. 열렬한 가톨릭인 예수회 선교사로서 프로테스탄트 국가들이 인삼 같은 값진 자원을 선점하는 것은 용납할 수 없는 일이었다.[102] 그의 〈보고서〉는 캐나다 주재 프랑스 대사가 "풍부한 식물자원을 활용할 수 있도록 도모하라는 특명을 내렸다"고 시작한다.[103] 그래서인지 그의 저술은 식물학적 관찰기이자 인삼 교역자가 참조할 수 있는 매뉴얼의 성격도 띠고 있다. 인삼을 채취하는 데 필요한 원주민의 언어까지 수록했을 정도다. 라피토는 "지금은 누구나 인삼의 존재를 알고 있으며, 몬트리올에서는 더 잘 알려져 있다. 원주민들도 인삼을 매매하며, 가격도 꽤 높다"라고 덧붙이기도 했다.[104]

북아메리카 대륙에서 자라는 인삼을 중국에 팔 수 있을 것이라는 생각을 가장 먼저 한 사람은 프랑스 출신의 모피 상인들이었다. 1720년대 캐나다에서 활동한 모피 상인들 가운데 단연 눈에 띄는 인물은 드소니에 자매들Desauniers Sisters이다. 마르그리트Marguerite, 마리 안Marie-Anne, 마리 마들렌Marie-Madeleine 세 자매는 몬트리올의 성공한 상인의 딸들이었다. 여성이었음에도 이들은 아버지에게 무역 실무와 해외 운송 등에 대해 배웠으며, 그 결과 모피와 인삼 무역에서 두각을 나타냈다. 세 자매는 이로쿼

---

102 Christopher M. Parsons, "The Natural History of Colonial Science: Joseph-François Lafitau's Discovery of Ginseng and its Afterlives," *William & Mary Quarterly* 73 (2016), p. 61.

103 Joseph-François Lafitau, *Mémoire presenté a son altesse royale Monseigneur le duc d'Orléans, regent du royaume de France: Concernant la précieuse plante du gin-seng de Tartarie, découverte en Canada par le P. Joseph François Lafitau, de la Compagnie de Jesus, missionnaire des Iroquois du Sault Saint Louis* (Paris, 1718), p. 4.

104 Lafitau, *Mémoire presenté a son altesse royale Monseigneur le duc d'Orléans*, p. 52.

이족 마을에 들어가 언어를 익히고 문화를 존중하면서 신뢰를 쌓은 뒤, 그들의 도움으로 낮은 가격으로 다량의 인삼과 모피를 얻었다. 그런데 사업 규모가 커지자 세 자매의 사업체에 밀수꾼들이 모여들면서 다양한 불법 행위가 벌어지고 드소니에 가家는 악명을 떨치게 되었다. 프랑스 식민지 정부는 1751년 이 세 자매를 프랑스로 추방해버린다. 세 자매는 다시는 캐나다로 돌아오지 못한 채 프랑스에서 생을 마감했다.[105]

프랑스 모피 상인들의 성공담이 퍼져나가자 네덜란드인을 비롯한 다른 유럽 출신 상인들도 인삼 교역에 가세했다. 그들은 원주민들을 동원해 캐나다와 미국의 산속을 뒤지게 했다. 원주민들은 당시 동원할 수 있는 가장 큰 노동력이었으며, 게다가 인삼을 식별할 수 있는 지식을 지니고 있다고 여겨졌다. 인삼이 중국에서 은의 여덟 배 가치로 거래된다는 풍문이 자자한 가운데 북아메리카의 유럽인들은 이 엄청난 상업적 기회를 잡으려고 안달이 나 있었다.

1740년대 후반이 되자 그 열기는 더욱 달아올랐다. 린네의 수제자로 잘 알려진 피터 캄Peter Kalm, 본명 Pehr Kalm, 1716~1779은 생로랑 밸리the Saint Lawrence Valley에서 한 무리의 원주민을 보았다. 그들은 "인삼을 찾느라 혈안이 되어 사람이 갈 수 있는 곳이라면 어디라도 가서 인삼을 캐서 몬트리올의 프랑스 상인에게 가져다주고" 있었다.[106] 이로 인해 캐나다 지역의 프랑스 출신 농민들은 수확철이 되어도 일손을 구할 수 없었다. 예전

---

105 David L. Preston, *The Texture of Contact: European and Indian Settler Communities on the Frontiers of Iroquoia, 1667~1783* (Lincoln: Univ. of Nebraska Press, 2009), p. 58; John Demos, *The Unredeemed Captive: A Family Story from Early America* (New York: Alfred A. Knopf, 1994), pp. 184-186.

106 Peter Kalm, *Travels into North America*, trans. John Reinhold Forster, Vol. 3 (London, 1770), p. 116.

**캐나다에서 원주민과 모피 교역을 하는 유럽 상인들(1777)** 원주민들에게서 모피를 사들이던 유럽 출신 상인들은 인삼이 발견되자 이번에는 원주민들을 동원해 캐나다와 미국의 산속을 뒤지게 했다. (출처: 캐나다 국립도서관기록관Library and Archives Canada)

에 농장에서 일했던 원주민들이 모두 인삼을 캐러 나가버렸기 때문이다. 영국령 식민지도 상황은 마찬가지였다. 1752년 이로쿼이족 마을을 방문한 어떤 목사는 "남자, 여자, 어린아이 할 것 없이 인삼을 찾아 숲을 헤매느라 마을이 그야말로 완전히 텅 비어 있다"고 보고했다.[107]

인삼을 캐고 파는 일은 영국과 프랑스가 북아메리카 대륙에 그어놓은 국경선마저 의미 없게 만들곤 했다. 1752년 퀘벡의 선교본부를 방문한 한 프랑스인은 모든 원주민이 인삼을 캐거나 팔러 뉴잉글랜드로 떠났다는 사실에 놀라면서 부족 가운데 "걸을 수 없을 정도로 늙거나 아픈 이들

---

107 Gail D. MacLeitch, "'Red' Labor: Iroquois Participation in the Atlantic Economy," *Labor: Studies in Working-Class History of the Americas* 1 (2004), p. 81.

만 남아 있다"고 보고했다.[108] 선교사들도 인삼을 캐거나 파는 일에 동참해서 원주민들과 함께 뉴욕까지 여행하기도 했다. 원주민들은 인삼을 팔아 담요나 음식 등 필요한 물건을 구할 수 있는 현금을 손에 넣었다. 그런데 그 과정에서 술도 들어와 퍼지게 되면서 인삼으로 인한 부작용 또한 예견되었다. 선교사들은 인삼으로 '돈맛'을 알게 된 원주민 사회가 타락에 빠질 것이라며 크게 걱정했다.[109]

곧 캐나다뿐 아니라 북아메리카 대륙의 영국 식민지에서도 인삼으로 상업적 수익을 올리려는 움직임이 나타났다. 캐나다에서 인삼 교역을 주도한 세력이 몬트리올의 모피 상인들이었다면, 영국 식민지에서는 필라델피아를 중심으로 한 퀘이커 교도들이 그 핵심 세력이었다. 18세기 필라델피아에 생겨난 거대한 퀘이커 상인 공동체는 북아메리카 대륙 약재 도소매의 중심지였다.[110] 탈권위주의와 탈위계주의, 나아가 평등을 중시하는 퀘이커 교도는 기독교 공동체에 대한 헌신과 사회적 봉사를 중시했다. 특히 그리스도의 헌신과 희생의 대상이 되는 모든 이의 생명을 귀하게 여긴다는 점에서 퀘이커 교도는 다른 어느 집단보다도 생명권을 존중하는 집단으로 알려졌다. 이들은 심지어 정치적이거나 종교적인 적대자들에게도 생명 존엄의 가치를 적용했는데, 이런 태도는 일반적인 의료행위는 물론 의학이나 약학의 가치에도 부합하는 것이었다. 그래서인지

---

108 Louis Franquet, *Voyages et mémoires sur le Canada en 1752~1753* (Montreal: Editions Elysée, 1974), pp. 99-100.

109 Timothy J. Shannon, "Dressing for Success on the Mohawk Frontier: Hendrick, William Johnson, and the Indian Fashion," *William and Mary Quarterly* 53 (1996), pp. 13-42, esp.19-20; MacLeitch, *Imperial Entanglements: Iroquois Change and Persistence on the Frontiers of Empire* (Philadelphia: Univ. of Pennsylvania Press, 2011), pp. 92-93.

110 Renate Wilson, "Trading in Drugs through Philadelphia in the Eighteenth Century: A Transatlantic Enterprise," *Social History of Medicine* 26 (2013), p. 354.

퀘이커 교도들은 의학과 약학 분야 직업군에 많이 진출했고, 미국 주요 도시의 약국이 퀘이커 이민자들에 의해 운영되는 사례가 많았다.

## 대서양 양안의 퀘이커 카르텔

북미삼의 중국 수출은 런던과 펜실베이니아를 잇는 견고한 퀘이커 카르텔을 통해 이루어졌다. 영국 왕립학회 회원이자 식물학자인 피터 콜린슨Peter Collinson, 1694~1768, 런던에서 부유하고 성공한 의사 존 코클리 렛섬John Coakley Lettsom, 1744~1815, 그리고 업톤Upton에 꾸민 근사한 식물원에 인삼을 재배했던 의사 존 포더길John Fothergill, 1712~1780이 영국 측 인사들이었다. 한편, 북아메리카 대륙에서는 식민지 시기 제1세대 식물학자 존 바트람John Bartram, 1699~1777, 영국의 여러 식물원에 각종 아메리카산 식물을 보낸 험프리 마셜Humphry Marshall, 1722~1801이 대표적인 인물이었다. 이들이 모두 독실한 퀘이커 교도였음은 말할 필요도 없다.

유럽과 아메리카 대륙을 잇는 이 네트워크는 단순히 종교적 열정으로만 구성된 것은 아니었다. 이들은 종자와 식물의 수출이라는 새로운 사업을 함께 개척해나간 파트너 성격이 강했다. 18세기 서구세계에서 식물학은 대중적으로 매우 인기 있는 활동이자 교육 프로그램의 일부가 된다. 계몽주의적 과학과 분류에 대한 집착은 수집에 대한 열광과 명명법의 열풍을 불러일으켰다. 누구나 쉽게 할 수 있는 식물 수집과 연구는 즐거움을 가져다줄 뿐만 아니라 계발을 위한 활동이라는 사회적 인정을 받기에 이르렀다.[111] 이런 상황에서 유럽에서는 '신대륙' 아메리카의 색다른 식물이 큰 인기를 끌었다. 그리고 그 수요에 부응하는 일이 상당한 이익을 가져다주는 사업임이 곧 드러났다. 이 사업의 개척자라 불릴 만한

**런던과 펜실베이니아를 잇고 있던 퀘이커 카르텔의 영국 측 인사들** 왼쪽부터 피터 콜린슨, 존 코클리 렛섬, 존 포터길. 이들은 모두 저명한 식물학자이거나 성공한 의사 혹은 부유한 수집가로, 자신들의 사업 수완을 발휘해 '북미삼'을 중국 시장에 수출 상품으로 내놓는 데 관심이 높았다. (출처: Wikimedia Commons)

사람이 바로 바트람이었다.

바트람은 높은 수준의 교육을 받지는 못했으나 당대에 천재로 이름을 날리고 있었다. 어린 시절부터 자연과 식물에 관심이 많았던 그는 미국 식민지 시기 가장 뛰어난 식물학자로 스스로를 자리매김하게 된다. 미국 철학협회에서는 벤저민 프랭클린Benjamin Franklin, 1706~1790 다음으로 그를 전문가로 대접했으며, 영국의 조지 3세는 바트람을 '미국 식민지 식물학자 및 자연학자'로 임명했다. 린네조차도 바트람을 "세상에서 가장 위대한 자연식물학자"라고 불렀다.[112] 런던에서 콜린슨은 펜실베이니아의 바트람에게 북아메리카 대륙의 식물과 종자를 영국으로 보내줄 것을 의뢰

---

111 Ann B. Shteir, "Gender and "Modern" Botany in Victorian England," *Osiris* 12 (1997), p. 29.

112 Christopher Hobbs, "The Medical Botany of John Bartram," *Pharmacy in History* 33 (1991), p. 182.

했다. 바트람은 놀라울 정도의 에너지와 기술을 발휘하여 엄청난 양의 자연사 관련 수집물들을 영국으로 보냈는데, 그중 필라델피아 동부에서 직접 발견한 인삼도 포함되어 있었다.[113]

영국으로 수출된 인삼은 북아메리카 대륙 '토착' 식물의 하나로서 식물원에서 재배되기 시작했다. 곧이어 인삼은 영국인들의 원예서를 장식하는 흥미로운 식물로 자리매김한다. 당시 영국에서 인기를 끌었던 《완벽한 원예법A Complete Body of Planting and Gardening》(1770)은 대규모 식물원, 난초원에서부터 텃밭에 이르기까지 다양한 장소에서 식물 가꾸기를 망라한 책으로, 여기서 인삼은 흥미로운 에피소드들과 더불어 비중 있게 소개되고 있다. 인삼의 기원이 중국이고 현재 북아메리카 대륙에서도 난다는 개괄과 함께 인삼에 부여된 효능이 과장되었다는 평가를 담았다. 나아가 인삼이 건강을 증진시킨다는 미명하에 "나쁜 목적[성적 흥분과 일탈]"에 쓰이는 당시 사회현상에 대한 진단까지 내놓았다. 인삼 재배법도 자세하다. 가을에 열매가 익자마자 바로 따서 신선한 상태일 때 너무 기름지지 않은 묘판을 만들고 반 인치 정도 두께로 고운 이끼를 덮어두어야 한다는 것이다. 얼음이 얼 정도로 추운 겨울에는 묘판을 매트로 덮어두어야 한다는 충고도 곁들였다.[114]

1783년 런던 마일 엔드Mile End 지역에 위치한 묘목상에서 출판한 카탈로그에도 "캐나다산으로, 잎이 다섯 개인 인삼Panax Quinquefolium"이 판매용 목록에 이미 들어 있었다.[115] 퀘이커 카르텔 구성원들 중에서 런던의 의사 렛섬이야말로 단연 인삼을 가장 본질에 충실하게, 의학적 영역에서

---

113 Hobbs, "The Medical Botany of John Bartram," p. 182.

114 William Hanbury, *A Complete Body of Planting and Gardening*, Vol. 1 (London, 1773), pp. 690-691.

상품화한 사람이었다. 그는 인삼차를 이용해 환자를 치료하면서 큰 명성을 얻었다. 1790년대 《타임스The Times》를 비롯해 여러 신문에서 렛섬이 만든 인삼차로 환자를 치료한다는 광고를 쉽게 찾아볼 수 있다.

> 이 인삼차는 의학박사 존 코클리 렛섬이 처방하는 것으로, 녹차나 홍차 대신 마셔야 한다. 진짜 인삼차는 오직 렛섬 박사에게 가야 구할 수 있는데, 왕립거래소의 랜달 씨Mr. Randall 가게와 요크 빌딩과 아델피 사이에 있는 새먼 씨Mr. Salmon 가게에서도 같은 것을 구할 수 있다.[116]

하지만 대서양 양안을 잇는 이 '식물학 카르텔'은 북아메리카 대륙에서 영국으로 인삼을 들여와 모종을 팔고 인삼차를 처방하는 정도로 결코 만족하지 않았다. 그들은 처음부터 더 큰 시장인 중국을 노리고 있었다. 인삼을 중국에 팔면 훨씬 더 큰 이익을 얻을 것이라는 확신이 있었던 것이다. 콜린슨은 바트람에게 보낸 편지에서 "확신컨대 인삼은 중국에서 어떤 상품보다 더 많은 이윤을 남길 수 있는 품목이다"[117]라고 하면서 북미삼을 중국으로 수출하고자 하는 야심을 드러냈다. 이뿐만 아니라 콜린슨은 바트람이 보내준 북미삼과 중국인삼을 비교해본 결과 둘이 같은 종류의 인삼이라는 사실을 발견했다고 말한다.

그런데 여기서 흥미로운 반전이 있다. 같은 종류의 인삼이라고 확신

---

115 *A Catalogue of Trees, Shrubs, Plants, Flower Roots, Seeds, &d. Sold by Gordon, Dermer and Thomson, Seed and Nurserymen, at Mile End, near London* (London, 1783), p. 68.

116 "Advertisement," *The Times*, 31 Aug. 1790.

117 "Collinson to Bartram, Feb. 24, 1838-9, London, Pennsylvania Coffeehouse," in William Darlington ed., *Memorials of John Bartram and Humphry Marshall* (Philadelphia: Lindsay & Blakiston, 1849), p. 127.

했으면서도 콜린슨은 중국에 인삼 꾸러미를 보내면서 대리인에게 "절대 북미삼임을 밝히면 안 된다"고 신신당부했다. 스스로도 겸연쩍은지 콜린슨은 "중국인들은 너무 허무맹랑하므로 만약 원산지를 미리 안다면 자기들 것보다 못하다고 할 수도 있어서"라는 이유를 둘러댔다.[118] 1739년 콜린슨은 중국에 인삼을 보냈고, 바트람에게 다음 선적을 위해 상품을 잘 준비해두라고 지시했다. 바트람은 1740년대에도 계속 콜린슨에게 인삼을 보냈다. 콜린슨은 이를 중국에 팔아 막대한 수익을 올린 것으로 나타난다. 당시 영국은 대중국 무역의 주도권을 쥐고 있었고, 광주를 통해 중국 곳곳으로 보내지는 북미삼은 대부분 영국 선박이 담당했다. 중국 내 인삼이 워낙 비쌌던 터라 중국의 인삼 상인들은 질이 떨어지는 북미삼을 터무니없는 가격에도 구입할 용의가 있었던 것으로 보인다.

하지만 아무리 중국인들이 북미삼에 높은 값을 쳐줬다 해도, 중국산에 비해 헐값인 것은 분명했다. 1762년 영국의 시인이자 출판업자였던 로버트 도즐리Robert Dodsley, 1704~1764는 "중국인은 자신들 인삼만 높이 평가했지 아메리카에서 난 것은 높이 평가하지 않는다"고 불평했다.[119] 북미삼의 품질은 중국삼과 차이가 있었고, 이는 유럽 상인들도 알고 있던 부분이었다. 1753년 《젠틀맨스 매거진The Gentleman's Magazine》은 영국의 북아메리카 식민지에서 인삼이 산출된다는 기쁜 소식을 전하면서도 향후 더 많은 이익을 내기 위해서는 "적절한 시기에 채집되고, 중국 방식으로 건조하는" 기술을 갖춰야 할 것이라고 논평했다.[120]

---

118 "Collinson to Bartram, Feb. 24, 1838-9," in Darlington, *Memorials of John Bartram and Humphry Marshall*, p. 127.

119 Robert Dodsley, *The General Contents of the British Museum* (London, 1762), p. 156.

120 *The Gentleman's Magazine* 23 (1753), p. 209.

다량의 북미삼을 제공하는 역할을 맡은 사람은 험프리 마셜이었다. 그는 비록 석공 출신이었지만 식물 수집에 대한 열정과 노력을 인정받아 미국학회American Society 회원으로까지 선출되었다.[121] 마셜은 포더길이 업톤 가든을 꾸밀 아메리카산 식물을 구하는 일을 도와주면서 영국과의 식물 교역에 뛰어들었다. 저명한 포더길과 업톤 가든 덕분에 마셜은 영국 상류층 고객을 많이 확보하게 되었다. 그중 조지프 뱅크스Joseph Banks, 1743~1820에 주목해야 한다. 그는 '쿡 선장'으로 알려진 제임스 쿡James Cook, 1728~1779의 태평양 항해에 동행했으며, 영국 왕립학회 회장을 역임한 식물학자였다. 1788년 뱅크스는 마셜에게 신선한 인삼 뿌리 200파운드를 주문한다.[122]

주문을 받은 마셜은 서부 펜실베이니아로 조카를 보내 적당한 크기의 뿌리를 찾으려고 했다. 그런데 그곳의 인삼은 "이미 판매용으로 캐버렸거나 돼지들이 너무 많이 파먹어서 이제 사람이 사는 곳에서는 거의 볼 수 없는 지경"이어서 주문량을 채울 수 없었다.[123] 마셜은 뱅크스에게 편지를 썼다.

> 보통 하루 1달러에 사람을 고용해서 인삼을 캤는데, 그들과 함께 산에서 야영하면서 밤새 불을 피워 그 옆에서 자고 아침이면 호미와 배낭을 메고 다른 산을 올라 저녁이 될 때까지 인삼을 캐야 했습니다.

---

121 1768년 마셜은 '미국학회(American Society)' 회원이 되었다. 미국학회는 이듬해인 1769년 미국철학회(American Philosophical Society)로 통합되었다.

122 Louise Conway Belden, "Humphry Marshall's Trade in Plants of the New World for Gardens and Forests of the Old World", *Winterthur Portfolio* 2 (1965), pp. 115-117.

123 Darlington, *Memorials of John Bartram and Humphrey Marshall*, p. 561.

> 그렇게 산에서 잠들고 먹을 것도 변변치 못한 상태로 그들을 20일 정도 데리고 있어야 하는데, …… 그래서 적어도 인삼 1파운드당 영국 1크라운 정도는 줘야 할 것 같습니다.[124]

뱅크스는 마셜의 요구를 수락했다.[125] 그 사실과는 별도로 이 편지는 당시 인삼 채취가 어떻게 이루어지고 있었는지를 생생하게 묘사하고 있다는 점에서 사료적 가치가 매우 높다.

## 북아메리카 대륙 인삼 발견지의 확대

캐나다 모피 상인들이 원주민들을 동원해 캐낸 인삼을 부지런히 수출하기 시작한 지 얼마 되지 않아 북아메리카 대륙 곳곳에서 인삼이 발견되었다.[126] 1720년에는 오늘날의 미시간 지역에서, 1738년에는 펜실베이니아에서 인삼이 발견되었다. 특히 1747년 매사추세츠에서 야생삼이 다량으로 발견되면서 미국 곳곳에서는 서부의 금광 개발과 흡사한 '삼 찾기' 붐이 일었다. 인삼의 발견은 당시 미국 식민지 지식인들 사이에 엄청난

---

124 "Marshall to Banks, Nov. 14, 1786," in Darlington, *Memorials of John Bartram and Humphrey Marshall*, pp. 560-561.

125 "Banks to Marshall, Mar. 2, 1791," in Darlington, *Memorials of John Bartram and Humphrey Marshall*, p. 564.

126 G. M. Hocking, "A Chronology of Ginseng," *Quarterly Journal of Crude Drug Research* 14 (1976), p. 168. 미국에서는 플로리다를 제외한 동부 거의 모든 지역과 미시시피강의 서쪽까지 야생 화기삼이 자생하며 심지어 텍사스에서도 발견된다는 보고도 있다. Jeanine Davis and W. Scott Persons, *Growing and Marketing Ginseng, Goldenseal and other Woodland Medicinals* (Gabriola Island: New Society Publisher, 2014), pp. 10-11.

뉴스였다. 미국 역사상 가장 다재다능한 인물로 꼽히는 벤저민 프랭클린은 1738년 7월 27일 펜실베이니아에서 인삼이 발견되었다는 소식을 자신이 발간하는 《펜실베이니아 가제트The Pennsylvania Gazette》에 기쁜 어조로 내보냈다. 이 신문은 미국이 독립하기 전까지 북아메리카에서 가장 영향력 있는 매체였다.

> 인삼이라고 불리는 저 유명한 중국 혹은 만주 식물이 우리 주의 서스퀘하나Susquehanna 인근에서도 발견되었음을 세상에 알리게 되어 기쁘게 생각합니다. 그곳에서 인삼을 여러 개 뿌리째 온전히 캐내 필라델피아로 보내 검사한 결과 체임버스 백과사전[Ephraim Chambers's Cyclopædia / Chambers's Dictionary of Arts and Sciences]과 뒤알드의 중국에 대한 저술에 나오는 식물과 정확하게 일치하는 것으로 밝혀졌습니다. 이 식물의 효능은 그야말로 대단하다고 알려져 있습니다.[127]

1751년에는 뉴욕과 버몬트에서도 인삼이 발견되었다. 곧이어 남쪽에서는 애팔래치아 지역과 서쪽으로는 미시시피강 서부와 그 위쪽에 위치한 위스콘신, 미네소타에서도 인삼이 많이 발견되었다. 삼 찾기 열풍이 북아메리카 대륙 동쪽 곳곳으로 퍼져가는 과정에서 인삼을 채집하던 아메리카 원주민들이 돈맛을 알게 되면서 도덕적으로 타락하는 모습을 보이기도 했다. 교회 출석을 거부하는가 하면, 인삼을 팔아 번 돈으로 온갖 비행을 저지르기도 했다.[128] 원주민들과 함께 삼 찾기에 나섰던 예수회

127 *The Pennsylvania Gazette*, January 3 to December 28 (1738).

128 A. W. Schorger, "Ginseng: A Pioneer Resource," *Transactions of the Wisconsin Academy of Science, Art and Letters* 57 (1969), p. 67.

선교사들이 우려했던 상황이 현실로 나타난 셈이었다.

수많은 사람이 인삼을 찾아 나서던 당시 미국에서 인삼에 애국주의적 색채가 가미되기 시작한 것은 어쩌면 당연한 일이었다. 지금으로서는 믿기 어렵겠지만, 18세기 미국의 지리서, 여행기, 생활책력Almanac, 심지어 교과서는 미국 여러 지역에서 인삼이 발견된 사실을 뉴스로 삼으며 인삼을 그 지역의 '특산품'이나 미국의 대표적인 '수출품'으로 내세웠다.[129] 1739년 중국에 인삼 수출을 타진하던 콜린슨이 미국산 인삼이라는 사실을 절대 밝히지 말라고 당부했던 때와는 완전히 다른 양상이었다.

1780년대에는 미국 서부 해안을 거슬러 올라가는 항로를 선택한 영국 상선들이 미국 북서부와 심지어 알래스카에서 인삼을 채취하여 수출할 가능성을 점치고 있었다.[130] 실제로 인삼이 발견되었는지는 알 수 없지만 혹자는 "아메리카 대륙 서쪽에서 나는 인삼이 동부의 것보다 선호되며, 중국에 [수출하기에도] 훨씬 더 가깝다. 그래서 유럽의 수출품 중 최고의 인삼으로서의 자질을 갖고 있다고 생각한다"라고 주장했다.[131] 이 기록은 과연 북아메리카 대륙 서쪽에서 야생삼이 자라고 있었는가 하는 의문을 제기한다. 야생 북미삼의 자생지로는 동부 19개 주만이 꼽히고 있기 때

---

129 Peter Whitney, *The History of the County of Worcester in the Commonwealth of Massachusetts* (Worcester, 1793), p. 98; J. F. D. Smyth, *A Tour in the United States of America*, Vol. 1 (Dublin, 1784), p. 190; Anon., *Fleets Pocket Almanack for the Year of our Lord 1790* (Boston, 1789), pp. 20-21; Jedidah Morse, *Geography Made Easy, Being an Abridgement of the American Geography* (Boston, 1790), p. 87; Mathew Carey, *The American Museum, or, Universal Magazine*, Vol. 7 (Philadelphia, 1790), pp. 15, 126-128, 295, 301.

130 John Adams, *Modern Voyages, containing a variety of useful and entertaining facts*, Vol. 2 (London, 1790), p. 164.

131 John Meares, *Voyages Made in the Years 1788 and 1789, from China to the North West Coast of America* (London, 1790), p. lxxi.

문이다. 하지만 오늘날 서부 지역에서도 인삼 재배가 이루어지는 사실로 미루어볼 때 북아메리카 대륙 서쪽에서도 비록 소량일지라도 화기삼이 자생했을 가능성을 완전히 배제하기는 어려워 보인다.

그런데 18세기 북아메리카 대륙의 인삼 채취 열풍은 곧 무분별한 채취로 이어졌다. 한쪽에서는 인삼이 멸종될지도 모른다면서 우려했지만 지나친 채취를 막을 길이 없었다. 점차 인삼을 더는 찾아볼 수 없게 된 지역들도 늘었다. 18세기 중반 캐나다의 상황을 스웨덴 식물학자 캄은 이렇게 기록했다.

> 내가 캐나다에 머무는 동안 퀘벡과 몬트리올의 상인들은 프랑스로부터 인삼을 보내라는 주문을 받았다. 이 여름에 유달리 많은 주문이 오고 있다. 따라서 이 뿌리는 가능한 한 노력을 총동원해 채집되었다. …… 이런 식으로 계속 채집하다가 씨가 말라버릴까 걱정이다. 이게 사실인 이유는 과거에는 몬트리올 주변에 이 식물이 참 많이 났지만 어찌나 열성적으로 캐냈는지 지금은 한 뿌리도 없고, 그래서 이번 여름 원주민들은 영국 영토 안까지 들어가서 채취하는 실정이다.[132]

다량 채취와 대규모 수출이 불러온 또 다른 문제는 가격 하락이었다. 프랑스 상인들이 가져간 캐나다인삼을 중국 상인들은 아시아삼과 섞어 팔아 엄청난 이익을 남겼다. 물론 프랑스 상인들도 큰 재미를 보았다. 하지만 이런 추세에 맞춰 인삼을 지나치게 많이 수출함으로써 결국 가격이 폭락하는 일이 벌어졌다. 1752년에 10만 달러를 벌었던 프랑스 상인들

132 Peter Kalm, *Travels into North America*, trans. John Reinhold Forster, Vol. 3 (London, 1770), pp. 116-117.

의 수입이 1754년에는 6,500달러까지 급락했다.[133]

1764년 콜린슨은 북아메리카인들의 탐욕이 중국과의 인삼 교역에서 막대한 손해를 불러왔다면서 가격 하락을 초래한 미국과 캐나다의 과도한 수출 행태를 비난했다. 그는 미국에서의 '인삼 찾기 광풍a rage after Ginseng'에 대해 논하며 "내가 광풍이라고 부르는 것은, 모든 산과 들판이 이 귀한 뿌리를 찾느라 샅샅이 파헤쳐지고, 큰 통에 꽉꽉 채워 영국으로 수입되고, 중국 시장은 이 뿌리로 공급과잉이 되었기 때문이다"라면서 한탄했다. 인삼이 높은 가격에 거래되었던 이유는 "중국인들에 의해 예술적으로 숨겨져 공급되고, 위대한 사람들에게만 은밀하게 판매되어온 탓이었는데, 이제 너무 많아지다 보니 사기라는 것이 밝혀지고 아무것도 아닌 것으로 전락하고 말았다"는 것이다. 영국인인 콜린슨이 "이런 사태를 초래한 미국인들이야말로 '등신들losers'이다"라고 말했던 것은 당시 정황상 어쩌면 자연스러운 반응이었다.[134]

133 Kalm, *Travels into North America*, pp. 116-117.

134 L. W. Dillwyn, ed., *Hortus Collinsonianus: An Account of the Plants Cultivated by the Late Peter Collinson* (Swansea: Printed by W. C. Murray and D. Rees, 1843), p. 37.

chapter03

# 인삼, 미국 최초의 수출품

## 차와 인삼

북아메리카 대륙에서 인삼 발견의 역사는 점차 서부로 확장해가는 백인들의 이주 움직임과 그 궤적을 같이한다. 인삼 발견 소식은 특정 지역에 대한 이주민의 진입을 의미했지만, 곧이어 정착민이 많아지면 인삼은 급속하게 사라지는 경향을 보였다. 하지만 인삼 붐이 그치지 않고 계속되었기 때문에 인삼의 고갈현상이 두드러지기보다는 오히려 수확 가능한 지역이 지속적으로 확대되는 것처럼 보였다.[135] 미국에서 인삼 채취의 역사는 미국의 경제적 독립 과정을 함축적으로 보여준다고 해도 과언이 아니다. 이 과정에서 기록에 남아 있는 소수의 상인이나 사업가들이 역사에 기록되지 않은 수많은 사람을 고용해 대규모로 인삼 수확에 나섰다.

135 Luke Manget, "Ginseng, China, and the Transformation of the Ohio Valley, 1783~1840," *Ohio Valley History* 17 (2017), p. 17.

영국 식민지였던 미국은 1776년 7월 4일 독립을 선언한 뒤에도 약 8년에 걸쳐 독립전쟁을 치러야 했다. 1783년 9월 3일 미국은 비로소 파리조약Treaty of Paris을 통해 완전한 독립국으로 인정받게 된다. 독립 전까지 미국삼은 중국에 직접 수출된 것이 아니라 영국이나 프랑스로 수출된 후 유럽에서 중국으로 재수출되는 형편이었다. 그런데 독립과 더불어 미국은 곧바로 중국과 직접 교역을 꾀했다. 미국 입장에서 중국과의 교역이 절실했던 이유는 다름 아닌 차茶 때문이었다. 차는 동인도회사가 독점으로 공급하는 물품이어서 아주 비싼 값을 치러야만 했다. 실제로 독립 전후 미국 상인들에게 가장 큰 화두는 차 수입이었다. 인삼에 자본이 투입되게 된 배경을 이해하려면 차라는 상품이 미국 역사에서 차지하는 중요성을 이해해야만 한다.

차는 미국인들에게 빼놓을 수 없는 일용품이었지만, 식민지 시절 미국은 중국과 직접 교역하는 것이 완전히 차단되어 모든 수입 물품은 영국을 거쳐 들여와야 했고, 운송마저도 동인도회사의 배를 통해서만 가능했다. 1776년 독립 선언 후부터 1783년 파리조약으로 독립이 승인되기 전까지 미국에서는 차의 공급이 거의 끊기다시피 했다. 미국 상인들은 수요가 치솟는 차를 구하기 위해 중국에 갖다 팔 수 있는 물품을 찾느라 혈안이 되어 있었다. 거의 자급자족이 이루어지고 있던 거대한 중국에 미국 입장에서는 사실 마땅히 갖다 팔 것이 없었다.

그런데 차가 품귀를 빚자 흥미로운 담론이 나타나기도 했다. 인삼이 미국에서 발견되었듯이 차 역시 미국에서 발견되거나 재배될 수 있지 않겠느냐는 것이었다. 당시 미국 최고의 지성인 조직이었던 미국철학회American Philosophical Society는 기관지를 통해 이 문제를 본격적으로 다루었다. 요지는 중국 "북경 동쪽이 원산지인 인삼"은 세계 다른 어디에서도 찾아볼 수 없지만 북아메리카 대륙에서 자란다는 사실로 미루어볼 때,

위도상 같은 위치의 지역들 가운데서 토양이나 생태 측면에서 중국과 가장 흡사한 곳이 미국이지 않겠느냐는 주장이었다. 인삼의 원산지가 북경 동쪽이라는 잘못된 정보를 제외하고 보자면, 나름 합리적인 추론이었다.[136]

그런데 한발 더 나아가 중국의 차가 인체에 몹시 해롭고, 그것을 미국에서 나는 인삼으로 만든 차로 대체해야 한다는 주장이 나타나기 시작했다. 인삼차는 중국인이 차와 같은 방식으로 잎과 뿌리를 이용해 만든 음료라는 유비적類比的 시각, 어차피 똑같은 차인데도 인삼차는 인삼을 적게 사용할 수 있어 좋다는 경제적 관점, 나아가 이 주장의 바탕에 깔려 있던 '우리 것'이라는 배타적인 민족주의 수사가 표면으로 부상하기 시작했다.[137] 실제로는 중국인들조차 차보다는 인삼차를 더 좋아한다면서, '사람을 무기력하게 만들고 서서히 독살하는 차'의 폐해를 알면서도 외국에 갖다 팔기 위해 멋진 이름들을 붙였을 것이라는 기발한 해석도 선보였다.[138]

하지만 이런 논의들은 모두 현실성 없는 구상일 뿐이었다. 미국인은 결코 차를 끊을 수 없었고, 경제적 필요 때문에서라도 영국을 거치지 않는 해외 무역이 절실했다. 따라서 독립 직전 북아메리카 대륙의 영국 식민지인들은 독립과 동아시아와의 교역이라는 두 가지 과업을 동시에 이루어야 할 상황에 처해 있었다. 건국 초기 미국은 독립이라는 과제는 이

---

136 American Philosophical Society, *Transactions of the American Philosophical Society*, Vol. 1 (Philadelphia, 1771), p. v; Mathew Carey, ed., *The American Museum, or Repository of Ancient and Modern Fugitive Pieces, &c.*, Vol. 2 (Philadelphia, 1787), p. 177.

137 Jonathan Carver, *The New Universal Traveller* (London, 1779), pp. 4-5.

138 James Adair, *The History of the American Indians* (London, 1775), pp. 361-363.

루었지만 중국과의 직접 교역은 성공하지 못한 상태였다. 미국 입장에서 간절하게 원했던 일이었지만 문제는 자본이 거의 없다는 점이었다.

미국과 중국을 왕복하는 항해는 아메리카 대륙에서 유럽으로 가는 항해에 비해 열 배의 비용이 필요했다.[139] 서부 개척이 이루어지기 전까지 미국 동부에서 채취된 인삼은 아프리카 대륙을 도는 머나먼 항해를 통해서야만 중국에 도착할 수 있었던 탓이다. 따라서 중국과의 교역에 성공하려면 두 가지 조건을 충족해야 했다. 첫째는 미국에서 싸고 쉽게 구할 수 있는 것으로 중국에서는 비싸게 팔리는 물건, 둘째로, 차나 기타 중국 물건을 사기 위해 미국에서 은을 가져다줄 필요가 없을 만큼 충분한 물량을 확보하고 있는 물품이어야 한다는 점이었다. 미국인들에게 식민지 시절부터 전통적인 수출품이었던 모피와 인삼 이외에는 두 조건을 충족할 다른 대안이 없었다.

## '중국황후호'와 미중 교역의 시작

파리조약이 승인되자마자 뉴욕의 대니얼 파커Daniel Parker와 필라델피아의 로버트 모리스Robert Morris가 이끄는 투자가 그룹은 갈수록 구하기 힘든 모피 대신 인삼을 주력 수출품으로 준비해 중국에 보내기로 한다. 이 결정은 나름대로 정보를 수집해서 분석한 결과였다. 즉, 중국에 파견한 정보통이 중국에서 인삼에 대한 수요가 여전하다고 전해왔던 것이다. 미국인들의 입장에서 인삼은 뒷산에만 가도 쉽게 구할 수 있는, 당장 실어

---

139 Paul E. Fontenoy, "Ginseng, Otter Skins, and Sandalwood: The Conundrum of the China Trade," *The Northern Mariner* 7 (1997), p. 4.

보낼 수 있는 물품이자 유럽 상인들에 비해 무역에서 비교우위를 점할 수 있는 미국의 특산물이었다.[140] 미국 상인들은 좋은 반응을 얻을 만한 품목을 고르는 무역 경험은 일천했지만 과거 영국과 프랑스 식민지 시절 상품으로 출시해 높은 이윤을 맛보았던 인삼에 대해서만은 확신이 있었다. 이런 과정에서 독립국가 미국의 첫 해외 수출품으로 인삼화기삼이 선택된 것이다. 이 사실은 역사가들조차 잘 모르고, 미국 역사에서도 잘 다루지 않는 이야기다.

1784년 미국은 자국 상선을 이용한 첫 해외 무역을 성사하게 된다. 이 역사적인 항해를 담당한 배는 '중국황후Empress of China'호였다. 중국황후호는 미국 독립혁명 중에 건조된 사나포선私拿捕船으로, 파리조약이 맺어지자마자 상선으로 개조되었다. 혹한으로 뉴욕 항구가 얼어붙는 바람에 출발이 지연되다가 8월 23일에야 출항하게 된다. 이 배의 가장 중요한 선적품인 인삼은 전체 화물 금액 27만 달러 가운데 24만 달러를 차지했다.[141] 물량으로 치자면 그 시즌 중국에서 수입한 전체 인삼량의 50%를 차지할 정도로 많은 양이었다.

중국황후호는 긴 항해 끝에 광동항에 성공적으로 닻을 내렸다. 선장은 필라델피아 출신 아일랜드인 존 그린John Green이었고, 새뮤얼 쇼Samuel Shaw, 1754~1794가 슈퍼카고이자 비즈니스 에이전트로 승선하고 있었다. 광동항에 먼저 와 있던 프랑스인, 덴마크인, 네덜란드인 등이 따뜻하게 맞아주었다. 적대적인 태도를 보일 것이라고 예상했던 영국인들까지도 미국인들을 환대했고 전쟁이 끝나서 다행이라는 덕담도 서로 주고받았

140 Philip Chadwick Foster Smith, *The Empress of China* (Philadelphia: Philadelphia Maritime Museum, 1984), pp. 9-12, 28-34.

141 Fontenoy, "Ginseng, Otter Skins, and Sandalwood," p. 5.

다. 중국인들은 독립국가 미국의 국민을 뭐라고 불러야 할지 몰랐다. 결국 그들을 '새로운 사람들new people'이라고 부르며 배에 꽂힌 성조기를 '화기花旗, flowery-flag'라고 불렀다. 성조기의 별들이 중국인들 눈에는 마치 꽃처럼 보였기 때문이다. 그 때문에 미국에서 온 북미삼은 '화기삼花旗蔘'이라는 이름을 얻게 된다.

중국인들은 서양인들과의 교역에서 애초부터 구매보다는 판매에 더 관심이 많았다. 하지만 예외적으로 인삼 구매에는 큰 관심을 보였다. 결국 중국황후호는 가져간 북미삼과 가죽, 모피를 다 팔고 녹차熙春, Hyson와 홍차武夷, Bohea 300피쿨picul, 1피쿨=약 63.55킬로그램,[142] 목면 바지 2만 장과 엄청난 양의 도자기를 싣고 1785년 뉴욕항으로 돌아왔다. 투자자들은 중국에서 가져온 물건을 동부 해안을 따라 오르내리며 팔았는데, 그 과정을 통해 진짜 이익이란 중국 물건을 미국에 와서 팔 때 생긴다는 사실을 알게 되었다. 수입한 중국 상품을 팔아서 1,500%에 달하는 수익을 냈기 때문이다.[143]

데이브 왕Dave Wang 같은 학자는 "인삼이 없었더라면 그 항해는 꿈도 꿀 수 없었을 것"이라고 평가했다.[144] 항해의 처음부터 끝까지 참여했던 슈퍼카고 쇼 또한 같은 심정이었다. 독립전쟁에서 활약했던 장교 출신인 쇼는 결국 이 경험을 토대로 중국 광동 주재 초대 미국 영사재임 1786~1789 자리를 얻게 된다. 광동에 부임한 쇼는 곧 미국의 초대 외무장관 존 제이

---

142 중국과 동남아시아에서 해운(海運)에 쓰이는 단위로, 보통 한 사람이 짊어질 수 있는 짐의 무게로 '담(擔)'이라고도 한다. 1피쿨은 100근(斤) 또는 16관(貫)에 해당하며 약 63.55킬로그램 정도를 말하는데, 반드시 일정하지는 않다. 1톤은 15피쿨이다.

143 Dave Wang, "Chinese Civilization and the United States: Tea, Ginseng, Porcelain Ware and Silk in Colonial America," *Virginia Review of Asian Studies* 13 (2011), p. 119.

144 Wang, "Chinese Civilization and the United States," p. 119.

**광동항에 도착한 '중국황후호'** 1784년 미국은 자국 상선인 중국황후호로 첫 해외 무역을 성사한다. 중국에 도착한 중국황후호는 가져간 북미삼과 가죽, 모피를 다 팔고 다량의 목면 바지와 도자기를 싣고서 다음 해 뉴욕항으로 돌아왔다. (출처: scrimshawgallery.com)

John Jay, 1745~1829에게 이 역사적인 항해에 관한 아주 상세한 보고서를 제출했다.[145] 이 보고서는 의회에서도 회람되었으며, 곧이어 중국과의 직접 교역을 활성화하기 위한 다양한 절차가 강구되기 시작했다.

쇼는 대중국 교역의 중요성을 강조하며 앞으로 인구가 더 늘어날 미국에서 차의 수요 또한 증가할 것이라고 전망했다. 미국인들에게 반드시 필요한 차를 중국에서 가져오기 위해서는 "미국만이 가진 유리한 이점"인 인삼을 이용해야 한다고 역설했다. 그 일부를 살펴보기로 하자.

145 Samuel Shaw, *The Journals of Major Samuel Shaw* (Taipei: Ch'eng-Wen Publishing Co., 1968), pp. 342-352.

존경하는 외무장관 존 제이 님께

1787년 1월, 중국 광동에서

……

유럽인들의 대중국 교역은 세계 다른 곳에서와 마찬가지로 단순하고 평범합니다. 덴마크, 에스파냐, 독일 신성로마제국, 스웨덴, 프랑스, 영국, 그리고 네덜란드는 광동에 정규 영업소를 갖고 있고, 회사를 통해 교역합니다. 포르투갈은 비록 마카오를 소유하고 있지만 다른 국가들처럼 영업소를 갖추지 않고 유럽에서 선박과 함께 오고가는 중개인을 통해 교역을 수행합니다. 선박의 화물 상·하역 작업이 특전에 따라 마카오에서 이루어지기 때문에 다른 국가들이 내야 하는 세금에서 상당 부분 절약할 수 있습니다.

……

미국 주민들에게는 꼭 차가 필요하고, 차의 소비는 인구가 늘어남에 따라 반드시 증가할 것입니다. 유럽 국가들은 대부분 차 상품을 현금을 지불하고 구하지만 미국은 더 쉬운 조건으로 얻을 수 있습니다. 그것[인삼]은 산과 숲에서 구할 수 있는 것으로, 다른 데서는 별 쓸모없는 이 생산물이 우리에게 우아한 사치품의 상당 부분을 제공해준다는 사실이 미국인으로서는 기분 좋은 일입니다. 이 사례를 두고 볼 때 미국만이 가진 이점은 놀라울 정도입니다. 미국의 대중국 교역이 시작되고 지금 진행되는 방식은 유럽인들을 크게 놀라게 했습니다. 교역 시작 첫해에, 단 한 척의 배로, 현금은 5분의 1도 갖지 못한 미국인들이 유럽인들과 마찬가지로 좋은 조건으로 같은 화물을 입수한 것입니다. …… 약간의 정화正貨를 포함한 적은 자본밖에 없는 미국인들이 귀한 화물을 가득 채워 돌아가는 모습을 보게 된 것입니다. 우리 미국이 이런 이점을 누리는 것은 바로 인삼 때문입니다.

미국산 인삼에 대한 중국의 수요와 관련해서 세상에는 잘못 알려진 것이 많습니다. 미국의 인삼은 미국의 금광이나 은광이 인류에 기여하는 것만큼이나 미국 시민들에게 큰 혜택을 줄 것입니다. 미국 국기가 이 구역에 등장하기 전까지는 일반적으로 연간 소비량이 40~50피쿨 정도라고 여겼습니다. 그러나 사실은 정반대로 나타났습니다. 1784년 미국의 첫 선박이 440피쿨 가량을 들여왔는데, 이는 같은 시즌에 유럽이 들여온 양에는 못 미치는 수준입니다. 아마 그들이 들여온 인삼도 대부분 이전에 미국 시민들이 제공한 것일 거라고 판단되지만 말입니다. 올해는 1,800피쿨 이상이 팔렸고, 그 가운데 절반은 미국 선박으로 운송된 것입니다. 1784년 이래 이처럼 계속 선적이 증가해왔음에도 불구하고 판매는 실질적으로 영향을 받지 않았습니다. 이 상품은 아마도 계속 동일한 가치를 유지하면서도 충분한 수요가 있을 것으로 보입니다.[146]

이 항해는 영국의 입장에서 보자면 미국이 공식적으로 경쟁을 선포한 사건이었다. 미국 선박은 부지런히 중국으로 인삼을 실어 날랐다. 1786년 1,800피쿨의 인삼이 중국에서 팔리고, 그 가운데 절반가량을 미국 선박이 직접 운송했다. 1820년에 발행된 한 잡지의 기사는 노골적으로 "영국은 중국에 갖다 팔 것이 하나도 없지만 우리 미국은 인삼이 있어서 얼마나 다행이냐"라고 으스대기까지 했다.[147]

---

146 Shaw, *The Journals of Major Samuel Shaw*, pp. 342, 350-351.

147 *The Rural Magazine and Literary Evening Fire-side* 1 (1820), p. 381.

영국 동인도회사는 미국이 직접 인삼 수출에 나서게 되자 큰 타격을 받을 수밖에 없었다. 인삼은 그동안 영국이 중국으로 수출했던 주요 상품으로, 큰 수익을 올렸기 때문이다.[148] 이런 상황을 예견했던 터라 영국은 미국과 중국 사이의 직접 교역을 막으려고 필사적인 노력을 기울였다. 사실 최초로 광동으로 출항한 미국 선박은 중국황후호가 아니었다. 이미 그 전해1783년 후반에 미국은 오직 인삼만을 배에 가득 실은 '해리엇Harriet'호를 광동으로 보냈다. 그런데 희망봉에서 해리엇호가 영국 동인도회사 선박과 맞닥뜨렸는데, 영국 상인들은 인삼을 보자마자 미국인들에게 인삼을 자신들에게 넘기라고 설득했다. 선적한 인삼 양의 두 배만큼 홍차를 주겠다는 후한 제안이었다. 해리엇호로서는 엄청난 이득이었다. 미국인들은 곧바로 그 거래에 응하고는 배를 돌려 뉴욕으로 돌아와 버렸다.[149] 이처럼 영국은 손해를 감수하고서라도 미국 선박이 중국으로 향하는 것을 막으려 했다.

한편, 무역의 세계에서 노련하기 짝이 없는 영국 동인도회사는 북미삼의 물량 공세가 결국 중국 시장에서 인삼 가격의 하락을 초래하리라 예견하고 있었다. 동인도회사의 보고서는 이렇게 기록하고 있다.

> 중국 시장만큼 변덕스런 곳이 없다는 것은 잘 알려진 사실이고, 그들이 지닌 편견은 행동으로 이어지는 가장 강력한 요소다. 인삼만큼 이것을 눈에 띄게 증명할 품목article은 없을 것이다. 평상시보다 많은 양

---

148 Hosea Ballou Morse, *The Chronicles of the East India Company Trading to China 1635~1834*, Vol. 2 (Cambridge, MA: Harvard UP., 1926), pp. 174, 180; Anon., *Tables of the Net Duties Payable, and Drawbacks allowed on Certain Goods* (London, 1787), p. C2.

149 L. C. John Holker Papers (JHP), reel 15, folio 5888, "Estimate of Expenditure and Profits for the Voyage of the Empress of China."

이 공급되기 시작한 순간부터, 그리고 이전부터 거래한 사람이 아닌 낯선 사람이 공급하기 시작하면서, 이 품목은 팔 수 없는 것이 된다. 회사의 위원회는 이후로 미국삼이 중국에서 결코 팔리지 않을 것임을 믿어도 된다.[150]

동인도회사의 관리들은 "과거 인삼은 엄청난 이윤을 가져왔고, EIC영국 동인도회사는 충분한 물량을 공급하지 못했다"면서 "1783년부터 중국에 너무 많은 양이 들어가는 바람에 중국인들은 수입산 인삼에서 아무런 효능을 발견하지 못한 척을 하고, 결과적으로 [그 인삼은] 팔 수 없는 상태가 되었다"고 파악했다.[151] 영국 동인도회사가 우려했던 것은 이런 미숙한 수출 방식이 결국 중국에 무역 주도권을 내주는 결과를 초래할 것이라는 점이었다.[152]

동인도회사의 판단은 정확했다. 쇼는 1783년 중국에서 미국삼 가격이 파운드당 30달러라고 보고한 바 있다. 그런데 1784년 중국황후호가 한꺼번에 너무 많은 물량을 들여간 탓에 2년 후 '익스페리먼트Experiment'호가 도착했을 때는 인삼 판매가가 파운드당 1달러에 불과했다. 이처럼 가격이 폭락했음에도 미국은 계속 인삼을 실어 날랐다. 1788년에는 14만 2,000파운드, 1789년에는 27만 4,000파운드, 1790년엔 5만 3,000파운드의 인삼이 중국으로 들어갔다.[153]

---

150 East India Company, *First, Second, and Third Reports of the Select Committee, appointed by the Court of Directors of the East India Company* (London, 1793), p. 34.

151 Morse, *The Chronicles of the East India Company*, pp. 174, 180.

152 East India Company, *First, Second, and Third Reports*, p. 32.

153 Fontenoy, "Ginseng, Otter Skins, and Sandalwood," p. 5.

이처럼 인삼을 계속 수출했던 이유는 중국과의 교역이 미국 상인들에게 큰 이익을 가져다주었기 때문이다. 중국황후호의 성공적인 귀환 후 60년 동안 뉴잉글랜드 상인들은 엄청난 부를 축적했다. 그중 존 제이컵 애스터John Jacob Astor, 1763~1848 같은 거물 실업가가 탄생하기도 했다. 모피업에서 출발해 부동산 개발로 엄청난 재력을 축적한 것으로 널리 알려졌지만 실제로 애스터의 부의 기반은 다름 아닌 인삼이었다. 애스터는 모피 무역으로 꽤 큰돈을 벌자 런던으로 건너갔다. 그곳에서 인맥을 쌓아서 유럽 곳곳의 대도시에서 훨씬 더 높은 값에 모피를 팔려는 계획을 갖고 말이다. 그런데 런던에서 영국 동인도회사가 중국과 교역해온 내용을 알게 되었고, 인삼의 상품성에 눈뜨게 되었다. 애스터는 모피를 팔아 모은 자본을 모두 인삼을 사는 데 투자했다. 1800년에는 직접 광동에 선박을 보내 무역 활동을 했고, 인삼을 수출해 큰 이익을 얻었다. 돌아오는 배에 싣고 온 차, 비단, 고급 직물을 미국에서 팔아서 또 큰돈을 벌었다.[154]

조지 워싱턴George Washington, 1732~1799도 인삼에 관심이 많았다. 미국 대통령이 되기 전 워싱턴은 1784년 웨스트버지니아의 치트강Cheat River 유역에서 "많은 사람이 인삼을 잔뜩 실은 말과 함께 아래쪽 시장으로 향하고 있는" 광경을 목격했다.[155] 워싱턴은 곧 자신의 땅에서도 인삼이 나는지 알아보기 위해 조사에 나섰고, 재배를 시도하기도 했다.

미국 최초의 서부 개척자로 알려진 '민중 영웅' 대니얼 분Daniel Boone, 1734~1820도 인삼 사업에 뛰어든 인물이었다. 애팔래치아산맥을 넘어 켄

---

154 Anna Youngman, "The Fortune of John Jacob Astor," *Journal of Political Economy* 16 (1908), pp. 350-352.

155 Donald Jackson and Dorothy Twohig, eds., *The Papers of George Washington: Diaries*, Vol. 4 (Charlottesville: Univ. Press of Virginia, 1976), p. 20.

**미국 서부의 새로운 땅을 개척한 대니얼 분** 20여만 명의 이주민을 이끌고 켄터키를 개척한 대니얼 분은 이후 개척지에서 인삼 사업에 뛰어들었다. 그의 인삼 사업은 당시 이주민들의 중요한 생계원이었다. (출처: 컴벌랜드 갭 국립역사공원Cumberland Gap National Historical Park)

터키를 개척한 그는 1787년 인삼에 대해 알게 된 뒤 인삼 사업에 나서기로 마음먹었다. 1788년 그는 켄터키와 웨스트버지니아의 산을 뒤지며 캐낸 인삼 12톤가량을 피츠버그로 보냈다. 나머지는 마차를 이용해 필라델피아로 보내려 했다. 하지만 오하이오강에서 배가 침수되는 바람에 인삼을 잃고 말았다.[156]

이런 시련에도 불구하고 분은 인삼 사업을 계속했다. 일꾼들을 고용해 캐낸 인삼과 다른 사람들에게서 사들인 인삼을 오하이오로 보내서 그

156 Barnes, *Needles, Herbs, Gods, and Ghosts*, p. 176.

곳에서 수천 달러의 판매 이익을 남겼다.[157] 그 당시 분이 개척한 켄터키 루트를 따라 20여만 명이 이주했는데, 그들에게 인삼이 중요한 생계원이었음은 두말할 필요도 없다. 가을에 사람들이 인삼을 캐서 가져오면 잡화점 주인은 인삼 수량을 장부에 기입하고 겨울부터 다음 해 여름까지 인삼 값만큼 필요로 하는 물건을 내주었다.[158]

거물 투자자들은 처음에는 이로쿼이족 주변을 맴돌던 북동부 상인들에게 의존했지만 점차 당시 미개척 상태나 다름없던 남쪽 지방으로 눈을 돌리게 된다. 그들은 믿을 만한 대리인을 남쪽으로 내려보내 인삼 수매를 전담토록 했다. 대리인들은 닥치는 대로 인삼을 긁어모아 필라델피아로 보냈다. 그렇게 집결된 인삼은 뉴욕 항구에서 중국으로 보내지는 것이 일종의 정해진 수순이었다. 인삼 수매를 전담한 대리인들 중에는 가히 '전설적'이라 할 만한 인물도 있었다. 바로 펜실베이니아 출신의 의사 로버트 존스턴Robert Johnston이다. 뉴욕의 투자자 파커는 존스턴을 인삼 구매 대행인으로 고용했다. 거액의 선금을 들고 남쪽 지방을 돌던 존스턴은 당대 가장 유명한 인삼 중개업자로 이름을 떨치게 된다. 존스턴은 1783년 여름과 가을에만 4만 파운드가 넘는 인삼을 구입했는데, 이 인삼들은 뉴욕 항구에 모인 5만 파운드가량의 다른 인삼과 함께 중국으로 수출되었다.[159]

1826년에 발행된 관세 관련 보고서에서는 미국이 "자국 내에서 생산한 것" 가운데 중국에 수출한 것은 겨우 24만 2,000달러어치인데, 그 가

157 Manget, "Ginseng, China, and the Transformation," p. 14.

158 Oren Frederic Morton, *A History of Monroe County, West Virginia* (Dayton, VA: Ruebush-Elkins, 1916), pp. 191-194.

159 Smith, *Empress of China*, pp. 41-42.

운데 절반 이상이 인삼이고, 면직물은 1만 5,000달러 이하라고 보고했다.[160] 여기서 흥미로운 점이 있다. 19세기 초가 되면 미국의 대중국 수출액에서 인삼이 차지하는 비중이 2~5%로 떨어지고, 그 대신 은 수출이 70%가량으로 급증한다.[161] 하지만 은은 미국 내에서 생산하는 상품이 아니었기에 미국의 대중국 수출품 가운데 '순수한 미국산 상품'은 여전히 인삼이 절반 이상을 차지하고 있었다.

## 19세기 미국의 인삼 수출 상황

19세기에 들어서도 미국에서 인삼은 여전히 중요한 생산물이자 수출품이었다. 수확량이나 가격의 변동폭이 크고 남북전쟁 같은 변수도 발생했지만 인삼 교역은 지속되었다. 1860년에 간행된 《미국 농부의 백과사전The American Farmer's Encyclopedia》에서는 인삼이 상업적 가치가 엄청나다고 평가하면서 연도별 수출량 집계를 자랑스럽게 나열했다. 1834년 7만 202달러에서 1841년에는 43만 7,245달러로 증가한 기록이었다.[162] 1851년 미국은 10만 509달러어치의 인삼을 수출해 모피, 목재에 이어 최고액을 기록했으며,[163] 1884년 상반기에는 총 수출액 약 100만 달러 가운데

---

160 Nathan Hale, *The American System, or the Effects of High Duties on Imports* (Boston: Nathan Hale's Press, 1826), p. 77.

161 Fontenoy, "Ginseng, Otter Skins, and Sandalwood," p. 7.

162 1834년 $70,202; 1835년 $94,970; 1836년 $211,405; 1837년 $109,368; 1838년 $36,622; 1839년 $118,904; 1840년 $22,728; 1841년 $437,245. *The American Farmer's Encyclopedia* (New York: A. O. Moore, Agricultural Book Publisher, 1860), p. 540.

163 "From our American Correspondent," *Manchester Times*, 28 Jan. 1852.

절반을 점한 곡물에 이어 인삼이 25만 달러 정도를 차지한 것으로 집계되었다.[164]

18세기 후반 미국에서는 이미 13개 주가 인삼 교역에 참가하고 있었다. 초창기 인삼의 중심지는 단연코 필라델피아였지만, 19세기가 되면 루이빌Louisville과 신시내티Cincinnati가 또 다른 중요한 집산지로 부상했다.[165] 인삼의 해외 무역 중심지는 뉴욕이었는데, 해외 무역을 담당한 대부분의 인삼 중개회사들이 위치했을 뿐 아니라 수출을 위한 선박의 출항도 대부분 뉴욕항에서 이루어졌다.

인삼의 해외 수출은 18세기 초 캐나다에서 북미삼이 발견되었을 때부터 주로 모피 무역상들이 전담해왔다. 그래서 미국에서도 인삼은 '미국모피회사The American Fur Company'가 함께 취급하는 전통이 생겨났다.[166] 오늘날 재배삼은 독립적인 회사가 관리하지만 아직도 많은 주에서 야생삼은 모피 상인들이 구입하는 경향이 있다. 우리나라에서는 전매제의 영향으로 담배와 인삼이 문화적·경세적으로 하나의 구성난위가 되었듯이, 미국에서는 인삼과 모피가 한 쌍을 이룬다. 한편, 중국에서는 인삼이 제비집과 함께 취급되는 경향이 있다. 1928년 국민당 정부가 '인삼과 제비집'에 공히 사치세를 부과하기로 결정했는가 하면,[167] 물가지수 통계에서도

---

164 "Commercial Notes," *Glasgow Herald*, 24 Oct. 1884.

165 "The United States," *The Morning Chronicle*, 25 Dec. 1849; "America-Commercial Intelligence," *The Times*, 5 Oct. 1850; "The United States," *The Morning Chronicle*, 23 Jan. 1850; "The United States," *The Morning Chronicle*, 5 Mar. 1850; "The United States," *The Morning Chronicle*, 14 Aug. 1850; "The United States," *The Morning Chronicle*, 27 Aug. 1850; "By Magnetic Telegraph, Philadelphia," *The Morning Chronicle*, 18 Dec. 1850; "The United States," *The Morning Chronicle*, 24 Jun. 1852.

166 A. W. Schorger, "Ginseng: A Pioneer Resource," *Transactions of the Wisconsin Academy of Science, Arts and Letters* 57 (1969), p. 67.

두 품목을 함께 계상하는 경향이 있었다.[168] 상해에는 '인삼과 제비집협회 Shanghai Ginseng and Birdnest Association'가 일종의 동업조합을 이루고 있었다.[169]

중국에서 북미삼은 많은 물량이 들어갔던 탓도 있지만 여타의 이유로 싸구려 취급을 받았다. 1846년 '미국과학진흥원The National Institute for the Promotion of Science'은 인삼 수출 활성화를 위한 제안서에서 미국산 인삼이 열등한 취급을 받는 이유를 다각도에서 분석한 바 있다. 그 가운데 흥미로운 것은 수출용 인삼이 조악하게 포장되어 있다는 지적이었다.

> 미국산 인삼은 광동 시장에서 매우 열등한 취급을 받는다. 반면, 만주산 인삼은 멋지게 금박을 입힌 종이로 만든 상자에 들어 있다. 뿌리는 마찬가지로 금박을 입힌 봉투에 들어 있는데, 봉투에는 인삼을 판매한 약제사의 이름과 기타 중요한 사항이 찍혀 있다. 상자 안은 절반쯤 구운 쌀로 채워져 있다. 이렇게 포장된, 최상으로 가공되어 신기한 형태를 한 뿌리는 금보다 더 높은 값에 팔릴 것이다.[170]

1897년 하문廈門, Amoy 주재 미국 공사 존슨A. B. Johnson은 미국이 인삼 무역에 좀 더 적극적으로 나서야 한다고 요청하는 보고서를 올렸다. 〈거

167 "Message to Overseas Chinese," *The North China Herald and Supreme Court & Consular Gazette*, 21 Apr. 1928.

168 "Last Month's Price Index Number 16 Points Higher than for November 1925," *The China Press*, 29 Dec. 1926.

169 "Tens of Thousands line City Streets to pay last Tribute to Colonel Short," *The China Press*, 25 Apr. 1932.

170 The National Institute for the Promotion of Science, *Fourth Bulletin of the National Institute for the Promotion of Science, February 1845 to November 1846* (Washington D.C.: W. Q. Force, 1846), p. 554.

대한 인삼시장A Great Market for Ginseng〉이라는 제목의 이 보고서는 미국이 한국산 인삼을 따라잡아야 한다고 독려하는 일종의 격문檄文이다.

> 나는 현재 일정량 미국에서, 그리고 한국에서 수입되는 인삼에 대해 특별한 관심을 요청하고자 한다. 인삼은 미국의 콜로라도, 와이오밍, 유타와 다른 산간 지역, 그리고 한국과 북아시아가 원산지다. 이 뿌리는 중국에서 연간 2,000만 달러 규모의 시장이 형성되어 있다고 말하는데, 결코 과장이 아니다. 이것은 현재 미국에서 제한적으로 재배되고 있는데, 재배자는 짠돌이 수출업자가 벌어들이는 수익의 일부만을 갖게 된다. 인삼은 이곳 하문에서 멕시코 달러로 파운드당 25달러에서 35달러 정도에 팔린다. 미국에서는 멕시코 달러로 4~6달러 혹은 미국 금화로 2~3달러에 불과하다. 인삼은 한국에서 미국 금화로 4만 4,422.80달러어치 수입되고 있다. 한국산은 훨씬 가격이 높고 훨씬 솜씨 좋게 가공되어 있다. 그것만 제외한다면 사실 품질은 미국산과 별다를 바 없다. …… 만약 우리 미국인들이 손질 잘된 인삼 한 뿌리당 최소 3달러미국 금화를 받을 수 있다는 것을 알기만 한다면, 그리고 이 시장이 사실 무한대의 시장이고 부의 광산이라는 것을 안다면 수많은 사람을 고용해서 이 분야를 발전시킬 수 있다.
>
> ……
>
> 인삼은 부유한 중국인 모두가 활기를 충전하기 위해 차로 마시고, 현지의 의사들은 약으로 쓴다. 또한 인삼은 부유층에서 친구에게 보내는 선물 목록 대부분에 들어 있으며, 고관대작들 사이에 교환되는 물건이기도 하다. 중국 제국 전체에서 인삼은 중간계층이 사고, 심지어 가난한 농민조차도 이 민족적인 만병통치약을 위해서라면 힘들게 벌어들인 은을 내놓는다.

모쪼록 이 사실이 상공회의소의 관심을 끌기 바라며, 단지 교역의 가능성만을 열어두는 것이 아니라 가격에 대한 정보를 널리 퍼트려서 이 산업 분야의 필요에 부응하고 혜택을 주기를 바란다.[171]

이 보고서는 여러 측면에서 매우 흥미롭다. 무엇보다도 이미 18세기 초부터 북미삼과 아시아삼을 구별하는 식물학적인 접근이 활발하게 진행되어왔음에도 불구하고 한국삼과 북미삼을 같은 것이라고 주장한다는 사실이다. 나아가 한국산 인삼이 훨씬 고급인 이유가 단지 가공법의 차이에 근거한 것이라고 인식하고 있다는 점이다. 그런데 이런 주장의 어조에는 두 종류의 인삼이 같은 것이라고 스스로를 세뇌하는 것 같은 절박함이 배어 있다. 바로 수출 확대와 이윤 증대를 위해서다.

둘째, 미국 중부에 위치한 유타나 콜로라도를 인삼의 원산지로 꼽고 있다는 사실도 흥미롭다. 특히 전통적으로 미국 동부에서 화기삼이 채취되어왔음을 상기하자면, 갑자기 중부의 세 주가 등장한 데는 무언가 배후에 다른 이유가 있지 않을까 의문을 갖게 한다. 셋째, 중국 시장의 규모에 비해 미국의 인삼이 적게 수출되고 있고, 중국 시장은 훨씬 더 많은 북미삼을 받아들일 것이라고 전망한다는 것이다. 여기에는 무한에 가까운 중국의 수요에 부응해 공급량, 즉 생산과 판매 모두를 늘릴 수 있는 주체는 오직 미국뿐이라는 자신감이 깔려 있다. 이는 이미 북미삼의 세계적인 유통에서 영국 같은 경쟁자를 제거해버렸기 때문에 가능한 것이었다.

171 "A Great Market for Ginseng, Annual report of Consul Johnson, dated Amoy, China, July 29, 1897," in *Consular Reports: Commerce, Manufactures, Etc.*, Vol. 60 (Washington D.C.: Government Printing Office, 1897), pp. 473-474.

〈표〉 미국인삼의 수출 동향*(1821~1899)

| | 1821 ~29 | 1830 ~39 | 1840 ~49 | 1850 ~59 | 1860 ~69 | 1870 ~79 | 1880 ~89 | 1890 ~99 | 총합 | (%) |
|---|---|---|---|---|---|---|---|---|---|---|
| LB(파운드) | 3,871,765 | 3,192,375 | 3,915,129 | 1,999,999 | 4,149,445 | 4,041,727 | 6,771,830 | 2,163,302 | 30,105,572 | |
| Metric tons(톤) | 1,756 | 1,448 | 1,776 | 907 | 1,882 | 1,833 | 3,071 | 981 | 13,654 | |
| 달러(미화 가격) | 1,432,524 | 1,108,010 | 1,637,340 | 978,462 | 3,902,218 | 4,537,008 | 3,457,294 | 7,639,859 | 24,692,715 | |
| 가격/파운드 | 0.37 | 0.35 | 0.42 | 0.49 | 0.94 | 1.12 | 0.51 | 3.53 | 0.97 | |
| **수출 지역**(파운드) | | | | | | | | | | |
| 아프리카 지역: | – | – | – | – | 6,747 | – | – | – | 6,747 | (.02) |
| 아시아 지역: | | | | | | | | | | |
| 극동 지역 | 3,612,081 | 3,136,122 | 3,871,901 | 1,997,797 | 4,141,342 | 3,672,527 | 6,712,824 | 2,162,187 | 29,306,781 | (97.35) |
| 동남아시아 | 14,996 | 10,408 | 28,509 | – | – | – | – | – | 53,913 | (.18) |
| 유럽: | | | | | | | | | | |
| 북유럽 | 97,072 | 15,031 | 13,443 | – | 1,356 | 366,187 | 58,946 | – | 552,035 | (1.83) |
| 남유럽 | 127,891 | 16,955 | – | – | – | – | – | – | 144,846 | (0.84) |
| 라틴아메리카: | | | | | | | | | | |
| 남아메리카 | – | 10,000 | – | 1,500 | – | 3,013 | – | – | 14,513 | (.05) |
| 서인도 제도 | 70 | 3,859 | – | – | – | – | – | – | 3,929 | (.01) |
| 오세아니아: | | | | | | | | | | |
| 오스트레일리아 | – | – | 1,036 | – | – | – | – | – | 1,036 | (–) |
| 기타 태평양 | 1,338 | – | – | – | – | – | 60 | – | 1,398 | (.01) |
| 캐나다 | – | – | 690 | 702 | – | – | – | 1,115 | 2,507 | (.01) |
| 기타 | 18,317 | – | – | – | – | – | – | – | 18,317 | (.06) |

* 미국인삼(화기삼) 수출량 및 수입 국가(파운드/지역): 아르헨티나(10,000), 오스트레일리아(1,036), 미주 영국 식민지(1,563), 영국령 동인도 제도(9.385), 캐나다(1,817), 칠레(1,500), 중국(16,464,975), 홍콩 및 싱가포르(474,310), 중국 및 일본(1,356,656), 시스플라티나(Cisplatine)공화국(현 우루과이 지역)(1,046), 콜롬비아(3,013), 덴마크령 서인도 제도(2,986), 네덜란드령 동인도 제도(38,718), 영국(548,151), 플로리다(70), 독일(150), 지브롤터(144,567), 한자동맹 도시(Hanse Town)(122), 하와이 제도(60), 네덜란드(1,360), 네덜란드 식민지(1,206), 홍콩(10,947,459), 일본(63,381), 라이베리아 및 아프리카 항구(6,747), 아메리카 서북 지역(18,317), 필리핀(5,360), 남해 지역(1,338) 및 에스파냐(279)

출처: 미국 재무성 통계국, 《해외 무역 및 항해처 연례 보고서》, 1821~1899.

출처: 장일무, 《한국인삼산업사》 제1권 (KGC인삼공사, 2018), p. 505.

## 인삼 무역에서 영국 퇴출?

1800년 전후를 기점으로 영국의 무역 활동에 큰 변화가 나타난다. 1799년 네덜란드 동인도회사가 폐쇄된 후 영국은 네덜란드 동인도회사의 모든 무역항을 장악하게 되었고, 전 세계의 향신료 교역이 런던의 민싱레인Mincing Lane으로 집중되었다. 하지만 독특하게도 인삼 무역에 관한 한 영국의 19세기는 암흑기라는 시각이 일반적이다. 가장 중요한 교역국인 중국에서 완전히 퇴출되어 인삼 무역에 완전히 손을 뗄 수밖에 없었다는 말이다.

미국이 북미삼을 중국으로 직접 수출하기 시작하면서 인삼 무역에서 영국은 미국보다 훨씬 열등한 위치에 놓이게 되었다. 무엇보다도 운송비로 인해 가격차가 크게 벌어진 탓이었다. 이를 두고 궈웨이둥은 "1804년 이후 영국인은 이 무역에서 퇴출되었다"고 주장한다.[172] 그런데 브라이언 에반스Brian L. Evans는 영국 동인도회사가 인삼 무역에서 퇴출되었다기보다는 자발적으로 손을 뗀 것으로 본다. 영국이 아편 무역을 활성화하면서 인삼보다 더 큰 이익이 나는 아편에 집중하기 위해 자연스럽게 선회했다는 것이다.[173]

하지만 영국이 인삼 무역을 완전히 놓았던 것은 아니다. 영국이 인삼 무역에 지속적인 관심을 갖고 있었다는 사실은 무엇보다 관세 관련 기록에서 찾을 수 있다. 자유무역주의를 표방하던 19세기 영국에서 관세는 사회 전반적으로 큰 관심사였다. 많은 논란을 겪었지만 영국은 결국

---

172 郭衛東, 〈西洋蔘: 中美早期貿易中的重要貨品〉, pp. 125-126.

173 Evans, "Ginseng," p. 22.

19세기 전반기에 지속적으로 관세를 인하했다. 인삼도 그 대상이었다.[174] 1832년 의회에서 통과된 새로운 관세율에 따르면, 100캐티Catty, 근斤[175]당 8파운드 8실링이던 인삼의 관세는 4실링으로 인하된다.[176] 1842년 영국 수상 로버트 필Robert Peel, 1788~1850의 관세개혁 조치는 인삼의 관세를 4실링에서 2실링으로 더 낮추었고,[177] 1845년에는 영국으로 들어오는 430개 품목에 대한 관세가 철폐되는데, 인삼도 그 가운데 하나였다.[178]

의회에 제출된 해외 무역 보고서에 따르면 영국은 1812년에 3,024파운드화폐가치는 189파운드, 1823년에는 1,837파운드화폐가치는 115파운드의 양에 달하는 인삼을 중국에 수출한 것으로 나타난다.[179] 흥미롭게도 당시 관세 관련 자료를 보면 영국에 들어온 인삼의 일부가 동인도회사를 통하지 않

---

174 영국의 자유무역 실현을 위한 노력이 수입관세 인하의 형태로 나타나기 시작했다. 1824~1825년 허스키슨(W. Huskisson, 1770~1830)의 제한적 개혁을 거쳐 1840년대 필(Robert Peel, 1788~1850)의 개혁을 통해 원료에 대한 최고 관세 한도를 5%, 반가공품은 12%, 가공제품은 20%로 지정했다. 1845년에는 원면 수입관세가 폐지되었고, 1850년대 글래드스턴(William Ewart Gladstone, 1809~1898)의 관세 인하를 거쳐 1860년에는 보호관세와 차별관세 등이 거의 전면적으로 폐지되었다.

175 중국과 동남아시아에서 무게를 재는 단위인 캐티는 근(斤)을 말하며, 1캐티는 약 0.6킬로그램 정도이다. 하지만 나라마다 약간씩 다르고 중국에서도 시장과 관공서에서 적용한 근의 기준 무게가 달랐던 것으로 알려진다.

176 "Schedule of Duties," *The Hull Packet and Humber Mercury*, 19 Jun. 1832.

177 "The New Tariff," *The Morning Chronicle*, 14 Mar. 1842.

178 "The Proposed New Tariff," *The Morning Chronicle*, 22 Feb. 1845; "Taxes Repealed," *The Leeds Mercury*, 1 Mar. 1845; "The New Tariff," *The Manchester Times and Gazette*, 1 Mar. 1845; "The Arsenic, Beef-Wood, and Tiger-Tall Tariff," *Liverpool Mercury*, 28 Feb. 1845; "The Hangman's 'Moral Lessons'," *The Morning Chronicle*, 3 Apr. 1845.

179 영국은 1813년에는 1,792(112)파운드, 1814년에는 5,992(375)파운드, 1821년에는 없고, 1822년에는 1,904(119)파운드, 1823에는 1,837(115)파운드의 인삼을 수출했다. 괄호 안은 당시 영국 화폐 파운드로 환산한 화폐가치다. Board of Trade, *Tables of the Revenue, Population, Commerce of the United Kingdom, Part III* (London: William Clowes for H.M.S.O., 1834), pp. 366-373.

은 채 들어왔음을 알게 된다. 1812년 동인도회사를 통하지 않은 물품 가운데 관세를 납부하지 않은 것들은 세금을 완납할 때까지 런던항의 여러 창고에 보관한다는 법령이 포고되었는데, 그 목록에서 인삼을 찾을 수 있다.[180] 이 기록은 설혹 동인도회사가 인삼 무역을 철회한 상황이었더라도 영국의 다른 상인들이 지속적으로 이 교역에 참여하고 있었음을 보여준다. 이 밖에도 영국이 인삼 무역을 지속했음을 보여주는 기록들이 적지 않다.

1834년 《칼레도니안 머큐리Caledonian Mercury》는 중국 항해를 마치고 리버풀에 입항한 영국 선박 두 척에 대한 기사를 실었다. 그 선박들은 영국에서 가져간 인삼을 중국 광동에서 피쿨당 건조막삼crude ginseng은 30~34달러, 가공삼clarified ginseng은 55~60달러에 거래했다고 보고했다.[181] 이 당시 영국이 중국으로 수출한 인삼은 미국과 캐나다에서 수입한 것이었다. 1800~1805년 사이에 영국과 캐나다의 교역은 크게 증가한 것으로 나타나는데, 캐나다는 영국에 모피, 기름, 목재와 인삼을 수출했다. 1810년 런던 부두 하역품 목록에는 미국에서 들여온 인삼이 있는데, 그 가치가 14만 달러로 기록되어 있어 꽤 많은 양이었음을 알 수 있다.[182] 1873~1874년에 카디프항으로 들어온 상선의 선적 기록에서도 인삼을 수입했던 증거를 찾을 수 있다. 런던의 테일러J. B. Taylor가 주문한 12통,

180 "Gazette Issue 16573," *London Gazette*, 8 Feb. 1812; "Gazette Issue 16574," *London Gazette*, 11 Feb. 1812. 인삼은 1820년대까지 동인도회사가 고용한 배의 교역 통계에도 나타난다. Evans, "Ginseng," p. 22.

181 "Foreign Intelligence," *Caledonian Mercury*, 8 Nov. 1834.

182 운반료(하역료) 한 통당 1실링(shilling), 보관료는 일주일에 통당 1실링으로 책정되어 있다. William Naderson, *The London Commercial Dictionary and Sea-Port Gazetteer* (London: Printed for E. Wilson 1819), pp. 17, 212.

192통의 인삼이 그것이다.[183]

런던에서는 수입품을 대상으로 1년에 네 차례 큰 경매가 열렸는데, 17세기 중반부터는 동인도회사도 이 경매에 참여했다. 1788년 《타임스》는 런던의 거래소 골목Exchange Alley의 한 커피하우스에서 개최할 경매 품목으로 육두구 2,650파운드와 인삼 114통cask을 광고했다.[184] 그 외에도 선박의 입항에 맞추어 항구의 창고 등에서 경매가 이루어졌는데, 19세기 내내 리버풀, 버밍엄, 더블린 등 영국 곳곳에서 인삼을 판매 혹은 경매한다는 광고가 상당수 나타난다.[185] 경매에서 낙찰된 물품은 내수용으로 유통되었을 뿐 아니라 해외로 재수출되기도 했다. 흥미롭게도 1881년 글래스고의 경매 공고에서는 '와인 인삼wine ginseng'이라는 품목도 목록에서 발견되는데, 와인에 절인 인삼이라는 것인지 혹은 와인처럼 붉은빛을 띤 홍삼 비슷한 것인지는 알 수가 없다.[186]

1843년 중국에서 인삼의 수입관세는 다음 〈표〉와 같았다.[187]

| | | per | T. | M. | C. | C. | D. | C. |
|---|---|---|---|---|---|---|---|---|
| ginseng | 1st quality | pecul | 38 | 0 | 0 | 0 | 52 | 77 |
| | 2nd quality or refuse | | 3 | 5 | 0 | 0 | 4 | 86 |

단위: T=tael(냥兩) M=mace(전錢=1/10냥) C=candareen(푼分=1/100냥) C=cash(리厘=1/1,000냥)

---

183 "District Intelligence," *Western Mail*, 3 Jul. 1873; "Shipping Intelligence," *Western Mail*, 12 Feb. 1874.

184 "Sales by Candle," *The Times*, 6 Feb. 1788.

185 "Advertisements & Notices," *Liverpool Mercury*, 1 Jun. 1860; "Advertisements & Notices," *Glasgow Herald*, 27 Mar. 1882; "Advertisements & Notices," *Birmingham Daily Post*, 28 Jun. 1883; "Advertisements & Notices," *Glasgow Herald*, 1 Aug. 1883; "Advertisements & Notices," *The Era*, 30 Jul. 1887; "Advertisements & Notices," *Freeman's Jounal and Daily Commercial Advertiser*, 6 Sept. 1889.

186 "Advertisements & Notices," *Glasgow Herald*, 9 May 1881.

이 〈표〉에서 알 수 있듯이 인삼은 흔히 1등급과 2등급으로 분류되어 관세가 달리 부과되었다. 그런데 당시 차는 '모든 종류의 차'에 대해 '피쿨당 2냥/5전/3푼/47리'가 부과되었는데, 차의 관세체계가 인삼 등과 다르다는 점이 중국과 거래국들 사이에 문제가 되었다. 특히 영국은 남경조약을 통해 자신들의 요구를 일방적으로 관철하고서도 중국에 더 많은 것을 요구했다.

1843년 《이그재미너The Examiner》는 중국과의 교역 조항을 조목조목 따져가며 조약 체결의 대표였던 헨리 포팅거Henry Pottinger, 1789~1856의 실책을 신랄하게 비판했다. 창고 부지는 물론 외국인 거류지가 비좁고 제한적이라며 공행들이 독점했던 땅을 빼앗자는 제안을 내놓았는가 하면, 특히 차의 관세를 종량제로 바꾼 바람에 오히려 관세 부담이 커졌다고 불만을 터트렸다. 인삼, 상아, 육두구 등은 질에 따라 세금을 매겼으므로 차 역시 그렇게 해야 한다고 주장하면서 말이다.[188]

중국에서 인삼의 관세는 여러 차례 조정을 거쳤다. 1860년에는 미국삼을 수입할 경우 100캐티당 건조막삼에는 6냥, 가공삼에는 8냥의 관세가 부과되었다.[189] 수출인 경우에는 중국산 인삼에는 5%의 종가관세ad valorem tariff, 물품의 가격에 따라 세율을 정하는 것, 한국산과 일본산 인삼의 경우 캐티당 1등급은 5전, 2등급에는 3전을 부과했다.[190] 1866년에는 인삼은 수입과 수출 모두 5% 종가관세의 대상이 되었다.[191]

---

187 "Foreign Intelligence," *The Manchester Times and Gazette*, 14 Oct. 1843; "Schedule Tariff of Duties of the Foreign Trade with China," *Liverpool Mercury*, 13 Oct. 1843; "Proclamation," *The Belfast News-Letter*, 13 Oct. 1843.

188 "The Political Examiner," *The Examiner*, 21 Oct. 1843.

189 "Gazette Issue 22465," *London Gazette*, 28 Dec. 1860.

190 "Gazette Issue 22465," *London Gazette*, 28 Dec. 1860.

당시 영국이 인삼 교역을 계속했다 할지라도 규모 면에서 이미 미국을 따라잡을 수는 없는 상태였다. 그럼에도 불구하고 19세기 내내 영국의 언론들은 미국의 인삼 수출에 대해 지속적으로 보도하면서 민감하게 반응했다. 《맨체스터 가디언The Manchester Guardian》은 미국의 대중국 무역이 1838~1839년에 크게 확대되었다면서 그 주된 원인이 인삼 수출이 네 배나 증가했기 때문이라고 지적했다.[192] 1844년 망하조약望廈條約, 중미통상협정이 체결되자 런던의 《타임스》는 중국이 미국에 많은 특혜를 주었다고 불만 섞인 논평을 내보냈는데, 미국이 중국으로 수출할 주요 상품으로 인삼을 꼽았다.[193]

또한 영국 신문은 중국에서의 미국삼 거래 가격 정보도 꾸준히 제공했다. 광동·상해·하문 등의 시장에 나온 인삼 물량이 많은지 적은지, 혹은 거래가 얼마나 활발한지도 보도했다. 예를 들어, 광동 시장에서 "피쿨당 건조막삼은 70~80달러, 가공삼은 130~140달러에 거래되었고, 수요가 상당히 많다"거나,[194] "그런데 이런 가격에는 아무런 거래가 이루어지지 않는다"[195]는 식이었다.

영국이 미국의 인삼 수출을 끊임없이 의식했던 데는 미국의 팽창에 대한 두려움이 깔려 있었다. 미국의 서부 개척이 완성되고 서부 해안을 따라 도시가 건설되는 한편, 개발이 본격화되면서 미국은 멀리 아프리카로 돌아가지 않고 태평양을 가로질러 중국으로 향할 수 있는 지름길을

---

191 "Gazette Issue 23160," *London Gazette*, 7 Sept. 1866.

192 "Commerce of the United States," *The Manchester Guardian*, 6 Jan. 1841.

193 "Our Foreign Trade With China," *The Times*, 26 Jul. 1845.

194 "China," *The Morning Chronicle*, 23 Sept. 1850.

195 "Canton Market Report, February 26," *The Morning Chronicle*, 13 Apr. 1852.

얻게 되었다. 영국은 이런 상황을 미리 예견했을 뿐만 아니라 그로 인해 세계 패권 구도에 일어날 변화에 대해 심각하게 우려하고 있었다.

실제로 19세기 후반부터는 중국을 상대로 한 수출용 북미삼의 85%가량이 샌프란시스코에서 출항하게 된다. 지구를 멀리 4분의 3가량이나 돌아 중국에 도착했던 시대가 끝나고, 동부에서 채집한 북미삼을 열차편으로 옮겨 서부 해안에서 곧바로 중국으로 실어 나르게 된 것이다. 영국은 이미 1814년부터 이런 일이 불러올 결과에 불안감을 드러낸 바 있었다. "이제 미국의 야심은 서부로 진출하여 태평양과 남양South Sea을 장악하여 모피와 인삼을 중국과 지구의 4분의 1에 갖다 팔 것이다"라고 썼던 것이다.[196] 태평양이 미국의 안마당이 될 것이라는 우려였다.

영국의 걱정은 미국이 서부 해안에 군사와 상업기지를 세우려는 계획과 더불어 곧 현실화되기 시작했다. 1825년 오리건의 컬럼비아강 유역에 무역항을 건설하자는 법안이 미국 의회에서 발의되자 《모닝 크로니클The Morning Chronicle》은 중국이 미국에는 가장 중요한 무역 대상국이며, 무역 품목 중 가장 큰 몫을 차지하는 인삼과 모피 무역으로 큰 이익을 볼 것이라고 예상했다.[197] 1년 뒤 《타임스》는 과거 영국 선박이 이용했던 태평양 항로가 이제 미국 선박으로 대체되었다는 탄식 어린 기사를 내보냈다. 비버 같은 모피 생산 동물이 멸종 위기에 처했기 때문에 인삼의 비중이 높아질 것이라는 예상도 곁들였다.[198]

1843년 영국 신문에는 중국의 개방으로 미국 서부 해안이 인삼 수출에 대한 기대로 한껏 부풀어 있다는 기사가 실렸다. 기사에 실린 "미국의

---

196 "For The Times," *The Times*, 5 Nov. 1814.

197 "American Papers," *The Morning Chronicle*, 20 Jan. 1825.

198 "The American Fur And Sandal-Wood Trade," *The Times*, 31 Mar. 1826.

인삼이 만주 것만큼이나 좋고 서부Western states에서 야생으로 자란다"[199]는 내용은 물론 부정확한 정보다. 백번 양보해서 북아메리카 대륙 서부에 화기삼이 자라고 있었다 할지라도 수출용 인삼은 전적으로 미국 동부에서 산출되고 있었다. 하지만 이 글을 쓴 영국 기자는 미국 서부 해안의 중요성과 잠재적인 경제적 위협을 강조하기 위해 인삼마저도 그곳에서 난다고 홍보해야 했던 것 같다. 1850년 1월 《모닝 크로니클》은 증기선 '엠파이어 시티Empire City'호가 중국에서 샌프란시스코로 들어왔다는 소식을 전하며, 이것은 "태평양을 횡단하는 어마어마한 교통의 전초전일 뿐"이라는 논설을 내보냈다. 미국의 엄청난 팽창이 이미 시작되었다는 발언이었다.[200]

199 "The American Markets," *The Morning Chronicle*, 31 Jan. 1843.

200 "The United States," *The Morning Chronicle*, 23 Jan. 1850.

chapter04

# 동아시아 정세와 인삼

## 제국의 팽창과 인삼

19세기 초·중반 영국의 신문들이 미국의 팽창을 경계하며 인삼과 관련된 기사를 열심히 내보냈다면, 19세기 후반에는 그 초점이 동아시아로 옮겨진다. 열강의 각축장이 된 동아시아에서 인삼은 매우 중요한 자원으로서 관심의 대상이었다. 당시 가장 파급력 있는 매체였던 신문들은 동아시아를 향한 열강의 경제적·정치적 침탈 야욕이 어떻게 인삼을 중심으로 펼쳐지고 있었는지를 생생하게 보여준다. 서구의 신문 기사들은 부정확한 정보나 편견, 오류도 많이 포함하고 있지만 반강제적으로 맺어진 통상조약의 조항에서는 찾아볼 수 없는 서구의 숨은 의도와 관심사, 침탈 야욕을 둘러싼 민낯을 훨씬 더 입체적으로 드러낸다.

제국주의적 팽창 과정에서 인삼을 매우 유용한 자원으로 주목하는 세태는 여러 신문에서 쉽게 발견할 수 있다. 특히 새로 인삼이 발견되었다는 뉴스를 군소 매체나 지방 신문까지도 열심히 퍼 날랐다는 사실은 이런 관심을 잘 말해준다. 1828년 런던에서 발행된 《아시아 저널The Asiatic Journal》에서는 1827년 10월 10일 캘커타지금의 콜카타에서 열린 '의학·화학학회Medical and Physical Society'에서 네팔에서 발견한 인삼에 대한 보고서가 발표되었다는 내용을 보도했다. 너대니얼 월리치Nathaniel Wallich, 1786~1854 박사[201]가 9,000~1만 피트 고도 벵골 고원Bengal plains의 산 정상에서 인삼을 발견했는데, 다른 고도에서는 전혀 발견할 수 없었다는 내용의 보고서였다.

월리치 박사의 보고서는 네팔인은 중국인과는 달리 인삼을 이용하지도 않을뿐더러 심지어 전혀 알지 못한다는 내용도 포함하고 있었다. 그는 이 식물을 '유사인삼panax pseudo-ginseng'이라고 명명하면서 만주와 북아메리카 대륙의 '진짜 인삼'과 흡사한 종류에 속한다고 보고했다.[202] 《아시아 저널》의 보도는 신문을 비롯한 다른 매체들에 복제되어 퍼져나갔다. 진짜 인삼은 아닐지 몰라도 귀중한 자원이 될지도 모른다는 희망, 현지인들은 별 관심이 없이 무제한 채집할 수 있을 것이라는 야심이 깔려 있다. 노골적이지는 않지만 기사에 담긴 제국주의적 야욕은 매체가 포괄하는 서구세계의 독서 공중들 사이에 퍼져나가고, 나아가 그들은 그 야욕을 공유하게 될 터였다.

---

201 너대니얼 월리치는 덴마크 출신 의사이자 식물학자로, 덴마크 동인도회사와 영국 동인도회사에 소속되어 캘커타를 중심으로 활동했다. '캘커타 식물원(Calcutta Botanical Garden)' 건립에 기여하기도 했다.

202 "Medical and Physical Society of Calcutta," *The Asiatic Journal and Monthly Miscellany* 25 (1828), p. 493.

## 만주에 대한 관심

1867년 《맨체스터 가디언》은 '인삼'이라는 제목을 붙인 흥미로운 기사를 실었다.[203] 과거 중국에서 인삼은 상인 40명에게만 취급이 허가되었다. 채취 후 일정량을 정부에 바쳐야 했고, 이 상인들은 인삼을 채취하기 위해 주로 범죄자를 고용했는데, 그들은 죄를 짓고서 처벌을 피하려고 험준한 야생으로 들어온 사람들로 '굶주림과 늑대, 호랑이, 표범에게 쫓기는 인간들'로 치부되었다는 것이다. 그런데 도광제道光帝, 재위 1820~1850 시기에 인삼이 매우 귀해져서 더는 발견하기 어렵고 오히려 러시아 영토에서 상당량이 채취되는 상황이라고 보도했다. 이 기사는 청 정부가 인삼을 재배하는 일을 독려하지는 않지만 만주와 한국에서 이미 상당량 재배되고 있다고 전한다. 청대 통치자들은 인공으로 재배한 앙삼秧蔘, 산에 산삼 종자를 파종해 기른 삼을 가짜라고 취급하며 약용으로 허락하지 않았다. 하지만 채집할 인삼이 고갈되자 인삼 재배에 대해 해금 조치를 취하게 된다.[204]

인삼 재배는 동아시아에서 열강의 경쟁이 가속화되면서 매우 민감한 주제로 떠올랐다. 영국은 다른 열강과 마찬가지로 북쪽에서 중국을 압박해오는 러시아의 동태를 예의주시하고 있었다. 이미 1812년 《옵저버The Observer》는 중국과 러시아가 '상호 방위 지역respective territories'에서 인삼 재배를 시도했으나 실패했다는 사실을 보도했다. 중국의 경우에는 생산은 성공했지만 품질이 형편없어서 전량을 폐기할 수밖에 없었다. 결과적으로 인삼 공급량이 극도로 부족해져서 북경에서는 한국산 인삼이 은의 다

203 "Ginseng," *The Manchester Guardian*, 25 Apr. 1867.

204 王鐵生, 《中國人蔘》, p. 34.

섯 배 가치로 거래되고 있는 상황도 알려졌다.[205]

중국은 1858년 중러아이훈조약中俄愛琿條約, 1860년 중러북경조약中俄北京條約에 따라 아무르강흑룡강 이북 지역과 우수리강 동쪽 지역을 러시아에 할양했는데, 그곳은 바로 인삼의 주요 생산지였다. 인삼에 눈독을 들이고 있던 러시아는 조약이 체결되자마자 발 빠르게 움직였다. 영국은 이런 러시아의 동향을 민감하게 포착하고 있었다. 1860년《타임스》는 러시아 신문 등을 인용하며 러시아의 '제국 지리학회 시베리아 분과'가 우수리와 만주 끝 남동부, 즉 한국 근처의 계곡으로 탐사대를 보냈다고 보도했다. 중국 시장을 겨냥한 인삼 재배의 가능성을 살펴보고 인삼 가공법을 배우기 위한 것이었다. 기사는 탐사의 동력이 "우수리 근처에 인삼 플랜테이션을 만들고자 하는 많은 러시아인의 관심"이라는 해석을 덧붙이면서 말이다.[206]

동아시아를 무대로 한 러시아의 남하 의지가 선명해짐에 따라 만주는 영국인들에게도 큰 관심사로 떠오르게 된다. 부동항 확보를 위한 러시아의 야심을 견제해야 했기 때문이다.[207] 신문 기사들은 "산적의 식민지나 다름없는 곳"으로 전락한 만주가 "금광과 인삼이 풍부한 지역"이라는 사실을 부각했다.[208] 1886년에는 전문가로 구성된 영국인들이 최초로 만주를 탐사하기 위해 떠났다.《타임스》등은 이 탐사의 결과물인《백두산 등정기The Long White Mountain》[209]의 출간 소식을 자세히 전하기도 했다. 인도

205 "Untitled Article," *The Observer*, 19 Jan. 1812.

206 "Russian Exploring Expedition," *The Morning Chronicle*, 6 Jan. 1860; "Foreign intelligence," *The Times*, 3 Jan. 1860.

207 "Turning The British Flank In Asia," *The Times*, 26 Jan. 1888.

208 "MANCHURIA," *The Times*, 11 Nov. 1875.

**빈 만국박람회에 설치된 중국관** 1873년 오스트리아 빈에서 개최된 만국박람회에 참가한 중국은 자국을 대표할 산품으로 인삼을 출품했다. (출처: blog.mak.at)

총독부 관리 제임스H. E. M. James, 1846~1923가 쓴 이 책에는 만주에 살고 있는 사냥꾼과 심마니, 그리고 한국에서 유입된 인삼 재배자들의 모습이 비교적 상세히 그려져 있다.[210]

만주에서의 인삼 채취 동정은 1873년 빈 만국박람회를 다룬 기사에도 나타난다. 중국은 자국을 대표할 산품으로 인삼을 출품했는데, 이 '만

209 H. E. M. James, *The Long White Mountain; Or A Journey In Manchuria: With Some Account Of The History, People, Administration And Religion Of That Country* (London: Longmans, Green, and Company, 1888). 한국어 번역본은 헨리 에번 머치슨 제임스 지음, 조준배 옮김, 《백두산 등정기: 만주의 역사 주민 행정 그리고 종교에 관한 이야기》(동북아역사재단, 2011).

210 "A Journey In Manchuria," *The Times*, 4 Apr. 1888; "Literature," *Glasgow Herald*, 3 Apr. 1888.

병통치약'은 너무 귀해서 오늘날 미국에서 수입하고 있고 한국산 인삼이 연태煙臺를 거쳐서 들어온다고 설명한다. 그런데 여기서 흥미로운 점은 만주인들이 아주 조심스럽게 인삼을 캐면서도 "우리나라의 풀떼기가 중국인에게는 약이다"라고 말했다는 부분이다.[211] 1898년에는 중국 전문가인 에드워드 파커Edward Harper Parker, 1849~1926의 보고를 토대로 작성된 신문 기사가 만주의 재정 상황을 매우 자세하게 소개하기도 했다. 그 기사는 한국과의 국경 무역을 통해 매년 1,000~2,000냥 정도가 들어오던 인삼이 최근 삼림 개간으로 공급이 어려워지고 있다고 보도했다.[212] 1895년 일본의 만주 공격과 우장牛莊 점령에 대한 보도에서도 그곳의 주요 수출품으로 인삼이 언급되었다.[213]

## 인삼, 한국 최고의 자원

19세기 후반이 되면 서구의 신문 기사에서 한국 관련 기사가 폭발적으로 증가하게 된다. 영국도 한국에 큰 관심을 보이는데, 이는 한반도가 열강의 각축장이 되어버린 탓이다. 같은 맥락에서 한국은 영국이 향후 무역 대상으로 고려해야 할, 아시아에서 새로이 '발견되고 있는' 국가로 조명되었다.[214] 그런데 한국에 대한 소개에서 정치, 경제, 지리, 문화와 더불

---

211 "China and the Vienna Exhibition," *The North-China Herald and Supreme Court & Consular Gazette*, 3 Mar. 1873; "China and the Vienna Exhibition," *The North-China Herald and Supreme Court & Consular Gazette*, 24 May 1873.

212 E. H. PARKER, "The Finances Of Manchuria," *The Times*, 23 May 1898.

213 "This Morning's News," *Daily News*, 8 Mar. 1895.

214 "The Closed Markets of the East," *The Manchester Guardian*, 16 May 1873.

어 빠지지 않고 등장하는 것이 인삼이다. 우선 인삼은 금과 더불어 한국에서 중요한 수출품으로 꼽힌다.[215] 한국은 "아직은 대사나 군함을 파견할 필요는 없지만 교역 잠재력이 큰 나라"로, "한국이 수출하는 주요 상품으로는 금과 인삼이 있다"는 식이었다.[216]

1888년 《맨체스터 가디언》은 한국에 대한 매우 자세한 소개 기사를 내보냈다. 한국은 "이미 2235 B.C.[2333 B.C.의 오기로 보인다]에 국가를 세운 유서 깊은 나라"이며 이 "은자의 나라Hermit Kingdom"에 영향력을 행사하기 위해 중·러·일이 각축을 벌이고, 미국까지 끼어들고 있는 상황이라고 설명한다. 이 기사는 한국의 인삼이 금과 맞먹는 값으로 매매되는 귀중한 자원임을 강조한다.[217]

1886년의 기사는 서울에 주재한 영국 영사관의 보고서를 인용하며 한국의 수출액이 8만 4,037파운드에 불과한 데 반해 수입은 41만 1,786파운드라면서, 이렇게 큰 격차를 "금과 대량의 인삼 수출로 메우고 있다"고 보도하기도 했다.[218] 1890년 《글래스고 헤럴드Glasgow Herald》는 "세계적으로 문명화된 정부를 가진 나라 가운데 오늘날 한국처럼 가난한 나라는 없다"고 전제하며 안타까운 어조로 "한국의 왕과 정부는 현재 인삼으로 먹고산다. 이 작은 식물에 한국 행정의 전체 맥락이 달려 있다"라고도 했다.[219]

---

215 "The Trade of Corea," *The Manchester Guardian*, 13 Aug. 1889.

216 "Untitled Article," *Glasgow Herald*, 26 May, 1886. 1883년 한국과 영국 사이에 우호통상항해조약(Treaty of Friendship, Commerce and Navigation)이 맺어졌으며, 1884년 4월 서울에 영국 총영사관이 설치되었다.

217 "Corea," *The Manchester Guardian*, 14 Jul. 1882.

218 "Commercial and Financial Notes," *The Manchester Guardian*, 14 Sept. 1887.

219 "Our London Correspondence," *Glasgow Herald*, 11 Jun. 1890.

신문 기사대로 그처럼 열악한 경제 상황에서 조선 정부가 '인삼으로 먹고살 수' 있었던 것은 인삼이 그만큼 대접을 받았기에 가능한 일이었다. 흥미롭게도 이 시기에 들어 한국의 인삼이 최고라는 담론이 등장하기 시작한다. 17~18세기 서양의 인삼 담론에서 한국의 인삼은 그렇게 좋은 평가를 받지 못했다. 1부에서 살펴보았듯이 유럽에서 인삼에 대한 인식을 수립한 저서로 꼽을 수 있는 장-밥티스트 뒤알드Jean-Baptiste Du Halde, 1674~1743의 《중국통사The General History of China》(1735)가 한국산 인삼을 낮게 평가했기 때문이다. 인삼이 백제에서 난다거나 신라왕국Kingdom of Sin lo의 조공물이라고 말하면서도 이미 절멸한 상당삼에 비해 2등급 취급을 했던 것이다.[220] 1790년에 출간된 영국의 지리서는 한국의 북쪽 지역은 매우 춥기 때문에 좋은 인삼이 많이 난다고 소개하며, 그로 인해 한국인들이 일본과 수지맞는 교역을 한다고 기술한 바 있다. 하지만 그 책 역시 한국산 인삼을 2등급 인삼이라고 평가했다.[221]

그런데 19세기 후반이 되면서 한국산 인삼에 대한 평가에 분명한 변화가 감지된다. 영국 신문들은 한국에서 "제일 중요한 교역품"인 고려인삼이 "중국에서 매우 귀한 대접을 받는다"고 소개하곤 했다.[222] 1904년 《타임스》는 주한 미국 영사의 보고서를 인용하며 만주삼의 원산지가 만주와 한국이라고 보았다.[223] 더욱 흥미로운 것은 여기서 언급되는 고려인삼이 야생삼이 아니라 재배삼이라는 사실이다. 그런데 다른 한편으로 재

---

220 Jean-Baptiste Du Halde, *The General History of China*, Vol. 4 (London, 1736), pp. 2-3.

221 Thomas Bankes, Edward Warren Blake and Alexander Cook, *A New Royal Authentic and Complete System of Universal Geography Antient and Modern* (London, 1790), p. 128.

222 "The Economical Condition Of Korea," *The Times*, 25 Aug. 1897; "The Trade Of Korea Prior To The War," *The Times*, 9 Oct. 1894.

223 "The Production Of Ginseng In Manchuria," *The Times*, 18 Aug. 1904.

**인삼의 나라 한국에 대한 왜곡된 인상**
프랑스의 작가이자 판화가이며 외교관으로 활동했던 생 소뵈르(Jacques Grasset de Saint-Sauveur, 1757~1810)가 그린 한국인의 모습이다. 그는 '아시아의 민족들'이라는 판화 시리즈에서 편견과 왜곡이 가득한 시선으로 한국인을 마치 사막에 사는 야만인처럼 묘사하면서 여성이 들고 있는 것(그림 가운데)을 '인삼'이라고 특정하고 있다. (출처: 프랑스 국립도서관La Bibliothèque nationale de France)

배삼은 야생삼에 비해 질이 떨어진다는 인식 또한 엿보인다. 신문 기사들은 "인삼은 종자로 재배하는데 소나무로 만든 그늘대 아래서, 이끼 같은 것으로 덮어서 키운다. 완전히 자라는 데 5년이 걸리고 뿌리를 캐서 햇볕에 말려 수출할 준비를 한다"와 같이 자세한 설명을 늘어놓는다.[224] 이런 한국삼, 즉 인공재배된 고려인삼은 "우수리나 아무르 인근 야생 숲에서 나는 유명한 인삼에 비해 약효는 떨어지지만, 그럼에도 중국 시장에서 상당히 좋은 가치를 지닌 것으로 평가받고 있다"는 것이다.[225]

224 "Corea," *Manchester Times*, 2 Nov. 1872.

225 "Corea," *Manchester Times*, 2 Nov. 1872.

이런 평가가 나왔던 것은 한국의 인삼 재배 기술이 발달했기 때문이기도 하겠지만 중국에서 야생삼이 거의 멸종되다시피 한 사실과도 무관하지 않다. 명대에 중국의 인삼은 이미 고갈되었고, 청은 봉금 정책을 통해 만주의 인삼을 강력하게 통제했는데 그마저도 고갈될 위기에 놓여 있었다. 1886년 《글래스고 헤럴드》는 "동아시아에서 보편적으로 약재로 사용되는 인삼은 거의 모두 한국에서 난다"고 단언했다.[226] 이 말은 서구에서 인삼 재배법을 다룬 최초의 입문서인 《인삼이란?What is Ginseng?》(1905)의 내용과도 일맥상통한다. "현재 일본의 통제 아래 놓인 한국은 중국의 주된 인삼 공급원"이고, "중국인이 한국에 대해 생각하는 것은 정치도 지정학적 위치도 아닌 한국 산에서 나오는 인삼뿐이다"라는 표현이 그렇다.[227]

한국의 인삼은 귀한 대접을 받는 만큼 별도의 관리 대상이었다. 영국의 신문들은 인삼이 왕의 독점물이며, 허가받은 소수의 농부들만 재배할 수 있다는 내용을 다루기도 했다.[228] 1885년 《타임스》는 한국을 방문한 한 외교관의 보고서가 의회에서 《청서靑書》[229]로 발간되었음을 보도했다. 그 보고서를 작성한 사람은 중국과 한국에 외교관으로 파견되었던 윌리

226 "Wednesday Morning, May 26," *Glasgow Herald*, 26 May 1886.

227 Charles Marvin Root, *What is Ginseng?: An Account of the History and Cultivation of Ginseng* (Omaha, NE: J. M. Roueek, 1905), p. 25.

228 "Trade Prospects in Corea-Japanese versus Manchester Goods," *The Manchester Guardian*, 26 Aug. 1897; "Travel and Adventure," *The Newcastle Weekly Courant*, 22 Nov. 1890; "Corea from the Saddle," *The Pall Mall Gazette*, 8 Sept. 1891. 서양에 한국을 자세하게 소개한 최초의 책이라는 평가를 받는 윌리엄 칼스(William R. Carles, 1848~1929)의 《조선풍물지(Life in Corea)》(1888)를 소개하는 기사에서도 같은 내용이 나온다. "Life in Corea," *Glasgow Herald*, 15 Mar. 1888; "A Shamefaced People," *Hampshire Telegraph and Sussex Chronicle*, 24 Mar. 1888.

229 'The Blue Books' 혹은 'Parliamentary Papers'라 부른다. 19세기 푸른색 표지로 출판된 영국 의회의 공식 보고서로, 주로 국제정치 관련 내용을 담고 있다.

**한국의 인삼밭** 1884년 개성 일대를 여행했던 영국 외교관 윌리엄 칼스는 《조선풍물지》에서 "원두막에서 파수꾼이 인삼밭을 지키고 있는 모습이 지금까지 경험 중 가장 흥미로운 일이었다"라며 그 장면을 그림으로 남겼다. (출처: 코넬대학교 도서관Cornell University Library)

WATCHMAN IN GINSENG GARDEN.

엄 칼스William R. Carles, 1848~1929이다. 그는 한국 생활의 경험을 《조선풍물지Life in Corea》[230]로 출간하기도 했는데, 그 책에서도 《청서》에 실린 보고서와 마찬가지로 인삼에 대해 자세한 설명을 늘어놓았다. 한국의 주산물은 중국에 수출하는 인삼으로, 왕과 관료의 독점물이다. 인구가 4만 명 정도인 개성이 인삼의 주산지로, 재배와 가공은 개성 인근에 한정되어 있다고도 썼다. 인삼 판매는 엄청나게 수지맞는 사업이지만, 북미삼 때문에 아무래도 타격을 입을 수밖에 없었다는 내용도 덧붙이고 있다.[231]

이후 서구의 매체들은 인삼의 대표적 산지로 꼽힌 개성에 관심을 기

230 W. R. Carles, *Life in Corea* (London: Macmillan, 1888).

231 "Parliamentary Summary-Leading Articles-Corea," *The Times*, 23 Apr. 1885.

울이게 되었다. 런던의 《데일리 뉴스Daily News》에서는 영국인 병사들 사이에 인기를 끌고 있는 '기름 먹인 실크로 만든 담배 주머니'에 대해 다루면서 그것을 생산하는 곳이 바로 '송도개성'라고 보도했다. 송도의 주산업은 인삼으로, 인삼은 담배 주머니와 마찬가지로 해외 시장을 겨냥해 생산하는 상품이라는 것이다. 이 기사는 홍삼을 도기에 쪄서 만든다고 소개하는가 하면 백삼은 여러 곳에서 나지만 오직 송도만이 홍삼을 생산한다고 설명했다. 인삼은 만병통치약으로 받아들여지는데, 최근에는 키니네kinine, 퀴닌quinine 혹은 기나피가 인삼을 대체해가고 있으며 키니네는 성경을 팔러 다니는 사람들이 같이 팔고 있다는 흥미로운 이야기도 곁들이고 있다.[232]

1890년에는 뉴캐슬의 작은 지방지에서까지 한국의 인삼밭 정경을 묘사한 기사를 다루었다.

> 이 작물[인삼]은 왕이 독점하고 있는데, 나라 곳곳에 인삼밭이 있다. 씨는 3월에 심고, 모판에 옮겨 흙 위로 12인치 정도 자랄 때까지 키운다. 그 뒤로 옮겨 심어 4피트가 될 때까지 그늘막을 쳐서 해와 비를 피하게 한다. 이런 그늘막들 가까이 작은 오두막이 있고, 거기서 파수꾼이 담배를 피우면서 도둑을 쫓는다. 좋은 뿌리를 생산할 때까지 5년 정도가 걸리며, 그동안 인삼을 여러 차례 옮겨 심는다. 이렇게 잘 관리된 인삼은 중국인들이 많은 돈을 치르고 사 가며 한국의 국왕은 한 해 50만 달러를 이 인삼밭에서 벌어들인다.[233]

232 "This Morning's News," *Daily News*, 9 Oct. 1897.

233 "Travel and Adventure," *The Newcastle Weekly Courant*, 22 Nov. 1890.

해외 언론은 한국의 인삼에 대한 기사에서 점차로 일반 인삼과 홍삼을 구별해서 언급하기 시작했다. 역사적으로 홍삼은 오랫동안 수출이 금지되어왔고, 오직 특별한 사신을 통해 중국 황실에 조공으로만 보냈던 품목이라는 설명을 덧붙이기도 했다. 그런데 워낙 귀하기 때문에 중국 관리들이 온갖 방법을 동원해 중국으로 밀반입해왔고, 지금도 밀수입되고 있다고 보았다.[234] 홍삼이 북경의 정기시와 국경의 장시에서 거래되는 상황을 보도하기도 하는데, 중국인들뿐만 아니라 유럽 상인들도 물물교환의 형태로 한국의 홍삼을 입수한다고 보고하는 부분은 특히 흥미롭다.[235]

좀 더 공식적으로 해외 무역 상황을 다룬 기사들은 이미 한국이 교역권마저 빼앗긴 당시 실태를 보여준다. 1889년 《타임스》가 '한국의 무역 The Trade of Corea'이라는 제목으로 실은 기사는 여러 매체가 앞다퉈 베껴 보도할 정도로 파급력이 컸다.[236] 이 기사는 한국과 유럽 국가들 사이의 교역이 증가하고 있지만 실제 한국의 교역은 중국과 일본 두 세력에 의해 이루어지고 있고, 유럽의 상품들은 일본을 통해 한국에 들어간다고 지적했다. 한국의 대외무역 통계를 산출하기가 어렵다는 불평도 심심찮게 찾아볼 수 있다. 한국의 대표적 수출품인 인삼과 금 모두 통계에 잡히지 않는다는 것이다. 국왕의 큰 수입원인 홍삼은 원칙적으로는 해외 수출이 금지되었지만 삼엄한 경비 속에 중국 대륙으로 들어간다는 정보를 전하기도 한다. 또한 국경에서 이루어지는 무역은 정확한 규모를

---

234 "Untitled Article," *The Manchester Guardian*, 17 Feb. 1890; "The Trade of Corea," *The Times*, 2 Aug. 1889.

235 "Corea," *Manchester Times*, 2 Nov. 1872; "A Corean Envoy to China," *The Graphic*, 23 Dec. 1882.

236 "The Trade of Corea," *The Times*, 2 Aug. 1889.

알 수가 없는데, 홍삼의 밀수출과 아편의 밀수입이 횡행하고 있다고 보도했다.[237]

## 일본의 한국인삼 침탈

영국 신문은 한반도 침탈과 대륙 진출을 꿈꾸는 일본에 심각한 경계심을 드러내곤 했다. 일본을 방문한 영국인들은 일본의 근대화 노력에 관심을 기울이며 광산과 공장 등을 돌아보았다. 그렇게 해서 얻은 정보는 본국으로 송고되었으며, 때때로 언론을 통해 전국적으로 알려졌다. 1871년 니가타新潟에 주재하던 영국 외교관은 와카마쓰若松 성 안에서 인삼 가공이 이루어지는 것을 보았다. 그 외교관은 인삼 가공 과정을 세세하게 적어 보고서를 올렸고, 《타임스》는 그 내용을 기사화했다.[238]

1876년 강화도조약조일수호조규朝日修好條規 직후부터 외국 신문에서는 한일 간 무역의 불평등성을 지적하는 기사가 다수 등장한다. 이런 기사에서 인삼은 빠지지 않고 언급되던 주제였다.[239] 일본이 강화도조약을 통해 인삼 수출을 강제한다고 비판하는 내용이 기사의 요지였다.[240] 1877년

---

237 "Ten Years of Corean Foreign Trade," *The Times*, 3 Jul. 1893; "The Trade of Corea," *The Times*, 2 Aug. 1889.

238 "Tour In Japan," *The Times*, 7 Mar. 1871.

239 "Commercial and Financial Notes," *The Manchester Guardian*, 10 Nov. 1883; "The Treaties with Corea," *The Manchester Guardian*, 18 Aug. 1882; "The Japanese Commercial Treaty with Corea," *The Manchester Guardian*, 13 Dec. 1883. 1883년 7월 강화도조약의 후속조약으로 체결된 '재조선국일본인민통상장정(무역규칙) 및 해관세칙'에 의해 수입품은 8종으로 나누어 일본인의 생필품은 5%, 일반 상품은 8~10%, 사치품은 25~30%의 종가관세를 부과하되 화폐·금은은 면세로 했고, 수출품은 면세품(금은)과 홍삼(15%)을 제외한 일체의 품목에 대해 5%의 종가관세를 부과했다.

《타임스》는 주일 영사 해리 스미스 파크스Harry Smith Parkes, 1828~1885의 보고를 빌려 극심한 기근으로 사망자가 속출하는 한국에 일본 배가 들어와 7세 아이를 5센트에 팔아넘기고 있다면서 일본에 비난을 퍼부었다. "인삼 말고는 일본에 수출할 물건이 없는" 한국의 상황에 안타까움을 드러내는 기조가 만연했다.[241]

1882년 《런던 가제트London Gazette》는 원산항 개방 후의 수출입 상황을 보고하며 홍삼 수출이 한국 정부에 의해 금지되었다는 사실과, 그로 인해 1882년 '조미수호통상조약朝美修好通商條約'에도 같은 내용이 반영되었다고 보도했다. 이 기사는 홍삼 상품이 중국에서 워낙 수요가 많기 때문에 개성의 상인들에게 독점권을 준 것이라는 해석도 덧붙였다.[242]

일본은 자본력을 앞세워 개성의 인삼을 손에 넣으려 혈안이 되어 있었다. 1899년 언론들은 개성에서 일어난 삼업인들의 저항운동, 즉 '개성민요開城民擾'의 발생 원인과 전개 상황을 상세하게 보도했다.

> 한국과 일본이 맺은 조약에 따라 일본인들이 인삼을 사서 홍삼으로 가공할 수는 있지만 수출은 불허하고, 한국인은 일본인에게 홍삼을 사는 일이 금지되었다. 하지만 일본인들은 이 조치를 비웃으며 인삼을 광범하게 거래하고 있다. 그들은 재배자에게 수확 전에 선금을 주어 인삼을 수매收買하고, 만약 한국인들이 이 거래를 받아들이지 않으

---

240 "The Japanese In Corea," *The Times*, 3 Nov. 1877.

241 "China," *The Times*, 16 Dec. 1879.

242 "Gazette Issue 25180," *London Gazette*, 22 Dec. 1882. 1899년 체결된 '대한국·대청국통상조약(大韓國·大淸國通商條約)'에 대한 보도 기사에서도 홍삼의 수출은 전면 금지되어 중국인이 특별 허가 없이 몰래 사거나 수출하면 물품을 압수하고 시세의 두 배에 해당하는 벌금을 부과한다는 내용이 들어 있다. "China And Korea," *The Times*, 20 Oct. 1899.

면 위력을 행사해 수확물을 가로챘다. 이런 관행은 많은 문제를 일으켰고, [이런 문제를 해결하기 위해] 최근 해당 관청이 존 맥리비 브라운John McLaevy Brown, 1835~1926에게 위원장직을 맡겨 관리하게 했다. 이 위원회에는 병사 900명이 배치되어 송도에서 발생한 것 같은 폭동이 일어나지 않도록 하고 있다. 하지만 인삼 교역에서 발생하는 이익이 어마어마하기 때문에 일본이 이 일을 원칙대로 할지는 의문이다.[243]

이 기사가 나온 지 불과 2년 후인 1901년이 되면 일본의 한국 침탈이 한층 거세져 "열차, 철도, 한국에서 가장 가치 있는 작물인 인삼 수확량 전체"가 모조리 일본의 수중에 들어갔으며, "인삼밭 전체가 미쓰이의 소유가 되었다"는 기사가 《타임스》를 통해 전 영국에 퍼져나갔다.[244]

1910년 한일병탄 이후 총독부 전매국이 홍삼을 전매하게 되었다. 《노스 차이나 헤럴드The North China Herald》 1911년 6월 10일자는 이 전매국이 개성인삼의 재배량을 늘리기 위해 진기자극을 시행하기로 했다고 보도했다.[245] 서구의 과학자들이 특정 식물이 전기자극을 받으면 더 빨리 자란다는 사실을 발견했다. 그러고는 실험을 거쳐 상당한 성공을 거두었는데, "인삼 재배에 항상 비상한 관심을 가져온 관료들"이 바로 이 과학적 발견을 인삼에 적용하기로 결정했다는 것이다. 특히 이 기술은 전류의 분산과 낭비가 많아서 기후가 건조한 한국에 도입하는 것이 적절하다고

---

243 "Ginseng," *The North China Herald and Supreme Court & Consular Gazette*, 9 Oct. 1899.

244 기사 원문에는 미쓰이가 미쓰비시(Mitsu Bishi)로 잘못 표기되어 있다. "The Situation In Korea," *The Times*, 20 September 1901, 2.

245 "Local and General News," *The North China Herald and Supreme Court & Consular Gazette*, 10 Jun. 1911.

**개성 인삼시장(왼쪽)과 총독부 전매국 개성출장소(오른쪽)** 개성상인은 삼포에서 6년간 인삼을 재배하여 수삼을 수확하면 일단 총독부 전매국 개성출장소에 모두 납부했다. 그러면 출장소에서 우량 인삼만 선별해 그 배상금을 지급하고, 수납 대상에서 탈락한 나머지 인삼은 인삼 주인에게 돌려주었다. 1935년경 촬영한 사진이다. (출처: 국사편찬위원회)

판단되었다는 것이다. 인삼밭 위를 덮는 틀에 전선을 설치해 인삼 줄기마다 전류를 흘려보내는데, 오전 2시와 오후 2시 두 번에 걸쳐 시행하기로 했다.

신문 기사는 이 장치가 그동안 오직 일본의 한 실험농장에서 작물 재배에 사용되었던 것이라고 설명한다. 만약 개성에서도 이 방법이 성공한다면 매년 10% 정도 더 많은 인삼 수확량을 기대할 수 있다면서, 현재 개성에서 5년마다 1,500~2,000톤이 생산되고 있는데 이 장치를 통해 늘어난 생산량은 설비에 필요한 비용을 훨씬 상회할 것이라고 덧붙였다. 실제로 이 전기자극법이 시행되었는지는 확인하기 어렵다. 하지만 '인삼 재배에 항상 비상한 관심을 가져온 관료들'이 누구였는지는 어렵지 않게 추측할 수 있다. 그리고 그 관심과 과학적 실험정신이 본질적으로는 한국의 인삼을 더 많이 착취하기 위해서였다는 사실도 말이다.

# 3부

# 위기와 대응

18세기 중반을 넘어가면서 인삼의 역사에는 위기라고 부를 만한 두 가지 변화가 일어난다. 하나는 서구 의학계가 인삼의 의학적 가치를 폄하하기 시작하면서 약전藥典, pharmacopoeia에서 퇴출하려는 움직임을 강화해간 것이다. 다른 하나는 무분별한 채취로 야생삼이 고갈 상태에 놓이게 된 것이다. 그 당시만 하더라도 인삼은 다른 약재들과는 달리 유효성분active principle, active ingredient 추출이 매우 까다로운 식물이었다. 그 결과 근대 약학 시스템에 매우 더디게 편입되는데, 오히려 인삼의 그런 특성 때문에 서구가 주도한 화학약품 시대에 인삼이 살아남게 되었다. 한편, 인삼의 고갈에 대응해 본격적인 인공재배의 노력이 펼쳐져 오늘날 지구 곳곳에서 인삼이 재배되기에 이르렀다. 위기에 처한 인삼의 생명력을 보존하고자 하는 다양한 시도와 노력이야말로 수없이 명멸하는 약재와 건강식품 들 속에서도 인삼이 꿋꿋하게 명맥을 이어올 수 있었던 핵심 동력이었다.

**chapter01**

# 약전에서의 퇴출?

## 인삼 효능 폄하의 시작

근대 초 영미권의 의료계에서 인삼은 오늘날의 관행과는 비교할 수 없을 만큼 친숙한 약재이자 처방이었다. 그런데 18세기 후반이 되자 여타 이방약재에 비해 그 위상이 축소되는 경향이 나타났다. 영미권의 약전이나 약물학서에서 인삼의 효능을 폄하하는 내용들이 실리기 시작한 것이다. 그런데 여기서 먼저 주목할 점은 인삼의 효능을 깎아내리는 방식이 절대적·객관적이라기보다는 인삼이 중국에서 누려온 엄청난 명성과 비교해서 기술되는 경향이 강했다는 사실이다. 즉, "중국인은 인삼에 아주 탁월한 효능이 있다고 믿는데, 우리가 보기에는 그 효능이 미미하다"는 식으로 말이다.[1]

1 Richard Brookes, *The General Dispensatory* (London, 1773), p. 42; William Rhind, *A History of the Vegetable Kingdom* (Glasgow: Blackie & Son, 1841), p. 529.

그동안 인삼의 가치를 중용해온 영미권의 의학 담론이 왜 갑자기 인삼에 대해 냉소적인 태도를 취하게 되었을까? 여러 가지 이유를 들 수 있다. 우선, 영국이 인삼 수급에 큰 어려움을 겪게 되었다는 점을 고려해야 한다. 미국이 직접 인삼 교역에 진출하게 되면서 18세기 후반 영국에서는 그 이전 시기에 비해 인삼 값이 폭등했을 뿐만 아니라 구하기도 힘들어졌다. 대중의 인기를 누리던 돌팔이 의사 존 힐John Hill, 1714~1775은 "최근 유럽에 들어온 인삼은 명성이 자자하지만 그 값이 너무 비싸서 일반적으로 처방하기는 매우 어렵다"고 말했다.[2] 에든버러의과대학의 저명한 교수 윌리엄 컬런William Cullen, 1710~1790은 단적으로 "인삼은 너무 비싸서 우리가 약으로 쓸 수가 없다"라고 기술할 정도였다.[3] 이처럼 인삼 수급이 원활치 않자 영국 의학계는 오히려 효능을 폄하하며 가용 약재 목록에서 배제하는 조치를 취했는지도 모른다. 미국에 인삼 교역 주도권을 빼앗기는 바람에 구겨진 자존감을 회복하는 한 방식으로 말이다.

그렇다면 북미삼을 대량으로 생산하고 수출했던 미국의 약전에서도 비슷한 발언들이 나타나는 이유는 무엇일까? 그 이유는 무엇보다도 미국이 영국의 약전을 고스란히 갖다 씀으로써 자국의 상황을 반영하지 못했던 사실에서 찾아야 한다. 미국 의학계는 아직 스스로 약전을 발간할 능력이 없었고, 출판업의 발달 또한 미진했다. 따라서 의학 같은 전문적인 고급 지식은 영국이든 독일이든 이민자들의 고국에서 발행된 출판물에 기댈 수밖에 없었다. 같은 맥락에서 오래전 서적에 의존하는 경향도 강해서 18세기 북아메리카 대륙의 의료는 17세기 유럽의 의학서에 기대

---

2 John Hill, *History of the Materia Medica* (London, 1751), p. 589.

3 William Cullen, *A Treatise of the Materia Medica*, Vol. 2 (Edinburgh, 1789), p. 161.

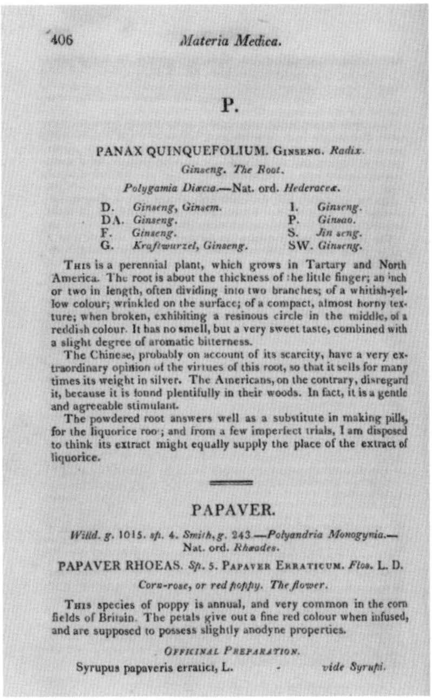

406 *Materia Medica.*

P.

PANAX QUINQUEFOLIUM. GINSENG. *Radix.*

*Ginseng. The Root.*

*Polygamia Diœcia.*—Nat. ord. *Hederaceæ.*

| | | | |
|---|---|---|---|
| D. | *Ginseng, Ginsem.* | I. | *Ginseng.* |
| DA. | *Ginseng.* | P. | *Ginsao.* |
| F. | *Ginseng.* | S. | *Jin seng.* |
| G. | *Kraftwurzel, Ginseng.* | SW. | *Ginseng.* |

THIS is a perennial plant, which grows in Tartary and North America. The root is about the thickness of the little finger; an inch or two in length, often dividing into two branches; of a whitish-yellow colour; wrinkled on the surface; of a compact, almost horny texture; when broken, exhibiting a resinous circle in the middle, of a reddish colour. It has no smell, but a very sweet taste, combined with a slight degree of aromatic bitterness.

The Chinese, probably on account of its scarcity, have a very extraordinary opinion of the virtues of this root, so that it sells for many times its weight in silver. The Americans, on the contrary, disregard it, because it is found plentifully in their woods. In fact, it is a gentle and agreeable stimulant.

The powdered root answers well as a substitute in making pills, for the liquorice root; and from a few imperfect trials, I am disposed to think its extract might equally supply the place of the extract of liquorice.

PAPAVER.

*Willd. g.* 1015. *sp.* 4. *Smith, g.* 243.—*Polyandria Monogynia.*—Nat. ord. *Rhœades.*

PAPAVER RHOEAS. *Sp.* 5. PAPAVER ERRATICUM. *Flos.* L. D.

*Corn-rose, or red poppy. The flower.*

THIS species of poppy is annual, and very common in the corn fields of Britain. The petals give out a fine red colour when infused, and are supposed to possess slightly anodyne properties.

*OFFICINAL PREPARATION.*

Syrupus papaveris erratici, L. - *vide Syrupi.*

**《미국 약전》을 쓴 존 콕스와 1818년판 《미국 약전》의 '인삼' 항목** 콕스는 《미국 약전》의 '인삼(PANAX QUINQUEFOLIUM)' 항목에서 중국과 달리 미국에서는 인삼이 흔해서 하찮게 여긴다고 지적했다. (출처: 펜실베이니아대학교 아카이브&레코드센터University Archives and Records Center/archive.org)

어 이루어지고 있었다. 일부 의료진은 북미삼이나 세네가senega, 쌍떡잎식물 무환자나무목 원지과의 여러해살이풀, 뱀독 제거에 사용 뿌리, 스네이크루트snakeroot, 뱀독 제거에 사용되는 다양한 뿌리식물을 통칭 등 '토속식물' 처방을 기존의 약전에 덧붙이기도 했지만 지역적인 현상에 그칠 뿐이었다.[4]

나아가 미국에서 인삼은 쉽게 볼 수 있는 '흔한 것'이라서 약재로 사용하는 데 열의를 보이지 않았던 측면도 있다. 실제로 펜실베이니아대학의 약제학 교수였던 존 콕스John Redman Coxe, 1773~1864는 《미국 약전The American Dispensatory》(1818)에서 "중국에서는 인삼이 절대적인 지위를 누리

4 Renate Wilson, "The Traffic in Eighteenth-Century Medicines and Medical Ideas and the "Medicina Pennsylvania" of George de Benneville," *Pharmacy in History* 44 (2002), p. 147.

지만 미국인들은 정반대로 이를 하찮게 여긴다. 왜냐하면 숲에 가면 많이 발견할 수 있기 때문이다"라고 언급한 바 있다.[5] 다른 약학 교수도 일부 미국의 의료인들은 인삼을 값이 싸고 흔하다는 이유로 무시한다는 사실을 지적하면서 약재로서 인삼 활용에 더 큰 관심을 보여야 한다고 호소하기까지 했다.[6]

## 인삼은 더 이상 약전에 포함되지 않는다?

그런데 인삼의 입지를 위기에 빠트린 가장 심각한 원인이자 결과는 인삼이 서구의 약전에서 퇴출되었다는 주장이다. 영국의 유명한 식물학자 윌리엄 커티스William Curtis, 1746~1799는 1783년 발행한 약초 카탈로그에서 인삼을 "약초의 하나로, 런던과 에든버러 약전에는 들어 있지 않다"고 기술한 바 있다.[7] 18세기 영국에서 식물학은 대중적으로 큰 인기를 끌게 되면서 교양교육의 한 부분으로 자리 잡게 되었는데, 커티스의 식물학서는 이런 움직임을 주도하며 큰 관심을 받았던 텍스트였다.

따라서 파급력과 권위를 가진 커티스의 발언은 여러 문헌에 옮겨져 전파되면서 일종의 정설이 되기에 이른다. 19세기 초 발간된 약물학 서적들에서는 인삼에 관해 "과거에는 영국의 약물학에서 다루었던 식물이

---

5 John Redman Coxe, *The American Dispensatory* (Philadelphia: Thomas Dobson, 1818), p. 406.

6 C. S. Rafinesque, *Medical Flora; or Manual of the Medical Botany of the United States of North America*, Vol. 2 (Philadelphia: S. C. Atkinson, 1830), p. 54.

7 William Curtis, *A Catalogue of the British, Medicinal, Culinary, and Agricultural Plants, Cultivated in the London Botanic Garden* (London, 1783), p. 44.

지만 지금은 아마도 빠졌을 것"이라고 서술한 대목이 종종 나타나며, "영국 약전에는 없지만 프랑스 약전에서는 인삼을 아직도 포함하는데, 그 이유가 [그것을 발견한] 예수회 선교사들의 권위를 존중해서일 것"이라는 추측성 발언도 발견할 수 있다.[8]

하지만 이런 주장들이 정확한 사실은 아니다. 커티스의 식물학서가 보급된 이후에 출판된 《영국 왕립의과대학 신약전The New Pharmacopoeia of the Royal College of Physicians of London》(1788)에서 인삼을 매우 효과적인 약으로 자세히 묘사한 바 있고,[9] 심지어 1797년판 《에든버러 신약전The Edinburgh New Dispensatory》에서도 여전히 인삼을 다루고 있었다.[10] 미국에서는 심지어 1887년 발간된 본초학서에서 "미국 약전the U. S. Pharmacopeia의 최종 개정판에서는 더 이상 싣지 않으나 다른 약전에서는 간단히 언급된다"고 적혀 있다.[11]

위의 사례들은 1887년 개정되기 이전의 판본, 즉 1882년판 약전까지는[12] 인삼을 계속 다뤄왔고, 1887년 당시에도 인삼을 다루는 약전이 많았음을 보여준다. 그렇다면 약전에서 퇴출되었다는 발언은 왜 나왔을까? 이 혼란은 부분적으로는 약전을 둘러싼 정의에서 발생하는 것으로 보인다. 오늘날의 시각에서 약전이란 의약품의 균질성을 보전하려고 제법, 성상, 성능, 품질과 저장 방법 등에 대해 구체적인 기준을 제시하는

---

8 Whitelaw Ainslie, *Materia Indica*, Vol. 1 (London: Longman, 1826), p. 154.

9 The Royal College of Physicians of London, *The New Pharmacopoeia*, trans. Thomas Healdes (London, 1788) p. 30.

10 William Lewis, *The Edinburgh New Dispensatory*, 5th edn. (Edinburgh, 1797), p. 165.

11 Charles F. Millspaugh, *American Medicinal Plants* (Philadelphia: Boericke & Tafle, 1887), p. 70.

12 *The Pharmacopœia of the United States of America*, 6th decennial revision (New York: W. Wood, 1882)에서는 인삼을 다루지 않는다.

지침서다. 하지만 19세기 전반기까지도 약전이란 약을 다루는 광범한 출판물을 일컫는 말이었다. 이런 약전들은 대부분 약사가 아닌 의사들에 의해 출판되었고, 법적 구속력을 지닌 기준이 없었다. 약전은 지역별로 만들어져 국지적으로 통용되었다.

따라서 18세기 말 서구 약전에서 인삼이 완전히 퇴출되었다는 커티스의 주장은 사실이 아니고, 그 후 적어도 100여 년 동안 인삼은 약전에서 계속 나타났다. 그뿐만 아니라 이 시기 서구 의학은 인삼을 완전히 도외시하기보다는 인삼에서 구체적인 효능을 찾아내려는 노력을 펼치고 있었다. 그 과정은 1,000년이 훨씬 넘는 긴 시간 동안 동아시아에서 인삼의 약효를 규명해온 전통을 뒤늦게나마 답습하려는 과정이기도 했다. 여기서 잠깐 서양이 인삼을 만나게 된 시기 이전까지 중국에서 인삼이 의학적으로 사용되었던 풍부한 전통을 살펴보기로 하자.

## 중국의 인삼 응용사

1부에서 살펴보았듯이 중국에서 가장 오래된 약물학서라 불리는《신농본초경神農本草經》은 인삼의 효능을 구체적으로 제시하고 있었다. 인삼은 오장의 기능을 돋워주는 주약으로 사용하고, 정신을 안정시키고, 오부로 진입하는 병사를 제거해주며, 눈을 밝게 하고, 심장을 편안하게 하며, 지혜롭게 하고, 나아가 인삼을 오래 복용하면 몸이 가벼워지고 장수하는 효능이 있다고 평가되었다.[13] 한대漢代에는 구체적으로 인삼을 환자에게

13 이시진 지음, 김종하 옮김,《신주해 본초강목(新註解 本草綱目)》제4권 (여일, 2007), p. 49.

**18세기 유럽 약국의 모습** 16세기 이후 아시아와 아메리카에서 각종 이방약재가 들어오면서 유럽에서는 새로운 약재의 사용이 엄청나게 증가했다. 그중 인삼은 오늘날의 관행과는 비교할 수 없을 만큼 친숙한 약재이자 처방이었다. 이 그림은 파리 데카르트대학 약학부에 걸려 있다. (출처: Science Photo Library)

사용하는 방법을 기록한 저작도 나타났다.《무위한대의간武威漢代醫簡》과 《상한잡병론傷寒雜病論》의 기초 위에 후대인들이 자료를 더해 펴낸《상한론傷寒論》이 그 대표적인 예다. 이 저작들은 고대에 흩어져 있던 의학 경험을 체계적으로 이론화한 성과로 평가된다.[14]

《무위한대의간》은 후한시대 초반에 펴낸 것으로 추정되는데, 인삼의 응용을 기록한 가장 오래된 문헌으로 보인다. 인삼은 여러 질병 치료에 광범하게 사용되었는데, 약으로 처방할 때 일정한 규율이 이미 존재했다. 특히 인삼은 감기와 통증 완화에 사용되었고, 간질, 혈변, 하혈, 나병을 치료하고 독성을 배출하는 데도 사용되었다. 이 기록은《신농본초경》과 비교해볼 때 인삼의 응용이 더욱 구체화되었고, 응용 범위가 확대되었음을 보여준다.[15]

《상한잡병론》은 '의학의 성인醫聖'이라 불리는 후한의 걸출한 의학자 장중경張仲景, 본명은 장기張機, 150~219이 당대와 그 이전 중국 의약학의 정수를 뽑아 저술한 책으로, 임상 경험이 결합되어 있다는 점에서 특기할 만하다. 풍부한 의료 전통을 담고 있기 때문에《상한잡병론》은 중국 의약학의 기초를 이룬 업적으로 평가되기도 한다.[16] 하지만 원본이 유실된 뒤 상한傷寒[17]과 잡병雜病 부분이 두 책으로 나뉘어 전한다. 그 가운데 《상한론》에는 113수의 처방이 기재되어 있는데, 인삼이 포함된 처방은

---

14 王鐵生 主編,《中國人蔘》(遼寧科學技術出版社, 2001), p. 10.

15 1972년 11월, 감숙(甘肅) 지방 무위현(武威縣)에서 한대의 의학 간독(簡牘, 종이가 없던 시기에 중국에서 글씨를 쓰는 데 사용한 대쪽과 얇은 나무쪽)들이 무더기로 출토되었다. 간(簡)이 78목, 독(牘)이 14목으로 총 92목이 파악되는데, 그 가운데 1목간, 2목독에 인삼을 임상에 응용한 복방(復方)이 적혀 있다.《무위한대의간(武威漢代醫簡)》의 각 간독은 중국뿐 아니라 세계적으로도 인류가 인삼을 임상에 응용한 상황을 기록한 가장 이른 문헌으로서 인삼사에서 특수한 의미를 지닌다. 王鐵生,《中國人蔘》, pp. 11-12.

21수로 전체의 18.58%를 차지할 정도로 비중이 크다. 인삼이 포함된 이 처방들을 현대의 분류 방법에 따라 정리하면 다음의 여섯 가지로 요약할 수 있다.[18]

1. 청열제淸熱劑
2. 화해제和解劑
3. 이기제理氣劑[19]
4. 온리제溫里劑
5. 보익제補益劑
6. 구충제驅蟲劑

《상한론》은 인삼이 현대인들이 알고 있는 보약이라기보다는 정확한 치료와 응급 상황을 포함하는 임상에서 매우 중요하게 사용된 약재였음을 증명하는 셈이다.[20]

당대唐代는 인삼의 의학적 응용 측면에서 절정에 이르렀다는 평가를

---

16 원본이 유실된 뒤 서진(西晋)시대 왕숙화(王叔和)가 남은 자료들을 수집하여 정리했으며, 나중에 상한 부분과 잡병 부분이 두 책으로 나뉘게 된다. 1065년 북송(北宋)의 교정의서국(校正醫書局)이 다시 두 책의 내용을 검토해 바로잡았다. 모두 《상한론(傷寒論)》 10권, 《금궤요략방론(金匱要略方論)》 3권, 《금궤옥함경(金匱玉函經)》 8권 등 세 가지 전본(傳本)이 있다. [상한잡병론(傷寒雜病論)] 한의학대사전, 2001. 6. 15., 한의학대사전 편찬위원회 참조.

17 넓은 의미에서 외감(外感) 열성 질병을 두루 일컬음. 중풍(中風)·상한(傷寒)·온병(溫病)·열병(熱病)·습온(濕溫) 등을 말한다.

18 宋承吉, 〈古上黨人蔘是今之藥用人蔘〉, 《明報月刊》(1984-9), pp. 83-84. 王鐵生, 《中國人蔘》, p. 12에서 재인용.

19 기체, 기허, 기역 등의 증세 치료.

20 王鐵生, 《中國人蔘》, p. 12.

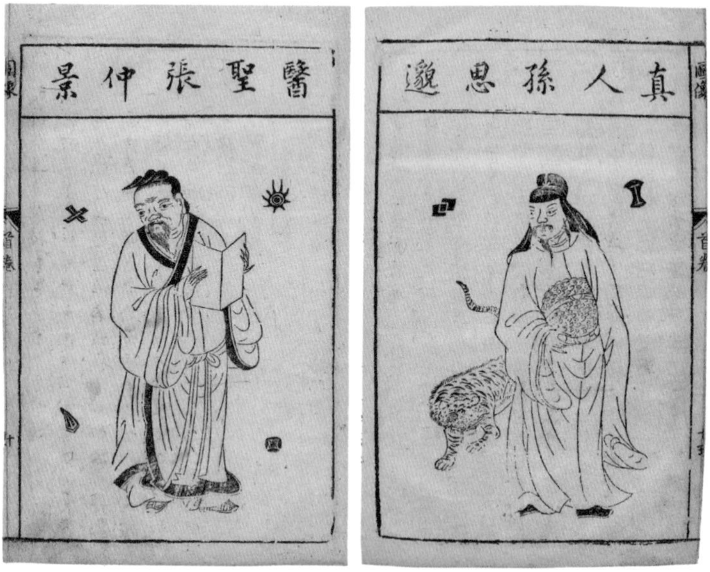


**'의학의 성인(醫聖)' 장중경과 '약왕(藥王)' 손사막** 당나라 감백종(甘伯宗)의 《명의전(名醫傳)》에 소개된 중국 역대 명의로, 이들은 임상에서 인삼을 중요한 약재로 처방했다. (출처: Wikimedia Commons)

받는 시기인데, 특히 관직을 거절한 채 일생을 의학에 종사한 '약왕藥王' 손사막孫思邈, 581~682이 저술한 《비급천금요방備急千金要方》(652)과 이를 보완한 《천금익방千金翼方》은 중의학에서 인삼이 최고의 약재로 자리매김했음을 보여주는 저작으로 알려진다. 《비급천금요방》에는 무려 445수의 처방에, 《천금익방》에는 310수의 처방에 인삼이 포함되어 있다. 당대의 문화가 해외로 전파되면서 중국의 의약학도 국제적으로 알려졌고, 그에 따라 인삼의 위상도 중국 바깥으로 널리 퍼졌다.[21]

당대 인삼 응용의 전통이 이어져 명대에 들어와서는 인삼응용사에

21 王鐵生, 《中國人蔘》, pp. 13-14.

서 독보적인 두 문헌이 나타나게 된다. 먼저 이언문李言聞, 1483~?이 집필한《인삼전人蔘傳》이다. 이언문은《본초강목》의 편저자 이시진의 아버지로, 명대 이전 의약학에서 다룬 인삼의 응용을 종합하고 이에 대한 분석을 내놓았다. 즉, 좋은 처방을 칭송하고 오류는 반박하면서 일종의 정론을 만들었던 것이다. 아들 이시진은 16세기 이전 중국의 약물학 지식과 경험을 총망라한《본초강목》을 펴냈는데, 인삼에 관한 내용은 아버지의《인삼전》을 바탕으로 기타 본초학적 전통을 수합하여 방대한 성과물을 내놓았다.

《본초강목》에서 다루는 모든 약재 가운데 인삼에 대한 논의가 가장 길다. 또한 '부방附方' 항목 아래 인삼을 운용한 67가지 처방을 정리하고, 15종류의 병증으로 나눠 응용하기도 했다.[22] 1부에서 살펴보았듯이《본초강목》의 일부분은 곧 라틴어, 프랑스어, 독일어, 영어, 일본어 등으로 번역되어 퍼져나갔다. 그 과정에서 인삼 자생지와 관련된 연대기적 오류까지도 세계적으로 널리 퍼지게 되었지만 말이다. 바로 그 시기 인삼도 서양에 상륙하게 되었다. 인삼은 서양의 지식체계 안으로 스며들어갔고, 시간이 흐르면서 서양 의학은 인삼을 의학적으로 응용하는 나름의 체계를 수립하게 된다.

---

22 이시진,《신주해 본초강목》제4권, pp. 44-66.

chapter02

# 서양 의학계가 바라본 인삼의 효능

## 서양 약물학과 인삼 조제법

17세기부터 유럽에는 아시아와 아메리카 대륙, 심지어 아프리카에서까지 들여온 약재가 넘쳐났다. 프라틱 차크라바티Pratik Chakrabarti는 이 시기 유럽에 그 이전보다 적어도 25배가량 많은 약재가 유입되었다고 분석하면서 그 결과로 유럽의 약물학Materia Medica이 급격하게 팽창했을 뿐만 아니라 약물학의 성격 자체에 근본적인 변화가 일어났다고 주장했다.[23] 즉, 수입된 약재들은 유럽의 지식 세계를 엄청나게 확장했고, 약전과 약재의 카탈로그 출판을 부추기기에 이른다.

유럽의 약물학은 외국산 약재를 '토속전통native tradition'이라는 새로운 범주를 만들어 그 속으로 끌어들였다. 인삼은 유럽의 의약학 담론에서

23 Pratik Chakrabarti, *Materials and Medicine: Trade, Conquest and Therapeutics in the Eighteenth Century* (Manchester: Manchester UP., 2010), p. 171.

토속전통 약재 가운데 대표적인 것으로 꼽혔다. 약물학서는 인삼을 소개하면서 중국에서 숭앙받는 약초로, 황제가 독점하며 만병통치약으로 쓰인다는 설명을 빼놓지 않았다.[24] 즉, 아시아삼과 북미삼을 구별하지 않고 중국이 원산지인 동일한 식물로 취급했던 것이다. '만병통치약으로서 인삼의 약효'를 강조할 때도 마찬가지였다. 《필라델피아 의학사전The Philadelphia Medical Dictionary》은 아시아삼과 북미삼의 구별 없이 "인삼은 모든 병을 낫게 하는 약재"라고 설명한 바 있다.[25]

서구의 의약학계에서는 인삼 뿌리를 이용해 가루나 침제浸劑, infusion, 탕약, 농축액 형태의 약을 만들었다. 18~19세기에 출간된 약전에서는 인삼 가루를 처방할 때 적게는 10~20그레인grain, 보통 64.799mg부터,[26] 좀 더 많게는 20~30그레인[27] 혹은 20~60그레인[28]을 사용하도록 권장했다. 인삼 가루를 약으로 쓴 의사들은 "꿀이나 설탕, 오렌지 껍질, 생강, 감초, 계피, 복숭아 씨앗"을 섞어 사용하기도 했는데, 미국의 한 의사는 인삼을 가루로 만들어 꿀이나 설탕을 섞어 만든 약이 위장 장애와 신경계통을 치료하거나 원기 회복에 효과적이라는 의견을 내놓기도 했다.[29] 침제

---

24 이는 잘못된 정보로, 후슈잉(胡秀英, Shiu Ying Hu)은 영어로 출간된 모든 인삼 관련 문헌이 인삼이 만병통치약이라고 하는 것과는 달리, 인삼은 매우 제한적으로 쓰였다는 사실을 강조한 바 있다. Shiu Ying Hu, "The Genus Panax (Ginseng) in Chinese Medicine," *Economic Botany* 30 (1976), pp. 11-28.

25 John Redman Coxe, *The Philadelphia Medical Dictionary* (Philadelphia: Thomas Dobson, 1808).

26 Hill, *History of the Materia Medica*, p. 591.

27 William Buchan and J. G. Norwood, *Domestic Medicine: A Treatise on the Prevention and Cure of Diseases* (Cincinnati: U. P. James, 1838), p. 677.

28 A. F. M. Willich and James Mease, *The Domestic Encyclopaedia: or, A Dictionary of Facts, and Useful Knowledge*, Vol. 3 (Philadelphia: William Young Birch, 1804), p. 157.

29 Rafinesque, *Medical Flora*, pp. 56-57.

인 경우 보통 1~2드램dram, 8분의 1온스에서부터 1파인트pint까지 처방되었다.[30] 간혹 인삼의 잎을 사용하는 의사도 있었다. 특히 캐나다 지역과 미국의 필라델피아, 켄터키, 버지니아 등 인삼이 많이 발견되는 곳에서는 인삼의 잎을 이용해 약차藥茶 혹은 茶劑를 만들어 썼다.[31]

그런데 환자에게 준 인삼 처방은 보통 탕약이나 농축액이 일반적이었다. 당시에는 그런 방식으로 조제하는 것이 치료에 효과적이라는 인식이 있었다.[32] 런던에서 활동했던 의사이자 식물학자인 윌리엄 우드빌William Woodville, 1752~1805은 인삼을 약으로 쓸 때 가장 권장할 만한 방식은 뿌리를 달인 탕약decoction이라고 주장하면서 수분기가 충분한 탕약이야말로 농축액과 더불어 인삼의 좋은 성분을 온전히 보존할 수 있는 방법이라고 설명했다.[33] 탕약에 대한 선호 때문인지 약물학서와 본초학 서적은 탕약 만드는 법을 자세히 소개하곤 했다.[34] 한 가지 예를 들어보자.

> 인삼 뿌리 1드램을 썰어서 4분의 1파인트 물에 넣고 끓여 2온스가 될 때까지 졸인다. 그다음 설탕을 조금 섞는다. 탕약이 식으면 바로 마시되, 같은 용량을 아침저녁으로 반복한다. 한번 끓인 인삼은 재탕해도 되는데, 인삼은 언제나 두 번 달이는 것이 허용되기 때문이다.[35]

---

30 Hill, *History of the Materia Medica*, p. 591.

31 Rafinesque, *Medical Flora*, p. 57.

32 John Aikin, *A Manual of Materia Medica* (Yarmouth, 1785), p. 80.

33 William Woodville, *Medical Botany*, Vol. 1 (London: William Phillips, 1810), p. 151.

34 James Alleyne, *A New English Dispensatory* (London, 1733), p. 72; John Nott, *A Posologic Companion to the London Pharmacopoeia* (London, 1794), pp. 41-42; Pierre Pomet, *General History of Drugs* (London, 1748), p. 195; *The London Encyclopaedia, or Universal Dictionary of Science, Art, Literature, and Practical Mechanics*, Vol. 16 (London: Thomas Tegg, 1829), p. 531.

인삼으로 팅크tincture[36]를 만들기도 했다. 팅크는 유럽의 약학 전통에서 오랫동안 선호한 방식이었다. 미국의 식물학자 찰스 밀스포그Charles F. Millspaugh, 1854~1923는 인삼 팅크 만드는 법을 이렇게 제시했다.

> 진짜 중국인삼 혹은 북미삼을 말린 뒤 거칠게 가루로 빻아서 다섯 배 무게의 알코올에 담가 8일간 둔다. 그것을 병에 담아 마개로 꽉 막은 다음, 어둡고 시원한 곳에 두고 하루에 두 번씩 흔들어준다. 그렇게 만든 팅크를 부어서 거르면 연한 레몬 빛이 도는 투명한 액체가 된다. 인삼 뿌리와 같은 향이 나고 첫 번째 맛은 쓰지만 다음에는 달콤쌉싸름해지고 산성반응酸性反應이 있다.[37]

뛰어난 식물학자였던 밀스포그는 두 종류의 인삼이 다르다는 사실을 분명히 알고 있었을 터이다. 하지만 약으로 조제하는 데 전혀 구별 없이 사용하고 있다는 사실이 눈에 띈다.

## 각성제냐 진통제냐

18세기 중반 서구 의약학에서는 인삼의 의학적 효능을 좀 더 구체적으로 규정하려는 움직임이 나타났다. 즉, 막연하게 만병통치약이라고 기

35 Oliver Goldsmith, *A History of the Earth and Animated Nature, together with the Elements of Botany by G. F. Shaw* (London: R. Edwards, 1819), p. 792.

36 동식물에서 얻은 약물이나 화학물질을 알코올이나 에테르에 담가 녹이거나 우린 액제(液劑).

37 Millspaugh, *American Medicinal Plants*, pp. 70-72.

술하기보다는 인삼이 치료 효과를 발휘하는 병증을 구체적으로 특정하려 했던 것이다. 미국의 의사이자 천문학자 새뮤얼 스턴스Samuel Stearns, 1741~1810는 미국 독립전쟁에서 영국 편에 서는 바람에 전쟁 후 혹독한 고초를 겪은 인물로 유명하다. 그는 약초를 이용한 치료에 관심이 많았다. 인삼을 "중국인들이 일반적인 원기 회복에 쓰고 모든 노화와 장애, 질병에 쓴다"는 사실을 알고 있던 그는 기침과 폐 질환을 앓고 있던 환자들에게 자주 응용했고, 효과를 보았다고 기록했다. 편이나 가루로 만든 인삼 1드램을 물 4분의 1파인트에 넣고 끓인 뒤 그 물을 식혀서 마시도록 처방했다. 스턴스는 이 처방을 아침저녁으로 반복해야 한다고 말했다.[38]

인삼을 다른 약제와 섞어 쓰거나, 혹은 보조약제로 사용하는 경우도 있었다. 1769년 발행된 《런던 약전The London Practice of Physic》에서는 류머티즘 치료를 위해 광물인 안티몬을 처방하는데,[39] 그 약이 설사를 유발할 경우 인삼을 함께 처방할 것을 권고했다. 즉, 인삼을 지사제로 사용했음을 알 수 있다.[40] 소화력 촉진을 위해 인삼을 사용한 사례도 있다. 오랫동안 수종증水腫症을 앓고 있는 환자의 소화력을 증진하기 위해 인삼을 처방한 것이다.[41]

이 문헌들은 서구 의학계가 인삼을 다양한 병증의 치료에 이용했음을 보여준다. 그런데 본질적인 인삼의 약성에 대해서는 의견이 엇갈렸다.

---

38 Samuel Stearns, *The American Oracle comprehending an Account of Recent Discoveries* (London, 1791), pp. 583-584.

39 안티몬은 토제(吐制)나 각종 원충병, 내부 기생충병의 구충약으로도 사용되고 있었다.

40 *The London Practice of Physic* (London, 1769), p. 84.

41 George Wallis, ed., *The Works of Thomas Sydenham, M. D. on Acute and Chronic Diseases*, Vol. 2 (London, 1778), p. 293.

왕세자의 주치의였던 부유하고 명성 높은 의사이자 그레이스 댈림플 엘리엇Grace Dalrymple Elliott, 1754~1823의 전 남편으로 더 유명한 존 엘리엇John Elliot, 1736~1786[42]은 영미권에 널리 보급된 포켓판 약물학서에서 인삼의 약성을 각성제stimulant로 분류했다. 그리고 인삼의 각성 효과를 바탕으로 강장제, 통증 완화제, 진경제鎭痙劑, antispasmodic로 사용된다고 기술했다.[43] 그런데 다른 저자들은 그런 완화와 진경 효과 때문에 인삼을 각성제보다는 오히려 진통제demulcents의 범주에 넣어야 한다고 주장했다.[44]

이처럼 인삼의 대표적 효과가 각성이냐 진경이냐에 대해서는 의견이 엇갈렸지만 이 약초가 원기 회복, 특히 위장에 활력을 주고 전반적인 원기를 증진하는 데 효과가 크다는 점에 대해서는 일반적으로 동의했다.[45] 힐은《약물학사History of the Materia Medica》에서 인삼을 "유럽의 의사들이 경련과 현기증, 그리고 모든 신경 장애에 훌륭한 약이라고 평가하며 지금까지 알려진 최고의 원기 회복제로 추천한다"고 언급한 바 있다.[46] 힐의

---

42 그레이스 댈림플 엘리엇은 스코틀랜드 출신으로 프랑스에서 교육받았다. 1771년 존과 결혼했지만 3년 만에 이혼하고 상류사회의 쿠르티잔(courtisane, 상류층의 공개 애인)이 되었다. 프랑스의 오를레앙 공과 즉위 전의 조지 4세의 연인으로 유명했다. 파리에 머무는 동안 프랑스혁명이 일어나자 스파이 활동을 하기도 했다. 그녀가 집필한 혁명의 목격담《프랑스혁명 당시 나의 일기(Journal of my life during the French Revolution)》(프랑스어판: Ma Vie sous la Révolution)가 1859년에 출간되었다. 그녀의 삶은 〈영국 여인과 공작(L'Anglaise Et Le Duc / The Lady And The Duke)〉(2001)이라는 영화로 제작되기도 했다.

43 John Elliot, *The Medical Pocket-Book* (London, 1791), pp. 12-13, 78, 91.

44 James Ewell, *The Medical Companion, or Family Physician* (Washington D.C.: the Proprietors, 1827), p. 673; Jacob Bigelow, *American Medical Botany*, Vol. 2 (Boston: Cummings and Hilliard, 1818), p. 94; William P. C. Barton, *Compendium Florae Philadelphicae*, Vol. 2 (Philadelphia: M. Carey & Son, 1818), p. 201.

45 Pomet, *General History of Drugs*, 194; Rafinesque, *Medical Flora*, 57; *The Quarterly Journal of Agriculture* 11 (1840~1841), p. 131.

46 Hill, *History of the Materia Medica*, p. 591.

저서는 대중적으로 큰 인기를 끌었고, 널리 알려졌기 때문에 그의 증언은 이후 다른 사람들이 집필한 약물학 관련 서적들에서도 반복적으로 나타나게 된다.[47] 영국의 내과 의사 코프J. A. Cope는 인삼을 "모든 쇠약증에 최상의 치료제"라고 부르면서 특히 다음과 같은 증상에 큰 효과가 있다고 주장했다.

> 황달, 담즙이상성 질환, 나병leprosy, 괴혈병, 악성 괴혈병malignant scurvy, 폐결핵성 쇠약, 전반적인 허약 체질, 여성의 쇠약, 탈수와 변비, 배뇨 곤란, 열병, 오줌소태, 선원들과 더운 기후 지역에 거주하는 사람들 사이에 나타나는 괴혈병, 황열병, 탈수 등의 장애.[48]

위 주장은 주로 쇠약증과 관련된 질환들의 증상을 개선하는 데 인삼을 권했음을 보여준다. 그런데 좀 더 광범하게는 당시 의학에서 본격적인 치료를 위해 중시되었던 준비 단계에서 인삼으로 몸의 상태를 끌어올리거나, 건강 유지를 위해 정기적으로 실시했던 정화작용purgation, 방혈 혹은 하제를 이용한 설사 등 후 소진된 원기를 보충하기 위해 인삼을 처방했던 사례도 많다.[49]

---

47 예를 들어 Temple Henry Croker, Thomas Williams and Samuel Clark et al., *The Complete Dictionary of Arts and Sciences*, Vol. 2 (London, 1765), s. v. "foeniculum" and "ginseng"을 보라.

48 Count Belchingen and J. A. Cope, *An Essay on the Virtues and Properties of the Ginseng Tea* (London, 1786), p. 7.

49 *The London Practice of Physic*, pp. 84, 126.

**여성의 맥박을 재는 약사** 유럽에서 약사와 약국은 18세기가 되어서야 전문화된 직업으로 확립되었다. 또한 약제학의 발달에 따라 다양한 약재와 약이 등장하면서 약국마다 체계적인 약재 보관법이 구안되고 보관 용기도 다양해졌다. (출처: Wikimedia Commons)

## 19세기 이후 미국에서의 인삼 처방

19세기가 되면 적어도 문헌상으로는 영국보다 미국에서 인삼을 이용한 사례가 훨씬 더 많이 나타난다. 1830년 필라델피아에서 출간된 약초학 매뉴얼은 미국 의사들이 인삼을 사용하여 천식, 허약한 위장, 쇠약, 뼈의 통증, 성병, 결석 등을 치료해왔다고 기록하고 있다.[50] 그런데 인삼 팅크가 알코올 중독을 치료하는 데 사용되었다는 사례가 특히 눈길을 끈다. 구체적으로 의사 컬터Dr. Culter와 그린웨이Dr. Greenway가 오랫동안 인삼을 사용해 알코올 중독자들을 성공적으로 치료해왔다는 것이다. 또한 두 의사는 인삼이 경련, 현기증, 신경통, 마비 및 심지어 이질赤痢, dysentery에도 탁월한 치료제였다고 강조하면서 10~20그레인 정도의 적은 용량만으로도 뚜렷한 효과를 보았다고 기록하고 있다. 미시간주의 트로이Troy에서 개업의로 활동하던 헤일스Dr. Hales는 인삼을 강장제로 처방했을 뿐만 아니라 환자의 열병을 치료하는 데도 사용했다. 그는 특이하게도 인삼의 뿌리뿐만 아니라 잎도 많이 사용했던 것으로 알려진다.[51]

오하이오주의 셸비Shelby에서 활동한 의사 클로스John Quincy Adams Clowes, 1845~1938는 류머티즘 치료에 인삼을 처방한 사례를 임상 논문으로 남기기도 했다. 류머티즘을 심하게 앓던 중년 남성이 여러 의사를 전전했으나 상태가 호전되지 않자 자신을 찾아왔다고 한다. 몇 주 동안 치료했지만 호전되지 않았고 허리와 장에까지 통증이 생겼다. 클로스는 인삼을 처방했고 이후의 상황에 대해 이렇게 말했다.

---

50 Rafinesque, *Medical Flora*, p. 57.

51 Rafinesque, *Medical Flora*, p. 57.

> 인삼을 사용한 뒤 환자가 다시 방문해서는 지난번 약이 너무 잘 들어서 이번에도 같은 것으로 처방해달라고 말했다. 나는 인삼이 류머티즘을 치료하는 데 건강한 위액 분비를 촉진해 소화액의 원만한 흐름을 돕는다고 판단했다. [인삼이] 관절의 신경을 괴롭혀 류머티즘 염증을 일으키는 산이 과다하게 분비되는 것을 중화하는 효과를 발휘하는 것이다.[52]

클로스는 인삼을 잘 익은 파인애플을 갈아 만든 주스와 함께 투여할 경우 훨씬 큰 효과를 볼 수 있다고 믿었다. 그렇게 하면 펩신pepsin의 분비를 촉진하기 때문에 미국인들이 흔히 경험하는 소화 불량을 막을 수 있다는 것이다. 같은 맥락에서 인삼을 좋은 와인과 정량으로 잘 조합해 먹으면 격렬한 위통을 줄일 수 있다고 주장하기도 했다. 그러면서 인삼 재배자 가운데 소화 불량이나 위장 장애를 앓는 사람이 있다면 "당신이 갖고 있는 약[인삼]을 중국인에게 다 팔지 말고 본인이 섭취하라고 처방하고 싶다"고 썼다.[53]

위 사례들이 보여주듯이 인삼은 다양한 병증의 치료에 활용되었지만 서구 의약학 담론이 인삼의 약성에서 특별히 주목한 세 가지 용례를 추려볼 수 있다. 그것은 해독제, 다른 이방약재의 대체재, 그리고 정력제로서의 활용이다.

52 J. Q. A. Clowes, "By J. Q. A. Clowes, M. D.," in John Henry Koehler, *Ginseng and Goldenseal Growers Handbook* (Wausau, WI: P. F. Stolze, 1912), p. 14.

53 Clowes, "By J. Q. A. Clowes, M. D.," p. 14.

## 해독제

동양에서 인삼을 아편 중독의 해독제로 사용했던 것과 마찬가지로 서구 의약학에서도 인삼을 해독제antidotes to poison로 규정하곤 했다. 1811년 출간된 미국의 본초학서는 인삼을 '해독제' 범주에 해당하는 약초로 분류했다.[54] 앞서 살펴본 것처럼 1830년의 문헌에서도 인삼으로 만든 팅크제로 술주정뱅이를 해독하는 사례를 다뤘는가 하면,[55] 1841년 발간된 한 논문에서는 차와 아편을 습관적으로 복용할 때 생기는 심각한 부작용을 인삼으로 해소할 수 있다고 주장했다.[56] 차나 아편, 알코올뿐만 아니라 담배도 해독해야 할 대상이었다. 건강 관리를 다룬 선구적인 저서《온 가족의 주치의The Medical Companion, or Family Physician》로 명성을 떨친 제임스 이웰James Ewell, 1773~1832은 인삼이 담배로 인해 망가진 체질을 회복하는 데 효과가 있을 뿐만 아니라 '훌륭한 담배 대체재'라고 정의했다.[57]

실제로 이 시기 북아메리카 여러 지역에서 인삼은 담배와 마찬가지로 '씹는 간식masticatory'의 하나로 애용되었다. 그런데 19세기 미국의 의사들은 씹는 인삼의 주용도가 담배를 대체하는 것이었다는 사실을 알려준다.[58] 더욱이 몸에 해로운 담배와 달리 인삼은 오히려 건강을 증진하기 때문에 담배 대체품으로 최상이라고 평가되었다. 흥미롭게도 의사들은

---

54 W. J. Titford, *Hortus Botanicus Americanus* (London: C. Stower, 1811), p. 25.

55 Rafinesque, *Medical Flora*, p. 57.

56 "Miscellaneous Notices," *The Quarterly Journal of Agriculture* 11 (1840~1841), p. 131.

57 James Ewell, *The Medical Companion, or Family Physician* (Washington D.C.: the Proprietors, 1827), p. 674.

58 Rafinesque, *Medical Flora*, p. 57; Ewell, *The Medical Companion*, p. 674; Barton, *Compendium Florae Philadelphicae*, p. 201; Bigelow, *American Medical Botany*, p. 95.

씹는 인삼의 효과를 최대한 누리기 위해서는 인삼을 씹으면서 생긴 침까지도 꼭 삼켜야 한다고 강조했다.[59]

영국의 내과 의사 코프는 자신의 명성을 높이기 위해 '오스트리아의 여제女帝 마리아 테레지아의 주치의를 역임한 벨칭젠 백작Count Belchingen' 이라는 가상의 인물까지 내세워 홍보에 열중했던 인물이다. 코프는 때때로 벨칭젠의 이름으로 활동했으며, 자신의 본명과 벨칭젠을 나란히 올려 공저 형식으로 책을 내기도 했다. 그가 벨칭젠을 공저자로 내세운 《인삼차의 효능과 성분에 대한 소고Essay on the Virtue and Properties of the Ginseng Tea》(1786)는 당시 영국과 미국에서 큰 반향을 일으켰다.[60] 당시 두 나라는 모두 차의 수입으로 인해 발생한 심각한 무역 역차에 고민하고 있었다. 따라서 차의 대체품으로 인삼차를 마시자는 코프의 주장은 애국 담론과 맞물려 큰 환영을 받았다. 여기서 인삼차를 만드는 재료는 북미삼이었다.[61]

코프의 책은 차의 부작용을 생생하게 묘사하는 한편, 이를 대체할 인삼차야말로 모든 허약증을 고칠 강력한 치료제이자 선원들에게는 괴혈병을 막아줄 예방약이라고 주장한다. 그는 인삼차로 치료한 임상 사례 12건을 상세히 소개했다. 그 내용을 간략하게 정리해보면 다음과 같다.

---

59 Ewell, *The Medical Companion*, p. 674.

60 Belchingen and Cope, *An Essay on the Virtues and Properties of the Ginseng Tea* (London, 1786).

61 Mathew Carey, "Remarks on the commerce of America with China," in Carey, ed., *The American Museum, or, Universal Magazine*, Vol. 7 (Philadelphia, 1790), pp. 126-127; James Adair, *The History of the American Indians* (London, 1775), p. 362; Jonathan Carver, *The New Universal Traveller* (London, 1779), pp. 4-5; The Royal College of Physicians of London, *Medical Transactions* 3 (1775), pp. 9-20.

〈표〉 코프가 인삼을 치료에 사용한 사례들

| | 환자 | 증상 혹은 질병 |
|---|---|---|
| 1 | 존경받는 법률가 에드워드 베넘(Edward Benham) | 마비. 모든 관절에 엄청난 경련. 4~5시간 계속되는 무기력. 깨어났을 때 엄청나게 겁먹음 |
| 2 | 존경받는 조지 고어 (George Gore) | 쇠약한 상태. 마치 갓 태어난 아기처럼 무기력함. 더 이상 복용할 수 없을 정도로 많은 양의 약을 복용함. 두뇌가 광기와 우울감에 젖어 있음. 안색이 파리하고, 눈은 공허하고, 호흡 곤란을 겪으며 몸 전체가 빼빼 말라감 |
| 3 | 존경받는 리처드 스태퍼드 (Richard Stafford) | 엄청난 어지럼증을 겪으며, 바닥에 쓰러져 얼마간 의식을 잃음 |
| 4 | 향사(鄕士) 조지 콜리어 (George Collier) | 수년 동안 쇠약해짐. 전신 무기력. 해외 여러 온천장의 수치료법에서 효과를 보지 못함 |
| 5 | 어느 고귀한 귀족 남성 | 수년 동안 심각하게 체력이 저하됨. 전신 무기력. 식욕이 거의 없고, 수종(水腫)과 황달에 시달림. 심각한 시력 감퇴. 신경에 엄청난 경련이 일고, 밤에 거의 잠을 자지 못함. 이런 고통으로 인해 자살 충동을 느낌 |
| 6 | 향사 존 클리프턴 (John Cliffton) | 25년 이상 팔다리에 극심한 통풍으로 고통받음. 일반적 무기력감. 격렬한 두통. 문이 열리거나 닫힐 때 깜짝 놀람. 유아기부터 극심한 설사. 저녁에 차를 마신 후 밤에 잠을 잘 수 없음 |
| 7 | 목사 제임스 플로이드 (James Floyd) | 유아기부터 신경 장애. 해외 여러 온천에서도 아무런 효험을 보지 못함. 그림자처럼 완전히 말라비틀어짐 |
| 8 | 해리엇 몰턴 양 (Miss Harriot Moulton) | 끊임없이 웃거나 우는 히스테리 증상. 목이 붓고, 복부 통증. 머리에 극심한 통증. 시력 감퇴. 배변 후 묵직한 느낌이 드는 이급후중(裏急後重, tenesmus)이 심각함 |
| 9 | 오몬드가(Ormond Street)에 사는 귀부인 | 수년 동안 끔찍한 신경통에 시달림. 아주 심각할 정도로 청력에 이상이 있음 |
| 10 | 루시 클라크 양 (Miss Lucy Clark) | 끊임없이 웃거나 우는 히스테리 증상. 목이 붓고, 복부와 머리에 극심한 통증. 우울하고 기운이 없고, 절망감과 우울감. 몽유병. 위와 장의 동요. 가스가 차고, 역한 트림 |
| 11 | 고매하신 자작(子爵) B__n 님의 딸 | 유아기부터 끔찍한 신경 장애로 웃고 우는 히스테리 발작. 위와 장이 뒤틀리고 입에 거품을 무는 증상이 몇 시간씩 지속됨. 그런 발작이 가라앉으면 2주일 동안 움직이지 못함 |
| 12 | 루이자 콜린스 양 (Miss Louisa Collins) | 폐와 코에서 피가 나고, 온몸이 떨리며, 자다가 벌떡 일어나고, 전반적인 무기력증과 극심한 두통에 시달림. 지속적인 근육 경련. 가끔씩 말과 기억을 잃음. 이 모든 증상이 10년 동안 지속 |

이 가운데 오몬드가에 사는 귀부인의 사례가 특히 흥미롭다. 왜냐하면 인삼차를 복용한 뒤 4인치가량의 '커다란 기생충 한 마리'와 '130마리에 달하는 기생충'을 코로 배출했다는 내용이 덧붙어 있기 때문이다. 기생충은 유럽 의학에서 신체적 쇠약을 불러일으키는 매우 중요한 원인으로 다뤄져왔다. 하지만 인삼에 대한 서구 의학 담론에서 구충제로서 인삼의 약성을 강조한 기록이 매우 드물기 때문에 이 사례는 특히 주목할 만하다.

여기서 인삼의 해독제적 성격과 관련해서 미국 하버드대학의 과학사 교수인 시게히사 구리야마栗山茂久, Shigehisa Kuriyama가 최근에 내놓은 주장을 검토해볼 필요가 있다. 구리야마는 인삼 수요가 높았던 일본이 중국과 조선에서 인삼을 들여와 재배하여 18세기 중반 인삼 생산국의 반열에 들어섰다고 주장했다.[62] 그 무렵 일본의 인삼은 중국으로 수출되기 시작했으며, 19세기 후반에는 중국 시장에서 일본삼에 대한 수요가 북미삼을 앞지르게 되었다는 것이다. 이 주장과 관련하여 구리야마는 중국에서 일본삼에 대한 수요가 폭증한 이유가 저렴한 가격뿐만 아니라 만주삼이나 조선인삼이 갖지 못한 효능을 갖고 있었기 때문이라면서 그것이 바로 해독제로서의 특성이었다고 강조한다. 아편 중독이라는 심각한 문제에 직면한 중국 사회가 절실하게 필요로 하던 해결책을 신선한 일본삼에서 찾았다는 것이다.

구리야마의 주장은 두 가지 측면에서 심각하게 재고되어야 한다. 먼저 중국에서 '일본삼'의 수요가 급증했다는 주장에 대해서는 사실관계를 검토해야 한다. 아편 문제로 골머리를 앓던 중국에서 인삼 수요가 급증

62 Shigehisa Kuriyama, "The Geography of Ginseng and the Strange Alchemy of Needs," in Yota Batsaki, Sarah Burke Cahalan and Anatole Tchikine, eds., *The Botany of Empire in the Long Eighteenth Century* (Washington D.C.: Dumbarton Oaks Symposia and Colloquia, 2017), pp. 61-72.

했던 것은 사실이지만 그것이 반드시 일본삼을 향한 것이었다는 근거는 찾아볼 수 없다. 즉, 인삼 수요가 일본삼 수요로만 이어진 것은 아니었다. 그런데 이보다 더욱 심각한 것은 오직 일본삼만이 해독제적 성격을 지녔다고 주장하는 점이다. 앞서 살펴본 것처럼 이 시기 만주인삼과 조선인삼, 북미삼을 별다른 구별 없이 다루었던 서구의 약물학서에서조차도 인삼의 해독제적 효능을 일반적으로 언급하고 있을 정도로 해독제적 성격은 일본산만의 고유한 특질이라 볼 수 없다.

오히려 당시 중국에서는 조선인삼이 해독제로서의 강한 약성을 지니고 있다는 사실이 널리 알려져 있었다. 특히 1840~1850년대는 중국으로 가는 조선홍삼의 수출량이 최고조에 달했는데, 홍삼이 아편 해독 효과가 탁월하다는 인식 때문이었다. 19세기 후반에도 황해상에서 외국 선박과 홍삼을 밀매하는 일이 성행했을 정도로 그 수요는 여전했다.[63] 하지만 조선의 홍삼은 중국의 서민들이 사용하기엔 너무 비싸고 귀했다. 이런 상황에서 중국의 서민들 사이에서는 저렴한 북미삼이 최선의 대체재가 될 수는 있었다.

중국 문헌에서는 이미 18세기 중반부터 북미삼의 해독제적 특성에 대해 논하기 시작했다. 1765년 조학민趙學敏은 이시진의 《본초강목》(1578)에 나타난 오류를 바로잡고 내용을 보충하여 《본초강목습유本草綱目拾遺》를 펴냈는데, 그 가운데 〈서양삼약성고西洋蔘藥性考〉에 서양 인삼, 즉 북미삼의 약성에 대한 내용이 포함되어 있다. 당시 중국 약학계에서 서양 인삼을 '아편 연기의 독을 없애는 묘방'으로 제조했음을 보여주는 것이다. 중국 의학은 줄곧 '독'과 '열', '독의 배출'과 '열의 제거'가 연관돼 있

63 이철성, 〈개성인삼이 왜 유명하게 되었을까?〉, 《내일을 여는 역사》 13 (2003), p. 97.

다고 보았으며, 그래서 성질이 찬 서양 인삼이 아편의 독을 해독하는 데 적합하다고 여겼다는 해석도 있다.[64]

중국에서 아편 중독이 매우 심각한 사회문제로 대두하자 호광총독湖廣總督이었던 임칙서林則徐, 린쩌쉬, 1785~1850는 아편을 몰수하는 조치를 취하는 한편, 동시에 아편을 끊도록 하는 약방을 만들어 공포했다. '기산환방忌酸丸方' 또는 '보정환방補正丸方'이라고 불린 이 약방에서 약으로 사용된 것은 '생양삼生洋蔘', 즉 북미삼이었다. 인삼의 해독제적 약성을 고려한 조치이면서 동시에 서민들이 조선인삼을 구하기 어려운 상황을 감안해 값이 저렴하고 구하기 쉬운 북미삼을 권했던 것이다. 실제로 아편 중독자들이 북미삼을 복용한 뒤 치료 효과를 크게 보았다고 한다. 다만, 북미삼이 적지 않은 아편 중독자들과 그들의 가정을 구해냈으나 매출이 늘자 시중에서는 북미삼 가격이 몇 배로 올랐다고 한다.[65]

이처럼 인삼은 일반적으로 모두 해독제 효능이 있다는 것이 정설이었고, 홍삼은 특히 그 성분이 탁월하다고 평가되었다. 일본이 인삼의 인공재배에 성공하기는 했지만 그 종자는 조선과 만주에서 훔친 것이었기 때문에 구리야마가 말하는 '일본삼'이 해독제적 특질이 탁월한 다른 종자일 수도 없었다. 그뿐만 아니라 일본산 인삼은 수량이 적어서 중국 수출이 미진했다.[66] 따라서 일본삼만이 해독제적 성격을 갖고 있어 수출이 급증했다는 구리야마의 주장은 정보의 부족으로 인한 오류 혹은 민족주의적 편견에서 나온 억지가 아닐 수 없다.

---

64 郭衛東, 〈西洋蔘: 中美早期貿易中的重要貨品〉, 《廣東社會科學》 (2013-2), p. 128.

65 林則徐全集編輯委員會, 《林則徐全集》 3 (海峽文藝出版社 , 2002), pp. 1165, 1200. 郭衛東, 〈西洋蔘: 中美早期貿易中的重要貨品〉, p. 128, 주 61에서 재인용.

66 장일무, 《한국인삼산업사》 제1권, pp. 439-440.

## 이방약재의 대체품

서양에서 인삼은 다른 이방약재의 대체품으로서 그 용도를 인정받기도 했다. 오늘날도 마찬가지지만 특히 근대 초 유럽에서 대체약제, 특히 해외산 약초의 대체재는 매우 중요한 의미를 지닌다. 향신료와 약재가 보석만큼이나 귀한 자원이었던 중상주의 유럽에서 대체품의 발굴은 교역을 독점하는 일 못지않게 중요했고, 동시에 의학이 지속적으로 발전할 수 있는 토대를 만드는 작업이었다. 런던만 하더라도 이름을 날리던 약제사들이 세계 곳곳에서 들여온 방대한 식물 컬렉션을 보유하고 있었을 뿐만 아니라, 같은 효과를 내는 약초를 찾느라 대단한 노력을 기울이고 있었다.[67]

인삼은 우선 감초의 대체재로 거론되었다. 인삼의 맛과 특성이 다른 어떤 약보다 감초에 가깝기 때문에 감초 추출물이나 감초 알약 대신 인삼을 쓸 수 있다는 것이다.[68] 회향fennel 또한 그 의학적 성분과 효능에서 인삼과 유사하다는 기술이 약전에 다수 나타나는데, 이는 거꾸로 값비싼 인삼 대신 지중해 연안에서 많이 자라는 흔한 회향을 이용해 비슷한 효과를 얻고자 했던 것으로 보인다.[69]

그런데 더욱 중요한 것은 인삼이 기나피의 대체재로 규정되었던 사실이다. 키니네의 원료가 되는 기나피는 16세기 후반 남아메리카 예수회

---

67 Chakrabarti, *Materials and Medicine*, p. 171.

68 Bigelow, *American Medical Botany*, p. 94; Coxe, *The American Dispensatory*, p. 406.

69 Lewis, *The New Dispensatory* (Dublin, 1782), p. 142; John Quincy, *Pharmacopoeia Officinalis, or a Complete English Dispensatory* (London, 1782), p. 64; John Rutty, *Observations on the London and Edinburgh Dispensatories* (London, 1776), pp. 56-57.

선교사들이 유럽에 들여온 것으로, 설사와 말라리아를 치료하는 데 효과가 있다고 널리 알려지게 되었다. 유럽에서는 이미 17세기부터 말라리아 치료에 사용되었는데, 영국 내란기에 권력을 장악했던 청교도는 기나피를 '구교도의 음모'라며 배척하기도 했다. 그런데 18세기에는 기나피가 통풍을 치료하는 데도 특효라고 알려지면서 유럽에서 그 수요가 더욱 커졌다. '제왕의 질병'이라고 불린 통풍은 유럽 상류층에 널리 퍼져 있던 고질병이었다. 의사들은 기나피를 구하기 어려울 경우 대체품으로 인삼을 추천했으며, 이를 잘 사용하기만 한다면 기나피보다 훨씬 좋은 결과를 볼 수 있다고 주장했다.[70]

## 정력제

그런데 인삼의 효능을 논할 때 빼놓을 수 없는 요소가 정력제aphrodisiac, 강정제强精劑 혹은 최음제催淫劑로서의 특질이다. 당시 유럽에서 인삼은 성욕을 증진하는 약재로 명성이 자자했고, 유럽의 의사들도 이를 인지하고 있었다.[71] 인삼을 다룬 유럽 최초의 박사학위논문인 〈인삼, 병자들에게 강장제 역할을 하는가?An infirmis à morbo viribus reparandis Gin Seng?〉(1736)에서도 인삼의 효능을 "성행위로 인해 지나치게 고갈된 기력을 놀라운 방식으로

---

70 George Wallis, ed., *The Works of Thomas Sydenham, M. D. on Acute and Chronic Diseases*, Vol. 2 (London, 1778), p. 213.

71 Cullen, *Lectures on the Materia Medica* (London, 1772), p. 276; Louis B. Wright, ed., *The Prose Works of William Byrd* (Cambridge, MA: Harvard UP., 1966), p. 292; Hill, *History of the Materia Medica*, p. 591; William Hanbury, *A Complete Body of Planting and Gardening*, Vol. 1 (London, 1770), p. 690.

회복해준다"고 쓰고 있다.[72] 논문의 저자인 뤼카 오귀스탱 폴리오 드 생바스Lucas Augustin Folliot de Saint-Vast는 이 내용이 《본초강목》에 근거하고 있다고 밝혔는데, 실제로 《본초강목》에도 호색한 자가 몸을 상했을 때 혹은 주색으로 내상을 입었을 때 인삼을 쓰는 사례가 여러 차례 자세히 소개되고 있다.[73]

힐은 《약물학사》에서 인삼이 "동양에서는 여자를 너무 밝힌 나머지 발기부전이 된 남자들에게 정력을 북돋워주는 것으로 유명하다"고 말했다.[74] 이처럼 인삼의 정력제적 성격은 당시 세간에 상당히 널리 퍼져 있었던 것 같다. 윌리엄 핸버리William Hanbury, 1725~1778의 원예학서에서조차 건강에 도움이 된다는 핑계로 인삼을 "부정한 목적으로 사용해서는 안 된다"고 경고하고 있다.[75]

유럽에서 정력제로서의 인삼을 알리는 데 일조한 인물은 뜻밖에도 위대한 사상가 장 자크 루소Jean Jacques Rousseau, 1712~1778다. 루소는 인삼을 애용했던 인물로 회자되지만 사실 그가 언제 어디서 인삼을 처음 접하게 되었는지는 알 수 없다. 그는 유럽 여러 곳을 여행했고, 인삼 연구가 활발했던 영국 왕립학회와 프랑스 왕립과학원의 인사들과도 친분이 깊었기 때문에 그들을 통해 인삼에 대해 알게 되지 않았을까 추측할 뿐이다.

하지만 루소가 인삼을 즐겨 복용했다는 사실을 증명해주는 기록은 찾을 수 있다. 루소의 제자로, 작가이자 식물학자였던 베르나르댕 드 생피

---

72 Lucas Augustin Folliot de Saint-Vast et Jacobus Franciscus Vandermonde, *Resp. Quaestio medica, An infirmis à morbo viribus reparandis Gin Seng?*, Prads. F. Vandermonde (Paris, 1736), p. 3.

73 이시진, 《신주해 본초강목》 제4권, pp. 54, 62.

74 Hill, *History of the Materia Medica*, p. 591.

75 Hanbury, *A Complete Body of Planting and Gardening*, p. 690.

에르Bernardin de Saint-Pierre, 1737~1814와의 에피소드가 바로 그것이다. 1772년 6월, 생피에르는 스승 루소가 커피 향을 좋아한다는 사실을 알고 값비싼 커피 원두 한 포대를 그에게 보냈다. 루소는 그 선물을 받을 수 없다고 거절했으나 생피에르가 자신에게도 다른 선물을 주면 되지 않느냐고 했다. 그러자 루소는 생피에르에게 인삼 뿌리와 책 한 권을 답례로 선물했다는 것이다.[76]

우리에게는 위대한 사상가로 알려져 있지만 사실 루소는 당대 수많은 여성 팬을 거느린 국제적인 '유명인'이었다. 그가 죽은 뒤 그의 발자취를 따라 여행하는 패키지여행 '루소 투어'가 생겨났을 정도로 말이다. 루소의 명성과 인기는 낭만적인 그의 소설 덕이 크지만 많은 여성에게 성적으로 어필했던 그의 이미지도 한몫했다. 루소는 대단한 바람둥이였다. 베네치아에 있는 이탈리아 최초의 커피숍 '카페 플로리안Caffè Florian'에서 루소가 창부와 만나던 모습은 그 당시 사람들에게는 이미 '역사적인' 장면이었다. 결국 그의 몸은 매독으로 썩어갔다고 한다. 하지만 루소에게는 정력가라는 이미지가 따라다녔으며, 그가 인삼을 애용한다는 사실은 곧 인삼이 정력에 좋다는 인식을 형성하기에 이르렀다.[77]

그런데 약물학서나 약전에는 정력제로서의 인삼의 특성이 거의 논의되지 않는다. 오히려 기록에 남아 있는 것은 간혹 그 평판을 부정하는 내용이다. 철학자 흄David Hume, 1711~1776의 주치의로도 유명한 에든버러의과대학 교수 윌리엄 컬런은 《약물학 강의Lectures on the Materia Medica》에서 정력제로서의 인삼의 효능을 부정한 바 있다.[78] 그뿐만 아니라 임상 사례

---

76 Leo Damrosch, *Jean-Jacques Rousseau: Restless Genius* (Boston, Houghton Mifflin Company, 2007), p. 470.

77 설혜심, 《그랜드 투어: 엘리트 교육의 최종 단계》(웅진지식하우스, 2013), pp. 326, 352-353.

를 제시하며 같은 주장을 재확인하기까지 했다. 즉, 자신이 잘 알고 지내는 한 중년 신사가 몇 년 동안 날마다 이 뿌리를 상당히 많이 씹었는데도 생식 기능이 조금도 나아지지 않았다고 보고한 것이다.[79] 이런 논의는 대중적 차원에서의 인삼에 대한 인식과 의학계의 이론의 간극을 보여주는 매우 중요한 사례이다.

정력제로서의 인삼에 대한 연구는 오히려 미국에서 20세기 초에 활발해졌다. 1905년 미시간대학교 의과대학의 동종요법학과Homeopathic Department 연구자 집단은 흥미로운 실험 보고서를 출판한다.[80] 중국에서 높은 평가를 받는 인삼은 탁월한 원기 증진제로, 특히 노쇠에 따른 기능 저하를 개선하는 데 특효약이라고 전제한 뒤 이를 증명하기 위해 미시간대학교와 샌프란시스코의 하네만대학Hahnemann College of the Pacific이 공동으로 실험을 진행한 결과를 보고한 것이었다. 20세기 초 미시간 지역은 미국에서 인삼 채취와 재배의 중심지로, 인삼과 관련된 산학협력 프로젝트가 활발했다.

하네만대학이 공동으로 참여한 이유는 그 대학의 특성과도 관계가 있다. 동종요법同種療法, homeopathy의 창시자인 독일 의사 하네만Christian Friedrich Samuel Hahnemann, 1755~1843의 이름을 땄을 정도로 동종요법에 큰 관심을 두었던 이 대학은 미국 여러 곳에 의과대학과 병원을 운영하며 실험적인 의술을 펼치고 있었다. 생약生藥, crude drugs을 중시하는 동종요법의 연구 경향을 고려해볼 때 '만병통치약'으로 알려진 인삼을 주목한

78 Cullen, *Lectures on the Materia Medica*, p. 276.

79 Cullen, *A Treatise of the Materia Medica*, Vol. 2 (Edinburgh, 1789), p. 161.

80 A. E. Ibershoff, "An Original Proving of the Drug by the University of Michigan Society of Drug Provers (1905)," in Koehler, *Ginseng and Goldenseal Growers Handbook*, pp. 9-11.

것은 어쩌면 당연한 일이었다.

정확한 실험 과정은 알 수 없지만 이 실험에는 미시간에서 9명, 샌프란시스코에서 8명이 참여했다. 17명의 피실험자 가운데 7명의 실험 결과는 부정확성 혹은 미완성이라는 이유로 제외되었다. 실험에 참여한 미시간대학의 듀이W. A. Dewey 박사는 "한때 인삼이 의학적 효능이 없다고 말하기도 했지만, 그것은 전혀 근거가 없고 아마도 편견에 의한 것"이라고 밝히면서 "인삼이 과거에 누렸던 명성이 온전히 과학적 근거를 지닌 것이라는 사실을 알게 된 것이 전혀 놀랍지 않다"고 말했다.[81] 그동안 인삼이 주로 일반적인 기력 저하를 개선하고 성욕을 촉진하는 데 응용되어왔는데, 동종요법의 측면에서 보았을 때도 분명히 그 효과가 있었다는 것이다.

그뿐만 아니라 오히려 과거에 빈약했던 인삼의 효능에 대한 이해가 이제 좀 더 확고한 과학적 근거를 갖추고 지식을 확장하게 되었다고 말했다. 그 부분은 바로 성욕과 관계된 것으로, 특히 성적 장애를 치료하는 데 인삼이 분명한 효능을 발휘한다는 것이다.

> 인삼은 분명히 뇌척수腦脊髓, cerebro-spinal의 억제제depressant이고, 신경작용 요소nervous element가 지배적일 경우 최대 효과가 있으며 정신적 영역이 관여된 경우 [그 효과가] 더욱 확연하다. 우리는 정신과 성적 영역이 얼마나 긴밀하게 연결되어 있는지를 알고 있는데, 성적 심리sexual mind에 장애가 있는 경우 이 약이 최상의 효과가 있다는 것을 알게 되었다. 우리는 이런 실험 결과를 통해 비록 원하는 모든 효과는 아닐지

81 A. E. Ibershoff, "An Original Proving of the Drug by the University of Michigan Society of Drug Provers (1905)," pp. 9-10.

라도 [인삼을] 지금껏 알려진 것보다 훨씬 더 과학적인 근거가 있는 약으로 인정하는 바이다.[82]

성적 능력과 인삼을 결부하는 경향은 20세기 미국 문화에서는 이미 상당할 정도로 퍼져 있었던 것 같다. 퓰리처상을 받은 셜리 앤 그라우Shirley Ann Grau, 1929~ 의 소설 《집의 수호자들The Keepers of the House》(1964)에서는 "작은 자줏빛 꽃이 피는 인삼은, 사람들이 말하기로 그 뿌리가 섹스에 좋다고 한다"는 표현이 등장한다.[83] 이뿐만 아니라 1980년대부터 미국의 로스앤젤레스에서 활동하며 할리우드의 유명인들의 삶을 조명해 베스트셀러 작가가 된 재키 콜린스Jackie Collins가 쓴 《할리우드의 아내들Hollywood Wives》(1983)에서도 인삼을 찾아볼 수 있다. 책 속 등장인물은 남편이 섭취하는 다양한 영양제를 열거한 뒤 "거기에 더해서 인삼도 먹는다. 인삼이 섹스 능력을 높여준다고 해서. 그런데 그에게는 별 효과가 없는 것 같다"라고 말한다.[84] 인삼이 미국 상류층에서 정력제로 알려져 있음을 보여주는 대사다. 물론, 상류층에 국한된 것은 아니다. 미국에서 가장 유명한 '자연인'인 케니 살위Kenny Salwey, 1943~ 의 자전적 기록에도 "인삼은 자연스럽게 당신을 섹스머신으로 만들어준다"는 고백이 실려 있다.[85]

---

82 A. E. Ibershoff, "An Original Proving of the Drug by the University of Michigan Society of Drug Provers (1905)," p. 10.

83 Shirley Ann Grau, *The Keepers of the House* [1964] (Barton Rouge: Louisiana State UP., 1995), p. 111.

84 Jackie Collins, *Hollywood Wives* (New York: Pocket Books, 1994), p. 87.

85 J. Scott Bestul and Kenny Salwey, *The Last River Rat: Kenny Salwey's Life in the Wild* (Stillwater, MN: Voyageur Press, 2001), p. 124.

## 인삼 함유 매약

영국에서는 최소 18세기 중반부터 인삼으로 만든 완제품 형태의 의약품을 시중에서 구할 수 있었다. 이것들은 매약賣藥, 즉 의사의 처방 없이 구할 수 있는 약물로 유통되었다. 매약은 중세 말부터 존재했던 특허제도에 근거해서 상표를 등록해 독점권을 보호받고자 했던 약이라서 특허약特許藥, Patent Medicine이라고도 불린다. 18세기가 되면 영국과 미국에는 이런 약들이 넘쳐나기 시작한다. 돌팔이들이 들고 다니며 파는가 하면 신문 광고나 전단지를 통해 널리 홍보되기도 했다. 그 가운데 '앤서니 박사Dr. Anthony의 아일랜드 알약Irish Pills'은 신문마다 대대적인 광고를 실어 유명했는데, 인삼 성분이 함유되어 있으며 위장병 치료에 특효를 발휘한다고 선전했다.[86]

한편, 1787년 《타임스The Times》에는 심각한 히스테리를 낫게 해준다는 인삼차 광고가 실렸다. 이 차는 저명한 의사들이 조제한 제품이라는 설명도 곁들였다. 인삼 추출물로 만들었다는 안약도 대대적으로 광고를 했던 제품이다.[87] 또한 1790년에는 "지난 5년간 신경증에 시달리는 5만 명의 환자가 인삼차만으로 증상이 완화되었다"는 내용의 광고성 기사가 나오기도 했다.[88] 19세기 중반에는 눈에 띄는 독특한 제품이 등장했는데, 바로 런던의 외과 의사 모레이스 고스Dr. Morace Goss가 내놓은 '인삼 연고'였다. 이 제품은 '불임, 불안, 성 기능 장애' 치료에 효과적인 제품으로 엄청나게 홍보되었다.[89]

---

86 Michael Devlin, *Pillula Salutaris; Or, the Justly Celebrated Dr. Anthony's Irish Pills* (London, 1790).

87 "Case, 719th," *The Times*, 25 Apr. 1787.

88 "Advertisement," *The Times*, 31 Aug. 1790.

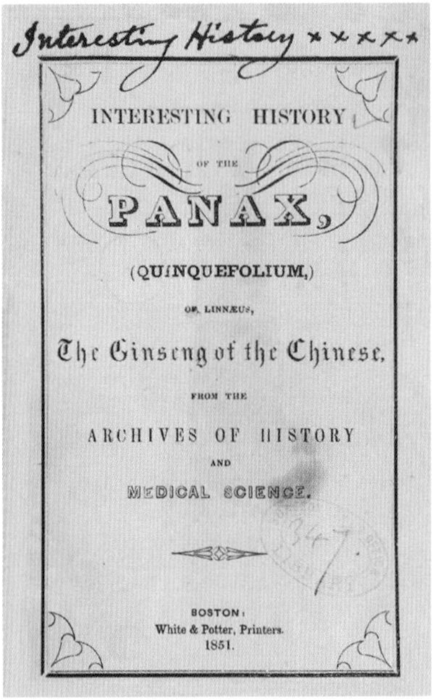
Interesting History
INTERESTING HISTORY
OF THE
PANAX,
(QUINQUEFOLIUM,)
OF LINNÆUS,
The Ginseng of the Chinese,
FROM THE
ARCHIVES OF HISTORY
AND
MEDICAL SCIENCE.
BOSTON:
White & Potter, Printers.
1851.

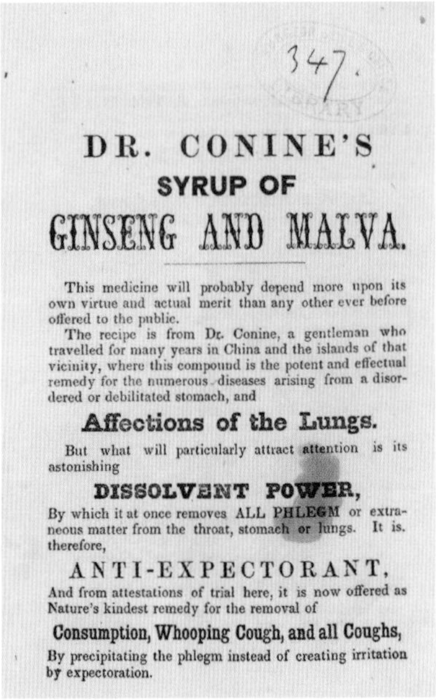
DR. CONINE'S
SYRUP OF
GINSENG AND MALVA.

This medicine will probably depend more upon its own virtue and actual merit than any other ever before offered to the public.
The recipe is from Dr. Conine, a gentleman who travelled for many years in China and the islands of that vicinity, where this compound is the potent and effectual remedy for the numerous diseases arising from a disordered or debilitated stomach, and

Affections of the Lungs.

But what will particularly attract attention is its astonishing

DISSOLVENT POWER,

By which it at once removes ALL PHLEGM or extraneous matter from the throat, stomach or lungs. It is, therefore,

ANTI-EXPECTORANT,

And from attestations of trial here, it is now offered as Nature's kindest remedy for the removal of

Consumption, Whooping Cough, and all Coughs,

By precipitating the phlegm instead of creating irritation by expectoration.

**인삼 제품 광고 팸플릿** 보스턴의 한 제약회사가 펴낸 《북미삼의 흥미로운 역사Interesting History of the Panax: Quinquefolium》는 인삼을 모든 질환에 특효라고 홍보하고 있다. (출처: 미국 국립의학도서관(U.S. National Library of Medicine)

19세기 중엽 미국에서는 인삼 제품 광고용으로 제작된 아주 고급스런 팸플릿이 배포되기도 했다. '코나인 박사Dr. Conine의 인삼과 아욱 시럽'을 홍보하기 위해 보스턴의 한 제약회사가 펴낸 《북미삼의 흥미로운 역사Interesting History of the Panax: Quinquefolium》가 그것이다.[90] 팸플릿에는 코나인

89 "Advertisements & Notices," *Reynold's Newspaper*, 13 May. 1855; 20 May. 1855; 27 May. 1855; 3 Jun. 1855.

90 Fairbank Wilson & Co., *Interesting History of the Panax (Quinquefolium) of Linnaeus: The Ginseng of the Chinese from the Archives of History and Medical Science* (Boston: White & Potter, 1851).

박사를 중국을 비롯해 여러 나라를 여행한 사람으로 소개하고 있으며, 동양에서 인삼이 누리는 명성과 인삼 발견의 역사 등을 개괄해놓았다. 앞부분에서는 이 인삼과 아욱 시럽이 지금까지 대중이 경험한 어떤 약보다 효과가 좋을 것이라는 설명과 함께 위장과 폐 기능 장애로 인한 모든 질환에 특효라고 선전했다. 뒷부분에는 실제로 이 약을 사용한 사람들의 경험담이 실려 있는데, 격렬한 기침, 발작, 각혈, 목과 위에서 토해내는 가래 등을 진정하고 치료하는 데 큰 효험을 보았다는 증언들이다.[91] 그런데 이처럼 인삼의 광범한 응용과 '만병통치약'적인 특성은 오히려 약으로서의 인삼의 입지를 위축시키는 요인이 된다.

91 Wilson, *Interesting History of the Panax*, pp. 14-16.

chapter03

# 약전의 개혁과 유효성분 추출의 어려움

## 약전개혁

3부 1장에서 살펴보았듯이 1783년 "인삼이 약전에서 퇴출되었다"는 영국 식물학자 커티스의 주장은 정확한 사실이 아니었다. 하지만 이 시기부터 인삼의 입지가 현격하게 축소되었던 것은 부정할 수 없다. 이런 현상을 불러일으킨 가장 큰 원인은 약전의 개혁이었다. 18세기 후반 유럽 여러 국가는 난립한 약전을 통합하고 공식적인 승인을 통해 국가 차원의 약전national Pharmacopeia을 편찬하기 시작했는데, 이것을 '약전개혁'이라고 부른다.

이런 움직임을 주도한 곳은 영국이었다. 1780년대 에든버러의과대학은 런던과 에든버러에서 출판되고 오랫동안 광범하게 읽혔던 여러 약전을 통합하기 시작했다. 1818년 프랑스에서는 《프랑스 총약전Codex Medicamentarius Sive Pharmacopoeia Gallica》이 국가의 승인을 받게 되었다. 이런 움직임은 칙령에 의해 학계 차원의 의학과 시중의 약 제조 관행을 통합하는 동시에 이들에게 공동의 책임을 부여하는 것이었다. 프랑스의 사례를 참조하여 미국에서는 《미국 약전The Pharmacopoeia of the United States of America》(1820)을 출간했다. 영국은 런던, 에든버러, 더블린의 약전을 통합하여 《영국 약전The British Pharmacopoeia》(1864)을 내놓았다.[92]

이런 과정은 원칙과 기준이 없던 약전에 공적인 기준을 부여하는 작업이었다. 흔히 '표준화standardization'라고 불리는 이 과정은 약전의 성격에 여러 가지 변화를 가져왔다. 우선 '비이성적irrational' 기준하에 고대부터 전해 내려온 많은 약을 제외하게 되었고, 수십 종의 약재와 벌꿀 등을 섞은 테리아카theriaca 조제약은 간소화되거나 아예 약전에서 사라지게 되었다. 그런데 이처럼 통합 약전을 만들고 표준화하는 절차는 철저히 당대의 의약학 및 과학적 패러다임의 산물로, 그 시대 의약 전문인들의 승인을 거친 것이라는 특성을 지닌다.[93] 여기서 약전개혁에 가장 큰 영향을 미친 두 분야의 과학적 이론을 꼽을 수 있으니, 바로 린네의 식물학과 라부아지에Antoine Laurent de Lavoisier, 1743~1794의 화학이 그것이다.

약의 원료 대부분이 아직도 식물성 약재였던 상황에서 약전개혁에 영향을 미친 선구자로 린네가 거명되는 것은 어쩌면 당연한 일이다. 하지만 식물은 생장 과정에 따라 약효도 다르고 약으로 조제하는 방법도 매우 다양하기 때문에 표준화를 위해서는 유효성분active principle, active ingredient만을 주목하는 것이 훨씬 효과적이고 정확할 터였다.[94] 여기에 근

---

92 Glenn Sonnedecker, "The Founding Period of the U. S. Pharmacopeia: I. European Antecedents," *Pharmacy in History* 35 (1993), p. 151.

93 Stuart Anderson, "Pharmacy and Empire: The "British Pharmacopoeia" as an Instrument of Imperialism 1864 to 1932," *Pharmacy in History* 52 (2010), pp. 112-116.

94 "The "British Pharmacopœia"," *The British Medical Journal* 2 (1885), p. 1026.

대 화학의 아버지 라부아지에가 등장하게 된다. 라부아지에의 영향하에 식물의 명명법이 개선되고 구체적인 유효성분을 규명하게 된 것이다.[95] 1790년대가 되면 영국의 약전은 공공연하게 라부아지에의 이름을 공저자로 올리거나, 그의 화학적 방법론에 따라 개편된 약전이라는 사실을 전면에 내세우기 시작한다.

개정된 약전은 기존 약전에 포함되었던 많은 식물을 배제하는 동시에 식물의 전반적인 특성을 개괄하기보다는 유효성분만을 기록하는 경향으로 나아가게 된다. 의료계의 입장에서 볼 때, 많은 식물의 특성을 열거하기보다 유효성분만을 적시하는 것은 무척 효율적이고 진보적인 지표로 여겨졌다.[96] 더욱이 19세기 초 중요한 유효성분들이 속속 발견되었다. 기나피에서 키니네를, 커피에서 카페인caffeine을, 토근에서 에메틴emetine을, 아편에서 모르핀morphine을, 담배에서 니코틴nicotine을 추출하게 된 것이다. 이 발견은 곧 제약산업이 비약적으로 발전하는 토대가 되었다.

## 인삼 유효성분 추출의 어려움

약전의 개혁 과정에서 인삼은 '광의의 약전'에는 계속 나타나지만 주요 약전에서는 제외되거나, 설사 수록되더라도 그 효능이 폄하되는 경향이 나타난다. 그 이유는 무엇보다도 서구 과학계가 인삼에서 효능을 입증할 만한 유효성분을 찾아내지 못했던 탓이라고 볼 수 있다. 물론 아직 객관

95 John P. Swann, "The Evolution of the American Pharmaceutical Industry," *Pharmacy in History* 37 (1995), p. 77.

96 "The "British Pharmacopœia"," pp. 1025-1026.

적이고 과학적인 실험 방법이 발달하지 못한 상태였기에 식물의 유효성분을 규명하는 일은 무척 복잡하고 불분명한 기술에 가까웠다.[97]

인삼의 주성분인 사포닌saponin은 한 분자 내에 비극성 분자와 극성 분자가 공존하는 화합물로, 비누처럼 거품을 일으키는 물질이다. 이를 분리·정제하기란 매우 까다로워서 크로마토그래피chromatography, 혼합물의 각 성분 물질이 용매를 따라 이동하는 속도 차이를 이용하여 혼합물을 분리하는 실험 기법라고 불리는 특별한 기술이 필요하다. 하지만 약전개혁이 진행되던 18세기 후반에는 아직 크로마토그래피 기술이 충분히 발전하지 않아 인삼에서 사포닌 같은 유효성분을 분리해내지 못했고, 이것이 인삼의 성분에 관한 연구를 더디게 한 주요 원인 중 하나였다.[98]

하지만 다른 식물들의 사례에 비추어볼 때, 나아가 인삼을 둘러싼 서구 의학계의 관심에 비추어볼 때 인삼에서 유효성분을 추출하는 일은 지나치리만큼 더디고 성공적이지 않았던 것이 사실이다. 크로마토그래피 같은 특별한 기술이 개발되지 않은 당시 상황에서 인삼의 성분 추출을 방해했던 그 시대만의 다른 원인들을 분석해보아야 한다.

우선, 서구 의학계가 인삼의 유효성분 추출에 실패한 데는 무엇보다도 실험 대상인 인삼, 즉 샘플에 문제가 있었을 가능성이 크다. 실제로 실험용 샘플의 질이 일관적이지 않거나, 심지어 자기들이 사용하는 인삼이 정확히 어떤 종류인지도 모르는 경우도 많았다. '만병통치약'으로서의 효능을 기대했던 실험자들은 그 신화의 주체인 아시아삼이 아니라 북

---

97 Sonnedecker, "The Founding Period of the U. S. Pharmacopeia," p. 158.

98 약전 관련 내용에 대해서는 인삼 성분 연구의 권위자인 서울대학교 약학대학 박정일 교수께 자문을 구했는데, 이 문단을 작성해서 보내주셨다. 박 교수님의 허락을 받고 보내주신 내용을 그대로 싣는다.

미삼, 심지어 인삼과 비슷한 유사식물을 이용해 실험을 진행하기도 했다. 17세기 초 유럽에 처음 들어온 인삼은 고려인삼이었고, 18세기 초까지도 인삼에 대한 과학계의 논의는 '동아시아삼'을 대상으로 이루어졌다. 그리고 18세기 초 북미삼이 유럽에 들어오자 식물학자들은 인삼의 종류를 구별하는 데 힘을 쏟았다. 린네를 비롯해 많은 식물학자가 인삼을 종류에 따라 분류했고 최소한 아시아삼과 북미삼이 다르다는 것 정도는 알고 있었다.

하지만 인삼을 의학적으로 응용하고자 한 서구 문헌들은 대부분 아시아삼과 북미삼이 똑같은 식물이거나, 다른 종류일지라도 효능은 동일하다고 가정하거나 주장했다.[99] 영국의 뛰어난 의사이자 화학자였던 윌리엄 루이스William Lewis, 1708~1781의 《약물학 실험의 역사An Experimental History of the Materia Medica》(1769)에서조차 "미국산 인삼과 중국 남경에서 받은 인삼을 비교해보면 외형적으로나 질적으로나 어떤 차이도 관찰되지 않는다"라고 밝혔을 정도였다.[100] 북미삼이 중국에서소차 진짜 중국삼으로 받아들여진다거나, 중국식의 우수한 가공curing을 거치지 않아도 그 효능을 인정받는다는 주장도 빈번하게 나타났다.

1798년 출간된 미국의 백과사전은 'Panax Ginseng'을 다섯 종류로 나누며 북미삼과 만주삼을 같은 것이라고 정의하는가 하면,[101] 1846년 발

---

99 Ewell, *The Medical Companion*, p. 672; *Goldsmith, A History of the Earth and Animated Nature*, p. 791; Bigelow, *American Medical Botany*, p. 93; The National Institute for the Promotion of Science, *Fourth Bulletin of the National Institute for the Promotion of Science, February 1845 to November 1846* (Washington D.C.: W. Q. Force, 1846), p. 554.

100 Lewis, *An Experimental History of the Materia Medica*, Vol. 1 (Dublin, 1769), p. 393.

101 James Akin, *Encyclopaedia: or, a Dictionary of Arts, Sciences, and Miscellaneous Literature*, Vol. 8 (Philadelphia, 1798), pp. 689-690.

간된 미국과학진흥원 회의록에서도 북미삼의 원산지가 만주와 미국이라고 밝히고 있다.[102] 심지어 동남아산 '닌진Ninzin'이라고 불린, 인삼의 효능에 못 미치는 유사식물의 원산지를 인삼과 마찬가지로 '미국과 중국'이라고 강조하기도 했다.[103] 의료시장에서 상황은 더욱 심각해서 "약국에서는 종종 인삼과 유사한 태국산 닌시Siam Ninsi가 섞여 있거나 인삼으로 둔갑하기도 했다"[104]는 증언도 나타났다. 만주나 한국에서 온 것으로 믿어졌으나 실제로는 일본에서 재배되는 닌시가 진짜 인삼으로 잘못 알려졌다는 기록도 그 연장선에 있다.

그런데 이런 담론은 고려인삼과 화기삼을 동일시해야 할 특별한 동기 때문에 빚어진 고의적 왜곡일 수 있다. 그 동기는 다분히 경제적인 것이었다. 즉, 화기삼이 고려인삼과 동일시되어야만 상품가치가 높아지고 수출에서도 경쟁력을 가질 수 있었다. 앞에서도 언급했지만, 북아메리카 대륙에서 화기삼이 발견된 이래 고려인삼과 화기삼의 차이를 밝히는 연구는 이미 상당히 진행되어 있었다. 심지어 어떤 문헌은 아시아에서 나는 인삼 종류의 차이를 구체적으로 묘사했을 정도였다. 예를 들자면 "한국과 중국의 인삼은 희고, 건조된 상태에서 주름이 있으며, 표면이 전분과 비슷한 고운 가루로 뒤덮여 있는 데 반해, 만주산과 다우리아Dauria, 몽골·러시아·중국 국경 지역산 인삼은 호박琥珀, amber과 비슷한 노란빛을 띠는데, 건조된 상태일 때는 평평하고 매끈하다"[105]라는 기술처럼 말이다. 심

102 The National Institute for the Promotion of Science, *Fourth Bulletin*, p. 554.

103 Lewis, *An Experimental History of the Materia Medica*, p. 393.

104 Edward Balfour, ed., *Cyclopaedia of India and of Eastern and Southern Asia* (Madras: the Scottish Press, 1857), p. 1401.

105 *The Chemical Gazette, or, Journal of Practical Chemistry* 1 (1843), p. 237.

지어 19세기 초 '영국에 수입된' 인삼을 언급한 문헌도 있는데, 내용만 보더라도 아시아삼을 묘사한 것임을 알 수 있다.

> 아주 커봤자 작은 손가락만 한 굵기로, 3~4인치 정도의 길이인데, 종종 한쪽 끝이 갈라져 있다. 가로로 주름이 져 있으며 안쪽에는 심지 같은 것이 들어 있고 안팎으로 노란색을 띠며 뇌두가 있다.[106]

아시아삼과 북미삼을 동일시하는 현상에 대해 작심하고 비판한 '양심적인' 과학자도 있었다. 미국의 화학자이자 동식물학자였던 콘스탄틴 라피네스크Constantine Samuel Rafinesque, 1783~1840는 "거의 모든 식물학자가 오늘날 중국삼과 미국삼이 같은 종이라고 말하고 있지만 자세히 살펴보면 두 가지가 다를 뿐만 아니라 미국삼만 하더라도 여러 종류가 있다"고 주장했다.[107] 그는 중국의 의학 저술가들도 중국인삼을 최소한 열 가지 종류로 구별한다면서 인삼의 종류가 다양하기 때문에 의학계에서도 이 식물의 가치와 성분을 두고 이견이 있을 수밖에 없다고 주장했다. 즉, 인삼의 효능을 폄하하게 된 이유가 연구자들이 각기 다른 인삼으로 실험했기 때문이라는 추론이다.

인삼의 유효성분 추출이 어려웠던 또 다른 이유는 실험을 위한 샘플의 질이 형편없었기 때문이다. 실제로 실험에 사용된 인삼들이 너무 어리거나 나쁜 뿌리들이었다는 기록을 많이 찾아볼 수 있다. 영국의 의사이자 식물학자였던 존 심즈John Sims, 1749~1831는 다른 사람들의 실험을 언

---

106 Goldsmith, *A History of the Earth and Animated Nature*, pp. 791-792.

107 Rafinesque, *Medical Flora*, p. 53.

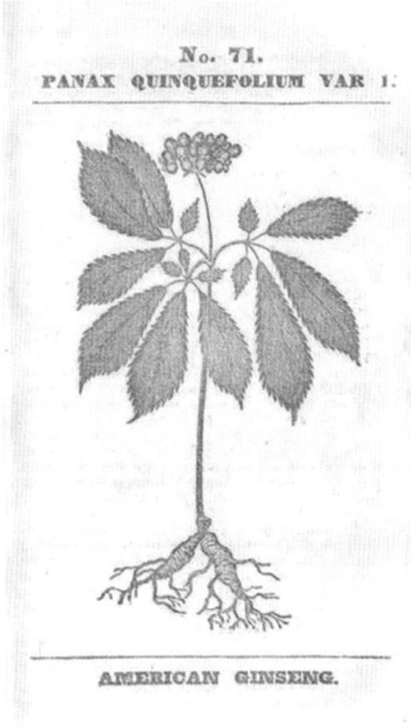


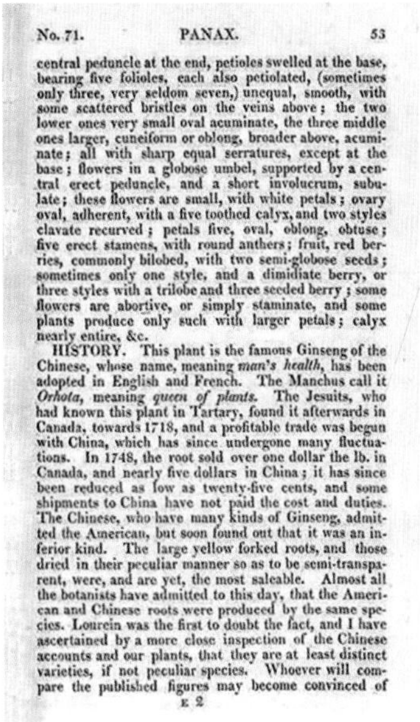
No. 71. PANAX. 53

central peduncle at the end, petioles swelled at the base, bearing five folioles, each also petiolated, (sometimes only three, very seldom seven,) unequal, smooth, with some scattered bristles on the veins above; the two lower ones very small oval acuminate, the three middle ones larger, cuneiform or oblong, broader above, acuminate; all with sharp equal serratures, except at the base; flowers in a globose umbel, supported by a central erect peduncle, and a short involucrum, subulate; these flowers are small, with white petals; ovary oval, adherent, with a five toothed calyx, and two styles clavate recurved; petals five, oval, oblong, obtuse; five erect stamens, with round anthers; fruit, red berries, commonly bilobed, with two semi-globose seeds; sometimes only one style, and a dimidiate berry, or three styles with a trilobe and three seeded berry; some flowers are abortive, or simply staminate, and some plants produce only such with larger petals; calyx nearly entire, &c.

HISTORY. This plant is the famous Ginseng of the Chinese, whose name, meaning *man's health*, has been adopted in English and French. The Manchus call it *Orhota*, meaning *queen of plants*. The Jesuits, who had known this plant in Tartary, found it afterwards in Canada, towards 1718, and a profitable trade was begun with China, which has since undergone many fluctuations. In 1748, the root sold over one dollar the lb. in Canada, and nearly five dollars in China; it has since been reduced as low as twenty-five cents, and some shipments to China have not paid the cost and duties. The Chinese, who have many kinds of Ginseng, admitted the American, but soon found out that it was an inferior kind. The large yellow forked roots, and those dried in their peculiar manner so as to be semi-transparent, were, and are yet, the most saleable. Almost all the botanists have admitted to this day, that the American and Chinese roots were produced by the same species. Lourein was the first to doubt the fact, and I have ascertained by a more close inspection of the Chinese accounts and our plants, that they are at least distinct varieties, if not peculiar species. Whoever will compare the published figures may become convinced of

E 2

**"중국삼과 미국삼은 다르다"** 미국삼을 아시아삼과 동일시하는 분위기에서 라피네스크는 《약용식물(Medical Flora)》의 71번째 항목으로 화기삼(Panax quinquefolius)을 다루면서 인삼의 종류가 다양하다는 사실을 밝혀놓았다. (출처: biodiversitylibrary.org)

급하며 수입한 인삼이 아무런 약효가 없다고 했는데, 그 이유가 바로 질이 좋지 않은 '가짜 인삼'을 사용했기 때문이라고 주장했다.[108] 이뿐만 아니라 인삼이 너무 오래된 나머지 효능이 없어졌다는 불평도 발견된다.[109] 이런 불평은 주로 고려인삼에 집중된 것으로, 인삼이 너무 비싸서 잘 팔리지 않자 약제사들이 오래 묵혀두었기 때문이다.

그런데 화기삼만을 대상으로 진행된 실험에서조차 샘플의 질이 나

108 John Sims, *Curtis's Botanical Magazine, or, Flower-Garden Displayed* 33 (1811), n. p.

109 Benjamin Stillingfleet, trans and ed., *Miscellaneous Tracts Relating to Natural History, Husbandry, and Physick* (London, 1759), p. 179.

뻐다는 비판이 제기되었다. 화기삼을 특정할 수 있었던 전문가들은 나쁜 뿌리, 즉 질이 낮은 인삼을 임상이나 실험에 사용하는 행태가 만연하다고 지적하기도 했다. 여기서 질이 낮은 인삼이란 주로 적절치 않은 시기에 채취한 인삼을 가리키는 것이었다.[110] 그런데 이것은 여러 사람이 꽤 오래전부터 지적해온 문제였다. 중국에서 인삼은 가을에 채취하는 것이 철칙이었다. 《본초강목》은 인삼의 수확 시기와 품질의 관계에 대해 '가을·겨울에 수확한 것이 질이 견실하고, 봄·여름에 수확한 것은 허하고 약하다'고 규정한 바 있다.[111] 심지어 18세기 후반 미국에서도 지식인들 사이에서는 인삼을 가을에 채취해야 한다는 것이 일종의 상식이었다.

미국의 경제학자 매튜 캐리Matthew Carey, 1760~1839는 중국으로 수출한 화기삼이 몽땅 썩는 바람에 제값을 받지 못했던 일을 언급하면서 인삼 채취는 10월의 가장 건조한 날씨에 이루어져야 한다고 강조했다. 인삼은 햇빛이 강하고 습도가 낮은 날 캐야 하며, 씻어서도 안 되고 캐는 즉시 잘 관리하지 않으면 효능이 떨어진다는 것이다.[112] 다른 문헌들도 여름에 서둘러 인삼을 채취하는 관행을 비판했다. 야생삼의 씨가 충분히 성숙해서 땅에 떨어지기도 전에 서둘러 캐버리는 바람에 북아메리카 대륙에서는 인삼이 결국 멸종될 것이라는 경고도 있었다. 이뿐만 아니라 여름은 아직 인삼이 성장하고 있는 시기여서 뿌리에 영양 성분이 제대로 공급되기도 전에 일찍 캔다면 충분한 약효를 지니지 못한 상태가 될 것이라고 했다.[113]

그런데 북미삼의 효능 자체가 약하다고 생각한 학자들도 있었다. 라

---

110 Rafinesque, *Medical Flora*, p. 57.

111 이시진, 《신주해 본초강목》 제4권, p. 47.

112 Carey, "Remarks on the commerce of America with China," pp. 576-577.

피네스크는 노골적으로 "우리 미국삼은 너무 약하기 때문에 1온스 정도까지 그 용량을 많이 사용해야만 한다"고 기록했다.[114]

> 중국삼 가운데 최고 종류는 아마도 다른 성분을 갖고 있을 것이다. 그것이 너무 비싸서 우리는 사용하지 못하지만 (우리가 키니네나 다른 약에 지불하듯이) 중국인들이 1파운드에 100달러나 지불한다는 사실을 비웃을 게 아니라, 어떻게 하면 우리 인삼[북미삼]도 그에 필적할 수 있을지 방법을 찾는 데 노력해야 한다.[115]

그런데 아시아삼과 북미삼의 차이가 본질적으로 식물의 종류가 달라서 나타나는 것이 아니라 생장 환경, 특히 토양과 가공 방법, 그중에서도 건조법의 차이에서 비롯된다는 주장을 내놓는 사람이 많았다.

> 미국삼과 중국삼은 유사성이 크지만 생장 환경과 건조법이 이 뿌리의 효능에 다소 영향을 미치는 것으로 나타난다. 특히 동양 인삼의 유용성을 논한 문헌들을 신뢰한다면 더욱 그렇다.[116]

이와 같은 주장을 뒷받침하기 위해 심지어 중국인의 '증언'까지 동원한 이도 있었다. 영국 국왕 조지 3세의 주치의를 지낸 윌리엄 헤버든

---

113 George V. Nash, *American Ginseng: Its Commercial History, Protection and Cultivation* [1895], U.S. Department of Agriculture Division of Botany Bulletin No. 16-Revised Edition (Washington D.C.: Government Printing Office, 1898), p. 9.

114 Rafinesque, *Medical Flora*, p. 57.

115 Rafinesque, *Medical Flora*, p. 54.

116 Millspaugh, *American Medicinal Plants*, p. 70.

William Heberden, 1710~1801 박사는 1773년 11월 런던 왕립의과대학에서 열린 세미나에서 '중국에서 인삼 뿌리를 가공하는 방법The Method of preparing the Ginseng Root in China'을 주제로 발표를 했다. 만주 지역에 거주했던 중국인과의 교신에서 알게 된 정보라면서 "중국삼이나 미국삼이나 큰 차이가 없으나 가공법에 따라 효능에 엄청난 차이가 생긴다"는 주장을 펼쳤던 것이다.[117]

가공법은 북미삼의 수출과 직결된 문제였기 때문에 많은 사람이 관심을 갖고 있던 상황이었다. 2부에서 살펴보았듯이 중국으로 수출된 북미삼은 아시아삼에 비해 형편없는 가격으로 거래되었는데, 미국인들은 그런 낮은 가격을 받게 된 이유가 가공법이 열등해서라고 굳게 믿고 있었다. 인삼은 당시 미국 땅에서 나는 것 가운데 최고의 수출품이었고, 높은 이익을 내던 터라 미국으로서는 인삼 가공법에 관심이 높을 수밖에 없었다.

미국에서는 1790년부터 인삼 주산지를 중심으로 중국식 손실법 혹은 가공 기술을 모방하기 시작했다. 중국인들이 좋아하는 방식으로 인삼을 찌거나 말리는 과정을 '가공clarification'이라고 불렀는데, 흔히 인삼을 끓는 물에 익힌 뒤 껍질을 벗기는 작업으로, 그 과정에서 뿌리가 투명해진다는 것이 일반적인 인식이었다. 그런데 이 가공마저도 12뿌리 가운데 한 뿌리 정도만 성공했다는 기록도 있다.[118] 중국에 수출했을 때 그렇게 잘 말린 가공삼clarified ginseng은 대충 말린 막삼crude ginseng에 비해 훨씬 높은

117 The College of Physicians in London, *Medical Transactions* 3 (1785), p. 34; Edward Smedley, Hugh James Rose and Henry John Rose eds., *Encyclopaedia Metropolitana*, Vol. 19 (London, 1845), p. 583.

118 Willich, A. F. M., and James Mease, *The Domestic Encyclopaedia; or, A Dictionary of Facts, and Useful Knowledge*, Vol. 3 (Philadelphia: William Young Birch, 1804), p. 158.

값을 받을 수 있었다.[119] 1830년대 초 건조막삼은 피쿨당 30~34달러, 가공삼은 55~60달러에 거래되었다.[120]

화기삼 가공의 역사에서 주목할 만한 인물은 필라델피아에서 활동하던 의사 아이작 헤이린Isaac Heylin이다. 헤이린은 1790년대에 중국을 여행하면서 인삼 가공법을 배워 돌아온 것으로 알려지는데, 켄터키의 인삼 산지로 내려가 1,000달러를 들여 건조장을 지었다. 인삼 건조장에서 '중국식'으로 손질된 인삼은 막삼의 열 배 이상인 파운드당 6~7달러를 받았으며, 헤이린은 수년 사이에 무려 2만 4,000달러의 수익을 거두었다고 알려진다.[121]

19세기에 들어서면서 헤이린이 만든 것과 같은 인삼 건조장이 보급되기 시작했다. 일반적으로 이 작업장은 커다란 방 두 개로 이루어졌는데, 한 곳에서는 인삼을 찌고, 다른 한 곳에서는 말렸다. 갓 캔 인삼이 들어오면 일꾼들은 뿌리를 씻고 칼등으로 조심스럽게 껍질을 벗겨낸 뒤 구둣솔로 문지른 다음 최종적으로 칫솔을 이용해 꼼꼼히 손질했다. 이렇게 손질된 인삼은 다른 방으로 옮겨 지름이 최소 18인치인 가마솥에 리넨 천을 깔고 수증기를 쐬었다. 한 시간 동안 쪄낸 인삼이 반투명의 희뿌연 색깔로 변하면 천에 싼 채로 찬물에 몇 분 동안 담가 식힌 후 건조 과정에 돌입한다. 통풍이 잘되면서도 따스한 건조실에는 여러 겹의 선반이 놓여 있었고, 그곳에 인삼을 널어 말렸는데, 이 과정을 거치면 인삼이

---

119 설혜심, 〈19세기 영국 신문에 나타난 인삼(ginseng)〉, 《영국연구》 34 (2015), p. 13.

120 "Foreign Intelligence," *Caledonian Mercury*, 8 Nov. 1834.

121 "Ginseng," *Wilmington Daily Herald*, 6 Mar. 1860. 그런데 헤이린의 중국 여행 시점에는 논란이 있다. Luke Manget, "Ginseng, China, and the Transformation of the Ohio Valley, 1783~1840," *Ohio Valley History* 17(2017), p. 22, 주 17을 참조하라.

'아름다운 호박 빛깔을 띤다'고 알려졌다.[122]

인삼 가공공장은 사람들의 출입이 통제되었으며, 가공법 또한 비밀에 부쳤다. 1793년 프랑스의 식물학자 프랑수아 앙드레 미쇼François André Michaux, 1770~1855의 증언에 따르면, 가공법을 간절히 원하는 켄터키 주민에게는 한 사람당 400달러씩 받고 비밀을 알려주었다고 한다.[123] 이런 가공공장은 켄터키 바깥으로도 퍼져갔다. 조지 워싱턴의 주치의였던 로버트 웰포드Robert Wellford는 버지니아의 스콧 카운티Scott County에 최초로 인삼 가공공장을 세웠고, 곧 뉴욕에서 노스캐롤라이나에 이르기까지 곳곳에 유사한 시설이 들어섰다고 한다.[124] 건조법의 개선은 실제로 수출 증가로 이어진 것으로 보인다. 1790년대 연간 3만 파운드 정도의 인삼을 수출했다면, 1800년을 전후해서는 연간 28만 파운드로 수출량이 늘었기 때문이다.[125]

그런데 아무리 인삼 건조 기술이 발전되었다 할지라도 미국식 가공 방식은 동아시아의 인삼 가공법과 비교해볼 때 매우 단순한 것이었고, 그 사실을 영미 의학계는 인지하고 있었다. 동아시아에서 인삼 가공법은 1,000년 가까이 전해 내려오는 기술이었다. 고려에 사신으로 왔던 송나라 서긍徐兢, 1091~1153이 귀국 후 황제에게 지어 올린《선화봉사고려도경宣和奉使高麗圖經》(1123)에서는 인삼을 생삼生蔘과 숙삼熟蔘으로 나누고 있는데, 이 기록으로 미루어볼 때 인삼을 쪄서 만드는 일종의 홍삼 제조가

122 Lian-Wen Qi, Chong-Zhi Wang, and Chun-Su Yuan, "Ginsenosides from American Ginseng: Chemical and Pharmacological Diversity," *Phytochemistry* 72 (2011), p. 693.

123 F. A. Michaux, *Travels to the West of the Alleghany Mountains* (London: Printed for R. Phillips, 1805), p. 233.

124 Manget, "Ginseng, China, and the Transformation," p. 12.

125 Manget, "Ginseng, China, and the Transformation," p. 13.

이미 나타났음을 알 수 있다.[126] 인삼을 쪄서 홍삼을 만든다는 것은, 인삼을 장기적으로 보존하기 위한 것으로, 이런 방식이 나타났다는 것은 이미 삼을 쪄야 할 필요성이 대두할 만큼 인삼 수요가 있었고, 공급 물량이 충분히 확보되어 있음을 의미한다.

중국에서 인삼 가공 기술은 최소한 남북조南北朝 유송劉宋, 420~479 시기에 시작된 것으로 알려진다. 청나라 말기에 편찬된 《계림구문록鷄林舊聞錄》은 인삼 가공 과정을 이렇게 설명하고 있다.

> 가공할 때, 우선 신선한 삼을 끓는 물에 넣어 익히고 나서 다시 작은 솔로 표피를 깨끗하게 털어낸다. 그리고 흰 줄을 맨 작은 활의 시위로 인삼 주름 사이의 흙을 깨끗하게 제거한다. 굵은 정백당을 녹인 물에 인삼을 하루 이틀 담갔다가 다시 찌고, 꺼내 불판에 굽는다.[127]

건륭乾隆, 1736~1795 후기에 이르면 인삼 가공법이 더욱 다양해졌다. 청나라 의학자 당병균唐秉鈞이 지은 《인삼고人參考》(1778)에서는 다양한 가공 방식으로 제조된 인삼에 대한 기록이 나타난다. 그가 열거한 완제품 인삼은 모두 40여 가지로, 이를 통해 청대의 인삼 상품의 다양성과 가공법의 복잡한 정도를 짐작할 수 있다.[128]

서구 의약학계는 중국의 인삼 가공법이 얼마나 복잡하고 섬세한지 잘 알고 있었다. 17세기 후반 영국 왕립학회와 프랑스 왕립과학원에서 인삼에 대한 논의를 시작했을 때부터 중국의 인삼 가공법은 아주 인기 있는

---

126 《선화봉사고려도경(宣和奉使高麗圖經)》 권23, 〈잡속(雜俗) 2〉.

127 王鐵生 主編, 《中國人蔘》(遼寧科學技術出版社, 2001), p. 27에서 재인용.

128 王鐵生, 《中國人蔘》, p. 27.

주제로 자리매김했던 것이다. 만주 사람들은 인삼을 캔 후 약 10~15일간 땅에 묻어 보관한다거나, 잘 씻어서 표면을 솔로 닦아내고 훈증한다는 등의 이야기는 이미 친숙할 정도였다. 물론 그보다 더 복잡한 공정을 소개한 문헌도 있다.

> 중국에서는 인삼 뿌리를 씻거나 쌀이나 수수를 달인 물에 담가두었다가 그 달인 물을 끓여서 증기를 쏘인다. 이런 방식으로 중국인들은 자연 상태의 건조법보다 훨씬 더 단단하고 투명한 인삼을 얻는다.[129]

미국 경제학자 캐리는 《미국의 박물관The American Museum》(1787)에 〈중국식 인삼 손질법Chinese manner of curing ginseng〉이라는 제목의 논설을 기고했다. 《미국의 박물관》은 신생국가 미국의 경제 부흥을 꾀하는 다양한 제안을 담은 정기간행물이었다.

> 인삼을 발견하면 적절한 때꽃이 피어 있을 때가 아닌 시기에 아주 조심스럽게 땅에서 캐서 껍질이 벗겨지지 않도록 조심히 다룬다. 그런 다음 쇠로 된 솥 같은 것중국에서 숯불 위에 쓰는 것 같은 평평한 종류에 물을 끓여서 인삼을 넣은 뒤 3~4분 동안 놓아두되 껍질이 상하거나 벗겨지지 않을 만큼만 끓는 물에 담근 뒤 뿌리를 자른다. 그러면 안쪽이 연한 볏짚 색깔이 날 것이다. 그런 뒤 깨끗한 리넨 천으로 인삼을 닦고 은은한 불 곁에 인삼을 가지런히 널어 말린다. 그렇게 서서히, 구부릴 수 있을 정도로 너무 딱딱하지 않을 때까지만 말리는 것이다. 그 뒤 그들[중국인]은

---

129 William Rhind, *A History of the Vegetable Kingdom* (Glasgow: Blackie & Son, 1841), p. 529.

젖은 수건에 줄을 맞춰 나란히 인삼 뿌리를 놓고 아주 단단히 감싼 뒤 실로 묶는다. 그리고 하루 이틀 매우 약한 불 위에서 말린 뒤 풀었다가 다시 젖은 천으로 감싸 같은 방식으로 말리는 일을 반복한다. 그러면 전체가 마치 나무 조각처럼 되는데 그때 탁자 위에 펼쳐놓는다. 연한 갈색을 띠면서 가장 무거운 조각이 최고다. 그다음 안쪽에 납으로 틀을 세운 상자 안에 큰 조각을 넣고, 해충을 방지하기 위해 생석회를 함께 넣는다. 그런 다음 밀봉한다.[130]

이처럼 중국식 가공법이 널리 알려졌음에도 미국에서는 결코 그처럼 정교한 방식을 적용하지 못했다. 1758년 힐이 "우리는 결코 중국인들처럼 인삼을 가공할 수 없다"[131]고 자조 섞인 말을 남긴 이래, 미국에서는 건조장까지 만들어 화기삼 가공에 돌입했지만 중국 방식에 비교해보자면 어설프기 짝이 없었다. 사실 미국인들은 정교한 가공법을 개발하기보다 닥치는 대로 수출하기에 바빴다. 어찌 보면 가공법의 차이는 중국에서 낮게 형성된 화기삼 가격을 설명하기에 더할 나위 없이 편리한 핑곗거리였다. 화기삼이 고려인삼보다 열등하다고 인정하기보다는 조악한 가공법 탓을 할 수 있었기 때문이다.

이런 상황에서 서구 의약학계는 인삼의 유효성분을 추출하기 위한 균질한 샘플조차 추려낼 수 없었다. 화학자이자 동식물학자였던 라피네스크는 인삼에서 충분한 유효성분을 추출해내지 못한 것이 '자신들의 무지 탓'이라고 인정했다.[132] 이 말은 이미 1713년 영국 왕립학회에서 논의되

130 Carey, *The American Museum*, Vol. 2 (Philadelphia, 1787), p. 448.

131 Hill, *Valerian. or, the Virtues of that Root in Nervous Disorders* (London, 1758), p. 17.

132 Rafinesque, *Medical Flora*, p. 54.

었던 '유럽의 의사들도 인삼의 성분을 정확히 알아서 정확한 양을 처방한다면 큰 혜택을 볼 것'[133]이라는 제안이 100여 년의 시간이 흘렀음에도 현실화되지 못했음을 드러내는 발언이기도 하다. 17세기 인삼과 조우한 유럽은 실제 의료에서 다양하게 인삼을 활용했지만, 유효성분 추출이라는 단계에서 실패했고, 이는 결국 인삼의 활용을 위축시키는 중요한 원인이 되었다.

133 Pierre Jartoux,, "The Description of a Tartarian Plant, Call'd Gin-seng, with an Account of Its Virtues. In a Letter from Father Jartoux to the Procurator General of the Missions of India and China," *Philosophical Transactions* 28 (1713), pp. 237-247.

chapter04

# 근대 약학 시스템으로의 더딘 진입

## 기적의 식물과 근대 의약학

18세기 후반에 이르면 유럽에서 그동안 일었던 중국 열풍이 급속하게 가라앉기 시작한다. 약전개혁이 시작되고 화학적 명명법과 식물의 유효 성분 추출이 시작되던 때와 맞물린 시기였다. 유럽 지식인 사회에 팽배했던 중국에 대한 선망뿐 아니라 중국 시스템을 유럽이 닮아야 할 모델로 삼아 연구하던 풍조가 확연히 수그러들었다. 갈수록 중국, 나아가 동양은 진보적인 서양과 대비되는 정체된 곳이자 심지어 계몽 대상으로 보는 분위기가 만연했다. 《중국통사The General History of China》(1735)[134]를 통해 유럽 곳곳에 중국과 인삼을 소개했던 예수회 신부 장-밥티스트 뒤알드Jean-Baptiste Du Halde, 1674~1743가 "중국은 모든 것을 다 발달시켰지만, 어떤

134 Jean-Baptiste Du Halde, *Description Geographique, Historique, Chronologique, Politique, et Physique de l'Empire de la Chine et de la Tartarie Chinoise*, 4 Vols. (Paris, 1735).

것도 완벽하게 해내지 못했다"라고 했던 것은 이런 변화를 예견한 말이나 다름없었다.[135]

의약학 분야에서도 중국에 대한 태도의 변화가 뚜렷하게 감지되었다. 17세기부터 유럽인들은 의도했든 의도하지 않았든 간에 비유럽의 의약학을 만나게 되었다. 다양한 이방식물이 유럽의 의약학시장에 들어오게 되었고, 진맥과 침술과 뜸술도 소개되기 시작했다. 이때까지만 해도 중국 의학은 긴 세월 동안 축적된 경험과 개인의 직관이 가미된 '섬세한' 의술이라는 평을 받았다. 하지만 서구는 점차 '정통 의학의 전문화the professionalization of orthodox medicine'를 추구하면서 주관적이고 경험적인 지식을 부정하게 되었다.[136] 그동안 중국 의학을 높이 평가했던 이들조차도 중국 의학이 뒤떨어진 것이라고 말하기 시작했다.[137] 이제 중국 의학은 "가장 불완전한 상태로 지속되어온 것"이라는 비판에 직면하게 된다.[138]

18세기 중·후반까지 모든 것을 통합하려는 계몽주의적인 의학이 있었다면, 19세기를 앞두고 의약학은 각각의 줄기마다 엄청나게 경쟁하고, 이론화하며 독점을 주장하는 분위기가 지배하게 되었다.[139] 이것은 이른바 서구 사회가 '근대식' 의약학을 정립해가는 과정이었다. 그런 근대 의약학은 여러 단계를 거쳐 이루어졌다. 먼저 서구가 해외 팽창을 통해 이른바 '토속전통'이라고 이름 붙인 비서구 지역의 약재와 의학적 지식을

---

135 Roberta Bivins, *Alternative Medicine?: A History* (Oxford: Oxford UP., 2007), p. 110에서 재인용.

136 Bivins, *Alternative Medicine?*, pp. 38-39.

137 Linda L. Barnes, *Needles, Herbs, Gods, and Ghosts: China, Healing, and the West to 1848* (Cambridge, Mass: Harvard UP., 2005), p. 237.

138 Robley Dunglison, *New Dictionary of Medical Science and Literature*, Vol. 1 (Boston: Charles Bowen, 1833), p. 184.

139 Bivins, *Alternative Medicine?*, p. 35.

습득한다. 그다음 과정에서는 그렇게 얻은 지식을 자신의 것으로 전유하는 한편, 비서구의 전통을 폄하하고 심지어 부정하는 단계를 거친다. 그 과정을 가장 전형적으로 보여주는 한 사례로 중국산 토복령土茯苓, China Root[140]의 운명을 한번 살펴보자.

토복령은 유럽에서 매독 치료제로 각광받던 약재였다. 르네상스 이후 유럽에서 유행하게 된 매독은 그 기원을 두고 아메리카 대륙에서 들어왔다는 설과 이미 로마제국 시기부터 유럽의 토착 질병이었으나 근대 초 사람들의 이동이 활발해지면서 급속히 퍼져갔다는 견해가 팽팽하게 대립하고 있다. 그 기원을 제쳐두고 현상만을 이야기하자면 유럽은 대항해시대 이후 급증한 매독으로 그야말로 골치를 썩고 있었다. 그런데 서양인들이 우연히 토복령이 매독 치료에 탁월한 효능이 있다는 사실을 알게 된 뒤, 유럽에서 토복령 수요가 엄청나게 증가했다. 어떤 학자의 표현을 빌리자면 이 뿌리는 "중국이 세상에 더욱 기여할 수 있는 기적적인 만병통치약"이었다.[141] 그런데 여러 가지 이유로 중국산 토복령의 수급이 원활치 않게 되자 이제 유럽 국가들은 그 수요를 충족하기 위해 토복령을 대체할 수 있는 약재를 찾는 데 열을 올리게 된다.

대체재를 찾는 과정은 여러 단계를 거쳐 이루어졌다. 값비싼 중국인삼을 대체할 북미삼을 발견했던 것처럼 유럽은 아메리카 대륙에서 토복령과 흡사한 식물인 아메리칸 사르사American Sarsaparilla를 발견하게 된다. 발견 뒤 약효가 확인되자 곧 자메이카 등지의 플랜테이션에 이식해 대규모로 재배하는 과정에 돌입했다. 그다음 과정에서는 처절한 경쟁이 펼쳐

---

140 청미래덩굴 뿌리로 관절통, 매독, 연주창, 헌데, 악성 종기, 수은 중독 등을 치료하는 데 쓴다.

141 Anna E. Winterbottom, "Of the China Toot: A Case Study of the Early Modern Circulation of Materia Medica," *Social History of Medicine* 28 (2014), p. 22.

졌다. 중국산 토복령과 아메리칸 사르사는 처음에는 서구 시장에서 경쟁 관계를 형성했지만 곧 토복령의 인기가 시들기 시작했다. 노예제를 동반한 플랜테이션 시스템을 통해 재배된 아메리칸 사르사는 더 많은 양을 안정적으로 공급하고 가격은 훨씬 저렴했다. 아메리칸 사르사는 생산과 판매의 이권을 쥐고 있던 제약기업들에 의해 더 많이 홍보되고 유통망도 전 세계로 확대된다.

이런 일련의 과정에 동반되는 것은 토복령 같은 '기적의 식물'을 둘러싼 '발견의 수사'이다. 그런데 유럽이 대체재를 찾기 시작하면서 중국산 토복령을 알게 된 과정에 대한 기억들은 점차 사라져가고 대신 아메리칸 사르사를 '발견'한 과정은 인류의 엄청난 발견 혹은 혁신의 순간으로 미화되는 수순을 밟는다. 유럽을 공포로 몰아넣었던 매독을 인류가 정복해가는 역사에서 토복령이 갖고 있던 약재로서의 권위를 삭제해버리는 것이다. 이것은 약재와 그것에 대한 통제를 다루는 의학의 발전사를 '중국'을 뺀 채 유럽이 독점해가는 과정이었다.

그런데 거기서 그치지 않는다. 이제 유럽의 식물학과 의약학은 자메이카산 사르사에 '진짜true'라는 이름을 붙여 부르기 시작한다. 그리고 그 '진짜' 사르사는 토복령에 부여되었던 애매한 약성이 아닌 '표준' 유효성분들을 함유한 '진짜 약재'의 위치에 오르게 된다. 1914년 영국의 종합의학위원회General Medical Council는 중국의 토복령을 '불활성 약재completely inert drug'로 규정하며 약전에서 완전히 퇴출했다. 토복령에서 '활성성분인 파릴린parillin을 추출하지 못했다'는 것이 그 이유였다.[142]

인삼도 토복령과 흡사한 길을 걸었다. 두 식물은 '중국', 사실은 동아

---

142 Winterbottom, "Of the China Toot," p. 41.

시아가 원산지인 식물이고, 온갖 질병을 치료하는 데 특효약으로 인식되었다. 토복령과 마찬가지로 아메리카 대륙에서 인삼과 흡사한 식물이 발견되었고, 두 약재 모두 약전에서 퇴출되는 지경에 이르렀다. 하지만 토복령의 운명에 비하자면 그래도 인삼은 '살아남은' 쪽이다. 비록 인삼이 그 입지가 위축되기는 했어도, 토복령처럼 완전히 사라지지 않은 데는 아이러니하게도 서구의 유효성분 추출 실패가 한몫했다는 게 나의 시각이다.

오늘날 인삼이라고 하면 '사포닌' 혹은 인삼 고유의 사포닌인 '진세노사이드ginsenosides'라는 대표적인 성분이 떠오르겠지만, 인삼의 유효성분은 20세기 중반이 넘어서야 제대로 규명되기 시작했다. 이런 상황에서 18세기 초부터 중국에 인삼을 수출해야 했던 서구의 입장에서는 인삼의 효능을 둘러싸고 중국의 권위를 완전히 무시할 수 없었다. 즉, 서구가 인삼의 약성을 정확하게 몰랐기 때문에 오랜 세월 인삼에 열광했던 중국의 지식체계에 도전할 수 없었던 것이다. 따라서 '불활성 약재'로 퇴출당한 토복령의 사례와는 다르게 서구 의약학계는 북미삼이 계속 아시아삼과 동일한 효능을 지녔다고 주장할 수밖에 없었고, 심지어 원산지를 속인 채 중국삼인 척하는 일도 계속되었다.

그러면서도 한편으로 서구는 화기삼이 고려인삼의 완벽한 대체재라는 확신을 갖지 못했다. 앞서 논의했듯이 서구 과학자들 사이에는 두 가지 인삼의 효능이 다르다는 인식이 이미 존재하고 있었다. 그 이유가 종의 차이 때문인지, 혹은 가공법의 차이에서 비롯된 것인지는 정확하지 않았지만 두 인삼이 다른 대접을 받는다는 것은 상인과 경제학자, 의사와 화학자 등 모두 알고 있었다. 그렇다 보니 토복령처럼 고려인삼도 화기삼이라는 대체재를 찾았음에도 화기삼은 고려인삼을 완전히 대체하는 '진짜'가 될 수 없었다.

물론 여기서 또 다른 변수는 인삼이 플랜테이션 재배가 불가능한 식물이었다는 점이다. 식민지 플랜테이션은 주로 더운 곳에서 이루어졌기 때문에 서늘한 기후에서 자라는 인삼을 재배하기란 거의 불가능했다. 설사 서늘한 산기슭을 찾아 심는다고 하더라도 인삼은 대규모 노예제를 통해 재배하기 힘든 극도로 까다롭고 예민한 식물이었다. 이런 상황에서 서양은 19세기 말이 될 때까지도 인삼의 인공재배에 성공하지 못했다. 결과적으로 '서양의 혁신품'으로 포장될 수 없었던 것이다.

한편, 인삼이 만병통치약이라고 알려졌던 사실도 인삼이 살아남는 데 한몫했다. 당시 세계적으로 알려진 특효약들은 특정한 질병에 탁월한 효과를 발휘하는 여러 식물에서 화학적으로 유효성분을 추출한 것이었다. 가장 대표적인 사례가 '키니네'다.[143] 17세기 중반 당시 에스파냐령 페루 지금의 콜럼비아에서 발견된 바크Cinchona or quinquina bark 나무가 현지에서 열병을 치료하는 데 탁월한 효과가 있다는 것으로 알려지면서 유럽에서 엄청난 인기를 끌게 되있다. 이 나무는 '페루비안 바크' 혹은 예수회의 약재 교역과 연계해서 '제수이트 바크'로도 불렸다. 그런데 19세기 초반 이 식물에서 키니네라고 불리는 알칼로이드akaloid가 추출되면서 말라리아 치료제의 대명사가 된다.[144]

키니네는 열대 지방으로 뻗어나간 서구 제국주의자들에게 필수적인 예방약으로 자리 잡게 되면서 말라리아 치료약으로서 특화된 세계적인 상품이 되었다. 그 과정에서 페루비안 바크라는 식물의 이름은 사라져간 반면, 키니네라는 성분의 이름이 전 세계에 알려지게 되었다. 서구의 의

143 Harold J. Cook and Timothy D. Walker, "Circulation of Medicine in the Early Modern Atlantic World," *Social History of Medicine* 26 (2013), p. 341.

144 Cook and Walker, "Circulation of Medicine in the Early Modern Atlantic World," p. 340.

약학이 추출한 '유효성분'과 그 성분이 집중적으로 공격하는 질병의 이름이 피식민지에서 산출되던 자연물의 이름을 대체한 것이다. 키니네의 사례와는 달리 인삼은 다양한 질병에 효과를 발휘하는 '만병통치약'의 후광이 강했다. 너무 많은 질병을 치료했기 때문에 선택과 집중을 할 수 없는 아이템이었던 셈이다. 따라서 설사 진세노사이드 추출에 일찌감치 성공했다 할지라도 진세노사이드가 특효를 발휘하는 질병을 특정할 수 없다는 문제가 있었던 것이다. 그렇다고 해서 서양에서 인삼의 유효성분을 화학적으로 추출하려는 노력을 기울이지 않았던 것은 아니다.

## 인삼의 화학적 분석

19세기에는 인삼의 '화학성분chemical constituent'을 분석하려는 움직임이 나타났다. 인삼의 형태를 관찰하고 맛을 보고 향을 맡으며 특성을 찾았던 단계에서 한 걸음 더 나아가 물이나 알코올에 담가 추출한 성분을 분석하거나 기름을 짜서 불에 붙여 보는 등 본격적인 실험이 시작된 것이다.[145]

최초로 인삼을 '화학적'으로 분석한 사람은 라피네스크로 알려진다. 터키의 이스탄불에서 태어난 그는 어린 시절 유럽 여러 곳을 돌며 다양한 경험을 쌓았다. 1808년부터는 시실리Sicily에서 약품 교역에 종사하면서 돈을 상당히 벌었을 뿐 아니라 당대의 저명한 의사들과 교류할 수 있었다. 라피네스크는 미국에 정착한 뒤 1819년부터 7년 동안 켄터키주 렉싱턴에 위치한 트랜실베이니아대학교Transylvania University에서 강의를 맡

145 Bigelow, American Medical Botany, p. 94; Balfour, *Cyclopaedia of India and of Eastern and Southern Asia*, p. 1401.

는 한편, 화학자이자 동식물학자로 이름을 떨쳤다. 그는 의학에도 조예가 깊었다. 그런데 동료 식물학자들은 그를 "쪼개진 두뇌"라고 부르거나 돌팔이라고 비난하는 일을 주저하지 않았다. 그가 비난의 표적이 된 이유는 당시 기준에서 볼 때 지나치게 실험적이고 학제적이었기 때문이다. 라피네스크는 일종의 '생약 운동'을 이끈 선구자였다.[146]

라피네스크는 "인삼은 내가 많은 실험을 한 식물이다"라고 말했다.[147] 그는 자신이 인삼에 관심을 갖게 된 이유를 이렇게 설명했다. "2,000년 동안의 실험을 통해 '만병통치약'임이 입증된 중국의 인삼과 북아메리카 대륙에서 흔히 볼 수 있는 북미삼의 효능이 과연 같은지 궁금했다"라고 말이다. 그는 인삼을 대상으로 당시의 과학적 기준으로는 최첨단 수준의 화학적 실험과 분석을 시도했다.

> [인삼의] 뿌리에서는 상쾌한 장뇌와 같은 냄새가 난다. 맛은 달콤하고 톡 쏘며 약간 향긋한 쓴맛이 있다. 인삼은 신선한 상태나 마른 상태 모두 매우 온건하고 잘 맞는 각성제다. 또한 신경 진정제, 강장제, 피로 회복제, 원기 회복제, 완화제, 감미료, 거담제, 건위제, 혈액 희석제, 하제下劑 등의 효능이 있다. 인삼의 활성성분은 장뇌와 흡사한 특별한 물질인데, 나는 그것을 파나신Panacine이라고 부르겠다. 희고, 톡 쏘는 성분으로 알코올과 물에 녹으며, 장뇌보다 더 뚜렷하게 나타난다. 인삼은 휘발성 기름, 당분, 점액mucilage, 수지rasin, 樹脂 등의 성분 또한 함유하고 있다.[148]

---

146 Michael A. Flannery, "The Medicine and Medicinal Plants of C. S. Rafinesque," *Economic Botany* 52 (1998), p. 28.

147 Rafinesque, *Medical Flora*, p. 56.

그런데 그로부터 불과 20여 년 후 새뮤얼 가리그Samuel S. Garrigues, 1828~1898는 라피네스크의 인삼 분석이 미흡하다며 비난을 퍼부었다. 가리그는 필라델피아 약국 경영자의 아들로, 약사 수업을 받은 후 독일에 유학하여 1854년 괴팅겐대학에서 〈미국삼에 대한 화학적 고찰Chemical Investigations on Radix Ginseng Americana〉로 박사학위를 받았다.[149]

가리그의 학위논문은 사실상 인삼을 화학적으로 분석한 세계 최초의 논문으로 볼 수 있다. 물론 1부에서 기술했듯이 1736년 파리의과대학에서 뤼카 오귀스탱 폴리오 드 생바스가 〈인삼, 병자들에게 강장제 역할을 하는가?〉라는 제목으로 제출한 박사학위논문이 서구의 대학 시스템 안에서 인삼을 주제로 쓴 최초의 논문으로 알려진다.[150]

하지만 폴리오 드 생바스의 논문은 근대적 시각에서 볼 때 인삼을 '화학적'으로 분석한 것은 아니었다. 약초에서 의학적으로 유용한 성분을 추출할 수 있다는 의화학적인 전제를 강조하고는 있지만 아직 화학식 등이 도입되지 않았기 때문에 '성분ingredient'에 대한 뚜렷한 논의가 없고, 오히려 인삼의 효능에 대한 근거를 중국의 《본초강목》에서 끌어온 경향이 강했던 것이다. 반면, 가리그의 논문은 화학식과 화학적 분석이 크게 발달하던 시기에 이른바 '근대적'인 접근 방식으로 작성된 것이었다.

가리그는 논문의 서두에서 라피네스크가 인삼에서 '휘발성 기름, 당분, 점액, 수지 등'을 발견했지만 더욱 중요한 결정적인 성분을 밝혀내지

---

148 Rafinesque, *Medical Flora*, p. 55.

149 Samuel S. Garrigues, "Chemical Investigations on Radix Ginseng Americana, Oleum Chenopodii Anthelmintici and Oleum Menthae Viridis," Ph.D. Dissertation, University of Göttingen, 1854.

150 Folliot de Saint-Vast, *An infirmis a morbo viribus reparandis Gin Seng?* Præs. F. Vandermonde (Paris, 1736).

못했기 때문에 미완의 작업을 이루었을 뿐이라면서 문제를 제기한다. 그런 미흡함이 곧 자신이 이 주제를 깊이 파고들게 된 원인이 되었다고 밝히면서 말이다.[151] 그는 인삼을 찬물에 우리는 것과 같은 전통적인 방식으로 실험해본 결과 인삼에 라피네스크가 찾아낸 당분은 함유되어 있지 않았고 오히려 상당량의 알부민이 포함되어 있음을 발견했다고 주장했다. 그뿐만 아니라 시료를 이용한 다양한 화학적 실험법을 통해 전혀 새로운 성분을 분리해냈다고 주장했다.

가리그가 북미삼에서 분리했다는 새로운 성분은 파나퀼론panaquilon으로, 사포닌saponin 혼합물인 무정형의 화합물$C_{24}H_{25}O_{18}$이다.[152] 가리그의 발견은 인삼의 사포닌 성분 연구의 시원으로 평가받게 되었다. 이후 1889년 시베리아 동쪽 우수리강 유역에서 채집한 고려인삼에서도 같은 화합물을 분리해냈다는 기록이 있다. 1906년 일본인 과학자 아사히나Y. Asahina 등은 고려인삼에서 사포닌 및 사포게닌sapogenin을 분리했으나 화학구조를 밝히지는 못했나.[153] 또한, 1930년대에 코다케H. Kodake 등은 인삼에서 파낙신panaxin이라는 성분과 프로사포게닌prosapogenin이라는 성분을 분리했다고 보고했다. 하지만 세계적인 경제공황과 제2차 세계대전으로 인삼 성분 연구는 일시 중지되었다.[154] 여기서 일제강점기에 활발하게 진행되었던 고려인삼 연구의 동향을 잠깐 짚어보자.

151 Garrigues, "Chemical Investigations on Radix Ginseng Americana," p. 7.

152 Garrigues, "Chemical Investigations on Radix Ginseng Americana," p. 14.

153 Y. Asahina and B. Taguchi, "The Constituents of Ginseng, Yakugaku Zasshi," *J. Pharm. Soc.* 26 (1906), p. 549.

154 고성권 외,《우리 인삼의 이해》(중앙대학교 출판부, 2005), p. 24.

## 일제강점기의 인삼 연구

일본은 한국을 강제병합하자마자 '의생규칙醫生規則'을 제정해 조선의 전통적인 한의사들을 의사보다 격이 낮은 '의생'으로 만들었다. 하지만 총독부는 한약을 매우 가치 있는 자원으로 인식하고 있었고, 전쟁체제 아래에서는 그 자원을 활용하는 데 더 큰 관심을 기울였다. 사실 일제강점기가 시작되기 훨씬 오래전부터 일본은 조선의 약초에 대해 관심을 갖고 조사를 해왔다. 2부에서 살펴보았듯이 조선의 인삼을 은밀히 반출해 국산화를 시도했던 일이 그 대표적인 사례이다. 일제는 식민통치기구인 총독부를 설치하고서 이제 거리낄 것 없이 농상공부 식산국의 산림과를 통해 한반도의 약용식물에 대한 대대적인 조사를 시작했다. 또한 총독부의 경무총감부는 극약과 독약의 채취, 아편 제조와 양귀비의 밀재배 등을 목적으로 약용식물 현지 조사를 수행했으며, 중앙시험소는 대체의약품 개발의 필요성을 내세워 조사와 실험을 진행했다. 이런 대규모 조사를 통해 축적된 데이터는 경성제국대학 '스기하라杉原 교실'의 연구 재료가 되었다.[155]

스기하라 노리유키杉原德行는 경성제국대학 의학부 약리학 제2강좌의 주임교수였다.[156] 스기하라 교실은 조선 내의 한약 조사 및 그 성분 분석, 약리작용 실험을 추진해나간 핵심 주체였다. 여기서 초기에 조선인삼의 약리작용에 관해 많은 연구를 수행했던 인물은 민병기와 김하식이

---

155 신창건, 〈경성제국대학에 있어서 한약 연구의 성립〉, 《사회와 역사》 76 (2007), pp. 105-106, 108, 115, 117.

156 경성제국대학 의학부에는 약리학 제1강좌 및 제2강좌가 있었다. 제1강좌는 서양 약물, 제2강좌는 천연약물 및 생약(한약)에 대한 약리학 교실이었다.

었다.[157] 이들은 한의학에서 벗어나 서양 의학의 관점에서 실험과 분석을 통해 한방의 약초를 검증하려고 했다. 1929년부터 민병기는 조선인삼을 쥐에게 먹이며 사육하여 중독현상과 치사량, 경련과 마비에 관한 연구를 차례로 내놓았다.[158] 그리고 조선인삼과 미국산 인삼을 비교하면서 이런 해석을 내리기도 했다.

> 나는 거미擧尾 반응 또는 경련 발작과 같이 흥분 증상으로 간주될 수 있는 것이, 조선인삼 실험에서는 미국인삼 실험에 비해 현저하고 강렬하다는 것을 알 수 있다. 한방의가가 조선인삼의 약성은 '온溫', 미국인삼의 약성은 '냉冷'이라고 칭하는 것은, 어쩌면 이 둘 사이의 사정을 말하고 있는 것은 아닐까 사유된다.[159]

스기하라는 1939년 개성에 설치된 '경성제대 직할 생약연구소'의 소장직을 겸하게 되었다. 개성에 연구소를 세운 사실은 이 당시 총독부와 경성제대 의학부가 조선의 인삼에 얼마나 큰 관심을 기울이고 있었는지를 보여준다. 이에 부응하듯 스기하라는 조선인삼, 백삼과 홍삼의 제당 제어작용 연구, 조선인삼과 미국인삼의 비교 연구, 인삼의 신경독 해독 연구 등을 다룬 논문을 발표했고, 인삼엑스엑기스. 홍삼정 같은 유동성 엑스 제형, 분

---

157 스기하라는 "나의 교실에서 민(병기)과 김(하식), 양 씨가 상세한 인삼의 약리학적 작용을 탐색한 결과는 요약건대 인삼은 일종의 흥분제다"라고 진술했다. 杉取德行, 〈朝鮮人参〉, 《治療及処方》(1932), pp. 38-48. 신창건, 〈경성제국대학에 있어서 한약 연구의 성립〉, p. 129, 주 92에서 재인용.

158 이마무라 도모(今村鞆) 지음, 고승태 옮김, 《인삼사(人蔘史) 제1권 인삼사상편》 [조선총독부 전매국판, 1940] (동양대학교, 2015), pp. 173-174.

159 閔丙琪, 〈朝鮮人参ト米国人參ト / 比較研究〉, 《日本藥物学維誌》 11(3) (1931), p. 260. 신창건, 〈경성제국대학에 있어서 한약 연구의 성립〉, p. 129에서 재인용.

말 인삼차, 인삼비누 등을 개발하기도 했다.[160] 일제의 인삼 연구는 경성제대와 조선총독부, 미쓰이물산의 긴밀한 협력 아래 이루어졌다.[161]

한편, 1933년 독일 베를린대학 의과대학에서는 고려인삼을 다룬 박사학위논문이 통과되었다. 이 논문을 작성한 사람은 조선인 손인수로, 논문의 제목은 〈진짜 인삼 뿌리에 대하여: 파낙스 진생, 송삼Über die echte Ginsengwurzel: Panax Ginseng, Song-Sam〉이었다.[162] 논문은 시중에 다양한 인삼이 나돌고 있으나 '진정한' 인삼은 고려인삼이라고 정의하는 것으로 시작한다. 나아가 이 연구는 '송삼Song-sam'이라 불리는 송도산 백삼을 사용해 실험한 결과물로, 저자는 그 재료를 어린 시절 친구인 공씨에게서 입수했다고 밝히고 있다.[163] 공씨의 가족이 수대째 인삼 재배를 해온 유명한 집안이라고 기록한 것으로 미루어 유명한 개성상인 공성학의 집안이 아닐까 추측해본다.[164]

손인수는 치료제로서 인삼이 단독으로 쓰이기보다는 다른 약재들과 혼합해서 쓰인다고 주장한다. 혼합제로 쓰일 경우 염증에 의한 발열결핵,

---

160 장일무, 《한국인삼산업사》 제1권, pp. 537-538.

161 신창건, 〈경성제국대학에 있어서 한약 연구의 성립〉, pp. 129-130.

162 Sun, Insu, "Über die echte Ginsengwurzel (Panax Ginseng, Song-Sam)," in *Naunyn Schmiedebergs Archiv für experimentelle Pathologie und Pharmakologie* 170 (1933), pp. 443-457.

163 Sun, Insu, "Über die echte Ginsengwurzel (Panax Ginseng, Song-Sam)," p. 444.

164 1923년 4월 1일부터 5월 14일까지 44일 동안 홍삼 판로 개척을 위해 손봉상과 공성학, 박봉진, 김원배, 아마노 유노스케(天野雄之輔) 등이 중국 일대를 시찰한 기록이 《중유일기(中遊日記)》에 남아 있다. 5년 뒤인 1928년 4월 30일부터 6월 10일까지 42일 동안 손봉상과 공성학, 공성구, 아마노 유노스케, 이토 기쿠지로(伊藤菊次郎) 등이 같은 목적으로 홍콩과 타이완 여행에 나섰는데, 이 두 번째 여행을 기록한 여행일기가 《향대기람(香臺紀覽)》이다. 개성의 유력 인삼 상인들이 미쓰이물산 직원들과 처음부터 끝까지 함께 여행을 했을 뿐만 아니라 중국, 홍콩, 타이완의 미쓰이상사 지점으로부터 안내와 융숭한 대접을 받은 상황도 자세히 기록되어 있다. 공성구 지음, 박동욱 옮김, 《향대기람: 개성상인의 홍삼로드 개척기》(태학사, 2014).

기관지염, 후두염, 산욕열, 출혈객혈, 코피, 혈뇨, 이질, 빈혈과 출산 후 산모의 허약, 매독의 치료, 최음 및 정력 증진, 흥분 상태를 가라앉히는 진정제로 사용할 수 있다는 것이다. 또한 일반적으로 인삼이 다양한 질병으로 인해 저하된 체력을 끌어올려줄 수 있는 '강장제Tonikum'로 여겨지는 경향에 대해 논하기도 했다. 그런데 인삼이 특히 효능을 발휘하는 것은 신경체계 교란과 관련된 질병으로, 특히 우울증 같은 증상을 치료하는 데 탁월하다고 보았다. 이런 사례에서는 특이하게도 인삼을 단독으로 사용한다고 덧붙였다. 아편 중독자들이 아편을 피운 후 복용하면 해독 효과가 있다고도 기술했다.[165]

손인수의 논문은 쥐, 비둘기, 양서류, 물고기 등을 대상으로 동물 실험을 진행했다고 보고했다. 뿌리 본체와 잔뿌리의 효능이 다르다는 전제하에 별도의 실험을 수행했으며, 그 결과 인삼에 함유된 파낙스산panaxacid이 에테르ether 추출물 형태에서는 정확하게 판별하기 어려웠으나 성장 촉진물질은 뿌리 본체, 즉 몸통에 특히 많이 함유되어 있었다는 결론을 내렸다. 한편, 비둘기 실험을 통해 비타민 B1 함유를 확인했으며, 흰쥐 실험을 통해서는 인삼이 비타민 B2를 함유하고 있음을 확인했다. 그는 비타민 B1은 뿌리의 본체에서 더 많이 검출된 반면, 비타민 B2 성분의 함유량은 잔뿌리에서 더 높게 나타났다고 보고했다. 그의 논문은 거세된 쥐와 물고기를 상대로 한 실험을 통해 인삼의 성 기능 장애 치료제로서의 가능성을 확인하기도 했다.[166]

---

165 Sun, Insu, "Über die echte Ginsengwurzel (Panax Ginseng, Song-Sam)," p. 444. 이 부분에서 독일어 《생약학사전》(1909)을 인용하고 있다. [Tschirch: Handbuch der Pharmakognosie 1909, Bd. 1, pp. 514ff].

166 Sun, Insu, "Über die echte Ginsengwurzel (Panax Ginseng, Song-Sam)," pp. 446-457.

이처럼 손인수는 일제강점기 독일에서 고려인삼에 관한 논문을 남겼지만 한국의 인삼사에서 손인수가 미친 영향을 파악하기란 매우 어렵다. 그에 대한 기록이 거의 없기 때문이다. 오직 1934년 4월 18일자 《동아일보》 기사에서 그의 과거 행적에 대한 단초를 엿볼 수 있을 뿐이다. 그는 대구 출신으로 1919년 중국으로 건너가 3년간 수학한 뒤 독일 베를린대학으로 진학한 것으로 보인다.[167] 박사학위논문을 출판할 당시 뷔르츠부르크대학Julius-Maximilians-Universität Würzburg 약리학 연구소의 연구원이었으며, 1934년 잠시 한국에 귀국했던 것으로 보인다. 여기서 주목할 점은 그의 논문이 독창적이거나 혁신적이기보다는 한국과 일본에서 이루어진 고려인삼에 대한 약학 연구, 특히 스기하라와 민병기의 연구를 대거 인용하고 있다는 사실이다.[168] 이렇게 보자면 조선에서 이루어진 인삼의 약학적 연구가 독일 약학의 인삼 연구에 밑거름을 제공한 셈이었다.

이 시기 조선과 일본에서는 인삼의 식물학적 특성, 약성, 병해, 재배법과 관련한 매우 흥미로운 연구가 다수 진행되었다.[169] 1910~1930년대 초까지 주로 인삼의 성분 분석과 약리작용에 대한 연구가 이루어졌다면,

---

167 "대구가 낳은 독학 청년으로 독일에서 최고 학위를 얻은 손인수(39) 씨가 있다. 일량일전 그의 본가와 이종간인 남산정 양규식 씨에게 지난 3월 중 조선인삼에 대한 논문을 통과하야 의학박사의 학위를 얻었다는 반가운 소식을 논문의 인쇄물과 함께 보내어왔다 한다. 그는 작년에 독일의 최고 학부 백림의과대학 의과를 우수한 성적으로 마치고 금년에 박사논문을 제출하여 통과했다는 바 [손]씨는 16년 전 기미년에 중국으로 건너가서 북평협화의원에 수학하기 3년간 그리하야 독일로 건너가 백림대학에 입학하였었다 한다." 〈독일에서 의박학위 얻은 대구의 손인수 씨 조선인삼의 논문으로〉, 《동아일보》, 1934년 4월 18일자 [대구]발 기사.

168 1930년대 출간된 *The Keijo Journal of Med.*에 실린 인삼 관련 연구를 참조한 것이다. Sun, Insu, "Über die echte Ginsengwurzel (Panax Ginseng, Song-Sam)," p. 445, 주 1.

169 이마무라 도모는 〈인삼에 관한 근대의 과학적 연구〉라는 장을 통해 1930년대 중반까지 발표된 인삼의 약리학적 연구 53편을 소개하고 있다. 이마무라 도모 지음, 고승태 옮김, 《인삼사 제5권 인삼의약편》 [조선총독부 전매국판, 1937] (동양대학교, 2015), pp. 613-743.

1930년대 중반부터는 〈조선인삼 상호 간의 자연교잡과 그 방지에 관한 연구〉, 〈인삼 경작과 토양의 모암母岩과의 관계에 관한 연구〉, 〈조선인삼의 효력이 흰쥐의 학습에 미치는 영향의 심리학적 연구〉와 같이 다양한 주제의 논문들이 발표되었다.[170]

## 제2차 세계대전 후 러시아의 인삼 연구

인삼의 생리활성성분에 대한 연구가 본격적으로 시작된 것은 제2차 세계대전이 끝난 뒤였다. 당시 소련은 대규모로 인삼을 재배하고 있었으며, 한국전쟁을 틈타 불법적으로 들여온 고려인삼의 종자를 이용해 다양한 연구를 진행하고 있었다. 이 프로젝트의 핵심 인물은 블라디보스토크의 '극동해양연구소' 소속 약리학자 이스라엘 브레크만Israel Brekhman, 1921~1994이었다.

브레크만은 수백 명의 젊은 군인을 대상으로 인삼 효능에 대한 임상실험을 실시했다. 3킬로미터 달리기를 하기 몇 시간 전에 두 집단으로 나누어 한 집단은 인삼 추출액을, 다른 집단은 맛과 색깔이 똑같은 위약을 복용케 했다. 인삼을 복용한 집단은 위약집단보다 평균 1분 먼저 목표 지점에 도달했다. 이를 시작으로 브레크만은 인삼의 약리적 작용을 탐구하는 수많은 논문을 출간하며 오늘날까지도 인삼 약리학의 선구자로 평가받게 된다.[171]

브레크만은 자신의 이론을 입증하기 위해 군인 다음으로 무선기사와

---

170 이마무라 도모 지음, 고승태 옮김, 《인삼사 제6권 인삼잡기편》 [조선총독부 전매국판, 1939] (동양대학교, 2015), pp. 402-407, 411, 415에 이 논문들이 요약되어 실려 있다.

전신기사 들을 실험집단으로 선택했다. 그들을 선택한 이유는 정밀한 동작과 집중력, 지구력이 필요한 직업군이기 때문이었다. 이 경우 위약집단과 복용집단 모두 작업 속도는 비슷하게 향상되었으나 인삼을 복용한 집단에서 작업과 관련된 오류가 훨씬 적게 나타났다. 브레크만은 동물 실험에도 적극적이었다. 그는 쥐 120마리를 물에 빠뜨려 기진맥진할 때까지 헤엄을 치게 한 뒤 짧은 휴식을 주고 다시 물에 빠뜨렸다. 사전에 인삼을 주입한 쥐들은 두 번째 헤엄에서 두 배 정도의 시간을 더 버틸 수 있었다.[172]

브레크만의 실험은 국제적으로 많은 관심을 끌었다. 브레크만에 자극받은 영국 옥스퍼드대학 출신 약리학자 스티븐 풀더Stephen Fulder, 1946~는 병원의 야간 근무 간호사들을 상대로 인삼의 효능을 실험했다. 결과는 인삼을 복용한 그룹의 성취도가 더 높고 피로도는 더 낮았으며, 집중도는 더 높은 것으로 나타났다. 이어 독일에서도 유사한 연구들이 진행되었다.[173]

1960년대 들어서 인삼의 성분 연구에 큰 발전이 이루어졌다. 인삼 사포닌 성분 중 진세노사이드를 분리·정제하여 화학구조를 규명한 것이다. 이런 발전을 견인한 주체로 '극동해양연구소' 엘리아코프G. B. Elyakov 그룹[174]과 도쿄대학 약학부 쇼지 시바타紫田承二, Shoji Shibata 그룹이 꼽힌

---

171 Ulrike Schwemmer, *Wunderdroge Ginseng. Vom Einzug einer mythischen Heilpflanze in die moderne Medizin* (Wien-München: Franz Deuticke Verlag, 1998), p. 83.

172 인삼 연구 권위자인 베슬린 페트코프(Wesselin Petkow) 교수 역시 쥐 실험을 했는데, 인삼이 동물의 학습 능력을 획기적으로 향상시킨다는 결론을 내렸다. 일본에서는 고양이를 대상으로 실험했는데, 사료에 인삼을 섞어 먹인 고양이들의 학습 능력이 그렇지 않은 고양이들보다 뛰어났다. Schwemmer, *Wunderdroge Ginseng*, p. 87.

173 Schwemmer, *Wunderdroge Ginseng*, pp. 85-86.

다.[175] 우리나라에서는 1972년 서울대학교 생약연구소의 한병훈 교수 등이 고려인삼에서 혈청단백의 열변성 억제활성을 보여주는 유효성분을 분리하는 과정에서 파낙스 사포닌Panax saponin A와 C를 분리하여 구조를 동정한 결과 파낙스 사포닌 A는 '진세노사이드 $Rg_1$', C는 '진세노사이드 Re'로 확인되었다.[176]

이후 백삼 및 홍삼의 사포닌 성분에 대한 광범한 연구가 이루어졌고, 37종에 이르는 진세노사이드의 화학구조가 해석되었다. 국내외에서 홍삼을 중심으로 미량 진세노사이드에 대한 연구도 진행 중이다. 학자들은 고려인삼의 화학성분에 대한 연구가 괄목할 만한 업적을 이루어왔으며, 특히 사포닌의 경우는 성분 연구가 종결되었다고 해도 과언이 아니라고 평가한다.[177]

---

174 1960년대 말 인삼의 효능에 관한 중요한 작용기전을 설명하는 논문이 구소련 '극동해양연구소' 약리팀이 발표했다. 인삼이나 오가피(Eleutherococcus species)는 아답토젠(Adaptogen) 효능을 발휘한다는 보고였다. Brekhman Ⅱ, Dardymov Ⅳ., "New substances of plant origin which increase nonspecific resistance", *Annu. Rev. Pharmacol*. 9 (1969), pp. 419-430. 장일무,《한국인삼산업사》 제1권, p. 540에서 재인용.

175 G. B. Elyakow. L. I. Strigina, and N. I. Uvarova, "Glycosides from Ginseng Roots", *Tetrahedron Lett.* 48 (1964), pp. 3591-3597; Shoji Shibata, Mtiiti Fujita, Hideji Itokawa, Osamu Tanaka, and Tastuo Ishii, "Studues on the Constituents of Japanese and Chinese Crude Drugs. XI. Panaxadiol, A Sapogenin of Ginseng Roots", *Chem. Pharm.* Bull. 11 (1963), pp. 759-761. 장일무,《한국인삼산업사》 제1권, p. 540에서 재인용.

176 고성권 외,《우리 인삼의 이해》, p. 25.

177 고성권 외,《우리 인삼의 이해》, p. 21.

chapter05

# 야생삼의 고갈과 인공재배의 시작

## 한반도의 인삼 재배

한반도에서는 경상도와 전라도의 해안에 면한 온난한 산악을 제외하고 각지의 삼림 대부분에서 인삼이 산출되었다. 하지만 무분별한 채취와 삼림의 남벌로 인삼의 산출이 줄어들었다. 조선에서 야생삼의 멸종 조짐은 15세기 중엽 성종재위 1469~1494 대부터 나타나기 시작해서 영조재위 1724~1776 시기에는 거의 사라진 것으로 알려진다. 《승정원일기承政院日記》 영조 10년(1734)에 "근래인삼절종近來人蔘絶種"이라는 기록은 이런 사실을 뒷받침해준다.[178] 이후 야생삼은 한반도 북부의 깊은 산속에서만 그 명맥을 유지하게 되었다. 이마무라 도모今村鞆는 일제강점기 한반도에서 '야생삼 산출의 명맥을 유지하는' 장소를 다음같이 정리한 바 있다.[179]

178 《승정원일기》 43책 (탈초본 772책), 영조 10년(1734) 1월. 장일무, 《한국인삼산업사》 제1권, p. 245.

〈표〉 1930년 한반도 야생삼 산출지

<table>
<tr><td rowspan="8">평안북도</td><td>자성군</td><td rowspan="2">이 두 군이 최고로 많이 생산하고 현재 전 조선의 주산지다.</td><td rowspan="3">산삼 채취에 가장 힘을 쏟는 곳</td></tr>
<tr><td>후창군</td></tr>
<tr><td>강계군</td><td>위(자성군, 후창군)에 이어서 많이 생산한다. 그중 종남면, 용림면, 동서면이 가장 많다.</td></tr>
<tr><td>위원군</td><td rowspan="10">이 지역들은 생산량이 몹시 적어 거의 없다고 할 수 있다. 산삼 채취량은 적지만 매년 입산자가 있는 곳</td><td rowspan="10"></td></tr>
<tr><td>초산군</td></tr>
<tr><td>회천군</td></tr>
<tr><td>벽동군</td></tr>
<tr><td>영원군</td></tr>
<tr><td>평안남도</td><td>영원군</td></tr>
<tr><td rowspan="3">함경남도</td><td>장전군</td></tr>
<tr><td>갑산군</td></tr>
<tr><td>산수군</td></tr>
<tr><td>함경북도</td><td>무산군</td></tr>
</table>

이마무라 도모는 이외에도 강원도 인제, 회양, 기타 금강산 서쪽 지맥에서 산삼이 발견되지만 그 양이 무척 적어서 겨우 5년에 한 뿌리 혹은 10년에 한 뿌리 정도를 찾을 뿐이라고 말하며, 그것도 우연히 발견되는 것으로 이 지역들은 직업적인 산삼 채취인이 출입하는 곳이 아니라고 주장했다. 그는 조선시대 중기까지만 해도 한반도 거의 전역에서 산삼이 풍부했으나 200여 년 사이에 이처럼 희소해진 것은 삼림의 남벌 때문이라고 해석했다.[180]

그런데 한반도에서 인삼이 재배되기 시작한 시점은 멸종 위기가 닥치

179 今村鞆, 〈山人蔘採取りの 風習〉, 《靑丘學叢》 6 (1931), p. 111.

180 今村鞆, 〈山人蔘採取りの 風習〉, pp. 111-113.

기 훨씬 전이었던 것으로 보인다. 스티븐 포스터Steven Foster 같은 학자는 한반도에서 지금부터 1,000년 정도 전부터 인삼이 재배되었다고 본다.[181] 일반적으로는 늦어도 15세기 전후에 암암리에 인공재배가 이루어졌을 것이라는 시각이 우세하다.[182] 그런데 인삼 재배에 대한 실제 기록은 그보다 훨씬 나중에 나타난다. 우리나라에서 재배한 인삼을 지칭하는 '가삼家蔘' 이라는 용어를 처음으로 언급한 것은 《정조실록正祖實錄》의 정조 14년(1790)의 기록에서다. 하지만 학자들은 숙종 때부터 '종삼種蔘'에 대한 언급이 많이 나오는 것으로 보아 18세기 초 영남을 비롯한 일부 지방에서 인삼 재배가 널리 행해졌을 것으로 파악했다. 18세기 후반에 들어서면 가삼 재배는 널리 보급되며, 가삼을 재배하는 방법을 수록한 농서農書도 편찬되었다. 유득공柳得恭, 1749~1807의 《고운당필기古芸堂筆記》와 이학규李學逵, 1770~1835의 《삼서蔘書》(1800), 서유구徐有榘, 1764~1845의 《임원경제지林園經濟志》(1827)는 가삼 재배법을 조목별로 구체화해서 체계적인 정보를 제공하고 있다.[183]

인삼 재배가 활성화되면서 인삼 공급 지역도 바뀌어갔다. 야생삼이 주를 이룰 당시는 평안도, 함경도, 강원도, 충청·경상·전라의 산간 지역 등이 인삼의 주요 공급 지역이었다.[184] 그러나 19세기 이후 재배가 본격화되면서 개성 일대가 인삼의 주산지로 부상하게 된다. 개성상인들은 1830년대 이후 인삼을 대량으로 경작하는 한편, 홍삼을 중국으로 수출

181 Steven Foster, "Ginseng Adulteration: the Tangled Web of Names, History, Trade, and Perception," *ABC-AHP-NCNPR Botanical Adulterants Program* (2016), p. 46.

182 옥순종, 《교양으로 읽는 인삼 이야기》 (이가서, 2005), p. 32.

183 정은주, 〈조선 후기 가삼(家蔘) 재배와 《삼서(蔘書)》〉, 《한국실학연구》 24 (2012), pp. 445-446.

184 《세종실록지리지》의 인삼 공납 군현은 112개인데, 이는 전체 군현의 3분의 1에 해당한다. 양정필, 〈한말-일제하 금산(錦山) 인삼 연구〉, 《한국사학보(韓國史學報)》 51 (2013), p. 200.

**1930년대 개성인삼 제조 광경** 19세기 이후 인삼 재배와 홍삼 제조 및 수출 중심지였던 개성은 대한제국 시기 홍삼 정책의 변동과 일제의 경제 침탈로 홍삼 제조와 수출길이 막히는 등 적지 않은 타격을 받았다. (출처: 국립민속박물관)

하기 시작했다. 1850년대 이후 홍삼의 공식 수출량은 대략 2만 근 내외였는데, 4만 근 내외의 홍삼을 제조할 수 있었던 개성상인은 그 나머지를 밀무역 등의 형태로 중국에 수출한 것으로 알려진다. 홍삼은 거의 대부분 육로로 수출되었기 때문에 개항의 영향을 크게 받지 않았다. 따라서 1876년 개항 이후 1894년 갑오개혁까지 19세기 중반 이래의 개성 중심의 인삼 재배와 홍삼 제조·수출 시스템이 유지되었다.[185]

그러나 갑오·광무정권, 통감부 등을 거치면서 홍삼 정책이 바뀌고,[186]

185 양정필, 〈대한제국기 개성 지역 삼업 변동과 삼포민의 대응〉, 《의사학》 18(2) (2009), pp. 138-155.

186 한말 일제 초 홍삼 전매 재제의 추이에 대해서는 양정필, 〈대한제국기 황실의 홍삼 전매제 시행과 통감부의 삼업 재편〉, 《한국 전통사회의 재인식》 (이상태 박사 정년기념논총 간행위원회, 2006)을 참조하라.

또 일본인의 경제 침탈이 본격화되면서 대한제국 시기의 삼업은 극심한 변동을 겪게 된다. 2부에서 살펴보았듯이 1908년 대한제국은 일본의 강요로 홍삼 전매제를 실시하게 되었고, 1910년 경술국치 이후 1945년 해방 전까지 총독부 전매국과 미쓰이물산이 관리와 판매를 대행했다. 한국전쟁 이후 개성이 북한 땅에 편입되면서 개성은 북한만의 인삼 산지로 명성을 유지하게 되었다. 개성 출신 월남민들이 강화 등지에서 인삼 재배를 계속했으나 개성의 명성은 약해졌고, 오히려 분단 이전 주변에 머물렀던 금산, 풍기 등의 지역에서 이후 인삼 생산이 급속히 증가했다.

## 일본의 인삼 재배

일본에 자생하는 인삼은 죽절삼으로, 서민들이 약용했지만 고려인삼에 비해 약효가 떨어지는 탓에 상류층에서는 고려인삼을 선호했다. 그 때문에 일본에서는 언제나 고려인삼에 대한 수요가 높았다.[187] 임진왜란 중에도 일본이 조선의 인삼에 눈독을 들였던 것은 결코 우연이 아니었다. 한반도에 들어온 일본 군사들은 일본 본토에서 재배할 요량으로 고려인삼을 가져가서 잡아온 조선 포로로 하여금 오토코노무라男子村에서 재배하게 했다.[188] 1607년 도쿠가와 이에야스德川家康, 1543~1616는 다테 마사무네伊達政宗와 다케 요시노부竹義宣에게 조선의 인삼 씨를 주면서 그들의 영토가 조선의 정동쪽에 위치하여 기후가 비슷하므로 이것을 잘 키우는

187 미야케 히데토시 지음, 김세민 외 옮김, 《조선 통신사와 일본》 (지성의샘, 1996), p. 168.

188 노성환, 〈임란 포로가 되어 일본으로 건너간 조선의 동식물〉, 《일본어교육연구》 48 (2009), p. 245.

것이 일본을 위하는 일이라며 이식하도록 명령했다.[189] 다른 지역의 산에서도 약 1만 평방미터를 인삼밭으로 만들어 1860년경까지 시험재배를 시도했다는 기록이 있다. 하지만 이는 결국 실패로 돌아갔다.[190]

2부에서 살펴보았듯이 에도 막부 시절에 특히 고려인삼의 수요가 급증하면서 은의 유출이 심각해지자 제8대 쇼군 도쿠가와 요시무네德川吉宗, 재위 1716~1745는 조선의 인삼을 들여와 자체적으로 고려인삼을 재배하려는 계획을 세웠다. 조선의 생삼을 구해 오라는 비밀 지령을 받은 대마도 도주는 결국 1721년 생삼 3뿌리, 1722년 6뿌리 그리고 1727년에 11뿌리, 1728년에 24뿌리와 종자 60개를 훔쳐다 바친다. 1725년에는 나가사키에 거점을 둔 만주 상인 유목길兪牧吉, Yu Meiji이라는 자가 생삼 3뿌리와 종자 100개를 공급한 것으로 알려진다.[191] 막부가 나서서 고려인삼의 재배를 정책적으로 지원했기에 일본의 인삼 재배 과정은 이처럼 상세한 문헌으로 남아 있게 되었다.

막부는 1723년 사도佐渡에 조선인삼 4뿌리를 심어 재배를 시작해 1725년 처음으로 씨앗을 수확하기에 이른다. 닛코日光에서도 1719년 시험재배를 시작했으며, 1733년에 종자를 수확해 일본 각지에 보급했다고 알려진다. 일본은 바로 이 해인 1733년을 '인삼 수입 대체 원년'으로 삼았다. 그뿐만 아니라 《인삼보人蔘譜》(1726), 《인삼변人蔘辨》(1728), 《화한인삼고和漢人蔘考》(1748), 《인삼경작기人蔘耕作記》(1747) 등 인삼 재배와 관

189 이마무라 도모, 《인삼사 제1권 인삼사상편》, p. 72.

190 노성환, 〈임란 포로가 되어 일본으로 건너간 조선의 동식물〉, p. 245.

191 이마무라 도모, 《인삼사 제1권 인삼사상편》, pp. 98-99, 101; 정성일, 〈조선산 인삼 종자와 일본의 인삼 수입 대체〉, 《춘계 박광순 교수 회갑기념 경제학 논총》(전남대학교, 1993), p. 182; 장일무, 《한국인삼산업사》 제1권, pp. 265-267.

련한 전문서적을 잇달아 간행했다.[192] 1787년까지 막부는 인삼의 경작과 제조를 직접 경영했다. 후쿠시마현福島縣 및 나가노현長野縣, 옛 지명은 신슈信州, 시마네현島根縣, 옛 지명은 운슈雲州에 인삼 재배 단지를 조성하고 수확과 판매의 특허를 주기도 했다.

그런데 이런 일련의 과정에 대해 이마무라 도모는 "막부는 사업의 수익을 거두지 못했고 오히려 상당한 지출을 했다"고 평가하면서 막부의 인삼 경영 사업이 곤란했음을 주장한다.[193] 1790년 막부는 인삼의 재배와 판매를 자유화했는데, 그 때문인지는 정확하지 않으나 생산량이 늘어났고 마침내 중국 광동에 일본산 고려인삼을 처음으로 수출하게 되었다. 막부는 나가사키의 상인 나카무라 세이에몬中村 盛右衛門에게 관제 '어종御種 인삼' 수출을 위탁했다. 이를 계기로 나카무라는 독점 취급자가 되었으며, 그 독점권은 자손 대대로 이어졌다.[194]

메이지유신明治維新 이후 막부는 인삼 제조소와 막부가 관리하던 인삼밭을 민간인 10명에게 전부 불하하면서 인삼산업에서 일종의 완벽한 민영화를 이루었다.[195] 하지만 제2차 세계대전 중에 중국으로의 수출이 끊기면서 일본산 고려인삼 재배는 급격히 쇠퇴한다. 현재는 나가노현과 후쿠시마현, 시마네현에서 소규모로 인삼을 재배해 소량을 수출하고 있다.[196]

---

192 옥순종, 《교양으로 읽는 인삼 이야기》, pp. 54-55.

193 이마무라 도모 지음, 고승태 옮김, 《인삼사 제3권 인삼경제편》 [조선총독부 전매국판, 1938] (동양대학교, 2012), pp. 395-398, 404.

194 이마무라 도모, 《인삼사 제1권 인삼사상편》, p. 124.

195 이마무라 도모, 《인삼사 제3권 인삼경제편》, p. 424.

196 장일무, 《한국인삼산업사》 제1권, pp. 267, 271.

## 중국의 인삼 재배

중국에서 인삼 재배를 엿볼 수 있는 최초의 기록은 송나라 때 편찬된 《본초도경本草圖經》(1061)으로 알려진다. 이 책에서는 "봄에 묘를 틔운다. 초생은 작아서 …… 4, 5년 후 양아 오엽을 …… 10년 후에 이르러 삼아를 낳는다"라는 생육 연생에 따른 상세한 특징을 언급하고 있다. 학자들은 이를 토대로 이 당시 이미 산양삼山養蔘 재배가 이루어지고 있었다고 해석한다.[197] 그런데 인삼 재배에 관한 보다 실질적인 기록은 명나라 때 이시진의 《본초강목》에서 찾아볼 수 있다. "10월에 씨앗을 뿌리는데, 채소를 심는 방법과 같이 파종한다"라는 구절이 그것이다.[198] 그런데 이 당시 중국에서는 인삼이 재배되었다 할지라도 그것은 매우 소규모로 이루어지고 있었고, 다른 곳에 이식하는 일도 쉽지 않아서 야생삼 중심의 유통과 이용에 영향을 미치지 못했던 것으로 보인다.[199]

청조가 건립된 후 장백산백두산을 신성시하고 장백산 지역의 자연자원을 독점하기 위해 봉금 정책이 시행되는 등 엄격한 인삼 통제 정책이 실시되었다. 그뿐만 아니라 재배한 삼은 가짜라고 여겨 약용으로 허락하지도 않았다. 이런 상황에서 인삼을 재배하는 일은 억압될 수밖에 없었다. 하지만 건륭제재위 1736~1796 시기 야생삼 채취량이 점점 감소하자 길림성 주민들은 은밀하게 재배에 돌입했다. 산속에서 어린 삼을 발견하면 표시

---

197 고성권, 〈서지학적 고증을 통한 고려인삼의 정체성: 기미(氣味), 효능을 중심으로〉, 《인삼문화》 창간호 (2019), p. 3.

198 이시진 지음, 김종하 옮김, 《신주해 본초강목》 제4권, p. 47.

199 이마무라 도모 지음, 고승태 옮김, 《인삼사 제4권 인삼재배편》 [조선총독부 전매국판, 1936] (동양대학교, 2010), p. 93.

를 해두고 보호했다가 수년 후에 채취하거나, 더 나아가 어린 삼을 산중에 이식하거나 종자를 뿌려 키우는 일을 시작했다.

물론 이 모든 일은 비밀리에 행해져야 했다. 1794년부터 청 정부는 여러 차례에 걸쳐 산속에서 인삼을 재배하는 사람들을 색출해서 처벌했다. 재배삼이 관삼官蔘에 섞여 유통되는 바람에 인삼의 품위가 손상되었다는 이유였다.[200] 하지만 1820년대가 되면 비밀리에 이루어지던 인삼 재배가 점차 공공연해지고, 인삼 수급이 심각해진 정부도 결국 인삼 재배를 허락하게 된다.[201]

처음에 사람들은 큰 수익을 얻기 위해 어린 야생삼을 빨리 생장할 수 있는 환경으로 옮겨 심어 키우는 식으로 배양했다. 그렇게 얻은 인삼 종자를 파종하고 번식시키는 과정에서 원삼園蔘 재배 기술이 정립되었다. 원삼의 주산지는 장백산 지역으로, 시간이 흐르면서 그 주변으로 재배지가 확대되었다.[202] 청나라 동치년간同治年間, 1862~1874 인삼 재배업의 상황을 살펴보면, 당시 원삼을 재배하는 가구가 400여 호에 달했다고 한다. 하지만 인삼 재배는 수확량의 변화가 심하고, 까다로운 식물인 인삼을 재배하는 정교한 기술이 아직 발달하지 않았던 탓에 어려움을 겪었다. 결국 1901년경에는 원삼 재배 가구가 200여 호로 줄어들었다.[203]

하지만 중화민국 건립(1912) 즈음이 되면 인삼 재배업은 다시 궤도에 오르게 된다. 이때부터 길림성은 중국의 인삼 재배업 중심지로 자리매김하게 되었다. 특히 무송현撫松縣은 중화민국 초년에 인삼 재배를 전업으

200 이마무라 도모, 《인삼사 제1권 인삼사상편》, pp. 130-131.

201 이마무라 도모, 《인삼사 제4권 인삼재배편》, pp. 95, 97-98.

202 王鐵生, 《中國人蔘》, p. 6.

203 王鐵生, 《中國人蔘》, p. 34.

로 하는 가구가 470여 호, 인삼 생산량이 연 3만 5,000킬로그램으로 전국 생산량의 70%를 점했다. 1918년이 되면 무송현의 인삼 생산량이 20만 킬로그램에 달하게 되어 중국에서 명실상부한 '인삼의 고향'의 위치에 오르게 된다.[204] 1929년은 동북 지역의 재배삼 생산량이 가장 많았던 해로, 총생산량 약 150만 근을 기록하기에 이른다. 그 가운데 무송 지역의 생산량이 50만 근이고, 그 외에 집안輯安 10만 근, 안도安圖 30만 근, 임강臨江 20만 근, 통화通化 20만 근, 기타 생산지의 생산량이 20만 근이었다.[205]

1931년 만주사변을 일으킨 일본은 인삼 재배자들에 대해 잔혹한 통제 정책을 시행했다. 항일 역량을 무력화하기 위해 산간 지역에서 삼광 정책三光政策, 모두 죽이고, 불태우고, 빼앗아가던 일본 제국주의의 말살 정책을 실시하면서 장백산 지역의 인삼업을 파괴했던 것이다.[206] 그뿐만 아니라 인삼 가격을 낮추고 대량 수매를 강행하여 인삼 재배자들의 수익을 탈취했다.[207] 이런 혹독한 압박 정책으로 인해 중국 동북 지역의 재배삼 생산량은 급격히 감소하게 되었다. 1938년 일본인이 쓴 〈장백산종합조사보고〉의 기록에 따르면 무송현 전체에서 원삼 6,000킬로그램이 생산되었을 뿐이다.[208] 1945년 일본이 패망했을 때 중국 동북 지역 인삼밭 대부분은 황폐해지고 인삼 농민의 생활은 극도로 피폐했다. 1948년 동북 지역의 산삼 생산량은 겨우 500냥, 원삼의 생산량 역시 2만 8,000근 정도였다.[209]

---

204 王鐵生,《中國人蔘》, pp. 24-25.

205 方堃 編著,《人蔘及其商品學》(人民衛生出版社, 1958), p. 4.

206 王鐵生,《中國人蔘》, pp. 24-25.

207 方堃,《人蔘及其商品學》, p. 4.

208 王鐵生,《中國人蔘》, p. 25.

〈표〉 1929~1948년 중국 동북 지역 인삼 생산량 및 가격[210]

| 연도 | 산삼 | | 원삼 | |
|---|---|---|---|---|
| | 생산량(兩) | 가격(元) | 생산량(斤) | 가격(元) |
| 1929 | 11,000 | 60 | 1,500,000 | 6 |
| 1930 | 8,000 | 60 | 600,000 | 6 |
| 1931 | 6,000 | 45 | 600,000 | 4 |
| 1932 | 3,000 | 45 | 150,000 | 3 |
| 1933 | 3,000 | 45 | 150,000 | 3 |
| 1934 | 2,000 | 45 | 150,000 | 3 |
| 1935 | 2,000 | 45 | 150,000 | 3 |
| 1936 | 2,000 | 45 | 통제 | 3 |
| 1937 | 2,000 | 45 | 통제 | 3 |
| 1938 | 2,000 | 45 | 통제 | 3 |
| 1939 | 2,000 | 45 | 통제 | 3 |
| 1940 | 1,000 | 80 | 통제 | 3 |
| 1941 | 1,000 | 120 | 통제 | 3 |
| 1942 | 1,000 | 120 | 통제 | 3 |
| 1943 | 1,000 | 120 | 통제 | 3 |
| 1944 | 1,000 | 120 | 통제 | 3 |
| 1945 | 700 | 200 | 30,000 | 120 |
| 1946 | 800 | 200 | 120,000 | 250 |
| 1947 | 700 | 200 | 70,000 | 600 |
| 1948 | 500 | - | 28,000 | - |

209 方堃,《人蔘及其商品學》, p. 4.

210 方堃,《人蔘及其商品學》, p. 5.

중국이 인삼업 진흥에 나선 것은 1980년대 이후가 되어서였다. 중국 정부는 인삼업 진흥 계획을 세우고 인삼의 과학적 연구를 위해 재배와 병충해 통제, 가공공예 및 이론 연구를 체계적으로 진행하기 시작했다.[211] 특히 2010년을 전후로 중국 정부는 길림성에 집중한 인삼업 진흥책을 꾀하게 된다. 그런데 이 '길림 인삼산업 진흥공정'은 그 의도와 목표가 한국의 인삼산업에 대항하기 위해 세워진 정책이라는 것이 학계의 해석이다. 예를 들어 "한국의 인삼 생산량은 세계의 20%밖에 점하지 않지만 인삼의 상품가치는 길림의 10배 이상인" 상황에서 이를 따라잡을 중국의 전략을 모색한다는 것이다.[212]

## 미국의 인삼 재배

북아메리카 대륙에서 인삼이 멸종될지도 모른다는 우려는 18세기 초 캐나다에서 인삼이 발견된 직후부터 이미 나타나기 시작했다. 프랑스와 영국 상인들과 그들에게 고용된 원주민들이 무분별한 채취를 계속했기 때문이다. 인삼 수출이 가져오는 이익에 혈안이 된 사람들은 한 지역의 인삼이 고갈되면 다른 지역으로 옮겨갔고, 야생삼 수확지는 점차 남쪽으로 내려오게 되었다. 특히 남북전쟁1861~1865 후 야생삼이 귀해졌는데, 그 이유는 전쟁이 한창이던 당시에 인삼을 캔 뒤에 씨앗을 땅에 묻는 노력을

211 陳景河, 〈人蔘文化的扛鼎之作—孙文采教授《中國人蔘文化》序〉, 《人蔘研究》 (2013-3) 참조.

212 박기환·허성윤·리징후, 〈중국의 인삼산업 현황과 육성 정책-중국 동북3성 지역 중심〉, 한국농촌경제연구원 보고서 (2014); 정정길·리금, 〈중국 인삼산업 발전의 새로운 동향〉, 《중국농업동향》 제5권 (2012); 許十文, 陳曉平, 〈人蔘的戰爭〉, 《21世紀商業評論》 (2013-21); 張合, 〈中韓人蔘戰爭〉, 《健康管理》 (2012-2).

거의 하지 않았기 때문이다.[213]

상황이 이렇다 보니 1890년대 인삼 수출량은 10년 전에 비해 3분의 1로 줄어들었고, 애팔래치아산맥 같은 주요 수확지에서도 인삼이 곧 멸종될지도 모른다는 우려의 목소리가 높아졌다. 한 목격자는 그곳에서 인삼이 "암탉 이빨만큼이나 귀하다"고 말할 정도였다.[214] 1880년대 파운드당 51센트에 거래되던 인삼은 1890년대가 되면 3달러 50센트로 치솟았다.[215]

1887년 미국 노스캐롤라이나주는 4월 1일~9월 1일 사이에 인삼을 채취할 경우 경범죄를 적용하고, 1인당 10달러의 벌금을 일별로 부과하는 법령을 선포했다.[216] 1891년 캐나다의 온타리오주는 1~9월 사이에 야생삼 채취를 금지하고, 이를 어길 경우 5~20달러의 벌금을 부과하기로 결정했다. 농사를 위해 땅을 개간했음을 증명하지 않는 한 산에서 자라는 인삼을 뽑거나 훼손하는 일을 금하는 법령이었다.[217] 미국과 캐나다는 1977년 '멸종 위기에 처한 야생 동식물의 국제 거래에 관한 협약International Trade in Endangered Species of Wild Fauna and Flora'을 통해 화기삼을 보호대상으로 지정했다.

인삼 재배에 대한 의지와 시도는 인삼이 보호대상으로 지정되기 훨씬 전부터 존재해왔다. 17세기 후반부터 유럽의 식물학자들이 약초원에서

---

213 Manget, "Nature's Emporium: The Botanical Drug Trade and the Commons Tradition in Southern Appalachia, 1847~1917," *Environmental History* 21 (2016), p. 676.

214 "In Highland County," *The Richmond Dispatch*, 16 Oct. 1901.

215 Manget, "Nature's Emporium," p. 676.

216 "Gleanings," *Birmingham Daily Post*, 21 Nov. 1887.

217 "This Morning's News," *Daily News*, 11 Jul. 1891.

인삼을 재배하려는 노력을 경주했지만 실패했고, 미국에서는 1870년대부터 인삼을 재배하려는 노력이 본격적으로 펼쳐졌다. 하지만 어린 삼을 이식해서 재배하려는 시도는 실패로 돌아갔다. 그런데 1880년대 후반 야생삼의 뿌리를 이식하고 씨앗을 심어 재배하려는 시도가 여기저기서 이루어지면서 곧 버지니아의 아브라함 위스만Abraham Whisman과 뉴욕의 조지 스탠턴George Stanton이 평지에서 인삼을 재배하는 데 성공하게 된다.

스탠턴은 '미국 인삼의 아버지'로 불렸는데, 그 이유는 상업화가 가능할 만큼의 인삼을 재배하는 데 성공했기 때문이다. 그가 개발한 방법은 노지를 개간해 인삼을 심었다가 나중에 널빤지로 만든 그늘막을 세워 적당히 빛을 차단하는 방법이었다. 이 야생식물에 그늘과 층적법層積法, 종자의 저온처리 방법의 일종으로, 일반적으로 종자의 휴면타파休眠打破를 위해 실시함이 필요함을 스탠턴이 먼저 인식했던 것이다.

인삼 재배를 둘러싼 관심이 높아지자 1895년 미국 농무부the United States Department of Agriculture는 《미국인삼, 그것의 상업적 역사, 보호, 경작American Ginseng, It's Commercial History, Protection, and Cultivation》이라는 인삼 재배 매뉴얼을 발간하여 큰 인기를 끌었다.[218] 그 덕분에 1900~1920년대에 이르면 미국 내에 인삼 재배가 점차 확산되면서 위스콘신, 미시간, 오하이오, 미네소타 등지에서 인삼 재배가 널리 이루어지게 된다. 이 당시에는 농가에서 인삼을 재배하는 일종의 가삼형 재배가 주로 이루어졌으며, 조선 후기부터 널리 보급된 한국산 인삼의 인공재배 기술도 도입되고 있었다. 가삼형 인공재배가 활성화되면서 이와 관련한 묘삼, 종자 판매업 등

218 George V. Nash, *American Ginseng: Its Commercial History, Protection and Cultivation* [1895], U.S. Department of Agriculture Division of Botany Bulletin No. 16-Revised Edition (Washington D.C.: Government Printing Office, 1898).

관련 산업이 생겨났다.[219]

인삼의 인공재배 확대와 더불어 대학에서도 재배법과 인삼에 감염하는 여러 미생물에 대한 연구가 활발해졌다. 1912년에는 인삼 병해에 관한 전문적인 보고서가 나왔는데, 당시 인삼의 질병관리를 주도한 사람은 코넬대학의 식물병리학자Plant Pathologist 웨첼H. H. Whetzel, 1877~1944이었다.[220] 그의 보고서는 미국에서 인삼 재배에 관한 일종의 교과서 역할을 했으며, 이후 재배자 매뉴얼에서 질병관리가 큰 부분을 차지하게 된다. 관련 매뉴얼의 첫 부분에서는 흔히 인삼 재배의 역사를 다루는데, 인삼의 재배가 "200년 전 조선과 일본에서 시작되었다"는 내용이 들어 있다.[221]

20세기 초가 되면 인삼 재배자를 위한 다양한 가이드북이 등장한다. 농부들이 인삼을 재배하면서 맞닥뜨린 문제들과 함께 그에 대한 해결책을 소개한 '인삼 재배 노하우 Q&A'가 출판되기도 했다. 인삼의 질병과 퇴치법만을 집중적으로 파헤친 안내서를 비롯해 미시간대학 등에서 실험한 인삼의 효능에 대한 보고서와 인삼의 상업화 전략과 특화에 대한 경영 전문서도 선보였다. 오늘날의 시각에서 보아도 참고할 가치가 충분한 다양한 안내서가 출판시장에 등장했던 것이다. 이 가운데 특히 교과서처럼 사용되었던 책이 존 쾰러John Henry Koehler, 1866~?가 지은 《인삼과 골든실 재배자 핸드북Ginseng and Goldenseal Growers Handbook》(1912)이다.

이 책은 인삼의 역사부터 재배 기술, 병충해 구제, 마케팅에 이르는 수

---

219 장일무, 《한국인삼산업사》 제1권, p. 277.

220 H. H. Whetzel and J. Rosenbaum, *The Diseases of Ginseng and Their Control* [U.S. Department of Agriculture Bureau of Plant Industry Bulletin No. 250, Issued April. 30 1912] (Washington: Government Printing Office, 1912).

221 M. Van Hook, *Diseases of Ginseng, Bulletin 219* (New York: Agricultural Experiment Station, 1904); Whetzel and Rosenbaum, *The Diseases of Ginseng and Their Control*, p. 7.

북아메리카 대륙의 야생삼 자생지

많은 정보를 담고 있다. 30년 동안 인삼 재배에 몸담았고, 1900년부터 본격적으로 상업화에 관심을 갖게 되었다는 퀼러는 인삼에 대한 정확한 정보가 부족한 미국에 총체적인 정보를 제공하겠다는 사명감을 갖고 방대한 내용을 담았다. 여기서 흥미로운 점은 한국산 인삼을 높이 평가하는 데 반해 일본삼에 대해 아주 낮은 평가를 내리고 있다는 것이다. 퀼러는 심지어 "일본인삼은 특별히 가치가 없다. 그런 것을 중국 시장에 갖고 간다면 교통비나 겨우 빠질까 말까 할 정도다"라고 말한다. 여기에 덧붙여 일본삼이 미국삼의 일종과 매우 흡사하기 때문에 경험 없는 구매자는

특히 조심할 것을 당부한다.[222]

다른 인삼 안내서는 아예 한 장의 제목을 '일본산은 사지 마라Don't Buy Japanese Stock'로 붙이고서 "그렇게 가치 없는 일을 저지르기에는 인삼은 너무나 비싼 작물"이라고 설명한다.[223] 그런데 이런 이야기가 나타나는 것은 일본삼 종자가 이미 미국의 인삼 재배자들 사이에 널리 유통되고 있었고, 심지어 재배된 적이 있었음을 시사한다.

인삼 재배자뿐만 아니라 일반 대중을 상대로 인삼을 홍보하는 책자들도 선보이기 시작했다. 1891년 《과학적 미국인Scientific American》에 실린 인삼 특집 기사는 이후 아시아의 여러 신문에 번역되어 실릴 정도로 큰 관심을 끌었다.[224] 그림과 함께 중국의 인삼을 자세히 묘사하고 인삼이 지닌 명성과 효능을 소개하는가 하면, 북미삼이 중국삼이나 고려인삼과 같은 종이 아니라는 사실도 분명히 밝히고 있다. 하지만 북중국은 춥고 건조한 기후여서 인삼 소비가 드문 반면, 남중국은 덥고 습해 오히려 차와 약으로 엄청나게 많은 인삼을 복용한다는 등 다소 애매한 정보도 들어 있다.

그 가운데 대중 독자를 대상으로 한 일종의 인삼 입문서 《인삼이란?What is Ginseng?》은 특히 흥미로운 내용을 가득 담고 있다. 저자 찰스 루트Charles Marvin Root, 1837~?는 고려인삼을 매우 높게 평가한다. 중국에서도 최고급 인삼으로 대접받는 것은 다름 아닌 고려인삼이라고 하면서 말이다. 심지어 중국의 고관대작이 '송도개성'에서 보내온 인삼의 포장을 조심스럽게 벗겨내는 장면을 손에 잡힐 듯이 생생하게 묘사하기도 한다.

---

222 Koehler, *Ginseng and Goldenseal Growers Handbook*, p. 21.

223 Charles Marvin Root, *What is Ginseng?: An Account of the History and Cultivation of Ginseng* (Omaha, NE: J. M. Roueek, 1905), p. 36.

224 Nicolas Pike, "The Ginseng," *Scientific American* 64 (1891).

방수가 되는 비단 보자기로 싼 커다란 고리버들 바구니.

보자기에는 황실조선 왕의 인장이 찍혀 있다. 관세청에서 발급한 등록 번호도 찍혀 있다.

바구니 안에는 향기 나는 톱밥과 솜덩어리 혹은 누에고치 등이 채워져 있고,

흰빛과 금빛의 종이에 싸인 작은 꾸러미가 있고,

각각의 꾸러미에는 습기를 방지하기 위한 작은 생석회가 들어 있다.

이 생석회는 인삼의 위아래에 놓여 있다.

인삼은 수를 놓은 비단이나 금붕어 껍질로 만든 봉투에 싸여 있다.

이제 진짜 인삼의 실물을 발견할 차례다. 말린 작은 인삼은 4~5인치 정도 크기로, 표면은 반짝거리며 울퉁불퉁한 호박琥珀, amber처럼 생겼는데, 마치 머리가 없는 사람의 미니어처miniature 같다.[225]

루트는 "인삼은 이 세상에서 가장 귀중한 작물"이라고 극찬한다. 비록 북미삼이 상대적으로 헐값에 거래되고 있을지라도, 인삼은 크지 않은 땅을 가진 사람이 적은 노동력만으로도 가장 높은 이익을 낼 수 있는 최고의 작물이라고 강조한다. 그렇기 때문에 만약 갑자기 남편이 죽고 자식과 함께 남겨져 미래가 막막해진 과부라면 작은 땅이라도 있다면 인삼밭으로 가꾸라고 조언했다.

루트의 글 중에서 인삼 농사는 아들을 여럿 둔 농부가 누구에게 농장을 물려줄지 결정할 때 시험해볼 좋은 방법이라는 제안은 매우 흥미롭다. 자식들에게 각각 10달러어치의 인삼 종자를 사주고 어떻게 이용하

---

225 Root, *What is Ginseng?*, pp. 25-26.

는지를 두고 보라는 것이다. 누구는 그것을 팔아 저축을 하고, 누구는 옷을 사거나 심지어 학비로 쓸 것이다. 인삼 종자를 팔아 노잣돈을 만들어 집을 떠나는 아들도 있을 것이다. 그런데 그 종자로 인삼을 키워낸 자식이야말로 진정 부모의 재산과 농장을 이어받을 자격이 있다는 말이었다. 인삼 재배가 그만큼 인내심과 경영 능력이 필요한 어려운 일이기 때문이라는 설명이다.[226]

인삼 재배가 시작되고 약 15년이 지나자 가삼형 인삼 재배자들 가운데 초대형 인삼 농장을 설립하는 이들이 나타나기 시작했다. 그 변화의 중심축이었던 위스콘신의 마라톤 카운티Marathon County는 주로 독일과 폴란드계 농부들이 정착한 곳으로 1904년부터 인삼 재배가 본격적으로 도입되었다. 그곳의 '프롬 형제들Fromm Brothers'이 설립한 '인삼과 모피 농장The Fromm Brothers Fur and Ginseng Farm'은 미국에서 20세기 인삼 재배업의 상징과도 같은 곳으로 자리 잡는다. 프롬 형제들은 은빛 털을 가진 여우에게 매혹되어 모피 농장을 건립할 종잣돈을 마련하기 위해 고심하던 중 주위 사람들에게 인삼의 수익성에 대해 듣게 되었다. 그 후 수년 동안 프롬 집안의 형제들은 8월이 되면 산에 올라 인삼 수만 뿌리를 캤다. 삼을 캐러 온 경쟁자들과 마주치면서 말이다.[227]

그러던 중 프롬 형제들은 야생삼을 캐는 것보다 인삼 농장을 세우는 것이 장기적으로 훨씬 안정적인 수입원일 것이라고 판단했다. 그들은 처음에 야생삼 100뿌리를 이식하는 데 성공했다. 이후 5피트 넓이의 높은 묘판을 설치하고 그늘막을 세웠으며, 가을이면 인삼 도둑을 쫓느라 보초

---

226 Root, *What is Ginseng?*, p. 24.

227 Katherene Pinkerton, *Bright with Silver* (New York: William Sloane Associates, Inc., 1947), p. 53.

1930년 프롬 형제들이 운영하던 인삼 농장 (출처: Woodson History Center, Marathon County Historical Society 제공)

프롬 형제들이 유럽으로 수출한 모피를 입은 모델들 (출처: Woodson History Center, Marathon County Historical Society 제공)

를 서고 전기가 흐르는 철조망을 세워 인삼밭을 보호하는 등 피나는 노력을 기울인 끝에 거대한 인삼 농장을 키워내기에 이른다.[228] 1922년 뉴욕의 윌리엄 뵈너사William Boehner & Co.는 프롬 형제들에게서 10만 달러 이상의 화기삼을 구입한다. 이를 계기로 1929년 프롬 형제들의 농장은 인삼과 모피 산업에서 명실상부하게 서구세계 최고의 기업이 되었다. 그들은 영국 왕실에 모피를 공급했으며, 그들의 인삼은 한국, 일본, 만주, 몽골을 비롯해 서부 태평양 섬에까지 팔려나갔다.

## 인삼재배자협회

인삼을 전문적으로 재배하는 사람들이 많아지면서 이익 보호, 정보 교류와 친목을 위한 협회, 즉 동업조합이 결성되었다. 1902년 뉴욕주의 재배자들이 처음으로 협회를 만들었다. 1913년에는 각지의 협회에 속한 구성원의 전체 수가 최고조에 달했는데, 위스콘신, 미시간과 오하이오 재배자 협회가 가장 큰 규모를 자랑했다. 1916년 8월에는 대규모 인삼 농장을 경영하던 사람들이 전국 단위의 인삼협회를 설립하자는 데 뜻을 모았다. 103명의 회원으로 출발한 모임은 이듬해 미시간의 랜싱Lansing에 모여 무려 사흘 동안 '미국인삼재배자협회American Ginseng Growers' Association' 창설과 관련해 열띤 토론을 벌였다. 그 토론을 기록한 회의록은 20세기 초 미국의 인삼 재배자들의 관심사가 무엇이었는가를 잘 보여주는 매우 귀중한 자료이다.[229]

---

228 Alvar W. Carlson, "Ginseng: America's Botanical Drug Connection to the Orient," *Economic Botany* 40 (1986), p. 236.

회의에 참석한 사람들은 우선 왜 전국 인삼협회가 필요한가를 두고 격론을 벌였다. 미시간, 위스콘신, 미네소타처럼 인삼 재배가 활발한 지역에서는 이미 주state 단위의 인삼협회가 활발하게 활동하고 있었다. 따라서 굳이 전국 단위의 상위 단체가 필요한지에 대해 이견이 나온 것이었다. 지방 분권과 중앙 통제가 혼재된 연합국가 미국의 특징을 잘 반영하는 대목이었다.

당시 전국 단위의 인삼협회를 만들어야 한다는 필요성은 크게 두 가지 측면에서 제기되었다. 먼저, 적극적인 정보 교환 네트워크를 만들어서 좀 더 효율적으로 인삼 병해충을 방지하고 극복하자는 것이었다. 당시 인삼 전염병으로 인해 몇 해에 걸쳐 지은 농사를 하루아침에 망치는 농가들이 꽤 있었다. 그런데 이보다 더 중요한 것은 중국으로의 북미삼 수출에서 전국적 차원의 단일 창구를 구축하는 것이었다.

사실 이것은 직거래에 관한 사안이었다. 당시 뉴욕에는 1,353명의 해외 무역업자가 일종의 중개인으로 활약하고 있었다.[230] 중개인은 '차이나맨Chinaman'으로 불렸는데, 이들이 인삼 가격을 결정했으며 중국 수출로를 거의 독점하고 있었다. 중간에서 취하는 이윤이 너무 컸고, 무엇보다도 정작 인삼 재배자들은 인삼이 궁극적으로 얼마에 팔리는지조차 알지 못했다. 인삼 시세를 비롯한 수출 과정의 제반 상항에 대한 정보가 없는 탓에 재배자들이 판매에 개입할 여지가 전혀 없었던 것이다. 다음의 짧은 대화 기록은 당시 재배자들이 느낀 소외감과 좌절감, 심지어 무기력감을 그대로 드러낸다.

---

229 John Henry Koehler, *To the Ginseng Growers of America* (Wausau, WI: J. H. Koehler, 1917).

230 Koehler, *To the Ginseng Growers of America*, p. 6.

질문: 그렇다면 중국 시장으로 곧바로 진출할 수 있는 아이디어가 뭔가?

대답: 우리가 중국과 직접 교역할 수 있는 길은 영원히 없다고 본다.

이 대답에 많은 사람이 공감을 표하는 상황이 회의록에 그대로 담겨 있다.[231]

그런데 인삼 거래의 시작과 마무리 단계에서 차이나맨이 개입할 수밖에 없다는 것이 거부할 수 없는 현실이었다. 그날 회의에서는 긴 논란 끝에 나름의 절충안이 도출된다. 아주 믿을 만한 중국인 중개상을 찾아내어, 협회가 파견하는 주재원 자격으로 중국에 내내 거주하게 하자는 말이다. 인삼 가격의 폭락을 막고 수출의 효율성을 도모하기 위함이었다. 무엇보다도 차이나맨의 전횡을 방지하고자 하는 목적이 컸다. 사실 군소 인삼 재배자들은 개별적으로 판매와 수출을 할 때 중개인이나 중국 측 농간에 놀아나 제값을 받지 못하곤 했다. 이 첫 모임에서 선출된 회장은 미국 내의 인삼 재배자 약 4,000명 모두를 회원으로 가입시키고자 하는 의욕을 보였다.

1880년부터 1920년대까지는 인삼 재배와 더불어 미국의 인삼 무역이 번창했다. 그러나 1930년대 대공황으로 미국 인삼업은 큰 타격을 입었다. 그뿐만 아니라 제2차 세계대전과 곧 이은 중국과의 수교 단절로 수출 시장을 상실하게 되면서 미국의 인삼 경작자들은 어려움에 처했다. 위스콘신 동부, 오하이오 등지의 인삼 재배자 대부분이 인삼 사업을 접게 되었고, 오직 위스콘신 마라톤 카운티 주변의 대규모 경작자들만 남게 되었다.[232] 1970년대 미국과 중국의 외교 정상화 이후 중국으로의 인

231 Koehler, *To the Ginseng Growers of America*, p. 7.

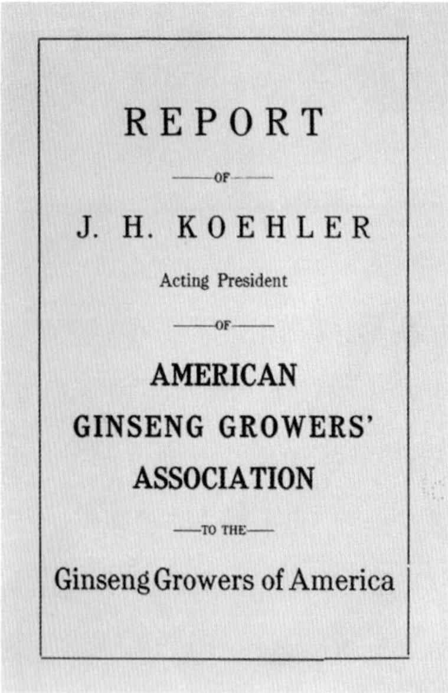

REPORT

—OF—

J. H. KOEHLER

Acting President

—OF—

AMERICAN

GINSENG GROWERS'

ASSOCIATION

—TO THE—

Ginseng Growers of America

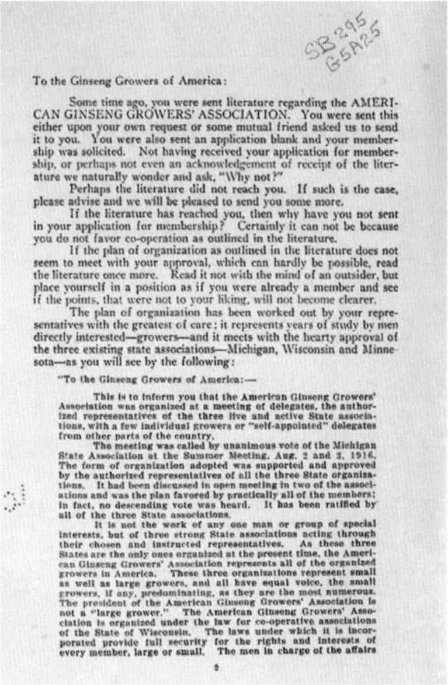



To the Ginseng Growers of America:

Some time ago, you were sent literature regarding the AMERICAN GINSENG GROWERS' ASSOCIATION. You were sent this either upon your own request or some mutual friend asked us to send it to you. You were also sent an application blank and your membership was solicited. Not having received your application for membership, or perhaps not even an acknowledgement of receipt of the literature we naturally wonder and ask, "Why not?"

Perhaps the literature did not reach you. If such is the case, please advise and we will be pleased to send you some more.

If the literature has reached you, then why have you not sent in your application for membership? Certainly it can not be because you do not favor co-operation as outlined in the literature.

If the plan of organization as outlined in the literature does not seem to meet with your approval, which can hardly be possible, read the literature once more. Read it not with the mind of an outsider, but place yourself in a position as if you were already a member and see if the points, that were not to your liking, will not become clearer.

The plan of organization has been worked out by your representatives with the greatest of care; it represents years of study by men directly interested—growers—and it meets with the hearty approval of the three existing state associations—Michigan, Wisconsin and Minnesota—as you will see by the following:

"To the Ginseng Growers of America:—

This is to inform you that the American Ginseng Growers' Association was organized at a meeting of delegates, the authorized representatives of the three live and active State associations, with a few individual growers or "self-appointed" delegates from other parts of the country.

The meeting was called by unanimous vote of the Michigan State Association at the Summer Meeting, Aug. 2 and 3, 1916. The form of organization adopted was supported and approved by the authorized representatives of all the three State organizations. It had been discussed in open meeting in two of the associations and was the plan favored by practically all of the members; in fact, no descending vote was heard. It has been ratified by all of the three State associations.

It is not the work of any one man or group of special interests, but of three strong State associations acting through their chosen and instructed representatives. As these three States are the only ones organized at the present time, the American Ginseng Growers' Association represents all of the organized growers in America. These three organizations represent small as well as large growers, and all have equal voice, the small growers, if any, predominating, as they are the most numerous. The president of the American Ginseng Growers' Association is not a "large grower." The American Ginseng Growers' Association is organized under the law for co-operative associations of the State of Wisconsin. The laws under which it is incorporated provide full security for the rights and interests of every member, large or small. The men in charge of the affairs

2

**미국인삼재배자협회 회의록** '미국인삼재배자협회' 창설을 위한 회의 내용을 정리한 이 보고서는 20세기 초 미국의 인삼 재배자들의 관심사를 잘 대변해주는 매우 귀중한 자료이다. (출처: 미국 의회도서관 Library of Congress)

삼 수출이 다시금 활기를 띠게 되었을 때, 혹독한 시기를 잘 견뎌낸 위스콘신의 경작자들은 큰 성공을 거두게 된다. 프롬 형제들의 농장이 소재한 위스콘신의 마라톤 카운티 주변은 미국의 재배삼 중심지로 확고한 입지를 굳히게 되었다. 이 시기에는 미국 대륙의 서부에서도 인삼 재배가 시작되어 오리건주와 워싱턴주에서 수출을 위한 상업적 생산에 돌입했다.

미국에서 생산된 인삼은 거의 전량 국외로 수출되었으며, 주요 수출

232 이동필, 〈화기삼의 효능 주장과 미국삼의 발전 과정에 대한 고찰〉, *Journal of Ginseng Research* 30 (2006), p. 162.

지는 세계 최고의 인삼시장인 홍콩과 동남아 시장이었다. 미국 내에서는 오랫동안 시장이 거의 전무했다. 사실 인삼이 미국 시장에 정착하지 못했던 가장 큰 이유는 대對중국 무역품으로서의 입지가 막강했던 탓이다. 인삼 사업에 종사하는 사람들조차 인삼을 직접 먹기보다는 눈에 보이는 대로 캐서 중국에 보내기에 급급했다. 빠르고도 확실한 수입을 보장했기 때문이다. 하지만 1976년 중국이 시장을 개방한 후 인삼과 인삼 제품 생산이 증가하면서 수출이 늘어나고, 중국에서 화기삼을 대량 생산하기에 이르자 미국은 유럽이나 남아메리카 등으로 눈을 돌리거나 미국 내수에 공을 들이기 시작했다.

1980년대부터 미국에서는 허브특히 약초Medical herbs가 새로운 문화 트렌드trend로 부상하게 되었다. 미국의 허브시장에서 가장 큰 관심을 받게 된 아이템이 바로 인삼과 마늘이었다.[233] 특히 1994년 '식이보충제 건강 및 교육법DSHEA'이 제정됨으로써 인삼이 식물 약재 식이보충제 시장에 '공식적으로' 진입하는 전기가 마련되었다. 즉, 인삼이 승인을 받는 데 몹시 까다로운 의약품이 아닌 '식품'의 범주에 들어가게 되었으며, 법이 허용하는 범위 내에서 식이보충제로서의 효능에 대해 광고와 판매를 할 수 있게 된 것이다. 2000년대 초부터 미국 국방부the Department of Defense는 군인들의 전투력을 유지·증진하기 위해 다양한 식이보충제 섭취 안내서를 제작하게 되는데, 그 식이요법 매뉴얼에 인삼이 '에너지 증진제energy enhancers'로 포함되기에 이른다.[234]

---

233 Mark Blumenthal, "Milestones in Pharmaceutical Botany Since 1960," *Pharmacy in History* 38 (1996), p. 25.

234 석영달, 〈미군의 인삼 복용?: 20세기 말 인삼의 미국 식이보충제 시장 편입과 미군 매뉴얼〉, 《인삼문화》 창간호 (2019), pp. 103-107.

미국산 인삼은 1980년대 면적당 생산량이 크게 성장해서 1990년대에 최고조에 달했는데,[235] '식이보충제 건강 및 교육법'은 미국 내 재배삼이 내수용으로도 판매될 수 있도록 숨통을 틔워준 셈이었다. 그뿐만 아니라 발견된 순간부터 거의 전량 수출용 상품이었던 인삼이 내수용으로 미국 시장에 공식적으로 진입하게 되었다는 점에서 의미가 크다.

**〈표〉 미국인삼(야생 및 재배삼)의 수출 동향*(1900~1983)**

| | 1900~09 | 1910~19 | 1920~29 | 1930~39 | 1940~49 | 1950~59 | 1960~69 | 1970~79 | 1980~83 | 총합 | (%) |
|---|---|---|---|---|---|---|---|---|---|---|---|
| LB(파운드) | 1,513,558 | 2,073,442 | 1,765,722 | 2,020,558 | 902,234 | 1,075,620 | 1,443,074 | 2,710,106 | 2,638,882 | 16,143,196 | |
| Metric tons(톤) | 686 | 940 | 801 | 916 | 409 | 488 | 654 | 1,229 | 1,197 | 7,320 | |
| 달러 (미화 가격) | 9,580,614 | 16,105,075 | 22,261,180 | 10,991,818 | 8,866,943 | 18,159,989 | 35,306,663 | 145,945,068 | 164,844,879 | 432,062,229 | |
| 가격/파운드 | 6.33 | 7.77 | 12.61 | 5.44 | 9.83 | 16.88 | 24.47 | 53.85 | 62.47 | 22.18 | |
| **수출 지역** (파운드) | | | | | | | | | | | |
| 아프리카 지역: 아시아 지역: | - | - | - | - | 786 | - | 44 | 6,863 | 20,573 | 28,266 | (.18) |
| 극동 지역 | 1,513,102 | 1,924,576 | 1,477,625 | 1,836,200 | 883,223 | 791,465 | 1,398,960 | 2,453,934 | 2,434,129 | 14,713,214 | 91.14 |
| 동남 아시아 | - | 6,710 | 3,983 | 6,605 | 10,787 | 272,306 | 40,172 | 121,481 | 73,832 | 535,876 | 3.32 |
| 남아시아 | 71 | 13 | 35 | 29 | 199 | - | - | - | - | 347 | (-) |
| 기타 | - | - | - | - | - | - | 230 | 1,177 | - | 1,407 | (.01) |
| 유럽: | | | | | | | | | | | |
| 북유럽 | 120 | 202 | 471 | 286 | 14 | 1,754 | 384 | 31,140 | 19,030 | 53,401 | |

235 W. A. Geyer, R. Janke, C. K. Barden and E. Carey, "Ginseng and Goldenseal Trials in Eastern Kansas," *Transactions of the Kansas Academy of Science* 111 (2008), p. 147.

| | | | | | | | | | | | |
|---|---|---|---|---|---|---|---|---|---|---|---|
| 남유럽 | - | - | 12 | - | 90 | - | 159 | - | - | 261 | (-) |
| 라틴 아메리카: | | | | | | | | | | | |
| 멕시코와 중앙아메리카 | 1 | 12 | 113 | 16 | 112 | - | - | - | 47,247 | 47,501 | (.29) |
| 남아메리카 | - | 21 | 2,151 | - | 110 | 100 | 152 | - | 116 | 2,650 | (.02) |
| 서인도 제도 | - | 74 | 15 | 352 | 714 | 480 | 20 | - | - | 1,655 | (.01) |
| 오세아니아: | | | | | | | | | | | |
| 오스트레일리아 | - | 26 | - | - | 11 | 300 | - | - | 249 | 586 | (-) |
| 프렌치 폴리네시아 | - | 2 | - | 28 | 419 | 177 | 20 | - | - | 646 | (-) |
| 기타 태평양 | - | - | - | 52 | 68 | - | - | - | - | 120 | (-) |
| 캐나다 | 354 | 141,806 | 281,317 | 176,990 | 5,701 | 8,548 | 741 | 59,212 | 10,488 | 685,157 | 4.25 |
| 기타 | - | - | - | - | - | 490 | 2,192 | 36,299 | 33,218 | 72,199 | (.45) |

* 미국인삼(화기삼) 수출량 및 수입 국가(파운드/지역): 아프가니스탄(200), 아르헨티나(2,132), 오스트레일리아(586), 벨기에(23), 버뮤다(160), 영국령 동아프리카(22), 영국령 동인도 제도(4,855), 영국령 말레이시아/말레이시아 연방(208,993), 영국령 오세아니아(43), 미얀마(1,261), 캐나다(685,157), 운하 지역(19), 칠레(37), 중국 본토(328,274), 콜롬비아(32), 코스타리카(24,734), 쿠바(1,355), 퀴라소(Curaçao)(132), 도미니카(3), 네덜란드령 동인도/인도네시아(5,839), 네덜란드령 기아나(3), 엘살바도르(451), 타이완(219,699), 프랑스(78), 프랑스령 폴리네시아(646), 가자해협(1,177), 독일(834), 기니(20,573), 온두라스(28), 홍콩(14,005,209), 인도(276), 인도차이나(17,829), 이탈리아(37), 자메이카(3), 일본(79,857), 한국(80,085), 말레이시아(15,888), 모리셔스 자치국(717), 멕시코(22,268), 모잠비크(5), 네덜란드(205), 뉴질랜드(77), 니카라과(1), 나이지리아(6,863), 파라과이(114), 페루(80), 필리핀(14,531), 사우디아라비아(30), 타이(66,168), 싱가포르(200,583), 에스파냐(159), 스웨덴(12), 스위스(65), 트리니다드/토바고(2), 남아프리카연방공화국(86), 영국(12,209), 베네수엘라(230), 서독(40,018), 기타 국가(72,199)

출처: 미국 재무성 통계국,《해외 무역 및 항해처 연례보고서》, 1900~1902; 상무 노동성 통계국,《해외 무역 및 항해처 연례보고서》, 1903~1912; 상무성 해외 및 국내 상업국,《연례보고서》, 1913~1940; 상무성 센서스국,《미국 수출 및 국가별 해외 상품 연례보고서》, 1941~1983.

참조: 1978년 및 1979년 자료는 오류가 있어 미국 상무성 해외 무역 및 항해처에서 정확한 자료를 획득하여 수록함.

출처: 장일무,《한국인삼산업사》 제1권 (KGC인삼공사, 2018), p. 506.

## 인삼의 국적이 사라지다

최근 인삼을 둘러싼 가장 큰 변화는 세계 곳곳에서 인삼이 재배되기 시작했다는 사실이다. 그런데 인공재배를 위해서는 종자를 수입해야 하는데, 수입과 재배, 판매의 과정에서 인삼의 국적이 사라지는 문제가 발생하게 되었다. 앞서 살펴보았듯이 한국, 일본, 중국에서는 이르면 18세기 말, 늦게는 19세기 말에 인삼 재배가 활발해졌고, 미국에서도 19세기 말부터 본격적으로 재배에 돌입했다. 인삼 재배에 큰 관심을 기울인 또 다른 나라는 바로 러시아였다. 러시아는 1858년 중러아이훈조약中俄愛琿條約, 1860년 중러북경조약中俄北京條約으로 아무르강흑룡강 이북과 우수리강 동쪽 지역을 확보한 뒤 곧 대규모 인삼 플랜테이션을 건설하고자 했다. 중국으로의 수출을 염두에 둔 계획이었다.[236]

그런데 인삼을 대규모로 생산하겠다는 러시아의 계획은 결국 실패하게 된다. 인근의 야생삼 채취에 만족해야 했던 러시아는 인삼 재배의 야욕을 품고 있었다. 사실 러시아는 인삼을 굳이 중국으로 수출하지 않더라도 국내 수요가 늘 큰 편이었다. 러시아 민간 의학이 인삼을 대단히 높이 평가했기 때문이다. 제2차 세계대전이 종결되자 구소련은 본격적으로 인삼 재배에 돌입한다. 특히 한국전쟁 당시 합법적이지 않은 경로로 반입한 한국산 종자를 이용해 대규모 재배를 꾀하는 한편, 인삼의 성분 연구에도 힘을 쏟았다.[237] 앞서 언급했던 브레크만의 연구가 보여주듯이 동물 실험은 물론 인간을 대상으로 인삼의 효과에 대한 임상 실험이 이

---

236 "Russian Exploring Expedition," *The Morning Chronicle*, 6 Jan. 1860; "Foreign intelligence," *The Times*, 3 Jan. 1860.

237 Schwemmer, *Wunderdroge Ginseng*, p. 81.

루어졌던 것이다.

북미삼 재배가 한창 상승세를 타던 20세기 초 미국의 재배업자들은 동아시아에서 인삼 종자를 들여와 실험과 재배를 시작했다. 1901년에는 미국 재배업자들이 일본에서 인삼 모종을 수입해 재배한 후 화기삼과 섞어 청나라에 수출하는 일이 있었다. 하지만 품질이 형편없어 평판이 추락하자 재배업자들은 이를 중지하기로 한다.[238] 앞서 살펴보았듯이 1912년에 출판된 쾰러의《인삼과 골든실 재배자 핸드북》이 일본삼의 질을 신랄하게 비판했던 데는 이런 맥락이 있다.

하지만 미국의 인삼 재배업자들은 여기서 포기하지 않고 중국에서 종자를 구하려는 노력을 지속했다. 신문에 광고를 내는 일도 주저하지 않았다. 한 예로 1937년 중국에서 발행된 영자신문《차이나 위클리 리뷰The China Weekly Review》에는 "LA의 한 개인이 인삼 종자를 얻고 싶어 함"이라는 광고가 실려 있다.[239] 오늘날 미국에서 가장 큰 인삼 농장으로 꼽히는 위스콘신 워소Wausau의 '수 인삼회사Hsu's Ginseng Enterprise Inc.'에서도 한국에서 가져온 고려인삼 종자를 재배하고 있다. 이 회사는 미국에서 화기삼을 재배하여 가공 및 완제품 생산과 도소매에 이르기까지 모든 공정을 소화하는 유일한 업체로, 이 회사의 제품들은 LA공항 등 면세구역에 독자적인 부스를 갖추고 판매되고 있을 정도다. 그런데 화기삼 생산업체가 이제 고려인삼까지 재배하고 있는 것이다.

2015년 여름, 필자는 '수 인삼회사'를 방문해 공장과 농장을 둘러보고 회사 대표인 윌 수Will Hsu와 인터뷰를 했다. 수 대표는 화기삼을 재배하

---

238 이마무라 도모,《인삼사 제1권 인삼사상편》, p. 156.

239 "Adverisement," *The China Weekly Review*, 10 Jul. 1937.

는 밭은 모두 개방해 보여주면서도 고려인삼 밭만은 출입을 허가하지 않았다. 한국의 인삼 종자를 들여오는 경로에 대해 질문하자, 그것은 말해줄 수 없다는 답변이 돌아왔다. 재차 묻자 "현재는 합법적으로 중국을 통해 들어온다. 따라서 그것은 중국이 기른 고려인삼이고, 우리는 고려인삼을 중국을 통해 합법적으로 수입한다"고 대답했다.[240] 그렇다면 이전에는 어떻게 반입했냐는 질문에 "그것은 아버지에게 물어봐야 한다"라면서 대답을 피했다.

수 대표는 오히려 세계적인 인삼 수출 시장에서 한국이 지나치게 폐쇄적인 입장을 견지한다고 비판했다. "해외 여러 국가 중 미국 FDA 기준을 충족할 수 있는 거의 유일한 나라가 한국인데, 너무 높은 자긍심과 정부의 규제로 인해 완제품이 아니면 수출하지 않는다"라고 지적했다. 그는 한국이 인삼 수출을 전면적으로 개방할 경우 훨씬 더 많은 수출이 이루어질 것이라고 강조했다. "미국의 많은 업체가 높은 값을 치르고서라도 한국인삼을 사려 한다"고 하면서, 하지만 완제품이 아닌 상태의 한국인삼을 구할 수 있는 루트가 없거나, 서류상 절차가 복잡해서 수출입에 제약 요소가 많다고 불평했다.[241] 그런데 한국의 입장에서, 그리고 장기적인 관점에서 볼 때, 시장을 완전히 개방해야 한다는 수 대표의 견해가 타당한지는 의문이다.

그런데 현재 미국의 인삼 재배업자들에게 가장 큰 위협이자 경쟁 상대는 캐나다다. 캐나다는 비교적 늦게 인삼 재배에 뛰어들었다. 1970년대가 되어서야 브리티시컬럼비아주를 중심으로 화기삼 재배가 대규모

---

240 윌 수(Will Hsu)와의 인터뷰 [2015년 6월 30일, 위스콘신주 워소(Wausau)].

241 윌 수와의 인터뷰.

**위스콘신주 워소에 위치한 '수 인삼회사'의 인삼밭** 트랙터를 이용해 인삼을 수확하기 때문에 그늘막이 매우 높게 세워져 있는 것이 특징이다. (출처: 저자 제공)

로 시작된 것이다. 초창기에는 중국 본토나 타이완 사람들의 투자와 지원에 크게 힘입었다. 점차 재배지가 확대되어 오늘날에는 미국의 위스콘신주와 인접한 온타리오주의 서남부 지역과 브리티시컬럼비아주에서 인삼을 재배한다. 캐나다 인삼업의 특징은 미국과 달리 정부가 주도적으로 인삼 재배를 지원하고 독려한다는 점이다. 특히 최근에는 담배를 심던 땅에 인삼을 재배하는 사업에 매우 적극적인데, 미국과 캐나다의 담배 소비가 줄어들면서 담배 농가가 파산에 직면하자 이를 구제하기 위한 정책으로 고안된 것이다. 두 작물 모두 토양의 조건이 비슷하고, 기대이익 또한 큰 차이가 없기 때문에 최적의 대체재로 선택되었다고 한다.[242]

한편, 중국의 화기삼 재배도 매우 주목할 만한 사안이다. 아주 오랫동안 고려인삼 애호국이었던 중국이 화기삼을 재배하게 된 데는 인삼의 약성을 둘러싸고 인식 변화가 생겼기 때문이라는 분석이 지배적이다. 1970년대부터 '고려인삼은 열을 올리고 서양 인삼은 열을 내린다'는 인식이 퍼져나갔다. 1부에서도 잠깐 논의했지만 유럽에서도 열이 많거나 젊은 사람은 인삼을 적게 사용해야 한다는 인삼 담론이 이미 17세기부터 나타났다. 하지만 1970년대에 '고려인삼의 승열작용'이 갑자기 세계적으로 퍼져나가며 인삼 담론의 강력한 프레임으로 작동하기 시작했다. 오늘날 이 프레임은 경쟁국의 마케팅 전략으로 탄생한 것이라는 해석이 있다.

그런데 이 프레임은 실로 엄청난 결과를 낳았다. 고려인삼이 열을 올린다는 인식이 퍼지면서 홍콩 및 중국 남부 지방 등 더운 지역에 사는 사람들이 서양 인삼을 선호하게 된 것이다. 고려인삼의 입지가 좁아진 것은 물론이며, 고려인삼이 과연 체온을 높이는가 하는 문제가 의약학계의 큰 논란거리가 되었다. 이런 상황에서 중국 내에서도 서양 인삼의 수요가 늘자, 중국은 자체적으로 수요를 충족하기 위해 1974년부터 본격적으로 화기삼을 들여와 재배하기 시작했다. 1994년에는 화기삼의 내량 생산에 성공했으며, 2000년대 이후에는 중국에서 재배한 화기삼을 미국 시장에 수출하는 역전현상까지 일어나게 되었다.[243]

최근 독일, 스위스, 이탈리아, 이스라엘, 프랑스, 에스파냐, 덴마크, 벨기에 등의 유럽 국가에서도 북미삼과 고려인삼을 인공재배하는 기업들이 등장했다. 2000년대 들어서 남반구에서도 인삼 재배에 성공했다.[244]

---

242 윌 수와의 인터뷰.

243 장일무, 《한국인삼산업사》 제1권, p. 5.

244 W. Scott Persons, "Growing American Ginseng in its Native Woodland Habitat," [Paper presented at the North American Conference on Enterprise Development through Agoforestry, Minneapolis, MN, Oct. 4-7, 1998].

오스트레일리아와 칠레에서 비교적 소규모로 실험재배가 이루어진 데 비해 뉴질랜드에서는 더 큰 규모로 재배지를 무섭게 확장했다. 뉴질랜드의 울창한 소나무 숲에서 화기삼과 고려인삼이 재배되고 있는 것이다.[245] 재배자들은 국유림의 일부를 임대하는 경우도 있는데, 종자를 뿌리고 6년 정도가 지나면 인삼 수확에 돌입한다. 특히 뉴질랜드 북섬의 투랑이 Turangi 지역에서는 인삼 재배에 필요한 노동력을 근처 교도소의 죄수들로 충당하기도 했다. 인삼 재배를 죄수들의 재활교육과 결합하는 방식으로 말이다.

이처럼 세계 곳곳으로 인삼이 이식되어 재배되는 과정에서 오늘날 인삼은 국적을 잃어가고 있다. 뉴질랜드에서 재배되는 고려인삼은 뉴질랜드 인삼으로, 중국의 길림성에서 재배되는 화기삼은 길림성 인삼으로 불리면서 본래의 이름을 잃어간다. 현재 한국에서는 고려인삼의 우수한 종자가 매해 수백 톤씩 불법으로 수출되고 있다. 인삼 종자를 수출할 때는 농식품부의 승인을 받아야 하는데, 단 한 건의 승인 사례도 없으니 말이다.[246] 그런데 고려인삼의 불법 유출을 고발하는 언론의 보도나 그 대책에 대한 논의에서는 불법 유출된 고려인삼의 종자가 향하는 곳으로 중국 동북부 지역만 지목한다. 고려인삼이 100년 전부터 미국을 비롯해서 시베리아의 동쪽 끝에서 재배되었고, 오늘날에는 심지어 남반구 뉴질랜드의 울창한 숲에서도 생산되고 있는데 말이다.

---

245 Wei Chen, Prabhu Balan, and David G. Popovich, "Ginsenosides analysis of New Zealand-grown forest Panax ginseng by LC-QTOF-MS/MS," *Journal of Ginseng Research* 44 (2020) 참조.

246 SBS 뉴스, 2014년 8월 29일.

# 4부

# 인삼의 오리엔탈리즘

오늘날 서구 의학사에서 인삼을 찾아보기란 쉽지 않다. 근대 유럽과 미국이 의학의 영역뿐만 아니라 문화적으로도 인삼을 경원시했기 때문이다. 미국의 역사학자 로베르타 비빈스Roberta Bivins가 "의학 시스템의 지속성과 성공은 그것의 의약적 효능은 물론, 역사적이고 문화적인 요인도 있다"라고 강변했는데, 이는 인삼에도 해당하는 말이다.[1] 인삼은 서구 문화에서 '동양의 전유물'이라고 반복적으로 규정하며 거리 두기를 해왔던 대상이다.

1 Roberta Bivins, *Alternative Medicine?: A History* (Oxford: Oxford UP., 2007), p. x.

chapter01

# 유비와 배척

## 서구 일상 속의 인삼

19세기만 하더라도 서구에서 인삼은 오늘날보다 훨씬 자주 접할 수 있었던 주제였다. 1859년 《글래스고 헤럴드Glasglw Herald》는 글래스고의 상인회관에서 열린 '상해와 일본 사이의 가장 중요한 교역품'에 대한 강연회를 보도했는데, 거기서 가장 중요한 상품으로 인삼이 거론되었다.[1] 1840년 8월 12일 런던에서 발행된 《모닝 크로니클The Morning Chronicle》은 미국 난파선의 잔해에서 인삼을 선적한 기록이 발견되었다는 내용의 기사를 실었다.[2] 또한 이 신문에 실렸던 〈시암 대사의 파리 생활〉은 여러 매체가 복제하는 바람에 오랜 기간 여기저기 반복적으로 등장했던 오락

1 "Lecture on Japan," *Glasgow Herald*, 22 Nov. 1859.

2 "Imperial Parliament," *Freeman's Journal and Daily Commercial Advertiser*, 5 Aug. 1840; "Untitled Article," *The Morning Chronicle*, 12 Aug. 1840.

거리 기사인데, 여기에 프랑스 주재 시암 대사관 직원들이 인삼즙을 즐겨 마신다는 내용이 들어 있다.[3] 지리 교과서의 오류를 고발하는 한 평론 기사는 철자법 오류의 대표적인 사례로 인삼giuseg → ginseng을 꼽기도 했다.[4]

물론 사실관계에서 오류를 포함하고 있거나 오해의 소지가 다분한 기사도 많았다. 1899년 런던의 《타임스The Times》는 토질을 개선하기 위해 심는 윤작물을 추천하는 기사를 내보냈는데, 그동안 농부들이 선호했던 치커리 대신 인삼을 심어볼 것을 추천했다. 인삼이 치커리보다 훨씬 수익성이 높다는 이유에서였다. 미국에서 최고의 야생삼만을 골라 개선해 만든 인삼 종자를 심어 큰 성공을 거두었다면서 말이다.[5] 런던판 《타임스》이니만치 영국 독자들을 염두에 두었을 텐데, 실제로는 현실성 없는 이야기였다. 생장 환경이 맞지 않아 영국에서 인삼 재배에 성공할 가능성이 아예 없었기 때문이다. 물론 인삼 한두 뿌리를 식물원 등에서 키울 수는 있었다. 영국은 원예의 나라답게 식물 재배법에 관심이 높았는데, 아열대 식물의 재배법을 소개하는 기사에서 '고난도 식물'로 인삼을 꼽기도 했다.[6] 이 기사 역시 오해의 소지가 있는데, 인삼을 과연 아열대 식물로 분류할 수 있을까 하는 점이다.

쿠바 독립전쟁1895~1898이 일어나자 세계 시장은 담뱃값 급등을 예고했다. 《리즈 머큐리The Leeds Mercury》의 논설은 담배의 대체재로 건강에 해롭지 않은 일종의 금연초를 만들자고 제안했다. '향기롭고 몸에 좋은 인

---

3 "France," *The Morning Chronicle*, 27 Jun. 1861.

4 "Dr. Wm. Smith's School Manual of Modern Geography," *The Pall Mall Gazette*, 27 Apr. 1876.

5 "Report of the American Minister of Agriculture," *The Times*, 2 Jan. 1899.

6 "Subtropical Cultivation," *The Pall Mall Gazette*, 18 Oct. 1886

삼'으로 만들면 좋을 것이라면서 말이다.[7] 이처럼 전혀 뜻밖의 뉴스거리에서도 인삼이 꾸준하게 거론되었다. 그런데 일상에서 소소하게 펼쳐진 인삼 관련 이야기들을 살펴보면 분명한 흐름이 포착된다. 그것은 '유비類比, analogy'와 '배척'으로 나눌 수 있는데, 인삼을 자신들의 문화 속으로 포섭하는 유비보다는 배척하려는 경향이 훨씬 더 강했다.

## 인삼과 맨드레이크

인삼이 처음 유럽에 들어왔을 때 유럽인들은 이 낯선 식물을 어떻게 이해해야 할지 매우 혼란스러웠다. 인류학과 역사학은 한 집단이 다른 문화와 충돌할 때 나타나는 반응을 흔히 '유비'와 '대립화'라는 두 범주로 풀이해왔다. 여기서 '유비'란 타자를 자신 또는 자신의 이웃에 동화시키기 위해 문화적 거리를 부정하거나 무시하는 것을 의미한다. 예를 들어 십자군이 무슬림 전사 살라딘Saladin, 1138~1193을 마치 유럽의 기사처럼 인식하는 것과 같은 것이다. 이는 인식의 대상이 인식 주체의 반영물로 취급되는 경향을 보여주는 것인데, 이런 인식체계 속에서 대상은 스스로의 본질과는 상당히 거리가 있는, 주체의 상상력 속에서 재탄생된 어떤 것이 된다.[8]

인삼을 접한 유럽인의 첫 번째 반응은 유비였다. 인삼을 자신들이 이미 알고 있던 식물과 비슷한 것으로 이해하고자 했던 것이다. 17세기 유럽에서는 인삼을 맨드레이크의 일종으로 본 사람이 많았다. 《만주족의 중

---

7 "Substitute for the Fragrant Weed," *The Leeds Mercury*, 15 Aug. 1896.

8 설혜심, 《역사, 어떻게 볼 것인가: 마녀사냥에서 트위터까지》 (길, 2011), p. 33.

국 침략사Bellum Tartaricum》(1654)를 펴낸 마르티노 마르티니Martino Martini, 1614~1661는 인삼과 맨드레이크가 "동일한 성질과 효능을 갖고 있다는 것을 의심하지 않는다. 이 둘은 아주 닮은 데다가 같은 형상을 하고 있기 때문이다"라고 말했다.[9] 1681년 영국 왕립학회의 회합에서는 한국에서 들여온 인삼을 관찰하면서 "맨드레이크처럼 두 개의 다리로 갈라져 있다"라고 기록했다.[10]

맨드레이크는 인삼처럼 사람과 닮은 모습을 하고 있어서 특별한 이미지가 부여되었다. 고대인들은 이 식물에 '만드라고라Mandragora, 맨드레이크의 이명'라는 작은 남자 악령이 산다고 믿었다. 맨드레이크는 '교수대 밑에서 자라는 풀'로 알려지기도 했는데, 사람들은 그 뿌리에 죽은 죄수의 영혼이 숨어 있다고 믿었다. 중세 유럽에서는 맨드레이크를 최음제이자 사랑을 불러들이는 부적으로 사용했는가 하면 악운을 막기 위해 집 주변에 맨드레이크 뿌리를 두기도 했다. 그런데 세간에는 맨드레이크가 사악한 마술에 사용된다는 믿음이 강하게 퍼져 있었고, 1630년 헝가리와 독일에서는 맨드레이크를 집에 두었다는 이유만으로 세 여성을 사형에 처했다.[11]

셰익스피어의 〈로미오와 줄리엣〉에서도 맨드레이크 설화를 찾을 수 있다. 줄리엣은 지하묘지에서 깨어나면서 "땅에서 뽑힌 맨드레이크처럼 날카롭게 비명을 지르며shrieks like mandrakes' torn out of the earth"라고 혼잣말을

---

9 Joseph-François Lafitau, *Mémoire presenté a son altesse royale Monseigneur le duc d'Orléans, regent du royaume de France* (Paris, 1718), p. 72에서 재인용.

10 Nehemiah Grew, *Musaeum Regalis Societatis* (London, 1681), p. 227.

11 Thomas L. Rost and Maureen L. Sandler, "The Common History and Popular Uses of Roots," *The American Biology Teacher* 40 (1978), p. 338.

한다.[12] 당시 세간에는 맨드레이크를 땅에서 뽑을 때 마치 사람이 울부짖듯이 끔찍한 비명소리가 들린다고 알려져 있었다.[13] 이 신비로운 뿌리는 우울증·불안·불면증 등에 치료 효과가 있었고 수술용 마취제로도 쓰였다. 맨드레이크의 잎은 외상을 치료하는 진통제로 쓰이고, 뿌리와 잎으로 만든 허브차는 흥분 효과가 있어서 잘못 쓰이면 마비 증상을 일으킨다고 한다. 맨드레이크는 천식과 기침에도 효능이 있다고 알려졌다.

1716년 캐나다에서 인삼화기삼을 발견한 예수회 신부 조제프 프랑수아 라피토Joseph François Lafitau, 1681~1746는 "인삼을 처음 발견했을 때 만드라고라종일 수도 있다고 생각했습니다. 이 뿌리는 만드라고라와 비슷한 형상이며 다른 점이 있다면 조금 작다는 것입니다"라고 보고했다.[14] 그는 특수한 효능을 가진 식물로 알려진 만드라고라가 사람들의 남획으로 멸종되었고, 비슷한 다른 식물인 인삼으로 바뀐 것이라는 추측을 내놓기도 했다. 고대의 만드라고라와 외형적 특징이 흡사하며 뿌리뿐만 아니라 열매의 생김새나 모양도 동일하다는 점이 자신의 추측을 뒷받침하는 증거라고 주장했다.[15]

인삼과 맨드레이크를 유비하는 사례들은 20세기 말까지도 찾아볼 수 있다. 19세기 말 영국 외교관 칼스William R. Carles, 1848~1929는 한국을 방문

12 "And shrieks like Mandrakes' torn out of the earth, that living mortals, hearing them, ran mad. Shakespeare, Romeo and Juliet." Act 4, Scene 3, Lines 35-47.

13 사람들은 이 비명을 들으면 미쳐버린다고 믿고 있었기 때문에 이 식물을 채취하기 위해서 특별한 수단을 강구했다. 즉, 맨드레이크를 개의 꼬리에 묶은 뒤 주인은 나무 뒤에 서서 귀를 막고 개를 불러서 뽑는 것이다. 그런데 한 번에 뽑지 못하면 땅이 갈라지면서 사람이 끌려들어갈 수도 있다고 믿었다.

14 Lafitau, *Mémoire presenté a son altesse royale Monseigneur le duc d'Orléans*, p. 71.

15 Lafitau, *Mémoire presenté a son altesse royale Monseigneur le duc d'Orléans*, pp. 73-75.

해서 보고 느낀 것을 기술한 《조선 풍물지Life in Corea》(1888)에서 인삼을 "맨드레이크 같고, 사람을 닮았다"[16]라고 묘사했다. 1978년 미국에서 생물학 교사들을 대상으로 출판된 학술지에서조차 인삼과 맨드레이크를 비교 대상으로 나란히 다루었다. 두 식물의 뿌리가 다 사람의 형상을 하고 있어서 '미스터리한 성격을 지녔다는 공통점'을 가지고 있다는 것이었다.[17]

흥미롭게도 중국에서도 인삼이 서양의 맨드레이크와 비슷하다는 인식이 있었다. 중국에서는 적어도 송나라960~1279 때 이미 맨드레이크가 알려져 있었는데, 이는 서양에서 인삼을 인식하게 된 시점보다 훨씬 앞서는 것이다. 송나라 말기 시인이자 화가였던 주밀周密, 1232~1298은 《계신잡지癸辛雜識》와 《지아당잡초志雅堂雜鈔》에서 "회회국回回國, 아라비아에서 서쪽 수천 리 되는 곳에 한 식물이 산출되는데, 엄청난 독을 지니고 있다"고 맨드레이크를 소개하며 이와 관련된 신화와 개를 이용해서 맨드레이크를 채취하는 방법 등을 자세하게 기록해놓았다. 여기서 주밀은 "사람의 모습을 크게 닮았다는 점에서 인삼과 같다"라고 쓰고 있다.[18] 인삼이 맨드레이크와 비슷하다는 인식은 아주 오랫동안, 그리고 심지어 동서양에서 공히 나타났던 것이다. 이처럼 두 식물의 공통점을 찾아 나란히 비교하는 일은 인식 주체가 자신에게 익숙한 인식의 틀 속으로 끌어들이는 일종의 문화적 태도였다.

---

16 W. R. Carles, *Life in Korea* (London: Macmillan, 1888), p. 4.

17 Rost and Sandler, "The Common History and Popular Uses of Roots," p. 338.

18 이마무라 도모(今村鞆) 지음, 고승태 옮김, 《인삼사(人蔘史) 제6권 인삼잡기편》 [조선총독부 전매국판, 1939] (동양대학교, 2015), p. 498.

**15세기 의학 서적《건강 유지법(Tacuinum Sanitatis)》에 묘사된 맨드레이크** 맨드레이크를 뽑을 때는 귀를 막고 개를 이용해 뽑아야 한다는 것을 그림으로 묘사해놓았다. 맨드레이크는 인삼과 마찬가지로 약용 식물이지만, 사람과 닮은 모습을 하고 있어 '악령이 깃든 풀' 혹은 '귀를 멀게 하는 비명을 지르는 풀' 등 특별한 이미지가 부여되었다. (출처: Wikimedia Commons)

**맨드레이크와 인삼** 서양에서는 맨드레이크가 벌거벗었거나 혹은 옷을 입은 식물의 형상을 띠며, 대체로 옷을 입은 인간의 형태로 땅에 뿌리를 내린다고 믿었다. 또한 맨드레이크(Mandragora officinarum, 오른쪽)와 인삼의 뿌리(Panax quinquefolius, 왼쪽)가 닮았다고 생각했다. 웰컴 의학도서관(Wellcome Library) 소장 판화. (출처: Wellcome Library)

## 대립화의 시작과 인삼의 메타포

18세기 초 라피토가 인삼을 고대 만드라고라의 환생 혹은 변형된 형태라고 이해하려 했던 것과는 달리, 유럽에서는 시간이 흐르면서 인삼을 두고 유비보다는 대립화해가는 경향이 짙었다. 인삼의 자생지가 유럽과는 다르다는 점을 부각하며 거리 두기를 하고 배척해간 것이다. 그 과정은 먼저 유럽의 문화에서 부덕으로 규정된 특성을 인삼에 투사하는 것에서 시작되었다. 대중에게 인기를 누렸지만, '사기꾼'이라는 악명도 떨쳤던 존 힐John Hill, 1714~1775은 《약물학사History of the Materia Medica》에서 인삼을 살 때 뿌리를 하나하나 잘라보아야 한다고 당부한 바 있다. 왜냐하면 인삼을 파는 중국인들이 "너무 뛰어난 사기꾼이어서 납 조각을 안에 넣어 무게를 늘리기 때문"이라는 것이다.[19]

유럽의 많은 약학서는 인삼을 둘러싼 중국인들의 사기술을 지나치리만큼 세세하게 묘사하곤 했다. 오래된 뿌리는 뇌두가 말라 상품성이 떨어지기 때문에 중국의 심마니들은 미리 옹이를 잘라내는 예방책을 쓴다든가, 벌레가 갉아먹은 인삼 뿌리를 온전한 것처럼 보이도록 노란색 가루로 꼼꼼하게 메운다는 내용도 나타난다. 나아가 이런 작업에 대해 '가히 예술적이다'라고 표현하는 부분은 유럽인들이 중국인들의 사기성이 경지에 올랐음을 인정하는 한편, 그들의 손기술을 질투하는 것처럼 보이기까지 한다.[20] 이런 담론은 당시 유럽이 인삼을 자신들이 구입하는 상품

---

19 John Hill, *History of the Materia Medica* (London, 1751), p. 589.

20 Abbé Alexis Rochon, *A Voyage to Madagascar and the East Indies*, trans. Joseph Trapp (London, 1793), p. 378; Hill, *History of the Materia Medica*, p. 589; Hill, *The Vegetable System*, Vol. 5 (London, 1759), p. 25; Samuel Stearns, *The American Oracle, comprehending an Account of Recent Discoveries* (London, 1791), p. 45.

으로 인식하고 있었음을 드러내는 동시에 그 상품을 수출하는 중국인에 대해서는 믿을 수 없는 사업 파트너로 규정하고자 했음을 보여준다. 따라서 인삼에는 상도덕을 지키지 않는 '먼 나라에 사는' 사기꾼 중국인의 이미지가 어른거리게 되는 것이었다.

인삼에 관한 서구의 담론을 살펴보자면 인삼이라는 상품에 지나칠 정도로 많은 상징성을 부여하고 있는 것처럼 느껴진다. 케네스 포메란츠Kenneth Pomeranz와 스티븐 토픽Steven Topik은 물건이 지닌 상징성을 설명하면서, 물건은 그 자체로 '사회적인 삶'을 갖고 있으며 그 안에서 의미나 쓰임새, 가치가 변한다고 설명했다. 예를 들어 전투를 앞둔 전사들에게 담력을 키우거나 종교적 황홀경을 경험하도록 제공했던 초콜릿은 오랜 시간이 흐르면서 그 달콤한 맛이 어린아이와 연결되는 이미지를 갖게 되었다. 이처럼 물건의 가치는 수요와 공급의 법칙에 의해 결정되는 것이 아니라 사랑하고 증오하며 때로는 무언가에 중독되기도 하는 사람들에 의해 문화적으로 결정된다.[21]

인삼은 서구 사회에 소개된 이후 오랫동안 실제적 수요나 사용량에 비해 훨씬 큰 문화적 가치와 상징성을 지닌 채 나름의 '사회적 삶'을 살아가고 있었다. 인삼을 언급하는 문헌에서 거의 빠짐없이 등장하는 것은 '중국에서 엄청나게 높이 평가되는 인삼'이라는 말이다. 이 표현은 북아메리카 대륙에서 인삼이 발견된 직후 그 정황을 기록해놓은 발견의 수사에서도 나타나며, 미국인들 사이에서 자랑스러운 국산품으로 홍보되고 수출되는 상황에서도 늘 꼬리표처럼 따라다녔다. 이 말은 원산지를 예우

---

21 케네스 포메란츠·스티븐 토픽 지음, 박광식 옮김, 《설탕, 커피 그리고 폭력》(심산, 2003), p. 18. 원제: Kenneth Pomeranz and Steven Topik, *The World That Trade Created: Society, Culture, and the World Economy, 1400 to the Present* (Armonk, NY: M. E. Sharpe, 1999).

하는 것 같거나, 인삼의 효능을 오랜 역사와 전통을 지닌 중국의 권위에 기대어 설파하는 것처럼 보인다. 하지만 다른 한편으로는 인삼을 자신들과는 다른 세계인 '중국'이라는 이방의 영역에 온전히 묶어두는 수사일 수 있었다.

이런 평가가 본초학이나 의학의 영역을 넘어, 일상생활이나 지식의 영역에서 일종의 메타포metaphor로 쓰였다는 점을 주목해야 한다. '중국의 인삼'은 때때로 특정 문화권에서 칭송받는 귀중한 물건을 의미하거나,[22] 그 물건으로 단기간에 엄청난 부를 축적한 사례로 언급되었다.[23] 그리고 다른 문화권에서 들어온 물건에 덧입혀진 상상적 효능을 설명할 때도 동원되었다.[24] 19세기 미국의 역사가이자 저널리스트 리처드 힐드레스Richard Hildreth, 1807~1865가 쓴《화폐와 금융에 관한 논고On Banking and the Currency》의 한 부분은 이를 잘 보여주는 사례다.

> 가격 형성에 영향을 미치는 요소에는 정치·경제적인 것뿐만 아니라 지금껏 논의된 적이 없는 개인적 의견이라는 것이 있다. 그것은 망상이고 편견이다. …… 인삼은 우리에게 아무런 가치가 없는 쓸모없는 풀일 뿐이다. 하지만 중국에서는 높은 가격을 구가한다. 마찬가지로 다른 약재들의 가격 형성에도 다양한 사고방식이 영향을 끼친다.[25]

---

22 Anon., *Siris in the Shades: a Dialogue concerning Tar Water* (London, 1744), p. 17.

23 Patrick Murray Elibank, *Thoughts on Money, Circulation, and Paper Currency* (Edinburgh, 1758), p. 28; Oliver Goldsmith, *The Citizen of the World; or Letters from a Chinese Philosopher, residing in London, to his Friends in the East*, Vol. 1 (London, 1762), pp. 96-97.

24 James Anderson, *Recreations in Agriculture, Natural-history, Arts, and Miscellaneous Literature*, Vol. 6 (London, 1802), p. 143.

인삼은 중국인의 오만과 편견을 함축하는 상징물이며 별것이 아님에도 불구하고 지나치게 젠체하는 이름을 붙이는 사람이나 사물을 의미하기도 했다.[26] 이런 맥락에서 '마치 중국의 인삼처럼' 혹은 '중국인들이 인삼에 대해 믿는 것처럼' 같은 표현들이 일종의 관용어처럼 사용되었다. 그 바탕에는 중국인들을 허풍선이 혹은 자신들이 최고라는 편견에 사로잡혀 객관성을 잃은 사람들이라고 멸시하는 시선이 깔려 있다.

북미삼 수출에 나선 식물학자 존 바트람John Bartram, 1699~1777은 중국인들이 북미삼을 받아들이지 않을까 봐 노심초사하는 와중에도 "중국인들은 존 불John Bull, 영국인을 지칭함의 머리와는 달리 자기들 것만 최고라는 망상에 사로잡힌 인간들"이라며 자신이 간절히 원하고 있는 무역 상대를 폄하하는 발언을 서슴지 않았다.[27] 영국 왕립학회 기관지 《철학회보》에는 "인삼을 파는 중국의 약제사는 유럽 연금술사보다 한발 더 나아가 금을 만들어줄 뿐만 아니라 영생을 준다고 약속하는 이들이다"라면서 중국과 인삼을 한데 묶어 비꼬는 논설이 실리기도 했다.[28] 이 논설이 실릴 당시 왕립학회 회원들이 인삼을 들여와 열성적으로 관찰하는 한편, 영국으로 이식해 재배할 방도를 모색하고 있었음에도 말이다. 아일랜드의 소설가 찰스 존스턴Charles Johnstone, 1719~1800은 《존 주피터의 역사The History of John Juniper, Esq.》에 "영생을 준다는 인삼의 효능 때문에 중국 역사가 세상

---

25 R. Hildreth, *Letter to His Excellency Marcus Morton on Banking and the Currency* (Boston: Kidder & Wright, 1840), p. 9.

26 John Huxham, John, *Observations on the Air, and Epidemic diseases*, Vol. 2 (London, 1767), p. 241; Thomas Salmon, *Modern History: or, the Present State of All Nations*, Vol. 1 (London, 1739), p. 20.

27 William Darlington, ed., *Memorials of John Bartram and Humphrey Marshall* (Philadelphia: Lindsay & Blakiston, 1849), p. 125.

28 *Philosophical Transactions* 1 (1665~1666), p. 249.

**중국의 약국** 1830년대 개항장인 광주에서 운영되었던 약국으로, 인삼을 취급하고 있는 모습(왼쪽)을 볼 수 있다. (출처: 피바디 에섹스 박물관Peabody Essex Museum)

의 역사보다 긴 5만 년을 지속해온 것이 아닌가?"라는 냉소적인 대사를 넣기도 했다.[29]

동아시아에서 인삼이 최고의 명약으로 대접받는 이유를 두고 낙후된 의학 수준 때문이라는 나름의 '합리적인' 설명도 나왔다. 다른 의약품이 발달하지 못했기 때문에 인삼 같은 약초에 기댈 수밖에 없다는 것이다.[30] 이런 해석을 내놓을 당시 유럽의 의약학계도 중국과 마찬가지로 식물성 약재가 주를 이루고 있었음은 말할 필요도 없다. 의사이자 유명한 소설

29 Charles Johnstone, *The History of John Juniper, Esq.*, Vol. 2 (London, 1781), p. 167.

30 William Julius Mickle, *The Lusiad; or, the Discovery of India* (Oxford, 1776), p. 469.

가였던 토비아스 스몰렛Tobias Smollett, 1721~1771은 "일본의 의학은 너무 낙후된 나머지 특정한 종류의 약수나 약초에 의지하는데, 특히 중국에서 온 인삼이 그렇다"고 기술했다.[31] 정작 스몰렛 본인은 유럽 구석구석을 돌며 약수광천수를 찾아다녔으면서 말이다. 게다가 광천수의 의학적 응용마저 동양이 서양보다 훨씬 앞서 있었다.

## 전제성

본초서에서 신문 기사에 이르기까지 유럽에서 인삼을 언급할 때면 빈번하게 등장하는 한 장면이 있다.

> 1709년 황제는 만주족 1만 명에게 인삼을 채취해 오라는 명령을 내렸다. 각자 채취한 인삼 중 가장 좋은 것 2온스를 황제에게 바치고, 나머지는 은으로 바꿔준다. 계산해보니 황제는 이번 해만 2만 파운드 어치의 인삼을 소유하게 되는데, 아마 시세의 4분의 1 정도 되는 돈으로 인삼을 사는 셈이다. …… 이 채취 과정에 동원된 이들은 구역을 나누어 곧게 전진하면서 인삼을 캔다. 한 부대는 100명으로 이루어져 있는데, 10명씩 줄지어 각자 거리를 두고 걸어가면서 산을 뒤지는 식이다. …… 이 불쌍한 사람들은 이 탐색으로 너무 지쳐 있다. 텐트도 이부자리도 없이 나무 밑에서 낙엽을 덮고 자고, 무거운 짐을 메고 산을 기어오르며, 먹을 것도 각자 해결해야 한다. 이들을 감시하는

---

31 Tobias Smollett, *The Present State of All Nations*, Vol. 8 (London, 1769), p. 15.

> 한족漢族은 가끔 생고기나 다름없는 쇠고기를 주기도 하는데, 사람들은 그것을 걸신들린 듯이 먹는다. 이런 식으로 6개월 동안 1만 명이 동원된다.[32]

이 내용은 중국에서 활동하던 예수회 신부 피에르 자르투Pierre Jartoux, 1668~1720가 유럽에 보낸 보고서의 일부이다.[33] 1부에서 살펴보았듯이 자르투는 1709년 강희제康熙帝, 재위 1662~1722의 명을 받아 지도를 제작하기 위해 만주 지역을 탐사하던 중 한국과의 국경 지방에서 실제로 인삼을 보게 되었다. 위의 내용이 온전히 사실만을 전달하고 있는지는 의문의 여지가 많다. 한족이 만주족 인부를 감시한다는 내용도 그렇고, 만주의 인삼 채취 과정을 자르투가 '직접' 보았는지도 불분명할 뿐만 아니라 정말 1만 명이 동원되었는지도 정확하지 않다.

하지만 여기서 내가 주목하고 싶은 것은 당시 유럽에서 발간된 웬만한 매체에서 대부분 저 내용을 쉽게 찾아볼 수 있다는 사실이다. 그런데 저 인삼 채취 광경은 사실 유럽인들이 머릿속에 그리고 있던 '다른 세계'가 보여줄 수 있는 이방성異邦性의 정수이다. 마치 한 폭의 그림처럼 묘사된 이 광경은 엄청난 '동양적 전제성專制性'을 담지하고 있다. 인삼 뿌리를 캐기 위해 1만 명을 동원할 수 있는 황제의 막강한 권력, 일사불란하게 움직이는 사람들과 그들의 비참한 현실이 거친 야생의 환경에 대한 묘사와 어우러져 너무나 생생하게 그려지고 있는 것이다. 이토록 많은

---

32 *Philosophical Transactions* 28 (1713), pp. 241-242.

33 *Letters of the Missionary Jesuits* (Paris, 1713). 1713년《철학회보(Philosophical Transactions)》는 자르투의 보고서 가운데 인삼에 관한 부분만을 발췌하여 실음으로써 영국 과학계의 인삼에 대한 관심을 증명했다.

**강희제(康熙帝, 재위 1662~1722)**
7세에 황제의 자리에 오른 강희제는 61년간 전제군주로서 뛰어난 통치 능력을 발휘했다. 특히 서양인 선교사들을 중용해 과학, 천문학, 지리학 등의 발전을 꾀했는데, 중국을 서양에 널리 알리는 계기가 되기도 했다. (출처: Wikimedia Commons)

사람의 희생을 통해 얻어지는 인삼이기에 그것은 오직 권력을 지닌 자들만이 향유할 수 있는 계급성을 함축한 무엇이다.

## 계급성

인삼이 귀하게 취급된 이유는 희귀했기 때문이기도 하지만 값이 비싸서 소수에게만 허락된 계급성을 띤 물건이었기 때문이다. 인삼은 상류층에서 서로 주고받거나 어른에 대한 선물로 쓰였고, 무엇보다 중요하게는 황제가 신하에게 특별히 내리는 대표적인 하사품이었다. 황제는 인삼을 병이 난 대신과 민간에게 하사하거나, 번국藩國에 예물로 선사했다. 인삼을 예물로 삼는 문화는 건륭乾隆, 1736~1795, 가경嘉慶, 1796~1820 연간에 최고로 유행했다. 여기서 특이한 점은 이 경우 예물의 이동성이 위에서 아래로 향했다는 점이다. 인삼은 건강, 강복, 장수 등을 기원하는 뜻을 지니고 있었는데, 황제의 하사품은 그런 의미에 더해 상급자가 하급자에게 관심과 보살핌을 드러내는 최고의 행위로 인식되었다.[34] 따라서 황제가 신하에게 인삼을 하사하는 행위는 정치적인 의미를 띠었다. 《북경관보京報, 영어판은 'Peking Gazette'》는 황제가 인삼을 하사하는 일을 매우 중요하게 보도했다.

《북경관보》에 실린 인삼 관련 내용은 크게 세 가지로 나눌 수 있다. 첫째, 길림 등 동북 지역의 인삼을 채취해서 북경으로 올려 보내라는 명령이다. 주로 황실에서 인삼이 거의 떨어졌다는 연락을 받고 급히 산삼을 캐러 보냈다는 사실 등을 보도하며, '큰 것 3뿌리, 작은 것 10뿌리를 발견하여 호위하에 황실로 보냈다' 혹은 '채취에 308냥이 소요되었으며 이는 재배삼에 부과된 세금으로 비용을 충당했다' 등의 내용을 실었다. 황실에 보낸 양이 너무 적다고 사과하는 기사도 적지 않게 나타난다. 산삼이 나는 지역을 봉쇄한 탓에 채취가 너무 어렵고 급한 전갈이라 제대로 명령을 수행하지 못했다는 변명을 늘어놓으면서 이제 매년 채취해서 바로 바로 황실로 올려 보내겠다는 다짐을 전하는 것이었다.[35]

같은 맥락에서 '산삼이 발견되면 곧바로 보내라'는 명령을 충실하게 이행한 한 길림성 관료의 충직함에 대한 기사도 찾아볼 수 있다. 그는 야

---

34 孙晓舒, 《山蔘之"野": 關于意義與價格之生成的人類學研究》(知識産權出版社, 2012), pp. 97-99.

35 "Abstract of Peking Gazettes," *The North-China Herald and Supreme Court & Consular Gazette*, 20 Dec. 1881.

생삼 큰 것 6뿌리와 작은 것 6뿌리, 중간 크기의 것 10뿌리를 채취해 황실로 올려 보냈다.[36] 어떤 기사는 거두어들인 인삼세와 채취한 인삼이 황실까지 옮겨지는 경로를 보도하기도 했다. 1893년 2월의 기사는 저장성에서 거둔 인삼세 1만 냥을 관리 두 명이 상해까지 들고 간 뒤 증기선으로 갈아타고 천진까지 가서 육로로 북경에 도착하는 긴 여정을 묘사하고 있다.[37] 같은 시기 길림성에서는 '이번 시즌 마지막 산삼을 보냈다'는 보고를 북경에 올렸는데, 무려 8파운드가 넘는 1등급 산삼을 관리 두 명이 상자 두 개에 나누어 담아 북경까지 직접 운반했다고 한다.[38]

둘째, 《북경관보》에는 인삼의 불법 채취나 밀거래에 관한 내용도 많다. 1866년 공포된 칙령에 따라 100냥 이하 인삼 밀수는 현장에서 즉결심판에 회부되고 적발한 사람이 20%를 갖도록 되어 있다.[39] 이에 따라 밀수된 인삼은 주로 세관의 관리에게 5분의 1이 주어졌다.[40] 산해관山海關에서 인삼 밀수를 적발하는 일은 빈번했는데, 체포된 사람이 둘러대는 사유도 다양했다. '아픈 노모에게 주려고' 인삼을 몰래 캤다고 읍소하는 사람이 있는가 하면 소지한 인삼을 '밀린 급여 대신 작물로 받은 것'이라고 항변하는 이도 있었다. 1874년에는 길림성에서 산동성 출신의 노동

36 "Abstract of Peking Gazettes," *The North-China Herald and Supreme Court & Consular Gazette*, 12 Apr. 1882.

37 "Abstract of Peking Gazettes," *The North-China Herald and Supreme Court & Consular Gazette*, 3 Feb. 1893.

38 "Abstract of Peking Gazettes," *The North-China Herald and Supreme Court & Consular Gazette*, 10 Feb. 1893.

39 "Abstract of Peking Gazettes," *The North-China Herald and Supreme Court & Consular Gazette*, 5 Dec. 1878.

40 "Abstract of Peking Gazettes," *The North-China Herald and Supreme Court & Consular Gazette*, 12 Apr. 1877.

자가 19냥에 이르는 인삼을 밀반출하다가 붙잡혔는데, 그는 아픈 노모에게 갖다주려고 잘 모르는 사람에게서 샀다고 주장했다. 인삼은 황실에 압류되었고 그는 곤장 80대를 맞고 2년간 추방되었다.[41]

셋째, 《북경관보》는 황제가 고위관리에게 인삼을 하사한 일을 국정의 일환으로 취급해서 널리 알리곤 했다. 황제가 관직에서 물러난 신하에게 몸보신하라고 인삼을 하사하는 일은 드물지 않았고, 충직한 관리가 급작스럽게 사망하자 70세 노모에게 위로금과 인삼을 하사하는 일도 있었다.[42] 1915년에 원세개袁世凱, 위안스카이, 1859~1916는 부하인 단기서段祺瑞, 돤치루이, 1865~1936에게 인삼을 하사했다. 두 달간 병가를 신청한 단기서에게 '한국인삼 2온스와 5,000달러를 선물했다'는 내용이다.[43] 이 기사는 원세개가 명실상부하게 '황제'의 지위를 누리고 있었음을 보여준다.

우리나라에서도 병든 신하를 위해 인금이 인삼을 하사하는 관행이 있었다. 《승정원일기》와 《조선왕조실록》에서 삼료蔘料, 인삼를 지급하라는 전교傳敎를 찾아볼 수 있다. 때로는 인삼과 함께 실뜰한 지침이 내려졌다. 정조는 채제공蔡濟恭, 1720~1799에게 인삼을 하사하면서 이런 당부를 전했다.

> 삼료는 결코 함부로 써서는 안 되니 반드시 외기外氣가 모두 풀리고,

---

41 "Abstract of Peking Gazettes," *The North-China Herald and Supreme Court & Consular Gazette*, 31 Dec. 1874.

42 "Abstract of Peking Gazettes," *The North-China Herald and Supreme Court & Consular Gazette*, 11 Sept. 1875; "Abstract of Peking Gazettes," *The North-China Herald and Supreme Court & Consular Gazette*, 17 Jun. 1876; "Abstract of Peking Gazettes," *The North-China Herald and Supreme Court & Consular Gazette*, 21 Mar. 1878.

43 "General Tuan Chi-jui, 2 ounces of Korean ginseng and $5,000 as gifts from H. E. Yuan." *The North China Herald and Supreme Court & Consular Gazette*, 12 Jun. 1915.

> 신열이 모두 내리고, 허한虛汗이 난 뒤에야 쓸 수 있다. 모쪼록 의원과 신중히 논의하도록 하고, 또한 근자에 삼을 쓴 사람의 병증을 탐문하여 참작해서 비교하는 것이 지극히 옳다. 영남 사람의 약은 병세를 보아서 쓰되 또한 경솔하게 시험하기 어렵다. 멀리서 헤아릴 수 없지만 식치食治가 제일이니, 땀을 내고 열을 내리는 방도를 십분 마음을 써서 하되 약은 절대 함부로 쓰지 말고 십분 신중히 하라는 뜻을 전하라. 그간의 동정을 기록해 보내는 것이 어떻겠는가.[44]

그런데 서양 언론들은 인삼을 중국의 최고 권력자가 위급한 순간에 쓰는 약이라는 사실에 주목했다. 그야말로 대단한 사람들이 '최후의 수단으로 쓰는 묘약'으로 인삼을 묘사했던 것이다. 1899년 3월 31일자 런던의 《타임스》는 '광서제 궁성의 당직 의사'라는 제목의 긴 기사를 실었다. 광서제光緖帝, 재위 1874~1908가 병이 나자 중국 최고의 의사가 소환되었다. 서태후西太后, 1835~1908가 곁에서 지켜보고 있고 프랑스인 의사도 다녀간 차였다. 기사는 마치 한 편의 단편소설처럼 그 치료 과정을 상세하게 묘사해간다. 황제의 병은 호흡기 질환으로 보였으며 결국 탕약이 처방되었다. 기사의 작성자는 "틀림없이 인삼이 처방되었을 것"이라고 추측한다. 지극히 조심스러우며 복잡하기 짝이 없는 황제의 치료 과정은 간명한 약전으로 대표되는 서양 의학과 극명한 대비를 이루는 전제적인 의전儀典의 극치 그 이상도 이하도 아니다.[45]

원세개의 사망을 보도하는 기사에서도 인삼을 찾아볼 수 있다. '그의

---

44 채제공, 《번암집(樊巖集)》 권수 하, 〈유각리문병양찰(遺閣吏問病暘札)〉, 김보성, 〈한·중 인삼시(人蔘詩)의 양상과 특징〉, 《한문고전연구》 제36권 (2018), p. 313에서 재인용.

45 "A Physician In Ordinary At The Court Of Kwang-Hsu," *The Times*, 31 Mar. 1899.

마지막 순간'이라는 제목의 기사는 인삼을 막강한 권세가가 최후에 먹는 음식의 위치에 올려놓는다.

> 그는 중요한 관료들을 불러 모아 만약 자기가 죽더라도 주요 도시에서 각자 맡은 바 임무를 잘 수행하라고 말했다. 쌀죽 한 그릇과 인삼즙 한 컵을 마시고 약간 회복하는 듯 보였으나 결국 의식을 잃고 다시 일어나지 못했다.[46]

손문孫文, 쑨원, 1866~1925의 사망 기사는 훨씬 더 노골적으로 인삼을 전면에 부각하고 있는데, 조금 자세하게 읽어볼 필요가 있다.

> 인삼은 외국인 의사들이 예측한 것보다 훨씬 오래 그가 생명을 연장하는 데 크게 기여했다. 외국 의사들이 손문을 포기한 뒤 손문의 추종자들은 중국 의사를 부를 것을 설득했지만 손문은 거절했다. 하지만 2주 전 손문은 저명한 중국 의사인 육중안陸仲安을 부르는 데 동의했다. 육 씨는 중국 의학의 권위자로, 신문에 한두 달 정도 암을 고치는 능력이 탁월하다고 광고했던 자다. 육 씨는 주로 인삼을 이용한 음료를 처방했다. 꽤 많은 양의 인삼을 복용한 후 손문은 침대에서 일어나 앉을 수 있을 정도가 되었고, 멀쩡한 상태로 친구들과 오랫동안 대화를 나누기도 했다. 하지만 인삼으로 북돋운 생명은 점차 가라앉았다. 그것이 바로 자극을 위한 모든 노력에 반反했다는 증거다.[47]

---

46 "The Demise of Yuan Shih-Kai," *Peking Gazette*, 8 Jun. 1916; "Final Scenes in the Late President's Life," *The North China Herald and Supreme Court & Consular Gazette*, 30 Jun. 1916.

이 기사의 목적은 손문의 사망을 보도하려는 것이 아니다. 인삼의 약효를 부정하고 그 명성을 폄훼하는 것이 기사의 본질이다. 제목마저도 '손문에게 끼친 인삼의 효과: 강장제로서 놀라운 효능을 주장하지만 지속적인 치료 효과는 없었다'였다.

이런 담론은 서양 의학을 거부하고 과거의 관행에 집착하는 중국의 이미지를 강조한다. 나아가 그런 태도는 참담한 결과를 가져다주며, 그것이 당연한 귀결이라는 냉소적인 시선을 담고 있다. 자신들의 전통을 보존하는 동양의 행위는 곧 서양에 대한 거부로 읽히고 '아집'과 '독선' 같은 개념으로 포장되었다. 일본 의학의 후진성을 고발하는 한 기사는 일본 의사들이 주로 인삼 같은 식물만을 약재로 높게 평가한다면서 "전혀 체계가 없이 오직 경험에 의존하면서도 세계 어느 곳에서보다 더 독선적"이라며 "이들은 아직도 주문을 외우고 퇴마의식을 한다"고 비판했다.[48]

1916년 상해에서는 '전국의학연합대회The National Medical Association Conferences'가 열렸다. 한 중국인 의사는 '건강한 삶을 위해'라는 제목의 강연에서 "사람들은 나름대로 건강을 위해 여러 가지를 하며 보약을 먹기도 한다. 보약을 먹는 이들 가운데 부유한 이들은 최상급 한국인삼을 먹는다"고 발표했다. '중국인 의사'인 연사는 바로 오련덕伍連德, 우롄더, 1879~1960으로, 중국계 최초로 케임브리지대학에서 수학했으며 1935년 노벨상 후보에도 올랐던 공공위생학자였다. 그런데 그의 입을 빌려 《노스 차이나 데일리 뉴스North China Daily News》가 전달하고자 하는 핵심은

---

47 "Ginseng's Effect on Dr. Sun: Remarkable Results Claimed for It as Tonic But No Lasting Cure," *The North China Herald and Supreme Court & Consular Gazette*, 28 Mar. 1925.

48 "The Voix de la Verité," *The Leeds Mercury*, 30 Jul. 1859. 또 다른 기사는 드물게 문화상대주의적인 입장을 취하고 있지만 결국 "인삼과 코뿔소의 뿔을 맹신"한다는 측면에서 일본 의학계를 조롱하고 있다. "Strange Medicines," *Manchester Times*, 25 Jun. 1887.

'최상급 한국인삼'은 분명히 아니었다. "진짜 건강의 비결은 청결과 절제인데, 사람들이 그 점을 놓치고 있다"라는 것이 결론이었다. 위생을 앞세운 전형적인 서구 제국주의의 수사인 것이다.[49]

이 논리에 따르자면 청결과 절제가 결여된 채 인삼에 의존하는 중국인, 아니 아시아 사람들의 몸은 결코 건강할 수 없다. 미국의 인류학자 린다 반스Linda L. Barnes는 근대로 가면서 서구 문화가 "점차 중국인의 몸을 악과 질병이 융합된 장소로서 표적화했다"고 주장한다. 서양인들은 중국인들에게 고대의 방탕한 세상에 존재했던 모든 악을 투영했으며, 신앙심의 결여와 지나친 방종이 대홍수라는 끔찍한 결말로 이어졌음을 그들에게서 환기했다는 것이다. 서양에서는 이미 오래된 과거와 사회악으로 규정했던 덕목들이 중국인의 몸과 결합되어 '반反-중국 레토릭anti-Chinese rhetoric'을 형성했다. 이런 맥락에서 중국인들이 그토록 좋아하는 인삼이 문명의 멸망을 부르는 대표적인 원인인 사치와 방탕으로 연결되는 것은 어쩌면 자연스러운 귀결이있다.[50]

## 사치와 방탕

인삼이 동양에서 높은 신분과 부를 상징했다면 서양의 담론에서는 과도한 사치나 방탕과 연결되는 경향이 강했다. 여러 신문에 반복적으로 게

---

49 《노스 차이나 데일리 뉴스》가 보도한 내용을 다시 펴다 실었음을 밝히고 있다. "A Healthy Life," *Peking Gazette*, 14 Feb. 1916.

50 Linda L. Barnes, *Needles, Herbs, Gods, and Ghosts: China, Healing, and the West to 1848* (Cambridge, MA: Harvard UP., 2005), p. 294.

재된 〈중국의 진미Chinese Delicacies〉는 중국의 다양한 식재료와 엄청난 연회 코스, 수많은 산해진미를 지루할 정도로 나열하는 심심풀이 기사였다.[51] 나열된 요리 중에 인삼이 빠지지 않는 것은 물론이다. 그런데 이런 온갖 요리를 소개하는 목적은 맛과 요리법 혹은 음식 자체를 설명하기 위해서가 아니라 음식을 먹는 사람들을 비판하기 위해서였다. 즉, 음식을 내세운 정교하기 그지없는 오리엔탈리즘적 담론인 것이다.

심지어 중국인은 인삼을 비롯해 고래기름, 물뱀, 두꺼비, 해삼, 제비집 같은 온갖 이상한 재료를 몽땅 동원해 미식에 대한 욕망을 채우는 사람들로,[52] "자기 아버지를 제외하고는 무엇이든 먹는"[53] 사람들이라는 것이다. 1879년《팰맬 가제트The Pall Mall Gazette》는 중국의 교역 상황을 다룬 기사를 내보냈는데, 기사 중간에 갑자기 중국의 식문화를 장황하게 논하기 시작한다.

> 그런데 바늘이나 성냥 말고도 다른 많은 것이 중국으로 들어간다. 코뿔소 뿔, 호랑이 뼈, 사슴과 버팔로의 힘줄이 유약하고 아픈 중국 남자들을 위해 수입된다. 그들은 이런 것들로 우려낸 탕약을 들이켜면서 그것들의 원래 주인이 가졌던 힘과 용기를 얻고자 한다. …… 그뿐

---

51 "Miscellaneous: Chinese Delicacies," *The Manchester Guardian*, 22 Apr. 1848; "Chinese Delicacies," *Freeman's Journal and Daily Commercial Advertiser*, 12 Sept. 1848; "Chinese Delicacies," *The Manchester Times*, 3 Oct. 1848; "Chinese Delicacies," *The Northern Star and National Trades' Journal*, 1 Dec. 1849; "Curiosities of Trade in China," *The Pall Mall Gazette*, 5 Dec. 1879; "A Chinese Banquet," *Aberdeen Weekly Journal*, 16 Jan. 1880; "Miscellaneous Extracts," *Manchester Times*, 17 Jan. 1880; "A Chinese Banquet," *The Hull Packet and East Riding Times*, 23 Jan. 1880; "Literary Selections," *The Preston Guardian*, 14 Feb. 1880.

52 "Curiosities of Trade in China," *The Pall Mall Gazette*, 5 Dec. 1879.

53 "Miscellaneous: Chinese Delicacies," *The Manchester Guardian*, 22 Apr. 1848.

이 아니다. 즙이 많은 큰 해삼이나 제비집 등을 향한 중국 미식가들의 열정은 더 말할 것도 없다. …… 중국은 이런 것들을 수입하는 대신 바깥세상에 자신들이 취하는 것보다 훨씬 큰 가치가 있는 약재들을 내보낸다. 물론 중국에도 분명히 희귀한 치료제들을 선호하는 일부 소비자가 있기는 한 것 같다. 그리고 백합꽃이나, 인삼, 연꽃 씨 같은 것들이 병의 고통을 완화해준다는 이상한 믿음을 가진 사람들도 있다.[54]

이처럼 이해할 수 없는 무한정한 식탐의 중심에 위치한 것이 바로 인삼이다. 이것은 "은의 20~250배, 때로는 500배까지 팔릴 정도로 값비싼"[55] 것이어서 인삼에 대한 집착은 곧 무절제와 경제관념의 부재로 연결된다. 1933년 12월 16일자 《차이나 프레스The China Press》는 "과식을 주의하라!"는 과격한 어조로 시작하는 기사를 실었다. 번화가 시장의 관리인인 주 씨는 과로로 인해 심신이 허약해져서 40달러어치의 인삼을 사서 먹은 뒤 잠자리에 들었다. 그런데 다음 날 아침 하인이 주인이 죽은 것을 발견했다는 내용이다.[56] 인삼의 효능에 대한 믿음이 곧 '과식'이라는 탐욕으로 전환되고, 죽음이라는 비참한 결과로 이어졌다는 것이다.

1841년 서구의 신문들은 아편전쟁에 패한 뒤 그 책임을 물어 관직을 박탈당한 기선琦善, 치산, ?~1854에 대한 기사를 내보냈다. 기선은 1840년 흠차대신欽差大臣으로 임명되어 임칙서를 대신하여 군사·외교의 책임자로 광동에서 활약했던 인물이다. 아편전쟁 당시 타협책을 주장했는데,

---

54 "Curiosities of Trade in China," *The Pall Mall Gazette*. 5 Dec. 1879.

55 "A Precious Drug," *Hampshire Telegraph and Sussex Chronicle*, 9 Sept. 1893.

56 "$40 Worth of Ginseng Too Much for Eater," *The China Press*, 16 Dec. 1933.

**고관대작의 연회** 중국의 다양한 식재료와 엄청난 연회 코스에 대한 서양의 담론은 음식을 내세운 오리엔탈리즘이나 마찬가지였다. 더 나아가 중국인의 음식에 대한 탐욕과 무절제는 인삼에 대한 집착을 뒷받침한다는 논리로 중국 혹은 동양과의 거리 두기를 시도한다. (출처: Wikimedia Commons)

아편전쟁이 패전으로 끝나자 관직을 박탈당하고 유형에 처했다.

그런데 신문 기사의 핵심은 당시의 정치적 상황에서 기선의 역할 혹은 그의 과실에 대한 비판이 아니라 압류된 재산 목록이었다. 인삼 24근과 녹용 25근을 포함한 그의 재산 목록은 "커다란 진주 94개와 금 27만 냥, 은 340만 냥, 대토지와 전당포 4곳 그리고 여자 노예 168명" 등으로 그야말로 어마어마했다.[57] 신문 기사는 재산 목록을 나열해가며 기선

57 "Miscellaneous Extracts from the Indian Papers received by the Overland Mail," *The Manchester Guardian*, 10 Nov. 1841; "China," *Caledonian Mercury*, 11 Nov. 1841; "Untitled Article," *The Derby Mercury*, 17 Nov. 1841.

이 지녔을 법한 사치 성향을 손에 잡힐 듯이 세세하게 밝혀놓았다. 서태후를 다룬 기사들도 마찬가지였다. 황실의 수입원과 재정구조 들을 나열하다가 서태후가 "인삼과 녹용을 특히 좋아한다. 인삼세를 거두어들이고 때때로 더 채취해 오라는 명령을 내린다"라고 덧붙였다.[58] 서태후가 더 많은 인삼을 요구하는 모습에서 사치와 부패, 전횡의 색채는 더욱 선명해진다.

서구세계가 보기에 인삼을 향한 탐욕은 비단 지배층에 그치지 않고 계급을 초월해 모든 중국인이 공유하는 것이었다. 중국을 방문한 외국인들은 "황제부터 노비까지 모든 중국인이 이 이상한 인삼 뿌리의 효능을 맹신한다"라고 기록하곤 했다.[59] 1888년 영국과 미국의 신문들은 뉴욕에 사는 중국인 의사가 쇠약해진 중국인 세탁부에게 준 처방전을 게재했다. "살아 있는 사슴에게서 잘라낸 사슴뿔 2온스와 한국인삼 2분의 1온스를 포함한 이 탕약은 무려 18파운드 5실링 2펜스나 하는 어마어마한 가격"이었다. 기사는 "너무 이상한 것이, 이렇게 말도 안 되는 높은 가격에도 불구하고 미국 전역의 중국인 세탁부들이 인삼을 1년에 한두 번씩 꼬박꼬박 먹는다"고 강조했다.[60]

물론 이런 반응이 나온 것은 서양이 명대 이래 중국에서 유행하게 된 '온보문화溫補文化'를 전혀 이해하지 못한 탓도 있다. 온보문화를 간단히 설명하자면 보약, 특히 인삼을 넣은 보약을 복용하는 사회적 관행이라고 할 수 있다. 명말 이래 역병이 유행하면서 사람들은 건강과 적절한 치료에 부쩍 관심을 갖게 되었는데, 학자들은 그 과정에서 의원과 환자 모

---

58 "Chinese Finance," *The North China Herald and Supreme Court & Consular Gazette*, 23 Mar. 1883.

59 "Ginseng," *The Manchester Guardian*, 25 Apr. 1867.

60 "Bleeding a Laundryman," *Hampshire Telegraph and Sussex Chronicle*, 11 Feb. 1888.

두 인삼이 생명을 구하는 약이라는 인식을 갖게 되었다고 추론한다. 이후 인삼이 들어간 보약을 복용하는 일이 유행이 되었고, 사람들 사이에는 '병사病死는 두렵지 않으나 허사虛死, 허약해서 죽는 것는 두렵다' 혹은 '인삼이 아니면 치료하지 못하고, 인삼을 복용하면 반드시 온전해진다' 같은 말이 나오게 되었다는 것이다. 만약 환자가 인삼을 복용하지 않은 채 죽음을 맞게 되면 환자나 가족이 비난받는 상황이 벌어졌다. 재산은 중시하면서 목숨은 중시하지 않는 사람으로 취급받았던 것이다. 사회 분위기가 이렇다 보니 효심을 표현하기 위해 가산을 탕진해서라도 인삼을 구매하는 일도 있었다. 특히 건륭 원년(1736) 전후가 되면 보약을 좋아하는 풍조가 상류층뿐만 아니라 가난한 백성에게까지 미치게 되는데, 인삼을 살 수 없는 가난한 사람들은 인삼의 대체품을 찾아 인삼과 비슷한 효과를 얻으려 했다. 대체품은 예컨대 당삼黨蔘, 사삼沙蔘 등으로 인삼과 비슷한 약재들이었다.[61]

그런데 서양의 인삼 담론은 단순히 타문화에 대한 몰이해 혹은 문화적 상대주의의 결여에 그치지 않는다. 이 담론은 '중국인'뿐만 아니라 유럽 내부로 향하여 자국 내 열등한 계급에게도 적용될 수 있었다. 따라서 계급별로 분수에 맞는 소비를 강요하는 사회에서 인삼은 노동자들에게는 허용될 수 없는 사치품이었다. 계급적 질서를 지키는 일, 그것이 건전한 사회 발전의 기본 조건일 터였고, 최소한 그 담론을 생산하는 나라에서는 그 원칙이 지켜져야만 했다.

1845년 영국 신문들은《펀치Punch》의 기사를 인용하며 로버트 필Robert Peel, 1788~1850 수상의 관세개혁을 신랄하게 비판했다. "관세 폐지 품목이

61 온보문화(溫補文化)에 대해서는 孙晓舒,《山蔘之"野": 關于意義與價格之生成的人類學研究》, pp. 95-99를 참고하라.

대부분 사치품"이라고 지적하면서 "인삼을 일반 소비 제품으로 간주하는 어리석음을 저질렀다"라고 비난했다. 신문 기사들은 "이제 수상이 자신의 영지에 사는 노동자들이 먹겠다고만 하면 그들에게 모두 인삼을 나눠주리라 믿는다"면서 "그것이야말로 필 수상이 새 관세를 도입함으로써 빈민에게 베푼 치적이 될 것"이라고 조롱했다.[62] 이런 비난의 연장선에서 사치품 중 으뜸인 인삼을 가장 많이 소비하는 중국은 엄청난 인적·물적 자원을 지니고 있음에도 불구하고 영국에서 "바늘이나 성냥 같은 자잘한 공산품을 수입할 수밖에 없는 경제구조의 불완전성에 갇히게 되었다"[63]는 논리도 성립했다.

이 논리는 서양이 설정한 근대로 나아가는 단계에서 중국은 뒤처져 있음을 강조한 것이었다. 이런 발언들은 비록 중국을 폄하하되 중국 역시 뒤늦게라도 서양과 같은 역사적 단계를 밟을 것이라는 확산론 Diffusionism적 전제를 깔고 있다. 확산론자들은 서구 문명이 독특한 역사적 우월성을 갖고 있으며, 그로 인해 유럽이 과거부터 현재까지 비유럽에 대해 항구적인 우월성을 갖게 되었다고 주장한다. 늘 뒤처지고 내부를 모방할 수밖에 없는 외부는 유럽중심주의적 확산론을 통해 근대화를 달성한다는 시각이다.[64]

그런데 다른 한편으로 인삼을 둘러싼 담론들은 동양을 결코 이해할

---

62 "The Hangman's 'Moral Lessons'," *The Morning Chronicle*, 3 Apr. 1845; "The 'Newspaper man'," *The Manchester Times and Gazette*, 5 Apr. 1845.

63 "Curiosities of Trade in China," *The Pall Mall Gazette*, 5 Dec. 1879.

64 이 신념에 따르면 유럽은 역사의 창조자로서 자생적으로 진보하고 근대화하는 문명인 반면, 나머지 세계는 늘 정체되어 있다. 이러한 방식으로 유럽은 역사의 중심부(내부)에, 그리고 비유럽은 주변부(외부)에 위치하게 된다. 확산론이 하나의 과학적 이론으로 확립된 것은 19세기 중반 이후이지만 그 기원은 16세기로 거슬러 올라간다. 제임스 M. 블라우트 지음, 김동택 옮김, 《식민주의자의 세계모델: 지리적 확산론과 유럽 중심적 역사》(성균관대학교 출판부, 2008), pp. 8-9, 11.

수 없는, 나아가 결코 동질화될 수 없는 대상으로 규정짓는다. 즉, 확산론적 구조에조차 포섭될 수 없는 존재로 바라보는 것이다. 여기서 더 나아가 그렇게 바라보는 행위 자체가 '거리 두기'를 해가는 적극적인 행동이기도 했다. 그리고 그런 시선의 중심에 인삼이 있었다.

chapter02

# 불가해한 동양성

## 다이빙 벨 사고와 인삼

중국 혹은 동양은 서양 사람들에게는 자신들과 다른 기준과 원리가 작동되는 곳이었다. 인삼을 먹고 큰 효험을 보았다는 기록에서조차 말미에는 '중국 사람들이 말하는 것만큼 효과가 크지 않고 온건한 효과를 보인다'는 내용이 붙어 있곤 했다.[65] 인삼을 '만병통치약'이라고 하는데 그런 명성에 비해서는 효능이 낮고, 본질적으로 '원기를 회복해주는 강장제에 가깝다'는 평을 쉽게 찾아볼 수 있다.[66] 그런데 이런 평가는 단순히 인삼의 효능이 있느냐 없느냐에 대한 문제가 아니었다. '그들'의 판단 기준이

65 William Woodville, *Medical Botany*, Vol. 2 (London, 1792), p. 272; John Quincy, *Pharmacopoeia Officinalis or a Complete English Dispensatory* (London, 1782), p. 61.

66 Richard Brookes, *The General Dispensatory* (London, 1773), p. 42; Donald Munro, *A Treatise on Medical and Pharmaceutical Chymistry, and the Materia Medica*, Vol. 3 (London, 1788), p. 119; William Cullen, *A Treatise of the Materia Medica*, Vol. 2 (Edinburgh, 1789), p. 161.

자신들의 그것과는 전혀 다르다는 인식을 드러내는 것이자 그들이 지닌 평가 기준을 결코 받아들일 수 없다는 선언이었다. 1860년 출판된《미국 농부의 백과사전The American Farmer's Encyclopedia》은 인삼의 상업적 가치를 높이 평가하면서 중국으로의 수출량을 연도별로 자랑스럽게 나열했는데, 그러면서도 곧바로 인삼이 의학적 효능이 뛰어나다는 평가에 대해서는 "중국인의 상상 속에 존재할 뿐이다"라며 인삼의 효능을 단호히 부정하고 있다.[67]

이처럼 인삼은 서양과 동양의 '다름'을 드러내는 대상일 뿐 아니라 때때로 서양이 결코 이해할 수 없는 물건이었다. 1783년 인삼이 영국 전역에서 회자되는 큰 사건이 일어났다. 1783년 3월 리버풀에서 출발해 중국으로 향하던 상선 '제국의 동인도인Imperial East Indiaman'호가 아이리시해의 더블린만 근처에서 좌초한 것이다. 이 배에는 상당량의 은과 납이 실려 있었다. 에든버러 출신의 엔지니어이자 잠수부인 찰스 스팰딩Charles Spalding, 1738~1783은 선주와 계약을 맺고 배 안의 화물을 바닷속에서 끌어올리는 작업에 투입되었다. 6월 1일 스팰딩은 조카와 함께 자신이 개조한 '다이빙 벨'을 타고 42피트 해저로 내려갔다. 그들은 당일 세 차례나 잠수하면서 납을 비롯한 화물을 성공적으로 건져 올렸다. 하지만 다음 날은 상황이 전혀 달랐다. 스팰딩과 조카가 잠수를 시작한 지 1시간 15분이 지났는데도 아무런 신호가 없었다. 그래서 다이빙 벨을 끌어올렸더니 두 사람은 그 안에서 죽은 채 발견되었다.

두 사람의 장례식은 사고 후 7일째가 된 6월 8일에야 치러졌다. 장례가 늦춰진 이유를 두고 추측이 분분했다. 문제는 시신이 색도 변하지 않

---

67 *The American Farmer's Encyclopedia* (New York: A. O. Moore, Agricultural Book Publisher, 1860), p. 540.

은 채 너무 멀쩡한 모습을 하고 있었다는 사실이었다. 사고가 나기 전에 좌초된 배에 접근했던 잠수부들은 배 근처에서 매우 끔찍한 냄새가 났다고 주장했다. 적재 화물 가운데 인삼이 썩어서 나는 악취였을 것이라면서 말이다.

이 사안은 여러 신문과 잡지에 실리면서 전국적인 관심을 끌게 되었다.[68] 영국의 과학자들은 시신의 부패를 막은 요인이 무엇인지를 규명하기 위해 고심했다. 런던의 왕립학회까지 나서서 두 차례나 회합을 열어 이 사안에 대해 토론할 정도였다. 인삼은 향기롭고 소금물에서 쉬 썩지 않기 때문에 인삼이 사인은 아닐 것이라는 의견을 낸 과학자도 있었다. 하지만 대부분의 사람들은 사인이 배 안의 시신들이 부패하면서 생긴 독한 악취 혹은 다량 적재하고 있던 인삼의 부패에 따른 독성 때문이라고 생각했다.

검시재판이 열렸지만 결국 두 잠수부의 사인은 정확히 밝혀낼 수 없었다. 산소통이 제대로 전달되지 못했거나 시그널 로프가 꼬여 있었을 것이라는 등 사고 원인을 둘러싼 추측이 난무했지만 결국 인삼의 악취 때문이었을 것이라는 설이 우세했다. 당시 신문들이 인삼에 붙였던 별칭인 '기이한 약초'는 오늘날까지도 이날의 비극과 관련된 오명을 뒤집어쓰고 있다.[69]

---

68 *The Weekly Entertainer; or Agreeable and Instructive Repository* 1 (1783), p. 592.

69 John Bevan, "Charles Spalding's Diving Bells," Presented to a meeting of the Historical Diving Society at Norwegian Underwater Institute, Bergen, 5 November 2005.

## 미신과 설화

서양에서 논의되는 인삼에는 수많은 미신과 이해할 수 없는 현상들이라는 후광이 씌워져 있다. 중국과 한국에도 인삼과 관련된 설화는 무수히 많다. 불로장생을 꿈꾼 진시황이 신비의 약초인 인삼을 찾아 제주도와 일본으로 사람을 보냈다는 설화는 널리 알려져 있다.[70] 누르하치의 성장 일화도 인삼과 깊은 관계가 있다. 어려서 어머니를 잃고 계모의 학대를 피해 장백산백두산에 들어간 누르하치는 그곳에서 인삼을 채취하여 팔면서 부를 축적하고 세력을 키워갔다. 그는 쉽게 썩는 인삼을 장기간 보관해서 제값을 받아낼 방법을 모색했고, 결국 인삼을 쪄서 말리는 증포법蒸包法을 알아내게 되어 이익을 증대했다고 한다.[71]

이마무라 도모今村鞆는 《인삼사人蔘史 제6권 인삼잡기편》에서 인삼과 관련된 신화와 전설, 소설, 일화 등을 집대성한 바 있다. 그는 이 신화와 전설이 불로장생의 신선신앙을 주축으로 산신령과 식물의 정령에 대한 신앙, 그리고 이후에는 불교 등의 요소가 가미되었다고 해석했다. 하지만 인삼의 산출이 특정 지역에 제한되어 있고 재배 역사 또한 짧기 때문에 '신비함도 아주 적다'고 평가했다.[72] 사실 인삼과 관련된 설화와 전설은 사람의 형상을 한 인삼이 초능력을 지닌 신비한 존재라는 인식, 나아가

---

70 김선민, 〈인삼과 강역: 후금-청의 강역 인식과 대외관계의 변화〉, 《명청사연구》 30 (2008), p. 233.

71 《太祖高皇帝實錄》 권3, 8b-9a (乙巳年 三月 乙亥朔). 또 다른 전설에 따르면, 누르하치가 상한 인삼을 사병들에게 상으로 나누어주었을 때 그 가운데 한 사람이 인삼을 쪄서 말려 오래 보관하는 것을 보고 증포법이 시작되었다고 한다. 이는 인삼 증포가 누르하치에 의해 맨 처음 개발된 것이 아니라 당시 민간에서 이미 실행되던 방법임을 보여주고 있으며, 실록에서는 누르하치의 영민함을 보여주기 위해 의도적으로 그가 증포법을 창시한 것으로 강조했다고 보아야 할 것이다. 김선민, 〈인삼과 강역: 후금-청의 강역 인식과 대외관계의 변화〉, pp. 234-235.

72 이마무라 도모, 《인삼사 제6권 인삼잡기편》, p. 17.

**걸어다니는 '인삼'** 1686년 예수회 선교사 기 타샤르(Guy Tachard, 1651~1712)가 루이 14세의 프랑스 외교단에 포함되어 시암에 다녀온 뒤 쓴 《예수회 신부들의 시암 여행(Voyage de Siam des pères jesuites)》에 실린 삽화. 그는 이때 인삼을 처음 접하고서 그에 대한 상세한 기록을 남겼는데, 인삼을 '사람'에 비유한 삽화도 함께 실었다. (출처: 보스턴칼리지 도서관Boston College Library)

인삼을 먹고 신선이 되었다거나 인삼의 발견을 국가의 상서로운 조짐으로 여기는 내용이 주를 이루거나, 효심이 지극한 자식이 인삼을 얻게 되어 부모님을 잘 봉양하게 되었다거나, 덕과 선을 베푼 이에게 인삼을 발견하는 행운이 주어졌다는 등의 권선징악적인 교훈으로 이루어져 있다.[73]

따라서 동양에서 인삼과 관련된 설화들은 사회의 근간을 이루는 사상이나 도덕률과 맥을 같이하면서 역사와 문화의 일부로 자연스럽게 받아들여졌다. 그런데 서양에서는 동양의 인삼 신화에 탈시간적인 불가해성을 투사했다. 1810년 《옵저버The Observer》 등은 여름에는 식물이었다가 겨울에는 동물벌레로 변하는 식물이 중국에서 발견되었다면서, 그것의 의학적 효능이 인삼과 비슷하다는 기사를 내보냈다.[74] 또 다른 매체에서는 중국 우장牛莊에 주재한 외국인 관리의 말을 빌려 "사람의 발길이 닿지 않는 곳에서는 인삼이 실제로 인간의 형상을 띠며, 중국인들은 인삼이 인간의 고통을 완화하기 위해서 존재한다고 믿는다"는 내용을 기사로 실었다.[75]

사실 중국에서는 300년 된 야생삼이 인간으로 변하여 땅 위로 솟아오르며, 그 피는 흰색을 띠고 몇 방울만 먹어도 죽은 사람도 살아날 수 있다는 고대 설화가 전해 내려온다.[76] 1877년 《그래픽The Graphic》지의 기사는 바로 이 중국의 오랜 인삼 설화를 소개했다. 하지만 미묘하게도 글에서는 '거리 두기'가 느껴진다. '중국인들', 즉 그 사람들이 믿는 설화라는 부분에서다.

---

73 이마무라 도모, 《인삼사 제6권 인삼잡기편》, pp. 17-220.

74 "Untitled Article," *The Observer*, 3 Jun. 1810; "Ship News," *The Morning Chronicle*, 4 Jun. 1810.

75 "Ginseng," *The Manchester Guardian*, 25 Apr. 1867.

76 김선민, 〈인삼과 강역: 후금-청의 강역 인식과 대외관계의 변화〉, p. 234.

> 인삼은 300년이 되면 산과 강의 정기를 받아서 인간의 형상으로 변한다. 시간이 더 지나면 지구를 떠나서 별과 함께 산다. 하지만 이것의 가장 놀라운 부분은 흰 피인데, 그것은 모든 질병을 고치는 궁극의 처방이고 영생을 가능하게 하는 것이다. 하지만 이 흰 피를 구하는 것은 매우 어렵다. 먼저 극도로 신실해야 하고, 기도하고 금식해야 한다. 식물의 정기는 아마도 큰곰자리에 스며들어 있다고 생각되는데, 그 별자리가 가까워질 때, 먼저 그 별들을 숭배해야 한다. 그리고 그물을 갖고 그 기운을 받아서 팔목을 칼로 긋고 하얀 피를 받은 뒤 가장 순수한 옥으로 만든 그릇에 담아야 한다. 이 피는 몇 방울만으로도 죽은 사람을 살릴 수 있고, 그냥 그 자체로 귀한 것이다. 중국인들은 그것을 불로장생의 영약이라고 칭송한다.[77]

이런 기사들의 어조는 냉소로 가득하다. 인삼에 부여한 초자연성, 신성한 믿음, 영생에 대한 헛된 갈망 등은 궁극적으로 그것을 믿는 중국인의 본질적인 결함으로 연결되었다. 서양은 그런 그릇된 전근대성을 교정하기 위해 적극적으로 개입해야 할 주체로 강조된다.

1909년 맨체스터에서 열린 중국 구호기금모집회의는 그런 정서를 분명하게 드러내는 사례다. 발제자는 중국의 의학이 무척 낙후되어 있는 탓에 개선할 필요가 절실하다고 호소했다. 중국에는 외과 의사가 없고, 의사들은 '집에서 조제한 호랑이 이빨, 뱀 껍질, 인삼' 등을 처방할 뿐이라는 것이다. 이 회의에서 '우리' 영국이 '사촌'인 중국의 근대화를 위해

77 "A Marvellous Botanical Discovery," *The Graphic*, 8 Sept. 1877. 다른 신문에서도 거의 동일한 내용의 기사를 찾아볼 수 있다. "Ginseng," *The North-China Herald and Supreme Court & Consular Gazette*, 23 Jun. 1877.

적극 지원해야 한다는 합의가 도출되었다.[78]

이처럼 인삼을 둘러싼 담론은 '신비한 동양의 만병통치약'과 근대 서양 의학에 포섭되지 않는 '불가해한' 효능 사이의 길항관계를 보여준다. 그 속에는 앞서 살펴보았던 가공과 같은 기술적 차원에서 중국인에게 결코 범접할 수 없었던 서구인의 열등감, 해외에 내다 팔기에 급급해 내수화는 요원했던 상황, 정량을 결코 도출해낼 수 없었던 '표준화 중심적'인 서양 의학의 한계가 고스란히 담겨 있다. 그리고 그 한계들이 제국주의적 시선으로 포장되어 서구의 산물에는 우수성을 부여하면서도 스스로가 그것과 똑같은 것이라고 주장하는 동양의 산물에는 낙후성을 덮어씌우는 자기모순으로 나타난 것이라고도 볼 수 있다.

그런 모순은 비단 인삼만이 아니라 비서구가 원산지인 수많은 생산물이 겪어왔거나 겪고 있는 부당한 경험일 수 있다. 그 부당한 경험은 단지 생산물에 그치지 않고 그것을 소비하는 사람들, 그리고 생산자들에게도 투영된다. 18세기 영국에서 노예제 폐지운동이 시작되면서 폐지론자들은 설탕, 인디고, 쌀, 면화처럼 노예노동을 통해 생산된 상품들을 거부할 것을 촉구했다.[79] 혹독한 노예노동으로 생산된 설탕을 먹는 것은 곧 동료 인간을 잡아먹는 식인 행위에 비유되었다. 먹을거리를 생산하는 노동자의 육체를 상상하는 것은 당시 사회에서 널리 퍼져 있던 '사회적 상상력'이었고, 소비자들은 자신이 먹는 설탕에 가혹한 노동에 시달리는 노예의 피와 땀을 투영했다.[80]

---

78 Alicia Little, "Great Britain and the Development of China-to the Editor of The Manchester Guardian (Correspondence)," *The Manchester Guardian*, 10 Mar. 1909.

79 설혜심, 《소비의 역사: 지금껏 아무도 주목하지 않은 '소비하는 인간'의 역사》(휴머니스트, 2017), pp. 361-373.

결국 영국에서는 한바탕 설탕거부운동이 일었고, 그것은 윤리적 소비의 시원을 이루게 된다. 비록 설탕은 아직도 많이 소비되지만 공식적인 '노예제'는 사라졌고, 오늘날 설탕에 생산하는 사람들의 특정한 이미지를 투영하는 일은 별로 없다. 그런데 앞서 살펴보았듯이 서양은 유달리 인삼에 대해서는 대표적인 소비집단, 즉 중국인과 연결해 부정적 이미지를 덧씌워왔다. 그런데 비단 소비자만이 아니었다. 인삼을 생산하는 사람들, 즉 심마니에 대해서도 유달리 강력한 '사회적 상상력'을 발휘해왔다. 여기서 그런 시선이 중국의 심마니에 그치지 않고 자국인인 아메리카 대륙의 심마니에게도 투사되었으며, 그것이 현재진행형이라는 사실에 주목해야 한다.

80 Benjamin Moseley, *A Treatise on Sugar* (London: Printed by John Nichols, for G.G. and J. Robinson, 1800), p. 166.

chapter03

# 동서양의 심마니

## 중국의 심마니

산삼을 캐는 것을 업으로 삼는 사람, 즉 심마니는 오랫동안 동아시아에서만 존재했던 독특한 직업군이었다.[81] 중국에서 이 직군은 흔히 채삼인採蔘人으로 불렸다. 후금 초기부터 인삼을 채취하고 판매할 수 있는 권한은 팔기의 왕공王公 귀족들에게 분산되어 있었다. 17세기 말까지 만주에서 인삼 채취는 일반적으로 부트하 울라 총관아문을 중심으로 이루어졌는데, 여기 소속되어 인삼을 캐고 사냥하는 사람들은 부트하 병정兵丁이었다.

1713년의 규정에 따르면 채삼에 종사하는 부트하 병정은 1인당 인삼

81 朴福蘭, 〈清朝封禁时期朝鲜人犯越事例硏究〉, 延邊大學 碩士學位論文, 2013), p. 6; 張傑, 〈清前期對鴨綠江封禁區的管轄〉,《中國邊疆史地硏究》(2004-4), pp. 52-61; 張傑, 〈柳條邊, 印票與清朝東北封禁新論〉,《中國邊疆史地硏究》(1999-1), pp. 78-85.

20량을 납부해야 했다. 할당량을 채우지 못하면 채찍으로 맞는 형벌을 받았다. 1727년에 이르러 처벌 규정이 더욱 강화되어 인삼 미납액이 1량 이하면 채찍 50대, 2량 이하면 채찍 100대, 2량 이상이면 40일간 칼을 쓰고 채찍 100대를 맞아야 했다. 인삼 납부액이 부족하면 채삼 병정뿐 아니라 이들을 감독하는 팔기 관리도 채찍으로 맞거나 직위가 강등되었다.[82]

이처럼 혹독한 처벌이 가해졌음에도 불구하고 부트하 울라 총관아문의 채삼량은 계속 감소했다. 1749년에 이르면 할당된 3,000근 가운데 실제로 납부된 액수는 835근에 불과했다. 결국 1750년 황실은 "부트하 병정의 인삼 채취가 유명무실해졌다"라고 인정하면서 인삼 공납을 부트하 울라 총관아문의 업무에서 면제했다.[83]

부트하 울라 총관아문에 소속된 부트하 병정 외에, 성경에 주둔한 팔기도 사람을 파견하여 인삼을 채취하게 했다. 당시 청의 황제는 전체 여덟 개의 쿠사固山, '기旗'라는 뜻 가운데 세 개를 직접 거느리고 이를 상삼기上三旗라고 불렀는데, 이 가운데 성경에 주둔한 상삼기가 만주에 흩어져 있는 황실 재산을 관리하는 업무를 담당했다. 청나라 초기에 성경 상삼기는 각 50명씩 매년 총 150명을 파견하여 인삼을 채취했다.[84] 그런데 17세기 말부터 팔기에 의한 인삼 채취가 부진하자 18세기 초부터 청은 상인을 고용하여 인삼 채취를 위탁하게 된다.

인삼 채취는 4~5개월 동안 산에서 지내야 하기 때문에 비용이 많이

---

82 蔣竹山,《人蔘帝國: 淸代人蔘的生産消費與醫療》(浙江大學出版社, 2015), p. 63. 김선민, 〈만주족과 인삼〉,《인삼문화》창간호 (2019), p. 21에서 재인용.

83 佟冬 主編,《中國東北史》4 (吉林文史出版社, 1998), pp. 1590-1594. 김선민, 〈만주족과 인삼〉, p. 21에서 재인용.

84 佟永功, 〈淸代盛京蔘務活動述略〉,《淸史硏究》(2000-1), p. 43; 王佩環, 〈淸代東北采蔘業的興衰〉,《社會科學戰線》(1982-4), p. 189; 김선민, 〈만주족과 인삼〉, p. 21.

드는 작업이었다. 여기에 성경의 부유한 자본가들이 개입하게 된다. 경제력을 바탕으로 그들은 수천 장에 이르는 삼표를 수령하고 대리인을 고용해 인삼 캐는 작업 전반을 지휘하게 했다. 삼표를 수령하는 부유한 상인들과 달리 채삼인으로 나서는 사람들은 대부분 하층민이었다. 이 채삼인들을 인솔해서 입산하는 우두머리인 '바터우把頭'가 생겨났고, 채삼인의 신분을 보증할 보증인도 필요했다.

인삼을 캐러 산에 오르려면 관에서 발급한 조표照票를 지니고 있어야 했다. 모든 채삼인과 이들을 관리하는 병사들은 조표를 소지하고, 산에서 돌아오면 조표를 회수했다. 조표 없이 채삼하다가 발각되면 불법 채삼인으로 처벌되었지만, 인삼을 몰래 채취하는 사람은 한 해 3만~4만 명에 달했다.[85] 조표를 받은 채삼인에게는 신발·무릎 보호대와 자루를 만들기 위한 무명이 지급되었다. 하지만 이런 물품을 지급받는 시기가 인삼을 캐서 납부한 이듬해였기 때문에 빈곤한 채삼인들은 어려움을 겪을 수밖에 없었다.

채삼 기간에는 식량도 지급되었다. 1인당 6개월치 양식 1석 2두, 볶은 밀가루炒麪 2두, 소금 등이었다. 채삼인들은 매해 4월 초에 출발하여 10월 초에 돌아왔다. 이동 경로는 미리 지정되어 있어서 반드시 성경-흥경-호이파-길림우라-우수리로 다녀야 했다. 그런데 가는 동안에 양식의 절반을 소비하게 마련이어서 산에서 돌아올 때는 가축을 잡아먹거나 구걸로 연명하기도 했다.[86]

1792년 직예성 등지의 심한 가뭄으로 난민이 대량으로 발생하자 중

85 김선민, 〈17~18세기 청대 인삼 정책의 변화〉, 《중국학보》 제74권 (2015), p. 411.

86 《盛京蔘務檔案史料》, pp. 37-38 (康熙25/閏4/22). 김선민, 〈17~18세기 청대 인삼 정책의 변화〉, 《중국학보》 74 (2015), p. 412에서 재인용.

국 정부는 동북 지역의 봉금을 이완하게 된다. 그 결과 가경, 도광道光, 1821~1850 시기에 유민들이 만주로 대거 유입되었는데, 그중 일부는 압록강 유역의 봉금 지역으로 들어갔다.[87] 과거에 채삼을 위해 일꾼들을 모집했던 사례와 달리 이들은 '채삼인'이라는 공공연한 직업군으로 자리 잡게 된다.[88] 따라서 19세기 이후 중국 관련 문헌에 나타나는 채삼인은 주로 동북 지역의 유민 혹은 유민의 후손으로, 산삼의 자생지에 유입되어 수렵과 채삼을 하게 된 사람들이다.

이들의 모습을 엿볼 수 있는 자료가 많지 않지만 그중《백두산장백산 등정기The Long White Mountain》[89]를 꼽을 수 있다. 인도 총독부 관리 제임스 H. E. M. James, 1846~1923 일행은 1886년 만주를 탐사했는데, 백두산 근처에서 인삼을 찾아 숲을 헤매는 사람들과 마주치게 되었다. 그들은 12~15명의 청년들로 구성되어 있었는데, "인삼 한두 뿌리만 캐도 한 해의 노동을 보상받을 수 있었다"고 한다.[90] 우수리강과 아무르강의 합류 지점에서는 초라하기 그지없는 심마니들과 마주쳤다. 제임스는 주로 "추방된 사람들과 부랑자, 서슴지 않고 살인을 저지르는 중죄인 들이 숲속으로 도망쳐 고달픈 삶을 이어가고 있었다"고 기록했다.

> 삶 전체가 비참한 이 사람들에게는 인삼을 찾는 데 전력하는 일 이외에는 달리 삶을 영위할 수단이 없다. 인삼을 캐는 일은 믿을 수 없을

---

87 朴福蘭, 〈清朝封禁时期朝鲜人犯越事例研究〉, 延邊大學 碩士學位論文, 2013, p. 8.

88 이마무라 도모,《인삼사 제6권 인삼잡기편》, pp. 222-223.

89 헨리 에번 머치슨 제임스 지음, 조준배 옮김,《백두산 등정기: 만주의 역사, 주민, 행정 그리고 종교에 관한 이야기》(동북아역사재단, 2011).

90 제임스,《백두산 등정기》, p. 283.

정도로 힘들다. 24파운드 이상의 무게를 지고 아무 길도 없는 거대한 숲속에 위험을 무릅쓰고 들어가 산들을 오르내리는 이 불쌍한 심마니들을 상상해보라. 항상 독자적인 판단으로 홀로 남게 되기에 갖가지 병에 걸리기 쉽고, 언제라도 주변의 야생짐승들에게 희생양이 될지도 모르며, 가져온 한 줌의 기장과 간을 맞춘 몇몇 야생풀로 하루하루를 버틴다. 이런 생활을 4월 말에서 9월 말까지 1년 중 5개월간이나 계속한다.[91]

일행은 장백산맥 안에서 조선인들을 만나게 된다. 그들은 사냥을 하고, 금을 캐러 다니고, 숲에서 인삼을 찾아 헤매기도 하는데, 산기슭에서 인삼을 재배하는 사람도 꽤 많았다고 한다. 제임스는 조선인을 포함하여 숲에 사는 사람들을 '식민 이주자'라고 불렀는데, 그들은 나름의 단체나 동업조합을 결성해 법과 규율을 만들어 공동체를 꾸려갔다. 길림성 당국은 이들과 비교적 좋은 관계를 유지하고 있었다. 비적匪賊을 잡기 위해 동업조합에 도움을 요청하는 일도 많았다.

그런데 동업조합이 만든 법에는 특이한 점이 있었다. 우선, 조선인들에게 어업을 금지하는 조항이 그것이다. 이는 "조선인들은 한가하게 놀며 시간을 낭비하는 것보다 들판에서 일하기를 원해서" 농업노동자로 고용했기 때문에 어업은 시키지 않는다는 일종의 자치규약이었다. 또 하나는 특정 시기 이전에 인삼을 매매하는 행위를 금지하는 규정이었다. 이는 더 깊은 계곡으로 들어가 일찌감치 인삼을 캐다가 시장에 파는 사람들을 제지하기 위한 것이었다. 그들이 너무 일찍 인삼을 시장에 풀게 되

91 제임스, 《백두산 등정기》, p. 442.

면 나머지 심마니들의 판로가 막히기 때문이었다.[92]

중국 동북 지역에는 이 같은 동업집단과 유사하게 동종 업종에 종사하는 사람들의 단체인 생업집단이 많았는데, 그런 조직을 흔히 '행방行幇'이라고 부른다. 최준은 생업집단을 연구하면서 대표적인 행방으로 벌목공 집단인 목방木幇, 심마니 집단인 삼방蔘幇, 사냥꾼·마적 집단인 토비土匪를 꼽고 있다. 이들 가운데 삼방에 대한 연구는 이 지역 심마니들의 생활양식을 보여주는데, 심마니들이 산삼을 캐는 일과 관련된 고유의 의식과 전통을 보존해왔으며, 그로 인해 독특한 문화를 지니고 있다는 사실을 알려준다.

심마니들은 길일을 택해 보름치 정도의 식량과 삼 캐는 도구를 준비해 산으로 들어간다. 숲에 들어서면 먼저 움막을 짓고 산신에게 제사를 지낸다. 중국 동북 지역의 심마니와 벌목공은 특별히 산신을 '노파두老把頭'라고 불렀는데, 노파두가 누구인지에 대해서는 지역에 따라 여러 가지 전설이 있다. 장백산백두산 지역의 전설에 따르면, 손량孫良이라는 자가 산삼을 캐러 장백산에 들어갔다가 변고를 당해 굶어 죽기 직전에 사력을 다해 심마니를 위한 안내자가 되고 싶다는 시를 남겼고, 결국 그 산을 지키는 산신이 되었다고 한다.[93]

심마니들이 산삼을 찾는 동안에는 대화도 금지되었으며 음식물 섭취도 엄격하게 제한되었다. 이들은 꿈을 절대적으로 신봉하며, 길몽과 흉몽을 엄격하게 구분했다. 그런데 이런 습속은 뒤에 살펴볼 한국의 심마니 문화와 매우 유사해서 만주 지역과 한국의 심마니들 사이에 역사적으로

---

92 제임스, 《백두산 등정기》, pp. 262-263.

93 박경석, 《일하는 사람들의 '조상신' 이야기: 중국 전통 시기 동업자들의 세속화된 신성(神性)》 (한울아카데미, 2019), p. 164.

긴밀한 교류가 있었거나 서로 영향을 주고받았음을 알 수 있다.[94] 이마무라 도모는 1930년대 조선의 심마니를 취재하면서 조선의 업자와 만주의 업자 사이에 조직, 종업 상태, 풍습, 금기 등에서 강한 유사성을 발견했다. 그는 "조선의 국경에 접해서 심마니라는 직종이 생겨난 점을 고려하면 양자兩者 사이에 전통적인 관계가 형성되었다는 것을 알 수 있다"라고 주장했다.[95]

그런데 이들의 습속 가운데 가장 흥미로운 것은 새의 울음소리를 통해 산삼을 찾는 방식이다. 중국 동북 지역의 심마니들은 밤에 우는 봉추조棒棰鳥, 곤줄박이가 산삼의 위치를 알려준다고 믿고 있었다. 여기서 봉추棒棰는 산삼을 부르는 말로, 이 새가 산삼 씨를 즐겨 먹어서 이름에 봉추를 붙인 것으로 알려졌다. 봉추조는 먹이를 먹지 못했을 때는 청아하게 "왕깐 꺼거--王干 哥哥, '왕깐 오라버니'라는 뜻" 하며 울지만 먹이를 먹고 나면 목이 쉬어 "왕깐 끄어-- 끄어--" 하며 운다고 한다. 따라서 심마니들은 목이 쉰 봉추조의 소리를 듣고 그 반대 방향으로 가면 산삼을 찾을 가능성이 있다고 믿었다.[96]

심마니들은 산삼에 일종의 혼령산삼 아이이 깃들어 있어서, 심마니들이 소리를 내거나 하면 놀라서 종적을 감춘다고 믿었다. 산삼을 찾는 즉시 발초곤나무로 만든 지팡이 혹은 괭이을 땅속 깊이 쑤셔 박고, 옛날 동전을 매단 붉은 실을 산삼의 줄기에 묶은 다음 붉은 보자기를 바닥에 깐다. 붉은 실로 묶는 것은 산삼이 달아나지 못하게 하기 위해서고 보자기는 귀중한 약재로 쓰이는 산삼 씨를 받기 위해 펼쳐놓는 것이다. 주변까지 확인하

94 최준, 〈중국 동북 지역의 민간신앙〉, 《중앙민속학》 12 (2007), pp. 124, 129.

95 이마무라 도모, 《인삼사 제6권 인삼잡기편》, pp. 223, 261.

96 최준, 〈중국 동북 지역의 민간신앙〉, p. 129.

여 산삼을 모두 캐고 나면 부근에 있는 소나무의 껍질을 벗겨 그 자리에 산삼의 품엽品葉과 심마니 수를 크고 작은 '입 구口' 자로 새겨 표지를 남긴다고 한다.[97]

## 한국의 심마니

심마니는 심메마니, 심꾼, 삼꾼, 삼메꾼, 채삼인, 채삼꾼採蔘軍 또는 採蔘君, 산척山尺 등 다양하게 불리고 표기되어왔다.[98] 심마니심메마니의 어원을 분석해보자면, '심'은 산삼의 고어이고, '메'는 산의 고어이며, '마니'는 범어에서 큰 사람을 뜻하는 데서 유래한 것이다. 그런데 한국 전통문화에서 인삼과 심마니가 차지하는 존재감에 비해 심마니에 대한 연구는 매우 드물다. 일제강점기에 이마무라 도모가 〈산삼 채취인의 풍습山人蔘採取りの風習〉(1931)[99]을 내놓은 이후 1980년대 들어서야 심마니 은어 연구가 이루어지기 시작했고,[100] 최근에 우승하 등이 심마니 습속의 변화에 대한 연구를 내놓았다.

2~3부에서 살펴보았듯이 조선시대에 삼정蔘政은 정부의 중요한 사업이었다. 산삼은 국가적으로 통제의 대상이며, 함부로 산삼을 채취한 심마니는 처벌을 받았다. 숙종 29년(1709)에는 함흥부咸興府에서 채삼꾼 20

97 최준, 〈중국 동북 지역의 민간신앙〉, p. 130.

98 우승하, 〈심마니 습속의 변화 양상〉, 《민속학 연구》 35 (2014), pp. 7-8.

99 今村鞆, 〈山人蔘採取りの 風習〉, pp. 110-123.

100 최범훈, 〈심마니 은어 연구〉, 《한국문학연구》 67 (1984); 연호택, 〈심메마니 은어의 연구 – 오대산 지역을 중심으로〉, 《관동대논문집》 20 (1992); 연호택, 〈심메마니 은어의 연구 2 – 오대산 지역과 설악산 지역 은어 자료의 비교를 중심으로〉, 《관동대논문집》 21 (1993) 등 참조.

명을 무려 4년 동안이나 옥에 가둬둔 적도 있었다.[101] 정조 시기에는 조정에서 울릉도의 산삼 채취 시기를 두고 논란이 벌어졌을 정도였다. 삼척의 관리가 이 일의 책임을 지고 있었는데, 심마니들이 바다 건너 울릉도까지 가는 일을 꺼리는 바람에 강릉, 양양, 삼척, 평해, 울진 등지에서 각각 3~10명씩 할당해 차출해야 했다.[102]

일제강점기에는 산삼이 산출되는 지방의 영림서營林署에서 심마니를 관리했다. 세 사람을 한 조로 묶어 입산을 허가하는 제도가 운영되었다. 입산 허가는 유효기간이 3개월이었는데, 그 기간이 넘도록 하산하지 않거나 허가증을 반납하지 않은 심마니는 조난자로 간주했다. 1928년 평북 강계군 영림서에서 허가증을 받은 심마니는 690명이었고, 1929년에는 1,240명, 1930년에는 1,038명으로 집계되었다. 이처럼 허가증을 발급하고, 입산자를 정확하게 집계한 사실은 일제가 산삼을 자원으로 인식하고 꼼꼼하게 관리했음을 보여준다.

이마무라 도모는 조선시대에는 산삼의 채취 시기를 1년에 3회로 정해 놓았다고 주장한다.

> 1) 모절: 봄철에 산삼이 싹을 틔우고 점차 생장하여 사람들이 그것을 볼 수 있는 시기
> 2) 단절: 여름 산삼의 열매가 붉게 익고, 가장 구분하기 쉬운 시기
> 3) 황절 또는 초절: 가을 산삼의 잎이 누렇게 변하는 시기. 이 황색은 일종의 빛을 내고 있어 그것을 채취하는 데 숙련된 자의 눈에는

101 연호택, 〈심메마니 은어의 연구 – 오대산 지역을 중심으로〉, pp. 80-81.

102 《조선왕조실록》 정조 42권, 19년, 6월 4일; 정조 51권, 23년, 3월 18일. 우승하, 〈심마니 습속의 변화 양상〉, pp. 9-10에서 재인용.

멀리에서도 쉽게 식별할 수 있다.

하지만 20세기 초반이 되면 심마니들이 음력 7월경부터 서리가 처음 내리는 때, 즉 황절 시기까지만 입산했다고 파악했다.[103]

심마니들에게는 산에 들기 전의 습속이 산에 든 후 행하는 습속보다 더 까다로웠다. 채삼단을 편성하고, 입산일을 택하고, 도구를 준비하는 일을 하면서 각종 금기를 지켜야 했기 때문이다. 입산하는 날을 택하는 일은 무엇보다 중요했다. 점쟁이에게 의뢰하거나 '어인''어인마니'라고도 함이라 불리는 우두머리가 스스로 점을 보아 출발 날짜를 잡았다. 자신들이 제사를 지내는 신이 하늘에서 내려오는 날에 맞추거나 복날을 고려해서 날을 잡는데, 그 이유는 중복 하루가 지나면 하룻밤 사이에 산삼 열매가 붉게 익는다고 믿었기 때문이다.

산삼 채취는 4~5명에서 10여 명까지 무리를 지어 이루어지는 것이 상례였다. 험한 산중에서의 안전문제와 오랜 산행 동안 필요한 물품을 운반하기 위해서였다. 입산기가 가까워지면 어인을 중심으로 심마니들이 모여 입산 약속과 규칙을 정한다. 이때 취사를 담당하는 2인자 격인 '정재'와 연료 채취 담당자, 그리고 제사를 준비하는 자가 정해진다. 처음으로 새롭게 입산하는 자는 '소대인'이라 불렀다. 어인은 무리를 통솔하는 데 절대적인 권력을 가진 존경받는 사람이었다. 이마무라 도모는 조선 말기에 강계부 내에서만 300여 명의 어인이 있었고, 조선 내의 어인의 총수가 1,000명이 넘는다고 파악했다.[104]

---

103 今村鞆, 〈山人蔘採取りの 風習〉, p. 113.

104 今村鞆, 〈山人蔘採取りの 風習〉, p. 114.

심마니 일행은 산에 들기 전에 채삼한 산삼을 공동으로 소유할 것인지, 최초 발견자의 몫으로 할 것인지를 결정했다. '원앙메''동메'라고도 함는 채삼, 판매, 분배를 공동으로 하는 것을 일컫는데, 비록 원앙메를 선택했더라도 어인은 다른 채삼단원에 비해 많은 몫을 가져간다. 반대로 '독메''각메'라고도 함는 산삼을 발견한 심마니가 전적으로 산삼을 소유하는 관행이었다. 다만, 독메를 택했을 때는 근처에 자생하는 산삼을 어떻게 처리할 것인가 하는 문제가 발생한다. 일반적으로 최초 발견자가 주변 탐색을 마치고 '보시오' 또는 '소망 보시오'라고 말하면 다른 단원도 주변에서 산삼을 찾아 자기 몫으로 챙길 수 있었다.[105]

일단 분배 원칙이 정해지면 절대적으로 그 원칙을 준수하는 것이 상례였다. 심마니들 사이에서는 갈등이나 내분이 없었다고 알려진다. 설사 누군가 한 뿌리도 채취하지 못했다 하더라도 많이 채취한 사람을 시기하지 않았다. 이마무라 도모는 이런 관행에 대해 "감탄할 만한 미풍"이라고 칭찬을 아끼지 않았다. 그는 심마니를 연구하면서 여러 심마니와 접촉했는데 그들의 인품에 감동을 받았다는 소회를 남겼다. 강계부의 한 어인에 대해서는 "비록 글을 알지 못하더라도 사람의 인품이 선량 소박하고 자연의 선미를 갖고 있는 것은 다년간 인적이 끊긴 심산유곡을 출입하며 무의식적인 자연의 수양에 유래하는 것이리라"라고 기록했다.[106]

---

105 우승하, 〈심마니 습속의 변화 양상〉, p. 14.

106 今村鞆, 〈山人蔘採取りの 風習〉, pp. 114, 120.

## 입산

심마니들은 입산 일주일 정도 전부터 매일 수차례 목욕을 하며 청정을 유지했다. 또한 여자와의 동침을 피하고 나쁜 음식도 먹지 않았다. 옛날에는 어육과 수육을 일절 먹지 않았으나 20세기 초반에는 개고기와 하돈河豚, 강돼지, 즉 복어만을 금했다.[107] 모자와 갈아입을 옷, 각반과 나무지팡이, 산에서 제사나 기타 용도로 사용할 종이 9매 등 입산을 위한 물품도 준비한다. '산삼은 철쇠을 싫어하기 때문에' 산삼을 캐는 도구는 나무나 동물의 뼈 등으로 만든 것을 사용했다. 벌목할 때 쓸 칼과 성냥과 식량도 필요했다. 입산 기간을 15일로 가정하면 1인당 쌀 한 말 정도와 된장, 간장, 소금에 절인 조기 조금 등을 준비했다. 조선시대까지는 산에서 제사를 지낼 때 공물로 살아 있는 돼지 한 마리를 끌고 갔으나 일제강점기가 되면 그 풍속은 생략되었다.[108]

채삼단은 보통 출발 전 제사를 지냈다. 서낭당이나 큰 나무 앞에서 마을 사람들을 초대해서 돼지 여러 마리를 잡고 풍부한 공물을 바치며 이틀간 성대한 제사를 치르는 전통이 있었다. 하지만 이 역시 조선시대까지만 행해진 것으로 보이고 시간이 흐르면서 제사는 간소해졌다. 출발 전 제사의 절정은 제문 낭독이었다. 참석자들은 모두 엎드려 있고, 어인만 일어나서 제문을 낭독한다. 문맹이 많았던 탓에 낭독이라기보다는 암송에 가까웠다. 이때 일동은 세 번 절을 한다. 강계군의 제문은 보통 이런 형식을 취하고 있었다.

---

107 今村鞆, 〈山人蔘採取りの 風習〉, p. 114.

108 今村鞆, 〈山人蔘採取りの 風習〉, pp. 114-116.

강계군 누구 등 누구누구가 공물을 휴대하고 그것으로 입산하려고 하니, 공명하신 산신님은 (공물을) 잡수시고 밤중에 나쁜 꿈을 보지 않게 하시되 좋은 꿈을 보도록 베풀어주십시오.[109]

다음 날 심마니 일행은 산으로 출발한다. 입산을 위해 집을 나설 때는 가족에게 인사를 하지 않고, 가족들도 잘 다녀오라는 인사를 해서는 안 되었다.[110] 산에 오르는 동안 절대로 말을 하지 않는 것도 반드시 지켜야 할 원칙이었다. 채삼단 일행은 산으로 올라가는 도중 여성을 만나는 것을 피했을 뿐만 아니라 여성이 앞을 가로지르는 것을 불길하게 여겨 몹시 싫어했다. 만약 여성이 앞서 가고 있었다면 길옆으로 피해주는 것이 예의였는데, 이때 어인이 그 여성에게 치마 조각을 요구하면 여성은 곧바로 치마 뒷자락을 2~3인치 정도 이로 찢어서 주어야 한다. 심마니 일행은 그 치마 조각을 갖고 입산했다. 이마무라 도모는 이런 풍습이 여성의 생식기에 마력이 있다고 믿었던 고대 풍습의 잔재라고 해석한다. 여성의 성적인 마력은 입산 중 맹수나 악마를 물리치는 힘이 있다는 토속 신앙에서 비롯된 것이다.[111]

입산 첫날 목적지에 도착한다. 목적지는 어인 외에는 알지 못하는 곳으로, 신당에 가깝거나 그 전해에 오두막을 만들었던 곳이다. 채삼단은 산중에서 숙박하는 오두막을 '동연同連'이라는 은어로 불렀다. 숙박지에 도착하면 우선 방치되었던 동연의 이곳저곳을 손보고 음식을 준비한다.

---

109 今村鞆, 〈山人蔘採取りの 風習〉, p. 116.

110 최승순, 〈강원도 지방 채삼인 습속〉, 《한국민속학》 8 (1975), p. 50; 우승하, 〈심마니 습속의 변화 양상〉, p. 16.

111 今村鞆, 〈山人蔘採取りの 風習〉, pp. 116-117.

취사장에는 정재 이외에는 누구도 출입할 수 없다. 도착 당일 혹은 그다음 날 신당에 제사를 드린 후 삼을 찾아 나선다. 어인의 구령이 떨어지기 전까지 모두 묵묵히 따라 걸을 뿐이다. 어인이 '연초'라고 고함치면 한 지점에 모여 앉아 천천히 담배를 피운 뒤 서열에 따라 지난밤 꾼 꿈을 상세하게 이야기한다. 어인은 그 꿈을 종합적으로 판단해서 향후 나아갈 방향을 정한다.[112]

심마니들은 입산할 때 꾼 꿈에 관심이 높았다. 실제로 이들은 1년 내내 꿈에 신경을 썼다고 알려진다. 이마무라 도모는 "꿈의 해석은 일종의 특별한 학문에 속하며 다년간 어인에 종사한 자가 아니라면 도저히 이해할 수 없는 것이다"라고 주장했다.[113] 그런데 심마니라면 누구나 알고 있는 몇 가지 간단한 원칙은 있었다. 사람 혹은 동물을 잡거나 죽이는 꿈이라든가 사람이 죽거나 장례에 관한 꿈이 좋다고 한다. 대인이 죽는 꿈을 보면 큰 산삼을 얻고, 어린아이가 죽는 꿈을 보면 작은 산삼을 얻는다고 판단한다. 이마가 붉은 학이 품속으로 날아 들어오는 꿈은 산삼의 열매가 붉고 흰 깃털이 뿌리의 색이므로 그날 반드시 좋은 삼을 얻는다는 징조였다.[114]

다시 산삼의 수색이 시작되면 일행은 어인의 지휘에 따라 묵묵히 산삼을 찾는다. 너무 멀리 떨어지지 않고 부르면 들릴 정도의 거리에서 서로를 의식하며 움직인다. 하지만 모든 심마니 집단이 무언의 계율을 지키며 산삼을 찾는 것은 아니었다. 평안북도 초산군 동부에서는 십수 명에 이르는 심마니가 불규칙한 횡대를 이루어 전진하면서 끊임없이 '위~

112 今村鞆, 〈山人蔘採取りの 風習〉, p. 118.

113 今村鞆, 〈山人蔘採取りの 風習〉, p. 118.

114 今村鞆, 〈山人蔘採取りの 風習〉, pp. 118-119.

〈표〉 심마니 사이의 길몽과 흉몽[115]

| 길몽 | 흉몽 |
|---|---|
| - 돼지를 잡는 꿈<br>- 백발노인에게서 무를 건네받는 꿈<br>- 사람이나 짐승을 죽이는 꿈<br>- 산삼이 사람으로 변하는 꿈<br>- 학이 품속에 들어오는 꿈<br>- 송장을 짊어지거나 어린아이를 업고 하산하는 꿈<br>- 어린아이를 끌어안는 꿈<br>- 시체를 업거나 보는 꿈<br>- 장례를 보는 꿈<br>- 하늘에서 내려오는 선녀를 안는 꿈<br>- 산개(호랑이)가 사람을 물어가는 꿈 | - 개가 나타나서 짖어대는 꿈<br>- 눈 덮인 산, 얼음이 쌓인 산과 들을 보는 꿈<br>- 어린아이를 보고도 업지 못하는 꿈<br>- 얻은 무를 남에게 주는 꿈<br>- 여자가 나타나서 즐거워하는 꿈<br>- 여자와 함께 놀아나는 꿈<br>- 잡았던 돼지를 놓치는 꿈<br>- 짚고 가던 지팡이가 부러지는 꿈<br>- 타고 있던 산개가 빠져나가는 꿈 |

와~' 하며 짐승의 울음 같은 소리를 크게 질러댔다. 그 지역에는 곰이 많아서 갑자기 곰을 만날 수도 있었기에 이렇게 멀리서부터 곰을 쫓는 소리를 내면서 피해를 방지했다.[116]

산삼을 발견하면 '산삼을 보았다' 또는 '방초를 보았다'라고 큰소리로 되풀이해서 외치고 지팡이를 산삼 근처에 꽂는다. 방초는 만주 지방에서 산삼을 부르는 말인 '봉추'와 흡사한데, 이 단어 역시 만주와 우리나라 심마니 사이에 깊은 역사적 연관성을 드러내는 사례일 것이다. 산삼을 발견한 사람은 지팡이를 꽂는데, 지팡이가 없을 때는 그 자리에 앉고, 일행도 모여들어 모두 땅에 앉는다. 어인은 산삼을 발견한 사람에게 혼자서 근처를 수색하게 한다. 그 이유는 무리 지어 자생하는 산삼의 속성을 고려해 가장 먼저 발견한 사람에게 근처의 모든 채취권을 주는 관습 때문이다.

115 우승하, 〈심마니 습속의 변화 양상〉, p. 18에서 인용.

116 今村鞆, 〈山人蔘採取りの 風習〉, p. 120.

산삼을 캘 때에는 산삼 주변으로 한 평가량의 땅을 파서 잡초를 제거해 가며 잔뿌리까지 다치지 않도록 파낸다. 다 파내면 '석의'라고 부르는 땅에 퍼져 있는 이끼를 걷어내어 산삼을 싼 뒤 위아래에 나무껍질로 덧씌운 후 작은 새끼줄로 매어 발견한 사람의 배낭에 넣어서 가져온다.[117]

해방 후에는 산삼 채취 허가제도가 없어져서 직업군으로서의 심마니에 대한 통계를 산출하기가 어려워졌다.[118] 그뿐만 아니라 오늘날에는 야생삼의 절멸로 심마니라는 전문 직업군이 거의 사라져서 심마니의 독특한 습속은 일종의 무형문화 유산처럼 기억될 뿐이다.

## 북아메리카 대륙의 심마니

18세기 초부터 북아메리카 대륙에도 심마니, 즉 채삼인이 나타난다. 처음 캐나다에서 라피토 신부가 북미삼을 발견했을 때 채삼 작업은 주로 이로쿼이족 같은 원주민에 의해 이루어졌다. 하지만 서쪽으로는 위스콘신, 미네소타에서 다량의 인삼이 발견되고 남쪽으로는 애팔래치아 지역에서도 인삼이 속속 발견되면서 삼 캐는 일은 점차 백인의 직업이 되어갔다. 실제로 인삼 발견의 역사는 점차 서부로 확장해가는 백인들의 이주와 궤적을 같이한다. 따라서 인삼이 발견되었다는 소식은 곧 그 지역에 백인 이주민이 진입했다는 말이기도 했다. 또한 정착한 이주민의 수가 많아지면 인삼은 급속하게 사라지는 경향을 보였다.[119]

117 今村鞆, 〈山人蔘採取りの 風習〉, pp. 119-120.

118 우승하, 〈심마니 습속의 변화 양상〉, p. 11.

인삼은 경제적으로 특별한 수단이 없던 백인들에게 아주 유용한 현금 자원이었다. 경제적 어려움을 겪던 한 지역 전체가 인삼 덕분에 빠르게 경기를 회복한 경우도 있었다. 1850년대 미네소타의 리버밸리River Valley가 그 대표적인 사례다. 많은 이민자가 갑자기 그 지역으로 모여들어 새로운 도시가 건설되었다. 하지만 곧 경제공황이 밀어닥쳤는데, 이때 절망에 빠진 농부들이 숲에서 자라는 인삼에 눈을 돌리게 되었다. 소문이 퍼지면서 중간상인이 나타나고, 외지에서 온 사람이 건조장을 개설할 정도로 채삼업이 호황을 맞았다.[120]

리버밸리 사람들은 처음으로 대규모 인삼 수확을 마친 뒤 축제를 열었다. 맨카토Mankato에서는 인삼 무도회Ginseng Ball가 열렸다. 사람들은 기쁨에 겨워 이후 '진생 폴카ginsng polka'라고 불리게 될 춤을 추었다.[121] 그리고 헨리 워즈워스 롱펠로Henry Wadsworth Longfellow, 1807~1882의 유명한 시 〈엑셀시어Excelsior〉를 패러디한 〈인삼을 캐자Dig Ginseng〉를 지어 불렀다.

> 밤의 그늘들이 빠르게 떨어지는 (The shades of night were falling fast)
> 흙투성이 큰길을 지나 (As o'er the muddy highway passed)
> 젊은이는 막대기에 (A youth, who bore, across a stick)
> 양동이, 배낭, 호미, 괭이를 걸치고 (A tin-pail, knapsack, hoe and pick!)
> 인삼을 캐자! (Dig Ginseng!)
> ……

---

119 Luke Manget, "Ginseng, China, and the Transformation of the Ohio Valley, 1783~1840," *Ohio Valley History* 17 (2017), p. 17.

120 Willam E. Lass, "Ginseng Rush in Minnesota," *Minnesota History* 41 (1969), pp. 250-251.

121 Lass, "Ginseng Rush in Minnesota," p. 254.

농부가 앙칼진 목소리로 (A peasant said, in tones of spite)

"모기를 조심해! ("Beware of the mosquito's bite!)

뿌리는 귀하고, 흙은 거칠다!" (The root is scarce, the soil is tough!")

저 먼 절벽에서 대답이 들려오지 (A voice replied, far up the bluff)

인삼을 캐자! (Dig Ginseng!)[122]

……

미네소타에서 부르던 인삼시人蔘詩는 동아시아 문인들 사이에 유행했던 인삼시를 떠올리게 한다. 국가 사이 혹은 고관대작들 사이에서 예물로 쓰이던 귀한 물건이었던 인삼은 문인들에게 좋은 작품 소재였다. 중국과 한국, 그리고 일본에서는 인삼을 찬미하는 인삼시가 문학의 한 전통으로 자리 잡았다. 인삼의 모습을 찬미하고 효능을 칭송하는 내용이 주를 이루지만 때로 인삼으로 인한 폐단을 경계하기도 했다. 〈고려인삼찬高麗人參贊〉은 중국에서 가장 오래된 인삼시로 알려져 있는데, 《본초강목》에서는 이 시를 "고려인이 지은 것"이라고 소개한다.[123]

세 줄기 다섯 잎사귀 (三椏五葉)

해를 등지고 그늘을 향하네 (背陽向陰)

와서 나를 얻고자 한다면 (欲來求我)

가죽나무 아래를 찾아보기를 (椵樹相尋)

---

122 헨리 헤이든(Henry R. Hayden)이 쓴 시라고 한다. Lebi N. Countryman Diary, May 25, 1859, Countryman Papers [the Minnesota Historical Society]; *Mankato Weekly Independent*, 4 Jun. 1859.

123 이시진 지음, 김종하 옮김, 《신주해 본초강목(新註解 本草綱目)》 제4권 (여일, 2007), p. 44.

청나라의 건륭제는 인삼을 잘못 복용하여 화를 초래한 경우도 있다고 언급한 뒤 다음 시를 지은 것으로 알려진다.[124]

다섯 잎, 세 가장귀는 장백산의 보배 (五葉三椏長白珍)
세월 흐를수록 사람 닮아감은 대체 왜인가 (年深形肖竟何因)
태원太原의 조공은 지금 어찌 이러한지 (太原土貢今焉是)
상당上黨의 사삼沙蔘이 정녕 참되랴 (上黨沙生寧有眞)
형체가 오관五官을 갖춘 적 있었나 (具體幾曾五官具)
광주리마다 사지四肢가 늘어져 괴이쩍네 (陳筐徒訝四支陳)
보양하여 목숨을 잇는다고 말하지만 (雖緣滋補稱延命)
쉬이 투약하여 죽은 경우를 꽤 봤네 (頗見輕投致喪身)
얼추 요리에 곁들여 이로움을 바라며 (大約佐饔圖利益)
결국 살이 깎여 고생할 일을 잊도다 (遂忘剜肉值艱屯)
누가 풀줄기로 문수보살 말을 깨달을까 (草莖誰悟文殊語)
사람을 살릴 수도 되려 죽일 수도 있다네 (能活人還能殺人)

이 시가 보여주듯이 동아시아의 인삼시가 인삼의 식물학적 특성이나 자생 환경에 대한 심미적 관조 혹은 오남용으로 인한 폐단을 경고하는 등 심오한 내용을 담고 있는 데 반해, 미네소타 사람들이 불렀다는 인삼시에는 인삼과 관련한 성찰이나 심지어 인삼 자체에 대한 관심이 전혀 엿보이지 않는다. 오직 더 많은 경제적 이익을 취하기 위한 '인삼 캐는

124 청고종(淸高宗) 홍력(弘曆) 찬(撰), 장부등(蔣溥等) 편(編),《어제시삼집(御製詩三集)》권38, 〈고금체143수(古今體一百四十三首)·영인형삼6운(詠人形蔘六韻)〉. 김보성, 〈한·중 인삼시의 양상과 특징〉,《한문고전연구》36 (2018), pp. 316-317에서 재인용.

일'만 부각할 뿐이다. 문학적 감수성이나 도덕적 가치와는 무관한 일종의 '노동요'나 '구호'였던 것이다.

실제로 미네소타의 인삼 붐에 대해 저술가 세스 험프리Seth K. Humphrey, 1864~1932는 "중국 밖에서는 인삼이 전혀 의학적인 가치를 인정받지 못했다"고 전제한 뒤, "하지만 미네소타에서 절망적인 개척자들에게 인삼은 아무런 의심 없이 '좋은 약'이다"라고 말했다.[125] 여기서 좋은 약이란 그들이 사용할 수 있는, 혹은 사용하고 싶은 좋은 약이라는 의미가 아니다. 그것은 중국에서 좋은 약으로 대접받기 때문에 자신들은 경제적 이익을 취할 수 있어 좋은 약이라는 뜻이다. 인삼을 생산하면서도 인삼을 자신의 문화에 포섭하고자 하는 의지 자체가 없는 것으로 해석될 수밖에 없는 지점이다.

인삼 캐기가 짭짤하다고 알려지자 농부들은 전업 채삼인으로 직업을 바꾸기도 하고, 심지어 다른 주에서까지 사람들이 몰려들어 이 일에 가담하게 되었다.[126] 전업 채삼인은 9~10월에 농사일에 얽매이지 않는 사람들로, 열 명이 넘는 인부를 고용해 산을 돌아다니며 인삼을 캤다. 한 번 산에 가면 며칠씩 야영을 하며 하루 종일 작업을 했는데, 고용인은 보통 잠잘 수 있는 쉼터와 음식을 제공했다. 이들에게 꼭 필요한 장비는 라이플총과 인삼을 캐는 도구였다. '삼괭이Seng hoe'라고 불린 인삼 채취용 장비는 자루 끝에 양두double headed의 날이 달린 특별한 모양을 하고 있었다.[127]

동아시아에서는 산삼이 금속을 두려워한다는 믿음 때문에 심마니들

125 Seth K. Humphrey, *Following the Prairie Frontier* (Minneapolis: Univ. of Minnesota Press, 1931), p. 33.

126 Lass, "Ginseng Rush in Minnesota," p. 253.

이 나무나 동물의 뼈로 만든 삽을 사용했던 반면,[128] 북아메리카 대륙의 삼괭이는 나무로 만든 자루를 제외하고는 쇠가 주재료였다. 한쪽은 딱딱한 흙을 파기 위한 일종의 도끼이고 다른 쪽은 곡괭이인데, 마치 포크처럼 두 갈래로 나눠진 것도 많다. 긴 자루가 달린 삼괭이는 산을 오를 때 지팡이로도 쓰였는데, 그렇게 큰 삼괭이에 더해 정원용 호미처럼 손잡이가 짧은 삼괭이를 함께 사용하기도 했다. 이 장비는 보통 가정에서 수공으로 만들었기 때문에 어느 것 하나 똑같이 생긴 것이 없었고, 가보처럼 대를 이어 물려주기도 했다.

위스콘신과 미네소타의 숲에서 채삼인으로 활동하는 라도나 야돈 LaDonna Yeadon은 전문 채삼인 가운데 찾아보기 힘든 여성 심마니다. 야돈은 약혼자를 따라 심마니의 길에 들어섰는데, 약혼자가 사망한 뒤에도 혼자서 이 일을 해왔다고 한다. 그는 약혼자가 물려준 가로 1.5인치, 세로 8인치의 특별한 삼괭이를 갖고 있었다. 그것은 "삼을 캐기에 매우 훌륭한 도구"로 야돈이 무척 아끼는 물건이었다. 야돈은 삼괭이로 인삼 주변 땅을 판 뒤 인삼을 잔뿌리까지 온전하게 캐기 위해서는 오로지 검지와 중지만을 이용해 조심스럽게 작업해야 한다고 일러주었다.[129]

동아시아에서 심마니가 특화된 집단을 이루며 오랫동안 정교한 작업 방식을 전수해왔다면 북아메리카 대륙에서는 인삼 채취와 채취 후의 손질 작업이 매우 엉성하고 정교하지 못했다. 하지만 그들 나름의 지식과

---

127 Mary Hufford, "Knowing Ginseng: The Social Life of an Appalachian Root," *Cahiers de Littérature Orale* 53/54 (2003), p. 275.

128 제프 탈라리고 지음, 정연희 옮김, 《다시 그 강가에 서다》 (소수출판사, 2009), p. 26. 원제: Jeff Talarigo, *The Ginseng Hunter* (New York: Anchor Books, 2009).

129 라도나 야돈(LaDonna Yeadon)과의 인터뷰 [2015년 6월 29일, 미국 위스콘신주 워소].

방법이 있었다. 우선, 인삼의 생장 환경에 대한 분명한 인식이 있었다. 북아메리카 대륙에 진출한 식민주의자들이 18세기 초부터 이미 인삼이 '숲속 그늘이 드리운 곳, 기름지지만 너무 축축하지 않은 흙이 있는 곳' 혹은 '바다로부터 먼 언덕에서 자란다'[130]라고 기록했다. 이와 비슷한 이야기가 미국 곳곳에서 삼 캐는 사람들 사이에 많이 전해졌다.

1912년 인삼 재배에 관한 방대한 매뉴얼을 펴낸 '미국인삼재배자협회' 회장 존 쾰러John Henry Koehler, 1866~?는 그런 지식을 종합하여 인삼의 서식지를 다음과 같이 정리한 바 있다.

> 숲의 언덕이나 산마루의 버터너트나무butternut, 사탕단풍나무sugar-maple, 느릅나무rock-elm and slippery-elm, 자작나무birch, 흰떡갈나무white-oak, 참피나무basswood 근처에 있다. 지형적으로 매우 습한 날씨에도 충분히 배수가 잘되는 곳으로, 하층토의 다공성이 지하의 배수를 용이하게 하고 가뭄에도 아래로부터 습기가 올라오도록 하는 곳이다. 흔히 바싹 마른 땅을 개간할 때 쓰이는 기름진 흙이 있고 …… 그 위를 충분한 낙엽과 썩은 나무 들이 담요처럼 덮고 있는 곳이다.[131]

그렇다면 100년이 지난 오늘날의 상황은 어떨까? 케니 살위Kenny Salwey, 1943~ 는 인삼이 "산의 북쪽 사면 그늘이 충분하고 여름에도 서늘한 기운이 있고 배수가 잘되는 곳에서 발견된다"고 말한다. 인삼은 특히

130 Peter Kalm, *Travels into North America*, trans. John Reinhold Forster, Vol. 3 (London, 1770), p. 115; James Adair, *The History of the American Indians* (London, 1775), pp. 361-362.

131 John Henry Koehler, *Ginseng and Goldenseal Growers Handbook* (Wausau, WI: P. F. Stolze, 1912), p. 25.

**미국의 여성 채삼인 라도나 야돈** 전문 채삼인 가운데 여성 채삼인은 드문 편인데, 라도나 야돈은 약혼자를 따라 심마니의 길에 들어선 이후 위스콘신과 미네소타의 숲에서 채삼인으로 활동해왔다. (출처: 저자 제공)

**미국의 '자연인' 케니 살위** 라도나 야돈과 친구인 케니 살위는 미시시피강 유역에서 은둔자처럼 살아가고 있다. 도시에 살면서 삼을 캐러 산에 오르는 '전업 채삼꾼'과 달리 그에게 인삼 채취는 가을 한철 현금을 마련할 수 있는 일종의 특별활동이다. (출처: agbfilms.co.uk)

"죽은 오크나무 그루터기 같은 것이 흙에 충분한 영양을 공급하고 주변에 참피나무가 있는 곳에서 잘 자라는 식물"이라는 것이다.[132] 살위는 미국에서 널리 알려진 '자연인'으로, '최후의 리버랫River Rat'이라 불린다. 리버랫이란 미시시피강 유역에서 자연의 흐름을 따라 은둔자처럼 살아가는 사람을 일컫는다. 살위가 사계절의 변화 속에서 생존을 위해 사냥과 채집을 하며 보내는 일상은 TV 다큐멘터리 프로그램들과 책으로 널리 알려지게 되었다. 살위는 앞서 언급한 여성 심마니 야돈과 친구인데, 도시에 살면서 삼을 캐러 산에 오르는 '전업 채삼꾼' 야돈과는 달리, 그에게 인삼 채취는 가을 한철 현금을 만지기 위한 일종의 특별활동이다.

버지니아의 채삼인 론조 멀린스Lonzo Mullins는 "특별히 둥글고 오래된 호두나무가 있고, 땅이 유달리 기름진 곳"에서 커다란 인삼을 발견하곤 했다고 증언했다.[133] 웨스트버지니아 남부 사람들은 혈근초血根草, bloodroot가 자라는 곳이 인삼의 이상적인 자생지여서 혈근초를 발견하면 꼭 인삼을 찾을 수 있다고 믿는다.[134] 반면, 야돈은 특별히 천남성Jack in the Pulpit이 많이 자라는 곳 근처에서 인삼을 자주 발견했다.[135] 이처럼 인삼 자생지의 표지라고 할 만한 식물이 다양했지만 '배수가 잘되고 기름진 흙이 있는 그늘'은 공통적인 요건이다.

그런데 자생지에 대한 지식이 있다 할지라도 무성한 숲에서 인삼을

---

132 J. Scott Bestul and Kenny Salwey, *The Last River Rat: Kenny Salwey's Life in the Wild* (Stillwater, MN: Voyageur Press, 2001), p. 127.

133 Steve Mooney, "Ginseng and Appalachian Culture: Settlement to Contemporary Times," *Appalachian Heritage* 18 (1990), p. 41.

134 David A. Taylor, "Getting to the Root of Ginseng," *Smithsonian Magazine*, 2002 (On-line) [https://www.smithsonianmag.com/science-nature/getting-to-the-root-of-ginseng-65654374].

135 라도나 야돈과의 인터뷰.

발견하기란 쉬운 일이 아니다. 가장 손쉬운 방법은 인삼의 붉은 열매를 보고 식별하는 것이다. 그래서 채삼인들 사이에서 '푸른 수풀 속에서 인삼의 붉은 열매를 보자 환희를 느꼈다'는 이야기를 심심찮게 들을 수 있다. 어떤 사람은 더욱 노골적으로 붉은 열매를 본 순간 일확천금을 벌게 될 것을 깨달았다고 말한다.[136] 인삼은 한 군데에서 집단으로 서식하는 경향이 있어 한 뿌리를 발견하면 주변에서 수백 뿌리를 더 찾을 가능성이 있기 때문에 일확천금이라는 말은 전혀 과장이 아니다. 한곳에서 무려 1,000파운드에 달하는 인삼을 발견한 사람도 있는데, 이런 사례들로 채삼은 보물찾기에 비유되곤 한다.[137]

그런데 열매뿐만 아니라 잎도 인삼을 식별하는 수단이다. 멀린스는 늦가을에 인삼 줄기가 말라죽기 직전 노란색으로 변할 때 인삼을 캐는 것을 선호한다. 그때는 노란 잎이 빛을 내어 숲의 다른 색깔과 확연히 구별되기 때문이라는 설명이다.[138] 인삼은 한번 발견된 곳에서 또 발견되는 습성이 있기 때문에 인삼을 무더기로 발견한 곳은 채삼인에게 일종의 저장고 혹은 심지어 은퇴 자금과도 같았다.[139] 최근 전업 채삼인들은 인삼을 캔 후 근처에 미리 준비해간 좋은 종자를 뿌리곤 한다. 5년 후에 찾아가서 '대량으로 수확'하리라는 꿈을 꾸면서 말이다.

인삼을 발견한 곳에는 표식을 해두는 일이 매우 중요하다. 동아시아에서는 삼이 발견된 곳에 붉은 헝겊 조각을 묶어두었고,[140] 북아메리카

136 Manget, "Ginseng, China, and the Transformation," p. 3.

137 Manget, "Ginseng, China, and the Transformation," p. 4.

138 Mooney, "Ginseng and Appalachian Culture," p. 41.

139 Bestul and Salwey, *The Last River Rat*, p. 134.

140 탈라리고, 《다시 그 강가에 서다》, p. 22.

대륙에서도 비슷하게 나무에 표시를 해두거나 깃발을 꽂아두었다. 어떤 이들은 숲에서 인삼의 붉은 열매를 발견하면 곧 채취하러 올 날을 기약하며 자신만이 아는 표식을 해두기도 했다. 열매가 맺힌 여름은 보통 채집 금지 기간이기 때문에 가을에 와서 캐거나, 혹은 인삼이 충분히 자란 뒤 다시 오기 위해서였다.

야돈은 인삼 채취 기간은 9~10월이지만 8월에 먼저 가서 어디에 많이 나는지 봐두곤 한다고 말했다. 다람쥐squirrel와 얼룩다람쥐chipmunk가 많이 사는 지역의 경우 특히 일찍 가야 하는데, 그 동물들이 열매를 먹어치워서 식별이 매우 어렵기 때문이다. 야돈은 남들이 알아챌까 봐 헝겊이나 깃발 대신 작은 못을 박아두었다고 말한다.[141] 최근 채삼인들은 밀렵꾼들이 가로챌까 봐 아무런 표식도 남기지 않고, 위성위치확인시스템 수신기GPS receivers를 이용한다.[142]

인삼이 완벽하게 성숙하는 계절은 가을에서 겨울로, 채삼은 보통 가을에 시작된다. 하지만 가을이 되기를 기다려 삼을 캐는 일은 20세기 후반에서야 법적으로 강제되었다.[143] 그전까지는 이익에 눈먼 사람들이 봄부터 캐기 시작했고, 숲에 갔다가 우연히 인삼을 발견한 사람들은 계절

---

141 라도나 야돈과의 인터뷰.

142 Taylor, "Getting to the Root," n. p.

143 미국과 캐나다는 1977년 '멸종 위기에 처한 야생 동식물의 국제 거래에 관한 협약(International Trade in Endangered Species of Wild Fauna and Flora)'을 통해 화기삼을 보호대상으로 지정했다. 미국에서 화기삼 통제를 담당하는 부서는 '어류 및 야생동물관리국(the United States Fish and Wildlife Service)'으로, 인삼의 씨와 잎을 제외한 뿌리만이 보호대상이다. 현재 미국에서 인삼 수출이 허용되는 주는 19개인데, 주마다 허가장 발행, 합법적 채취 시기, 수출 허용 여부 등에 약간씩 차이가 있다. 일반적으로 야생삼을 채취하려면 허가증을 취득해야 하며, 정해진 기간에 인삼을 캔 뒤 그 자리에 곧바로 인삼 씨를 뿌려야 한다. 미성숙한 인삼을 캐는 것은 법으로 엄격하게 금지되어 있다. 캔 인삼을 팔 때도, 해외나 심지어 다른 주로 수출할 때도 특별한 허가증이 필요하다.

과 관계없이 보는 즉시 캐내곤 했다. 이른 채삼과 계절을 불문한 채취로 인해 많은 문제가 발생했다. 남채로 인한 고갈과 멸종 위기가 그 하나이고, 다른 하나는 가을이 되기 전에 캔 인삼은 제값을 받지 못했다는 사실이다. 이미 1793년 프랑스의 식물학자 프랑수아 앙드레 미쇼François André Michaux, 1770~1855는 북아메리카 대륙에서 벌어지는 인삼 채취 관행을 보며 이렇게 탄식했다.

> 중국에서는 이 귀한 뿌리를 캐는 데 엄청 조심스럽게 다룬다. 완전히 성숙할 때까지 건드리지 않고, 가을과 겨울에 캐야 한다. 미국에서는 무지와 부주의로 이것을 봄부터 서리가 올 때까지 캐는 관습이 지속되어왔다. 이 시기에는 인삼이 아주 부드럽고 물기가 많고, 그러다 보니 마르면서 자연히 쭈그러들어 매우 단단해지고, 좋은 성분과 무게가 다 줄어든다. 아직도 미국의 여러 곳에서 이런 실수가 자행되고 있으며, 틈나는 대로 캐거나, 눈에 보이면 캐는 식이다. …… 이런 식으로 캔 것은 중국에서 제값을 받지 못하는데, 그럼에도 아직 수요가 끊이지 않고, 이 업에 종사하는 사람들은 100% 중국에 수출하고 있다. 하지만 제 시기에 캔다면 얼마나 더 좋겠나.[144]

미쇼는 루이 16세에게 고용되었던 아버지 앙드레 미쇼André Michaux, 1746~1802의 뒤를 이어 프랑스 정부가 북아메리카 대륙에 파견했던 식물학자였다. 중상주의시대 관료였던 탓에 미쇼의 글은 인삼이라는 식물의 보존이 아닌, 더 많은 이익을 내기 위한 품질 관리에 초점이 맞춰져 있

---

144 F. A. Michaux, *Travels to the West of the Alleghany Mountains* (London: Printed for R. Phillips, 1805), p. 233.

다. 식물학자임에도 불구하고 절멸에 대한 걱정은 전혀 드러나지 않는다. 미국이 독립한 뒤 북미삼 수출의 주도권을 쥐게 되었을 때도 같은 기조가 유지되었다. 북미삼이 아무리 많은 이익을 남겼다 할지라도 중국산에 비해 헐값인 것은 분명했고 향후 더 많은 이익을 내기 위해서 "적절한 시기에 채집되고, 중국 방식으로 건조하는 기술을 갖춰야 할 것"이라는 논평은 애국주의 담론의 한 축을 이루었다.[145]

미국산 인삼의 최종 목적지가 중국인 것은 처음부터 분명한 사실이었다. 채삼인과 상인들 사이에는 인삼 채취에서 가공에 이르기까지 '중국 방식'에 대한 분명한 준거틀이 존재하고 있었다. 그로 인해 "중국인은 자신들 인삼만 높이 평가하고 미국에서 난 것은 높이 평가하지 않는다"[146]라는 불평이 나오는가 하면 "우리는 결코 중국인들처럼 인삼을 가공할 수 없다"[147]는 솔직한 자조도 엿보였던 것이다. 그리고 그 준거틀은 곧 중국의 기술에 대한 열등감이기도 했다.

인삼을 둘러싼 지식은 백인보다 오히려 원주민들이 더 많이 갖고 있는 듯이 보였다. 18세기 후반 미국의 경제학자 매튜 캐리Matthew Carey, 1760~1839는 백인들이 시냇물에 인삼을 씻는 광경을 보면서 원주민들이 큰 소리로 비웃는 모습을 보았다. 캐리는 인삼을 씻으면 거무튀튀한 것은 사라지고 중국인들이 좋아하는 노란색에 가까워질지는 모르지만 인삼의 성분이 물에 씻겨 나가기 때문에 절대로 그렇게 하지 말아야 한다고 주장했다. 씻지 않고 제대로 손질된 인삼 한 뿌리가 다른 인삼 50통보

---

145 *The Gentleman's Magazine* 23 (1753), p. 209; Mathew Carey, *The American Museum, or, Universal Magazine*, Vol. 2 (Philadelphia, 1787), pp. 126-127.

146 Robert Dodsley, *The General Contents of the British Museum* (London, 1762), p. 155.

147 John Hill, *Valerian. or, the Virtues of that Root in Nervous Disorders* (London, 1758), p. 17.

다 더 높은 값을 받는다고 덧붙이면서 말이다.[148] 20세기 후반부터 활동해온 여성 채삼인 야돈 역시 "인삼을 캔 뒤 절대로 물을 묻히지 말고 축축한 흙이 묻어 있을 때 조심스럽게 손가락을 이용해 바로 털어야" 제값을 받는다고 증언한다.[149] 하지만 대부분의 인삼은 시냇가에서, 심지어 세척기를 이용해 세척되어온 것이 사실이다.

그런데 인삼 손질에서 세척보다 훨씬 중요한 것은 건조법이었다. 생삼은 쉽게 썩기 때문에 멀리 보내기 위해서 말리는 일은 필수적이었고, 이 과정에서 인삼은 그 부피가 50% 이상 줄어들었다. 인삼의 건조가공curing 과정은 매우 까다로웠다. "마치 중국차中國茶처럼 투명하고 빛나는 색깔로 말려야 한다"[150]는 표현이 있는데, 이 방식은 인삼 수출과 관련된 문헌에 가장 자주 등장하는 내용이었다. 1748년 린네의 수제자인 피터 캄Peter Kalm, 본명 Pehr Kalm, 1716~1779이 보고했듯이 상인들은 이와 같은 내용을 이미 알고 있었다.

> 프랑스 상인들은 원주민에게 산 뿌리들을 고통스러울 만치 매우 조심스럽게 다룬다. 마룻바닥에 늘어놓고 보통 두 달 넘게 말리는데, 그 기간 내내 상하거나 곰팡이가 생기지 않게 매일 한두 번씩 뒤집어줘야 한다. …… 이곳 사람들은 나에게 중국인들이 캐나다삼을 만주삼만큼이나 높이 평가한다고 하면서도 아직도 중국인들만큼 손질하는 기술은 알지 못한다고 말한다. 하지만 인삼 잎을 우린 물에 뿌리를 담가두는 것 같다. 중국식 가공 기술을 거치면 인삼은 거의 투명해지면

148 Carey, *The American Museum*, pp. 126-127.

149 라도나 야돈과의 인터뷰.

150 Adair, *American Indians*, p. 362.

1980년대 초 위스콘신 마라톤 카운티의 소규모 인삼 농가의 인삼 수확 장면 (출처: 리치 스텐실Rich Stencil 제공)

1980년대 중반 위스콘신의 인삼농장에서 인삼을 건조하는 모습 (출처: Woodson History Center, Marathon County Historical Society 제공)

서 안에는 심지 같은 것이 생겨난다. 그것이 가장 높은 평가를 받는 것으로, 무겁고 안은 단단하다.[151]

많은 사람이 인삼을 햇빛에 직접 말리거나 불에 쬐어 말리는 일은 절대 금해야 한다고 경고했지만 사람들은 아무렇게나 편한 방식을 고수했다. 심지어 19세기 초 미국의 식물학서는 "햇볕에 말리거나 불에 쬐어 말려서 성분을 완벽하게 보존한다"[152]라는 지침을 내놓고 있었다. 어떤 화학 관련 잡지에서는 인삼 성분을 해치는 것은 오히려 바람이라면서 캐자마자 밀봉하여 집에 가져와 오븐 속 쇠판 위에서 은은한 불로 말려야 한다고 안내했다.[153]

오늘날까지도 독립적으로 활동하는 심마니들은 제대로 된 매뉴얼에 따르기보다는 주먹구구식으로 인삼을 말린다. 야돈은 주변의 다른 심마니들이 채취한 야생삼을 빨래 건조기에 넣어 말리기도 한다는 사실을 알려주었다. 하지만 자신은 카드보드Cardboard 맥주상자에 평평하게 널어서 냉장고 위에 올려놓고 천천히 말린다고 하면서 자신의 인삼을 사 가는 중개인인 '차이나맨'이 그렇게 말린 인삼을 높이 평가한다고 자랑스러워했다.[154]

같은 야생삼이라 할지라도 특히 더 높은 값을 받을 수 있는 뿌리가 따로 있게 마련이다. 크기가 클수록 좋고, 특히 주근主根, 혹은 몸통에서 갈라

---

151 Kalm, *Travels into North America*, p. 118.

152 Jacob Bigelow, *American Medical Botany*, Vol. 2 (Boston: Cummings and Hilliard, 1818), p. 85.

153 M. Calau, "Pharmacology. on Red. Ginseng from Chinese Source," *The Chemical Gazette* 1 (1842), p. 238.

154 라도나 야돈과의 인터뷰.

진 지근支根, 몸통에 붙어 있는 다리 같은 뿌리이 있고 전체적으로 사람의 몸을 많이 닮을수록 훨씬 더 가치가 높다.[155] 이런 기준은 온전히 중국인들의 기호에 따른 것이다. 북아메리카 대륙의 채삼인들은 동아시아의 심마니와 마찬가지로 뇌두의 주름으로 인삼의 나이를 가늠할 수 있는데, 주름이 많을수록 오래되고 좋은 인삼이다.

그뿐만이 아니다. 횡취橫皺, 혹은 횡추, 가락지, 가로살라고 불리는 산삼의 몸통에 난 가로줄 무늬도 중요하다. 횡취가 중요한 이유는 그것이 야생삼임을 드러내는 분명한 징표이기 때문인데, 미국 채삼인들은 이것을 '스트레스 링stress ring'이라고 부른다.[156] 만주에서는 산삼의 뇌두와 횡취를 돋보이게 만들고 심지어 그것이 많아 보이도록 꾸며주는 사람들이 있었다. 그들은 '산삼 기술자'라고 불리며 채삼인들 사이에 그 기술력을 높게 칭송받았다고 한다.[157] 살위는 이 무늬들이 "폭풍과 가뭄을 견뎌내고 바위틈에서 뿌리를 뻗으며 살아남은 야생삼의 흉터 비슷한 것으로, 그 투쟁과정을 온몸에 입고 있는 것"이라고 말한다. 횡취가 많은 울퉁불퉁한 삼이야말로 미끈한 재배삼에 비해 훨씬 가치가 높은 것은 것으로, 중국 구매자들이 큰 비용을 아낌없이 지불하게 되는 비밀이었다.[158] 실제로 2000년대에는 말린 재배삼이 파운드당 15달러 정도에 거래되었지만 야생삼은 파운드당 평균 500달러에 거래되었다.[159]

---

155 Taylor, "Getting to the Root," n. p.

156 Hufford, "Knowing Ginseng," p. 266.

157 탈라리고,《다시 그 강가에 서다》, p. 208.

158 Bestul and Salwey, *Last River Rat*, p. 125.

159 Taylor, "Getting to the Root," n. p.

chapter04

# 심마니의 이미지와 내부 식민주의

## 문명사회 속 반문명 집단

앞서 살펴보았듯이, 북아메리카 대륙에서 처음에 인삼 채취를 담당했던 사람들은 원주민들이었다. 삼 찾기 열풍이 고조되면서 인삼 덕분에 꽤 많은 돈을 쥐게 된 원주민들은 도덕적 일탈에 빠지기 시작했다. 교회 출석을 거부하는가 하면 알코올 중독자가 되거나 온갖 비행을 저질렀던 것이다.[160] 18세기 중반부터 백인들이 채삼인의 대열에 합류하면서 두 집단 사이에는 경쟁이 벌어지게 되었다. 특히 1770년대부터는 버지니아 프론티어Virginia Frontier에서 백인 채삼인들이 원주민들에게 공격받거나 죽임을 당하는 일도 벌어졌다. 숲속 자원인 약초와 물고기, 인삼을 두고 벌어진 영역 다툼의 결과였다. 1790년대가 되면 인삼 채취는 대부분 백인이

160 A. W. Schorger, "Ginseng: A Pioneer Resource," *Transactions of the Wisconsin Academy of Science, Art and Letters* 57 (1969), p. 67.

담당하게 된다.[161]

그런데 19세기 중엽부터 채삼인은 다른 직업군과는 다른 독특한 이미지를 얻기 시작했다. 가난하고 무지하고 비루한 '백인 쓰레기'의 전형이라는 인식이 생겨난 것이다. 이런 이미지를 만들어낸 주역은 언론이었다. 1867년 《뉴욕 헤럴드New York Herald》는 노스캐롤라이나 서쪽에 사는 채삼인들을 소개하면서 채삼인의 모습을 이렇게 묘사했다.

> 산 주변에 사는 가난한 백인 중에서도 끔찍한 계급으로, 여름과 가을이면 온 산 구석구석을 뒤지고 다니는데, 기름으로 떡진 머리와 툭 튀어나온 이마, 초점 없는 눈에서는 지성이나 인간적 감성은 찾아볼 수 없고 마치 바보처럼 보인다. …… 게으르고 빈둥거리는, 그저 비참한 부랑자이자 거지나 다름없는 사람들이다.[162]

다른 매체들도 유사한 수사로 채삼인을 부정적으로 묘사하곤 했다. 미국의 자연을 노래한 유명한 수필가 존 버로스John Burroughs, 1837~1921는 뒷산에서 채삼인들과 마주쳤던 때를 회상하는 글을 썼는데, "뉴욕과 뉴잉글랜드 산기슭에서 꼭 한둘씩 만나게 되는" 이 사람들은 "반쯤은 야만인half-wild men인 존재"라고 규정했다.[163] 채삼인에게 부여된 야만적 이미지의 핵심은 떠돌이에 더럽고 비루한 존재라는 점이었다.

그런데 사회적 측면에서 볼 때 그보다 더 심각한 것은 그들을 집단으

---

161 Manget, "Ginseng, China, and the Transformation," p. 15.

162 "North Carolinia," *New York Herald*, 29 Apr. 1867, p. 4.

163 John Burroughs, "Ginseng-Hunting," *St. Nicholas: An Illustrated Magazine for Young Folks* 15 (1888), p. 518.

로 취급하고 그들 전체에 부여했던 특성이다. 채삼인들이 다른 세계와는 분리된, 자신들만의 고유한 문화와 관습을 지닌 '길들여지지 않은' 독특한 사람들이라는 인식 말이다. 사실 이런 부정적인 수사는 특히 남북전쟁1861~1865을 전후해 남부의 상황을 취재하느라 열을 올렸던 북부 언론들에 의해 의도적으로 생산되었던 측면이 있다. 남부의 낙후성과 열등성을 부각하는 데 혈안이 된 기자들은 진보적인 북부와 극단적으로 대비되는 '엇나가는' 집단으로 채삼인을 선택했던 것이다. 언론들은 채삼인을 남부와 북군에서 탈영한 사람들 혹은 해방노예들이 포함된 집단으로 묘사하면서 그들에게 반항적인 이미지를 덧칠해갔다. 삼 캐는 일은 원래 '니그로'가 하던 일이라면서 백인 채삼인을 흑인노예의 위치로 전락한 자들로 규정하기도 했다.[164]

이런 시선으로 볼 때 채삼인들 나름의 관습과 문화는 문명권의 그것과는 아주 다른 것이었다. 언론 매체들은 채삼인들을 "법과 사적 재산권, 심지어 결혼제도도 갖추지 못하고 오직 자기만 아는" 반反문명적 집단이라고 강조했다.[165] 1850년 한 정치평론지는 웨스트버지니아의 깊은 산속에 거주하는 심마니 집단을 이렇게 묘사했다.

> 지난 30년간 이 험준한 지역에 체류하는 이 사람들의 관심은 오직 인삼뿐이었다. 고립된 산중에서 바깥세상과는 완전히 단절된 채 지내는 이자들은 옷차림부터 태도에 이르기까지 자기들 주변의 언덕만큼이

---

164 Manget, "Sangin'io the Mountains: The Ginseng Economy of the Southern Appalachians, 1865~1900," *Appalachian Journal* 40 (2012), p. 39.

165 "Roots and Herbs," *The Farmer's Cabinet*, 20 Sept. 1871; "The Shy Sang Diggers," *New York Sun*, 20 Dec. 1894; "Kentucky Mountaineers," *Morning Oregonian*, 18 Jan. 1895; "Saugers," *Springfield Republican*, 8 Nov. 1878.

> 나 원시적이다. 남녀 모두 옷이라고는 사슴 가죽을 걸쳤을 뿐인데, 이것은 인삼 뿌리를 캐는 그들의 직업에 잘 맞는다.
>
> [이들은] 주식이 될 만한 사냥감을 찾아 산을 헤매기도 한다. 조랑말 위에 인삼이 가득 담긴 자루를 싣고 그 위에 다리를 쩍 벌리고 앉아 있는 여자들은 남자와 전혀 구별되지 않는다. 이들은 인삼이 가장 많이 나는 숲속 한 장소에 나무껍질로 덮인 오두막을 짓고 산다. 인삼이 가장 잘 숙성하는 8월과 9월에 그곳에서 형편없는 음식을 먹으며 지낸다. 그들의 도덕률이라는 것은 먹는 음식만큼이나 형편없고 미개하다. 남자들은 가치가 다른 물건을 주고받으면서 종종 끼워주는 식으로 서로 아내들을 교환한다. 만약 가진 것이 마땅치 않을 때는 탐나는 말이나 라이플총을 얻기 위해 곧바로 아내를 팔아버린다.[166]

그들이 이런 야만적인 관습을 지닌 것은 고립된 숲속에서 오직 인삼에 의존해서 살아가기 때문이다. 언론들은 이 심마니 집단을 "진보가 반세기 정도 늦은, 우리와는 다른 인종"이라고 정의하기까지 했다.[167]

실제로 도시 중심의 문명권에 사는 이들의 시각에서 보자면 심마니의 삶이 자연과 인간의 경계에 놓인 활동으로 비춰질 여지가 있었다. 인삼을 찾아다니는 일은 실제로 자연과 사투를 벌이는 과정이기도 했다. 몇 날 며칠을 깊은 숲속에서 혼자 헤매고 다니는 일은 외롭고 위험할 뿐 아니라 곰, 독사, 말벌 같은 무서운 야생동물과의 싸움이기 때문이다.[168] 켄터키, 버지니아, 웨스트버지니아의 숲에서 10년 넘게 심마니로 활동해온

---

166 "A History of the Divining Rod; with the Adventures of an Old Rodsman," *United States Magazine and Democratic Review* 26 (1850), pp. 323-324.

167 "The Ginseng Digger," *Cincinnati Commercial Tribune*, 8 Mar. 1889.

장석훈을 인터뷰했을 때, 그는 산에서 마주치는 위험 요소들에 대해 들려주었다. 산삼을 캘 수 있는 곳은 짐승이 많게 마련이어서 큰 곰 같은 짐승을 만나는 일은 매우 흔하다고 말한다. 자주 다니는 곳에서 곰을 만나게 되는데, 오히려 자주 만나는 곰은 자신을 이미 알고 있기 때문에 별로 위협적이지 않다고 한다.

그는 가장 무서운 동물로 뱀을 꼽았다. 장석훈에 따르면 미국 숲에 사는 뱀은 매우 크고 날아다닐 정도로 날렵한데, 나무 위에서도 많이 살기 때문에 뒤에서 공격하거나 목을 물릴 가능성이 많다고 한다. 그래서 머리 위까지 올라오는 배낭을 메고 다녀야 한다고 알려주었다.[169] 미국에서 삼을 캐다가 뱀을 만난 이야기는 다른 문헌에서도 종종 볼 수 있다. 애팔래치아 지역의 삶을 그려낸 글로 유명한 제시 스튜어트Jesse Stuart, 1906~1984의 소설에는 이런 내용이 나온다.

> 생애 최초로 가장 좋은 인삼 군락지를 발견했다. 작은 이끼가 바위를 덮고 있었다. 당시 인삼이 1온스당 18달러에 팔릴 때였다. 그런데 무언가 두 눈이 나를 보고 있는 듯한 느낌이 들었다. 바위 밑에 언덕 아래쪽으로 얼룩덜룩하고 긴 것이 있었다. 나는 작고 반짝거리는 두 눈이 나를 빤히 쏘아보는 것을 보았다.[170]

위스콘신과 미네소타의 숲속에서 인삼을 캤던 야돈 역시 산에서 만나

---

168 "Seng Talk and Ginseng Tales" in The Coal River Folklife Collection (AFC 1999/008) [Library of Congress collection].

169 장석훈과의 인터뷰 [2015년 7월 7일, 미국 로스앤젤레스].

170 Jesse Stuart, *The Good Spirit of Laurel Ridge* (New York: McGraw-Hill, 1953), p. 169.

**뱀을 퇴치하는 미국의 심마니** 산중에서 활동하는 심마니들은 늘 곰이나 뱀 같은 무서운 야생동물의 공격에 노출되어 있다. 심마니들이 겪는 이런 고초는 '야생성'으로 포장되어 도시 생활과의 '다름'을 강조하는 수사로 활용되기도 한다. 사진은 미국의 심마니들의 생활을 다룬 다큐멘터리 〈애팔래치아의 무법자들(Appalachian Outlaws)〉의 한 장면이다. (출처: historychannel.com)

는 짐승 가운데 방울뱀timber rattlesnake 같은 뱀 종류를 가장 위험한 동물로 꼽았다. 주변에서 시큼한 오이 피클dill pickle 같은 냄새가 나면 방울뱀이 있다는 증거라고 알려주기도 했다. 특히 뱀이 허물을 벗을 때는 허물에 눈이 가려 잘 보이지 않기 때문에 매우 공격적이 되니 조심해야 한다고 덧붙였다.[171]

그런데 미국 북부 출신 작가들 중에는 채삼인의 삶을 낭만적으로 바라본 사람들도 있었다. 문명의 족쇄에서 해방되어 자유의지에 따라 '행

171 라도나 야돈과의 인터뷰.

운을 찾아다니는 존재'라고 부르면서 말이다. 이것은 당시 미국에서 나날이 늘어나는 노동자와 빈민 들을 안티테제Antithese로 설정한 다분히 작위적인 것이었다.[172] 즉, 북부에서 일자리를 위협하는 존재로 떠오르던 수많은 이민자 노동자와 남부에서 땅에 묶여 사는 가난한 빈민들보다는 '자유'를 선택한 채삼인들의 삶이 오히려 더 낫다고 주장했다. 1882년 작가 기 라 투레트Guy La Tourette는 이렇게 썼다.

> 심마니들이 게으르고 꿈도 야망도 없다고 말하지만 나는 삶을 지탱하기 위해 야생의 언덕과 산의 미로며, 바위 곁 송어가 거품을 내는 시냇가며, 서늘한 바람이 훑고 지나가는 숲속을 돌아다니는 삶이 복伏날 끔찍하게 더운 언덕에서 옥수수를 수확하느라 괭이질을 하는 삶보다 인간의 감각과 감성에 훨씬 더 적합할 것이라고 생각한다. 심지어 생계를 위해서 인삼을 캐야 하는 사람이 아닐지라도, 이 식물을 찾아다니는 일에는 경험해보지 않은 사람이라면 절대로 완전히 알 수 없는 묘한 매력이 있다.[173]

문제는 이 '묘한 매력'이 일반적인 문명권의 합리성이나 이성으로는 이해할 수 없는, 초자연적인 것 혹은 주술적인 면과 닿아 있다는 사실이었다. '채삼인ginseng digger'은 북아메리카 대륙에서 인삼ginseng을 부르는 방언인 'seng'을 써서 'seng digger'나 'senger' 혹은 또 다른 방언인 'sang'을 따서 'sang digger', 'sanger', 'shang diggers' 등으로도 불렸다. 그런데 그

172 Manget, "Sangin'io the Mountains," p. 45.

173 Guy La Tourette, "Ginseng and its Diggers," *The Pharmaceutical Journal and Transactions* 7 (London: J & A Churchill, 1882), p. 379. 이 글은 *Oil and Drug News*, 16 Aug. 1881에도 실렸다.

런 이름 말고 채삼인을 부르는 가장 흔한 다른 이름은 '인삼 사냥꾼ginseng hunter'이었다. 인삼이 다른 식물과 달리 채집picking이 아니라 사냥hunting을 하는 대상으로 인식되었기 때문이다. 인삼 사냥꾼들에게 인삼은 땅에 붙박이로 자라는 식물이 아니라 움직이는 동물과도 같았다. 인삼은 몸을 숨기기도 하고, 원래 있던 곳에서부터 도망치기도 하는 놀라운 능력을 발휘한다고 생각했다.[174] 1908년 발행된 인삼 채취 매뉴얼에서 "인삼은 영리해 보이는 사람이 나타나면 숨어버린다"라고 기록하고 있을 정도다.[175]

이런 맥락에서 채삼인들이 인삼에 대해 이야기할 때 가장 많이 사용하는 형용사가 '불가사의하고mysterious', '찾기 힘든', 내지는 '숨어버리거나 혹은 교묘하게 빠져나가는elusive 존재'라는 것은 놀랍지 않다. 경력이 많은 채삼인이라면 "나무딸기가 아주 빽빽하고, 언덕의 가장 가파른 곳에서, 앵앵거리는 모기며 독한 진드기며 벌과 말벌을 비롯한 온갖 해충이 최고의 인삼들을 보호한다"는 것을 알고 있었다.[176] 인삼은 환경이 좋지 않거나 지나치게 건조하면 활동을 중단하고 잠을 자는dormant 것으로도 알려졌다. 어떤 채삼인은 "어디서 인삼을 찾게 될지는 절대 알 수 없다"면서 "인삼은 스스로가 원할 때 알아서 나타나서 먼저 알은척한다"고 고백하기도 했다.[177] 살위는 심지어 "야생삼이 가파른 언덕에 누워서 유혹하듯이 지그시 나를 바라본다"면서 인삼에 "영혼을 빼앗기지 않기란

174 Hufford, "Knowing Ginseng," p. 283.

175 Arthur R. Harding, *Ginseng and Other Medicinal Plants* (Columbus: A. R. Harding Publishing Co., 1908), Chp. 5 참조.

176 Bestul and Salwey, *Last River Rat*, p. 125.

177 록크리크(Rock Creek)의 채삼인 어니 스카브로(Ernie Scarbrough)와의 인터뷰. Hufford, "Knowing Ginseng," p. 273에서 재인용.

힘든 일이다"라고 고백했다.[178]

그런데 인삼을 둘러싼 '신비로운' 아우라는 묘하게도 중국을 향한 오리엔탈리즘과 연결될 수 있었다. 1846년 미국과학진흥원이 발행한 회보에는 미국산 인삼의 수출을 논하면서 이런 이야기를 전달하고 있다.

> 중국인들은 사고나 행동이 매우 미신적이고 변덕스러워서 만주산 인삼에 더 높은 가치를 두는 듯하다. 중국인에게 듣기로 인삼은 추운 만주 지역에서 나며, 오직 한 섬에서만 나는데, 그곳에는 호랑이가 살아서 인삼을 캐러 가는 일이 매우 위험하다고 한다. 그런데 그 섬의 인삼은 잎이 없는 탓에 낮에는 안 보이지만 밤에는 인삼에서 불꽃이 나온다. 사람들은 밤에 먼 곳에서 그 불꽃을 향해 활을 쏜 뒤 다음 날 날이 밝으면 화살이 꽂힌 곳을 찾아 삼을 캔다.[179]

원래 이 논설문의 목적은 북미삼을 더 잘 가공해서 더 높은 값에 수출해야 한다는 것이었다. 하지만 여기서 더 눈에 띄는 것은 그 구매자를 묘사하는 방식이다. 저자는 "우리 미국산 인삼을 지나칠 만큼 집요한 편견과 편애가 가득한 이 희한한 사람들[중국인들]에게 팔아야 한다"고 말한다.[180] '우리'와 중국인들을 구별하고 있음은 물론이고 자신들의 물건을 사주는 상대에 대한 존중은커녕 그들을 '희한한' 사람들이라고 비웃는다.

---

178 Bestul and Salwey, *Last River Rat*, pp. 130-131.

179 The National Institute for the Promotion of Science, *Fourth Bulletin of the National Institute for the Promotion of Science, February 1845 to November 1846* (Washington D.C.: W. Q. Force, 1846), p. 554.

180 The National Institute for the Promotion of Science, *Fourth Bulletin*, p. 555.

그런데 이 폄하의 시선은 바깥으로만 향한 것이 아니었다. 인삼에 관한 초자연적 설화와 애착을 지녔다는 사실 때문에 중국인들이 '희한한 사람들'이라면, 인삼에 동물적인 생기를 부여하는 미국의 채삼인들 역시 같은 부류의 사람들일 것이다. 인삼을 중국의 전유물로 규정하고 타자화하는 시선은 같은 방식으로 미국의 채삼인을 정상적인 시민의 범주에서 밀어낸다. 그렇기 때문에 "인삼 캐는 일은 매우 외롭고 비밀스런 일이다"[181]라는 채삼인들의 발언은 여러 가지 의미로 읽힐 수 있다. 광활한 자연 속에서 홀로 살아가는 삶 자체가 외로운 일이지만 자신들을 색다른 시선으로 보는 문화적 편견 또한 그들을 외롭고 비밀스럽게 만든다.

## 내부 식민지와 인삼

인삼이 18~19세기 북아메리카 대륙의 경제에서 매우 중요한 역할을 했음에도 불구하고 미국의 주류문화는 인삼을 철저히 중국의 아이템으로 규정해갔고, 그 과정에서 인삼에 의지해 살아온 사람들 또한 배척하고 소외해갔다. 채삼인이 캔 삼을 모아 수출한 수출업자와 투자자는 자본주의적 미국의 발전사에 족적을 남긴 인물로 기록되었지만, 그들과 인삼의 연결고리는 철저하게 은폐되었다. 미국의 역사 교과서에서 인삼을 찾기란 매우 어려운 일이고, 심지어 오늘날 미국인들 중에는 미국에서 생산되는 화기삼의 존재 자체를 모르는 사람도 많다.

이런 맥락 속에서 삼을 캐는 사람들과 그들을 둘러싼 공동체는 경제

---

181 Bestul and Salwey, *Last River Rat*, p. 126; Taylor, "Getting to the Root," n. p.; Adam Federman, "Digging the Root," *Adirondack Life*, Sept/Oct (2012), p. 36.

적으로 낙후되었을 뿐만 아니라 문화적으로도 다른 지역과는 전혀 다른 작동 방식을 가진 곳으로 표상되었다. 심마니들의 삶의 터전이 일종의 '내부 식민지Internal Colony'의 특성을 띠게 된 것이다.[182] 레닌과 그람시는 식민주의가 국가들 사이에만 존재하는 것이 아니라 한 국가 내에서도 발생할 수 있음에 주목했다. 그들이 개념화한 '내부 식민주의Internal Colonialism' 이론은 지역 간 심각한 경제적 불평등으로 인해 국가 내에서도 중심부가 주변부를 착취하고 소외한다는 것이다. 미국에서 내부 식민지라 불릴 수 있는 지역은 웨스트버지니아, 켄터키, 테네시, 버지니아를 잇는 중앙 애팔래치아 지역이다. 이 지역은 미국에서 경제적으로 가장 낙후된 지역이다. 그리고 미국에서 수출되는 야생삼의 절반 이상이 이곳에서 생산된다. 이 지역에 야생삼이 특별히 많이 자생하기 때문이라기보다는 그것을 캐는 전문 채삼꾼이 많아서다.[183] 그런데 애팔래치아 지역의 낙후성은 꼭 경제적인 성격만 띤 것이 아니다. 그곳은 중국과 흡사한 비이성적 주술의 세계이자 미국 역사가 '이미 극복해버린 과거'가 머무는 곳이다. 그곳에서 삼을 캐는 사람들은 미국 시민이지만 '정상적인 시민'이 아닌, 마치 전혀 다른 인종처럼 인식되는 경향이 있다.

2014년 미국의 히스토리 채널the History Channel과 케이블 네트워크 티비Cable Network TV는 〈애팔래치아의 무법자들Appalachian Outlaws〉이라는 프로그램을 방영했다. 웨스트버지니아에 사는 다섯 명의 채삼인들을 주인공으로 내세워 채삼 시즌9월 1일~11월 30일 동안 산속 공동체에서 벌어지는 일들을 다큐멘터리 형식으로 제작한 것이다. 전문 채삼인들과 그들의 가

---

182 Michael Hechter, *Internal Colonialism* (Berkeley: Univ. of California Press, 1975)를 참조하라.

183 Hufford, "Knowing ginseng," p. 267.

**〈애팔래치아의 무법자들(Appalachian Outlaws)〉(2014)** 다섯 명의 채삼인을 주인공으로 내세워 채삼 시즌(9월 1일~11월 30일) 동안 일어나는 일들을 담은 미국의 TV 다큐멘터리 프로그램. 인삼 수확에 초점을 맞추고 있지만 그 이면에는 '반문명적'이고 '과거에 갇힌 야만적인' 문화적 이미지를 덧씌워놓았다. (출처: historychannel.com)

족, 땅 주인, 채삼인들에게 야생삼을 사들이는 중간업자, 인삼을 찾아 산으로 들어오는 떠돌이들 사이에 펼쳐지는 다이내믹한 광경을 생생하게 담아냈다.

매년 가을 "인삼 열풍ginseng fever" 기간이 도래하면 채삼인들은 인삼을 전문적으로 훔치는 도둑을 쫓기 위해 밤마다 보초를 서고, 덫을 놓는다. 자신이 삼을 캐는 영역으로 침입하는 옆 동네 사람들과 주먹다짐이 벌어지는 것은 물론, 라이플총을 겨누는 위험한 상황도 드물지 않게 발생한다. 여러 지역을 돌아다니는 구매자들 사이에서도 경쟁이 치열해지고 더 많은 이익을 남기기 위한 계략과 회유, 갈등과 다툼은 일상이다. 일확천금 같은 행운 혹은 불운이 교차되는가 하면 각자 인삼에서 최대한 이익을 챙기기 위해 피 튀기는 경주가 펼쳐진다. 이곳 애팔래치아 지역에서는 인삼이 곧 권력이고 신분이기 때문이다. 이 프로그램은 2014년 1월에서 3월까지 방영된 본방송을 통해서만 300만여 명이 시청했다.

〈애팔래치아의 무법자들〉은 미국 사회가 채삼인과 인삼을 바라보는 왜곡된 시선을 반영하고, 나아가 그 왜곡을 강화하고 널리 전파했다. 19세기 후반에 만들어진 채삼인의 부정적인 이미지를 21세기에 확대 재생산하고 있는 셈이다. 그뿐만 아니라 신문과는 비교할 수 없는 파급력을 지닌 시청각 매체에 실어 애팔래치아의 심마니들을 마치 19세기 인종 전시장에 진열된 이방인마냥 '신기한 볼거리'로 전락시켰다. 화면에는 욕설과 폭력이 난무하는가 하면, 이성이라고는 찾아볼 수 없으리만치 오로지 감정에만 치우친 주인공들의 모습을 조명하고 있다. 다큐멘터리라는 점을 내세우고 있지만 그 내용은 사실 리얼리티 프로그램이 지향하는 천박한 자극성의 총화 그 이상도 이하도 아니다.

미국의 민속학자인 메리 허포드Mary Hufford는 이 프로그램이 채삼인 집단을 '무법천지의 서부 개척시대Wild Western Frontier' 프레임을 통해 재구성해냈다고 비판한 적이 있다.[184] 주인공들의 캐릭터는 법보다는 주먹이 가깝고, 자신들의 법 이외에 다른 법은 존재하지 않는 양 행동하는 인물로 설정되었고, 플롯의 중요한 부분을 차지하는 타 지역 사람들에 대한 배척과 혐오 또한 심각한 문제가 아닐 수 없다. 따라서 허포드의 주장처럼 채삼인들은 고립적이면서 폭력적인 존재로, 서부 개척시대에나 어울렸던 '무법자' 집단을 계승하는 것처럼 보인다. 그뿐만 아니라 서부 개척시대에 벌어졌던 땅따먹기처럼 남의 영역에 몰래 침입해 인삼을 몽

---

184 Hufford, "Review of Appalachian Outlaws," *Journal of Appalachian Studies* 20 (2014)를 참조하라.

땅 캐오는 행위를 미화하곤 하는 카메라의 시선 또한 위험하기는 마찬가지다.

그런데 허포트는 중요한 것을 놓치고 있다. 바로 이 모든 것이 인삼을 둘러싸고 펼쳐진다는 사실이다. 그리고 인삼은 서부 개척시대 미국의 신화를 완전히 전복한다. 원주민을 살육하고 중국인 쿨리coolie의 노동력을 착취하며 금광을 캤던 개척시대의 백인과 달리, 이제 백인 심마니들이 인삼을 캐고, '차이나맨'은 그들을 감독한다. 차이나맨은 인삼 산지를 돌며 인삼을 수거하거나 뉴욕, 샌프란시스코 같은 대도시에 도매상을 차려놓고 중국과의 거래선을 독점하고 있는 사람들을 일컫는 대명사다. 미국에서 이들은 인삼을 주문하고, 납품된 인삼의 등급과 가격을 매기는 결정권자로서, 경제적 차원에서 백인 심마니들의 생사여탈권을 쥐고 있는 셈이나 마찬가지다.

그런 탓에 〈애팔래치아의 무법자들〉에서도 거칠기 짝이 없는 주인공들이 뉴욕의 도매상인 차이나맨에게 꼼짝할 수 없는 상황이 그대로 드러난다. 차이나맨이 요구한 주문량을 채우지 못해서 쩔쩔매는가 하면, 그의 화를 가라앉히기 위해 뇌물을 들고 뉴욕까지 찾아가 읍소하기도 한다. 뉴욕으로의 여정을 따라가는 카메라의 시선은 한자로 뒤덮인 차이나타운의 모습을 비추며 차이나타운의 이방성을 한껏 부각한다. 그런데 일단 차이나타운에 들어서면 거꾸로 백인 심마니가 철저하게 이방인 취급을 받게 된다.

그뿐만 아니다. 차이나맨은 이 프로그램에서 유일하게 처음부터 끝까지 뒷모습만 나오거나 흐릿하게 모자이크 처리가 된다. 그럼에도 불구하고 그의 존재감은 마치 조지 오웰의 소설 《1984》에 나오는 '빅브라더Big Brother'처럼 모든 것을 알고 있고, 모든 것을 관장하는 듯한 느낌을 물씬 풍긴다. 뉴욕에 거주하는 미국인이지만 마치 뉴욕에 또 다른 '차이나'를 건설하고서 채삼인들을 식민지인처럼 부리는 무시무시한 존재로 재현되고 있는 것이다.

차이나맨이 뉴욕에서 수거한 인삼의 최종 목적지는 중국이다. 그것은 결코 온전히 미국의 것이 될 수 없었다. 그리고 그것을 채취하는 사람들은 그 미신적인 중국의 '불가해한 마력'을 공유하는 사람들이다. 하지만 미국의 심마니는 결코 불가해한 마력을 만들어내는 주체가 될 수 없고, 중국과 미국이라는 거대한 문화적 틀 사이에 끼인 존재일 뿐이다. 미국은 이 '이해할 수 없는' 수출품을 결코 자기들의 문화 속으로 포섭하지 못했다. 따라서 21세기에도 미국은 여전히 심마니들에게 동양과 유비되는 '반문명적인 자연', '이방성' 그리고 '과거에 갇힌 야만인'의 이미지를 덧씌울 수밖에 없다.

# 맺는 글

1974년 이매뉴얼 월러스틴Immanuel Wallerstein, 1930~2019은 근대 세계를 서로 연결된 하나의 시스템으로 볼 것을 제안하는《근대세계체제 1The Modern World-System I》을 펴냈다.[1] 세계는 노동양식에 따라 중심부, 반주변부, 주변부로 나눌 수 있고, 그들이 연결되어 있는 세계-경제체제가 1550년경 형성되어 확대 발전한 결과 세계자본주의 체제가 성립되었다는 주장이다. 이 체제의 중심부는 세계적인 분업체제에서 수익성이 높은 부분들을 차지하고 나머지 지역들에서 잉여를 흡수한다. 그리고 그 작동 과정은 국가기구와 자본 사이의 긴밀한 협력을 통해 이루어진다. 임노동이 우세한 중심부와 달리 주변부에서는 노예제 플랜테이션 같은 강제노동의 성격을 띠는 생산 방식이 이루어지며, 이들을 경제적으로 지배하는

1 Immanuel Wallerstein, *The Modern World-System I: Capitalist Agriculture and the Origins of the European World-Economy in the Sixteenth Century* (New York: Academic Press, 1974). 한국어 번역본은 이매뉴얼 월러스틴 지음, 나종일 외 옮김,《근대세계체제 1: 자본주의적 농업과 16세기 유럽 세계 경제의 기원》(까치, 2013).《근대세계체제》는 총 4권으로 구성되어 있으며, 2017년에 4권이 번역됨으로써 전권이 모두 한국어로 번역되었다.

중심부로 잉여를 유출하게 된다. 반주변부는 중심부의 지배를 받는 한편, 주변부를 지배하면서 이 세계-경제체제가 원활하게 운영되게 하는 매개자 역할을 한다.

월러스틴의 세계체제 이론은 그 이전까지의 일국적 단위의 역사 서술에서 탈피해 전 지구적 상호 연관성에 대한 인식을 제안했다는 점에서 학계에 엄청난 자극을 주었다. 물론 출간 직후부터 오늘날까지 많은 비판이 제기되어온 것도 사실이다. 지나친 도식화에 대한 반발과 이론을 뒷받침할 만한 실증적 근거가 부족하다는 비판부터 국가와 자본주의의 관계를 지나치게 결속적 혹은 독립적으로 보고 있다는 비판적 의견에 이르기까지 다양한 비난이 쏟아졌다. 세계자본주의를 근대 유럽의 발명품으로 간주하는 월러스틴의 시각에 반발하며 재닛 아부 루고드Janet L. Abu-Lughod는 13세기에 이미 유라시아 대륙 전체에 걸쳐 '전근대세계체제'가 존재했다고 주장하기도 했다.[2]

한편, 케네스 포메란츠Kenneth Pomeranz는 고·중세에는 중국과 인도가 유럽보다 훨씬 발달했고, 근대에 들어섰을 때도 두 세계 사이에 경제적 역량의 차이는 거의 없었다고 주장한다. 그가 '대분기Great Divergence'라고 부르는 변화는 1820년 전후 '우연'과 '폭력'에 의해 발생한 것으로, 유럽이 패권을 장악하게 된 것은 불과 200년 정도밖에 되지 않는다.[3] 한편, 안드레 군더 프랑크Andre Gunder Frank는 유럽은 세계체제에서 단 한 번도

---

2 Janet L. Abu-Lughod, *Before European Hegemony: The World System A.D. 1250~1350* (New York: Oxford UP., 1989). 한국어 번역본은 재닛 아부 루고드 지음, 박홍식 옮김, 《유럽 패권 이전: 13세기 세계체제》(까치, 2006).

3 Kenneth Pomeranz, *The Great Divergence: China, Europe, and the Making of the Modern World Economy* (Princeton, NJ: Princeton University Press, 2000). 한국어 번역본은 케네스 포메란츠 지음, 김규태 외 옮김, 《대분기: 중국과 유럽, 그리고 근대 세계 경제의 형성》(에코리브르, 2016).

중심적인 지위를 차지한 적이 없다는 파격적인 주장을 내놓았다. 이미 5,000년 전에 세계체제의 기원이 나타났고, 중국은 언제나 이 단일한 체제의 중추였다는 시각이다.[4] 그런데 이들의 주장은 근본적으로 월러스틴의 유럽중심주의를 거부한다는 공통점을 지니고 있다. 실제로 월러스틴의 도식은 유럽중심주의를 극복하겠다는 원래 취지와는 달리 서유럽에서 시작된 체제가 외부로 확대되어 전 세계가 흡수되는 과정을 그려냄으로써 다시금 전형적인 유럽중심주의를 설파하는 오류를 담지하고 있는 것이다.

그런데 특정한 상품에 초점을 맞추어 세계체제론을 검토해보자면, 인삼은 월러스틴의 유럽중심주의적인 접근법이 틀렸음을 보여주는 대표적인 사례다. 인삼은 서구의 '대항해시대' 결과물로서 17세기 초 유럽에 소개되었고 곧 세계상품이 되었지만, 서유럽은 인삼에 관한 한 결코 중심부의 지위를 차지하지 못했다. 우선, 인삼의 교역은 동아시아라는 핵심과 그 바깥을 감싸는 세계 무역 네트워크라는 이중구조로 이루어졌다. 한국-중국-일본 사이의 인삼 유통은 아주 오랫동안 조공과 외교적 선물, 나아가 공식적인 교역과 비공식적인 밀무역이 혼재된 상태로 촘촘하게 발달해왔다. 한편, 동아시아 바깥에서는 17세기가 되어서야 교역의 회로가 생성되었는데, 그것은 서로 다른 방향의 궤도를 이루고 있었다.

그 하나는 고려인삼이 동남아시아의 무역항들을 거쳐 유럽으로 향하는 서쪽 방향으로의 항로였고, 다른 하나는 18세기 초 북아메리카 대륙

---

4 Andre Gunder Frank and Barry Gills, eds., *The World System: 500 Years of 5,000?* (Lanham, MD: Routledge, 1996); Andre Gunder Frank, *Reorient: Global Economy in the Asian Age* (Berkeley: Univ. of California Press, 1998). 한국어 번역본은 안드레 군더 프랑크 지음, 이희재 옮김, 《리오리엔트》(이산, 2003).

에서 발견된 화기삼이 지구를 한 바퀴 돌아 광동에 도착하는 멀고 먼 여정으로 이루어진 것이었다. 그런데 이 외부의 세계 무역 네트워크에서 주도 세력이 바뀌는 일이 벌어졌다. 18세기 말부터 그동안 동서 인삼 교역의 패권을 쥐고 있던 영국을 제치고 미국이 거의 독점적인 교역국으로 떠오르게 된 것이다. 월러스틴의 도식에 따르면 서유럽이 절대적인 패권을 장악해야 할 바로 그 시점에 인삼 교역은 바깥쪽 회로의 중심축이 일찌감치 미국으로 옮겨간 것이다.

그뿐만이 아니다. 인삼은 서구가 교역했던 상품이었지만 결코 서구의 상품이 될 수 없었다. 콜럼버스의 항해에서 산업혁명에 이르는 300년 사이 세계자본주의 체제를 성립시킨 세 가지 종류의 교역은 아프리카에서 신세계로 가는 노예 무역과 아메리카의 광산에서 유럽과 아시아로 수출되었던 엄청난 양의 금과 은, 그리고 마지막에 설탕, 커피, 차, 초콜릿, 담배 등과 같은 '마약류 식품'들이었다.[5] 인삼도 다른 마약류 식품들과 마찬가지로 유럽인들의 큰 관심을 끌었고, 당대 최고의 과학집단들 사이에서 정교한 식물학적 탐구의 대상으로 떠올랐다.

하지만 다른 마약류 식품들이 식민지의 플랜테이션에서 노예노동으로 생산되는 운명을 겪게 된 반면, 인삼은 중상주의 유럽이 많은 노력을 기울였음에도 불구하고 이식하거나 재배하는 데 실패했다. 오히려 북아메리카 대륙에서 화기삼이 발견되면서 '인삼 광풍'이 불었고 중국에 수출할 물건이 없어 고심하던 신생국가 미국은 화기삼을 가득 실은 배를 중국에 보냄으로써 교역의 물꼬를 트게 된다. 플랜테이션에서 재배된 다른 식물들이 유럽으로 보내져 '유럽의 상품'으로 탈바꿈한 뒤 전 세계로

5 케네스 포메란츠·스티븐 토픽 지음, 박광식 옮김, 《설탕, 커피 그리고 폭력》(심산, 2003), p. 173.

팔려나갔다면 북아메리카 대륙의 인삼은 캐는 대로 최소한의 건조 과정을 거쳐 곧바로 중국으로 향하기에 바빴다. 그리고 중국에 도착한 화기삼은 2등급 상품이라는 지위에서 결코 벗어나지 못했다.

엄청난 양의 인삼을 수출하면서도 미국은 이 상품에 대한 장악력을 확보하는 데 실패했다. 수요를 결정하고, 품질의 등급을 매기고, 가격을 책정하는 모든 일이 수입국인 중국에 달려 있었다. 인삼 가공 기술에서 결코 동아시아를 따라갈 수 없었던 미국은 열등감에 시달리면서도 인삼을 수출할 수 있다는 사실에 안주할 수밖에 없었다. 마찬가지로 내다 팔기에 급급한 물건이었던 인삼은 미국에서 내수용 상품이 될 수 없었다. 미국인들은 인삼을 제대로 경험하고 사용할 기회를 갖지 못했던 것이다.

그런데 인삼을 둘러싸고 서양이 헤게모니를 장악할 수 없었던 상황은 역설적으로 인삼의 소비가 중심부인 동아시아에 한정되는 결과를 불러왔다. 중국은 마치 '거대한 인삼의 무덤'처럼 전 세계의 인삼을 빨아들이는 것처럼 보였다. 그런데 그 과정은 단지 물류의 이동에 그치지 않았다. 인삼이 '중국의 전유물'이라는 배타적인 인식도 함께 창조되었던 것이다.

월러스틴은 근대세계체제를 효율적으로 기능하도록 하는 문화적인 틀로서 '지문화geoculture'라는 개념을 제시한 바 있다.[6] 지문화의 두 기둥은 자유주의와 과학주의로, 이 개념을 적용해보자면 인삼은 서구중심적인 지문화가 결코 포섭할 수 없었던 대상이었다. 19세기 서구의 과학계

---

6 지문화는 지정학(geopolitics)과의 유비를 통해 고안된 용어로, 세계체제 내에서 그 정당성이 널리 인정되고 있는 규범과 담화양식을 가리킨다. 월러스틴은 하나의 지문화가 세계체제의 성립과 더불어 자동적으로 존재하게 되는 것이 아니라 창조되는 것이라고 주장한다. 이매뉴얼 월러스틴 지음, 이광근 옮김, 《세계체제 분석》 (당대, 2005), p. 230. 원제: Wallerstein, *World-Systems Analysis: An Introduction* (Durham & London: Duke UP., 2004).

는 유용한 이방식물에서 유효성분을 추출하며 '근대적 의약학'을 성립해 나갔다. 하지만 인삼에서 유효성분을 추출하는 데 실패했고, 인삼의 약성을 정확하게 파악하지 못했던 서양은 훨씬 오랫동안 인삼을 사용해온 동아시아의 지식체계에 도전할 수 없었다. 결국 서양의 의약학은 인삼을 자신들의 지식체계 속으로 끌어들이기보다 오히려 그 효능을 폄하하며 배척해갔다. 하지만 화기삼을 수출할 때는 동양의 의학적 전통에 기대어 그것이 고려인삼과 마찬가지로 뛰어난 효능이 있다고 주장하는 모순적인 양태를 보였다.

이 과정에서 서구의 담론은 인삼을 '중국의 전유물'로, 전제성과 사치, 방탕과 비합리성을 담지한 불가해한 물건으로 규정하며 자신들의 주류 문화에서 소외했다. 그 차별적인 시선은 단순히 인삼이라는 상품에 그치지 않고 그 상품을 사용하는 사람과 공간에 이르기까지 모든 인식의 지형에서 끊임없이 '자'와 '타'를 구별하기에 이른다. 이제 인삼의 주소비층인 동양인들은 인삼에 투영된 모든 부정적인 특성들의 행위 주체가 되었다. 그뿐만 아니라 인삼을 캐는 일을 업으로 삼는 미국의 심마니에게까지도 동양성을 담지한 경계인이라는 이미지가 투사되었다. 인삼에서 진세노사이드라는 유효성분이 분명하게 규명된 오늘날, 서양의 많은 나라가 인삼을 재배하고 수출하고 있지만 인삼은 여전히 열등하고 비합리적인 동양성에 갇혀 있다. 이 지점은 동아시아가 구심점인 인삼의 세계-경제체제와 이를 부정하고 싶은 서구중심주의가 지난하게 충돌해온 역사를 품고 있다. 그런 충돌과 부조화로 인해 서구 역사학은 인삼의 존재를 은폐할 수밖에 없었던 것이다.

'인삼의 세계사'는 의약학의 성패가 의약적인 효능뿐만 아니라 역사적이고 문화적인 차원에서 좌우된다는 명제를 선명하게 증명하는 사례다. 과학이라고 불리는 제반 영역에도 문화적인 구별 짓기가 작동하며, 그런 구별 짓기의 심성은 이른바 '객관적인 실험 결과'로 쉽게 교정되지 않는 끈질긴 생명력을 지닌다. 오늘날 거센 세계화의 흐름 속에서 제대로 균형 잡힌 세계관을 만들기 위해 인삼 같은 상품의 '사회적 삶'을 '약리작용'과 '현재적·상업적 효과'를 넘어 인문사회학, 특히 역사적 관점에서 연구해야 하는 이유가 바로 여기에 있다.

**부록**

참고문헌

찾아보기

# 참고문헌

## 1. 아카이브 자료 및 인터뷰


BM. Dept. of MSS., Sloane MS 1847, f. 68. 2 April [1679].

L. C. John Holker Papers (JHP), reel 15, folio 5888.

Lebi N. Countryman Diary, May 25, 1859, Countryman Papers [the Minnesota Historical Society].

Nat. Hist. Museum (BM), Botany Library, Sir Hans Sloane-Vegetables and vegetable substances, nos. 887, 12140 and 12141.

The Coal River Folklife Collection (AFC 1999/008) [Library of Congress collection].

라도나 야돈(LaDonna Yeadon)과의 인터뷰 [2015년 6월 29일, 미국 위스콘신주 워소].

윌 수(Will Hsu)와의 인터뷰 [2015년 6월 30일, 미국 위스콘신주 워소].

장석훈과의 인터뷰 [2015년 7월 7일, 미국 로스앤젤레스].


## 2. 신문


《동아일보》

《중앙일보》

*Aberdeen Weekly Journal*
*Birmingham Daily Post*
*Caledonian Mercury*
*Cincinnati Commercial Tribune*
*Daily News*
*Freeman's Jounal and Daily Commercial Advertiser*
*Glasgow Herald*
*Hampshire Telegraph and Sussex Chronicle*
*Liverpool Mercury*
*London Gazette*
*Manchester Times*
*Mankato Weekly Independent*
*Morning Oregonian.*
*New York Herald*
*New York Sun*
*North China Daily News*
*Oil and Drug News*
*Peking Gazette*
*Reynold's Newspaper*
*Springfield Republican*
*The Belfast News-Letter*
*The China Press*
*The China Weekly Review*
*The Derby Mercury*
*The Era*
*The Examiner*
*The Farmer's Cabinet*
*The Graphic*
*The Hull Packet and East Riding Times*

*The Hull Packet and Humber Mercury*

*The Leeds Mercury*

*The Manchester Guardian*

*The Manchester Times*

*The Manchester Times and Gazette*

*The Morning Chronicle*

*The Newcastle Weekly Courant*

*The North China Herald and Supreme Court & Consular Gazette.*

*The Northern Star and National Trades' Journal*

*The Observer*

*The Pall Mall Gazette*

*The Preston Guardian*

*The Richmond Dispatch*

*The Times*

*Western Mail*

*Wilmington Daily Herald*

### 3. 문헌 자료

J. J. 클라크 지음, 장세룡 옮김, 《동양은 어떻게 서양을 계몽했는가》 (우물이 있는 집, 2004).

고성권 외 지음, 《우리 인삼의 이해》 (중앙대학교 출판사, 2005).

고성권, 〈서지학적 고증을 통한 고려인삼의 정체성: 기미(氣味), 효능을 중심으로〉, 《인삼문화》 창간호 (2019).

공성구 지음, 박동욱 옮김, 《향대기람(香臺紀覽): 개성상인의 홍삼로드 개척기》 (태학사 2014).

郭衛東, 〈西洋蔘:中美早期貿易中的重要貨品〉, 《廣東社會科學》 (2013-2).

곽이성, 〈고려인삼의 유래 및 효능의 서지학적 고찰〉, 《인삼문화》 창간호 (2019).

今村鞆, 〈山人蔘採取りの 風習〉, 《青丘學叢》 6 (1931).
今村鞆, 《人蔘史》 전 7권 (朝鮮總督府 專賣局, 1934~1940).
김광재, 〈일제 시기 상해 고려인삼 상인들의 활동〉, 《한국독립운동사연구》 40 (2011).
김보성, 〈한·중 인삼시(人蔘詩)의 양상과 특징〉, 《한문고전연구》 36 (2018).
김선민, 〈17~18세기 청대 인삼 정책의 변화〉, 《중국학보》 74 (2015).
김선민, 〈만주족과 인삼〉, 《인삼문화》 창간호 (2019).
김선민, 〈인삼(人蔘)과 강역(疆域): 후금-청의 강역 인식과 대외관계의 변화〉, 《명청사연구》 30 (2008).
노성환, 〈임란 포로가 되어 일본으로 건너간 조선의 동식물〉, 《일본어교육연구》 48 (2009).
로버트 단턴 지음, 조한욱 옮김, 《고양이 대학살》 (문학과지성사, 1996).
藍偉吉, 〈18世紀末中國西洋蔘热原因淺析〉, 《黑龍江史志》 (2013-13).
龍武, 〈明末遼東馬市貿易戰和女真諸部興衰〉, 中國社會科學研究生院 碩士學位論文, 2014.
林仲凡, 〈明清時代我國東北各地人蔘的開採與經營〉, 《中國農史》 (1988-4).
문광균, 〈18세기 강계 지역 공삼제의 운영과 변화〉, 《조선시대사학보》 57 (2011).
미야케 히데토시 지음, 김세민 외 옮김, 《조선 통신사와 일본》 (지성의샘, 1996).
민은경, 〈고대와 근대 논쟁: 템플과 워튼의 중국관을 중심으로〉, 《영국연구》 9 (2003).
박경석, 《일하는 사람들의 '조상신' 이야기: 중국 전통 시기 동업자들의 세속화된 신성(神性)》 (한울아카데미, 2019).
박기환·허성윤·리징후, 〈중국의 인삼산업 현황과 육성 정책—중국 동북3성 지역 중심〉, 한국농촌경제연구원 보고서 (2014).
朴福蘭, 〈清朝封禁时期朝鲜人犯越事例研究〉, 延邊大學 碩士學位論文, 2013.
박평식, 〈선조조(宣祖朝)의 대명(對明) 인삼 무역과 인삼 상인〉, 《역사교육》 108 (2008).
박평식, 〈조선 전기의 인삼 정책과 인삼 유통〉, 《한국사연구》 143 (2008).
方塋 編著, 《人蔘及其商品學》 (人民衛生出版社, 1958).
費馳, 〈17世紀末18世紀初的東亞商路及其影響〉, 《中國邊疆史地研究》 (2011-4).
석영달, 〈미군의 인삼 복용?: 20세기 말 인삼의 미국 식이보충제 시장 편입과 미군 매뉴얼〉, 《인삼문화》 창간호 (2019).

설혜심, 〈19세기 영국 신문에 나타난 인삼(ginseng)〉, 《영국연구》 34 (2015).
설혜심, 《그랜드 투어: 엘리트 교육의 최종 단계》 (웅진지식하우스, 2013).
설혜심, 《소비의 역사: 지금껏 아무도 주목하지 않은 '소비하는 인간'의 역사》 (휴머니스트, 2017).
설혜심, 《역사, 어떻게 볼 것인가: 마녀사냥에서 트위터까지》 (길, 2011).
설혜심, 《온천의 문화사: 건전한 스포츠에서 퇴폐적인 향락에 이르기까지》 (한길사, 2001).
孙晓舒, 《山蔘之"野": 關于意義與價格之生成的人類學研究》 (知識産權出版社, 2012).
宋軍令, 〈明清時期美洲农作物在中國的傳種及其影響研究〉, 河南大學 博士學位論文, 2007.
宋承吉, 〈試論中國古代人蔘的主産區〉, 《中國農史》 (1986-3).
宋承吉, 張秀娟, 〈中國藥用人参史綱〉, 《人蔘研究》 (1993-1).
신창건, 〈경성제국대학에 있어서 한약 연구의 성립〉, 《사회와 역사》 76 (2007).
안드레 군더 프랑크 지음, 이희재 옮김, 《리오리엔트》 (이산, 2003).
애너 파보르드 지음, 구계원 옮김, 《2천 년 식물 탐구의 역사》 (글항아리, 2011).
양정필, 〈17~18세기 전반 인삼 무역의 변동과 개성상인의 활동〉, 《탐라문화》 55 (2017).
양정필, 〈1910~20년대 개성상인의 백삼 상품화와 판매 활동〉, 《의사학》 20(1) (2011).
양정필, 〈1910년대 일제의 삼업(蔘業) 정책과 개성 삼포주의 활동〉, 《역사문제연구》 24 (2010).
양정필, 〈대한제국기 개성 지역 삼업 변동과 삼포민의 대응〉, 《의사학》 18(2) (2009).
양정필, 〈대한제국기 황실의 홍삼 전매제 시행과 통감부의 삼업 재편〉, 《한국 전통사회의 재인식》 (이상태 박사 정년기념논총 간행위원회, 2006).
양정필, 〈한말-일제하 금산(錦山) 인삼 연구〉, 《한국사학보(韓國史學報)》 51 (2013).
양정필, 〈해제(解題)〉, 이마무라(今村鞆) 도모 지음, 양정필 옮김, 《한국 근대 민속·인류학자료대계-21 인삼신초, 인삼사 1》 (민속원, 2009).
양정필·여인석, 〈'조선인삼'의 기원에 대하여〉, 《의사학》 13(1) (2004).
양정필·여인석, 〈'중국인삼'의 실체에 대한 비판적 고찰-이마무라 도모의 학설을 중심으로〉, 《의사학》 12(2) (2003).

양정필·여인석, 〈삼국-신라통일기 인삼 생산과 대외교역〉, 《의사학》 13(2) (2004).
연호택, 〈심메마니 은어의 연구 2-오대산 지역과 설악산 지역 은어 자료의 비교를 중심으로〉, 《관동대논문집》 21 (1993).
연호택, 〈심메마니 은어의 연구-오대산 지역을 중심으로〉, 《관동대논문집》 20 (1992).
옥순종, 《교양으로 읽는 인삼 이야기》 (이가서, 2005).
王景澤, 〈對清代封禁東北政策的再認識〉, 《東北師大學報》 166 (1997).
王鐵生 主編, 《中國人蔘》 (遼寧科學技術出版社, 2001).
王佩環, 〈清代東北採蔘業的興衰〉, 《社會科學戰線》 (1982-4).
于磊, 〈論清代前期東北蔘務管理體制的演變及影響〉, 遼寧大學 碩士學位論文, 2009.
우승하, 〈심마니 습속의 변화 양상〉, 《민속학 연구》 35 (2014).
윤선자, 〈일제의 경제 수탈과 개성의 삼업〉, 《한국근현대사연구》 35 (2005).
이동필, 〈화기삼의 효능 주장과 미국삼의 발전 과정에 대한 고찰〉, *Journal of Ginseng Research* 30 (2006).
이마무라 도모 지음, 고승태 옮김, 《인삼사(人蔘史) 제1권 인삼사상편》 [조선총독부 전매국판, 1940] (동양대학교, 2015).
이마무라 도모 지음, 고승태 옮김, 《인삼사 제2권 인삼정치편》 [조선총독부 전매국판, 1935] (동양대학교, 2015).
이마무라 도모 지음, 고승태 옮김, 《인삼사 제3권 인삼경제편 》 [조선총독부 전매국판, 1938] (동양대학교, 2012).
이마무라 도모 지음, 고승태 옮김, 《인삼사 제4권 인삼재배편》 [조선총독부 전매국판, 1936] (동양대학교, 2010).
이마무라 도모 지음, 고승태 옮김, 《인삼사 제5권 인삼의약편》 [조선총독부 전매국판, 1937] (동양대학교, 2015).
이마무라 도모 지음, 고승태 옮김, 《인삼사 제6권 인삼잡기편》 [조선총독부 전매국판, 1939] (동양대학교, 2015).
이매뉴얼 월러스틴 지음, 나종일 외 옮김, 《근대세계체제 1: 자본주의적 농업과 16세기 유럽 세계 경제의 기원》 (까치, 2013).
이매뉴얼 월러스틴 지음, 이광근 옮김, 《세계체제 분석》 (당대, 2005).
이시진 지음, 김종하 옮김, 《신주해 본초강목(新註解 本草綱目)》 제1권 (여일, 2007).

이시진 지음, 김종하 옮김,《신주해 본초강목》제4권 (여일, 2007).
이철성, 〈개성인삼이 왜 유명하게 되었을까?〉,《내일을 여는 역사》13 (2003).
이혜민, 〈루이 14세의 인삼: 17세기 말~18세기 초 프랑스의 본초학 지식 형성〉,《의사학》25(1) (2016).
張傑, 〈柳條邊, 印票與清朝東北封禁新論〉,《中國邊疆史地硏究》(1999-1).
張傑, 〈清前期對鴨綠江封禁區的管轄〉,《中國邊疆史地硏究》(2004-4).
장일무,《한국인삼산업사》제1권 (KGC인삼공사, 2018).
장일무,《한국인삼산업사》제2권 (KGC인삼공사, 2018).
蔣竹山,《人蔘帝國: 淸代人蔘的生産消費與醫療》(浙江大學出版社, 2015).
張合, 〈中韓人蔘戰爭〉,《健康管理》(2012-2).
재닛 아부 루고드 지음, 박흥식 옮김,《유럽 패권 이전: 13세기 세계체제》(까치, 2006).
정성일, 〈조선산 인삼 종자와 일본의 인삼 수입 대체〉,《춘계 박광순 교수 회갑기념 경제학 논총》(전남대학교, 1993).
정은주, 〈조선 후기 가삼(家蔘) 재배와《삼서(蔘書)》〉,《한국실학연구》24 (2012).
정정길·리금, 〈중국 인삼산업 발전의 새로운 동향〉,《중국농업동향》제5권 (2012).
정하미, 〈법령집, '어촉서집성(御燭書集成)'에 나타난 에도 막부의 '인삼' 정책〉,《비교일본화》39 (2017).
제임스 M. 블라우트 지음, 김동택 옮김,《식민주의자의 세계모델: 지리적 확산론과 유럽 중심적 역사》(성균관대학교 출판부, 2008).
제프 탈라리고 지음, 정연희 옮김,《다시 그 강가에 서다》(소수출판사, 2009).
趙郁楠, 〈清代東北蔘務管理考述〉, 中央民族大學 碩士學位論文, 2007.
주겸지(朱謙之) 지음, 전홍석 옮김,《중국이 만든 유럽의 근대: 근대 유럽의 중국 문화 열풍》(청계, 2003).
주경철,《대항해시대: 해상 팽창과 근대 세계의 형성》(서울대학교 출판부, 2008).
陳景河, 〈人参文化的扛鼎之作—孙文采教授《中國人蔘文化》序〉,《人蔘硏究》(2013-3).
叢佩遠,《中國東北史》4 (吉林文史出版社, 1998).
최범훈, 〈심마니 은어 연구〉,《한국문학연구》67 (1984).
최승순, 〈강원도 지방 채삼인 습속〉,《한국민속학》8 (1975).

최준, 〈중국 동북 지역의 민간신앙〉, 《중앙민속학》 12 (2007).
케네스 포메란츠 지음, 김규태 외 옮김, 《대분기: 중국과 유럽, 그리고 근대 세계 경제의 형성》 (에코리브르, 2016).
케네스 포메란츠·스티븐 토픽 지음, 박광식 옮김, 《설탕, 커피 그리고 폭력》 (심산, 2003).
佟永功, 〈清代盛京蔘務活動述略〉, 《清史研究》 (2000-1).
하네다 마사시 지음, 이수열·구지영 옮김, 《동인도회사와 아시아의 바다》 (선인, 2012).
하마우즈 데쓰오 지음, 김성동 옮김, 《대영제국은 인도를 어떻게 통치하였는가: 영국 동인도회사 1600~1858》 (심산, 2004).
한국농촌경제연구원, 〈보도자료: 고려인삼 수출 확대 위해 안전성 강화와 과학적 홍보 필요〉 (2017. 10. 26).
한국인삼사 편찬위원회, 《한국인삼사(韓國人蔘史)》 제1권 (한국인삼사 편찬위원회, 2002).
許十文, 陳曉平, 〈人蔘的戰爭〉, 《21世紀商業評論》 (2013-21).
헨리 에번 머치슨 제임스 지음, 조준배 옮김, 《백두산 등정기: 만주의 역사 주민 행정 그리고 종교에 관한 이야기》 (동북아역사재단, 2011)》.
侯馥中, 〈明代中國與朝鮮貿易研究〉, 山東大學 博士學位論文, 2010.

"The "British Pharmacopœia"," *The British Medical Journal* 2 (1885).
*A Catalogue of Trees, Shrubs, Plants, Flower Roots, Seeds, &d. Sold by Gordon, Dermer and Thomson, Seed and Nurserymen, at Mile End, near London* (London, 1783).
Abercrombie, John, *The Propagation and Botanical Arrangements of Plants and Trees*, Vol. 2 (London, 1784).
Abu-Lughod, Janet L., *Before European Hegemony: The World System A.D. 1250~1350* (New York: Oxford UP., 1989).
Académie Royale des Sciences, *Procès-verbaux* 37 (1718).
Adair, James, *The History of the American Indians* (London, 1775).
Adams, John, *Modern Voyages, containing a variety of useful and entertaining facts*, Vol. 2 (London, 1790).
Aikin, John, *A Manual of Materia Medica* (Yarmouth, 1785).

Ainslie, Whitelaw, *Materia Indica*, Vol. 1 (London: Longman, 1826).

Akin, James, *Encyclopaedia; or, a Dictionary of Arts, Sciences, and Miscellaneous Literature*, Vol. 8 (Philadelphia, 1798).

Alleyne, James, *A New English Dispensatory* (London, 1733).

American Philosophical Society, *Transactions of the American Philosophical Society*, Vol. 1 (Philadelphia, 1771).

Anderson, James, *Recreations in Agriculture, Natural-history, Arts, and Miscellaneous Literature*, Vol. 6 (London, 1802).

Anderson, Stuart, "Pharmacy and Empire: The "British Pharmacopoeia" as an Instrument of Imperialism 1864 to 1932," *Pharmacy in History* 52 (2010).

Anon., "Medical and Physical Society of Calcutta," *The Asiatic Journal and Monthly Miscellany* 25 (1828).

Anon., *A Companion to Every Place of Curiosity and Enjoyment in and about London and Westminster* (London, 1767).

Anon., *Encyclopaedia: or, a Dictionary of Arts, Sciences, and Miscellaneous Literature*, Vol. 8 (Philadelphia, 1798).

Anon., *Fleets Pocket Almanack for the Year of our Lord 1790* (Boston, 1789).

Anon., *Siris in the Shades: a Dialogue concerning Tar Water* (London, 1744).

Anon., *Tables of the Net Duties Payable, and Drawbacks allowed on Certain Goods* (London, 1787).

Appleby, John H., "Ginseng and the Royal Society," *Notes and Records of the Royal Society of London* 37 (1983).

Asahina Y., and B. Taguchi, "The Constituents of Ginseng, Yakugaku Zasshi," *J. Pharm. Soc.* 26 (1906).

Atkinson, S. C., *The Casket, Flowers of Literature, Wit and Sentiment* (Philadelphia: S. C. Atkinson, 1830).

Balfour, Edward, ed., *Cyclopaedia of India and of Eastern and Southern Asia* (Madras: the Scottish Press, 1857).

Bankes, Thomas Edward, Warren Blake and Alexander Cook, *A New Royal Authentic and Complete System of Universal Geography Antient and Modern* (London, 1790).

Barnes, Linda L., *Needles, Herbs, Gods, and Ghosts: China, Healing, and the West to 1848* (Cambridge, MA: Harvard UP., 2005).

Barton, William P. C., *Compendium Florae Philadelphicae*, Vol. 2 (Philadelphia: M. Carey & Son, 1818).

Batsaki, Yota, Sarah Burke Cahalan and Anatole Tchikine, eds., *The Botany of Empire in the Long Eighteenth Century* (Washington D.C.: Dumbarton Oaks Symposia and Colloquia, 2017).

Bayle, Antoine Laurent Jessé, *Encyclopédie des sciences médicales*, Sixième Division, Biographie médicale, II (Paris, 1841).

Belchingen Count, and J. A. Cope, *An Essay on the Virtues and Properties of the Ginseng Tea* (London, 1786).

Belden, Louise Conway, "Humphry Marshall's Trade in Plants of the New World for Gardens and Forests of the Old World" *Winterthur Portfolio* 2 (1965).

Berg, Maxine, "In Pursuit of Luxury, Global History and British Consumer Goods in the Eighteenth Century," *Past and Present* 182 (2004).

Bestul J. Scott, and Kenny Salwey, *The Last River Rat: Kenny Salwey's Life in the Wild* (Stillwater, MN: Voyageur Press, 2001).

Bevan, John, "Charles Spalding's Diving Bells," Presented to a meeting of the Historical Diving Society at Norwegian Underwater Institute, Bergen, 5 November 2005.

Bigelow, Jacob, *American Medical Botany*, Vol. 2 (Boston: Cummings and Hilliard, 1818).

Birch, Thomas, *History of the Royal Society* (London, 1737).

Bivins, Roberta, *Alternative Medicine?: A History* (Oxford: Oxford UP., 2007).

Blumenthal, Mark, "Milestones in Pharmaceutical Botany Since 1960," *Pharmacy in History* 38 (1996).

Board of Trade, *Tables of the Revenue, Population, Commerce of the United Kingdom, Part III* (London: William Clowes for H.M.S.O., 1834).

Boerhaave, Hermann, *Boerhaave's Treatise of the Materia Medica* (London, 1739).

Boivin, Bernard, "La Flore du Canada en 1708. Étude d'un manuscrit de Michel Sarrazin et Sébastien Vaillant," *Études littéraires* 10 (1977).

Bossu, Jean-Bernard, *Travels through that Part of North America formaly called Louisiana by Mr. Bossu, Captain in the French Marines, translated from the French by John Reinhold Forster*, Vol. 1 (London, 1771).

Breen, T. H., "An Empire of Goods: The Anglicization of Colonial America, 1690~1776," *Journal of British Studies* 25 (1986).

Brookes, Richard, *The General Dispensatory* (London, 1773).

Buchan, William, and J. G. Norwood, *Domestic Medicine: A Treatise on the Prevention and Cure of Diseases* (Cincinnati: U. P. James, 1838).

Byrd, William, *The Writings of Colonel William Byrd of Westover in Virginia ESQr.*, ed. John Spencer Bassett (New York: Doubleday, Page & Co., 1901).

Calau, M., "Pharmacology. on Red. Ginseng from Chinese Source," *The Chemical Gazette* 1 (1842).

Carey, Mathew, *The American Museum, or, Universal Magazine*, Vol. 2 (Philadelphia, 1787).

Carey, Mathew, *The American Museum, or, Universal Magazine*, Vol. 7 (Philadelphia, 1790).

Carles, W. R., *Life in Corea* (London: Macmillan, 1888).

Carlson, Alvar W., "Ginseng: America's Botanical Drug Connection to the Orient," *Economic Botany* 40 (1986).

Carver, Jonathan, *The New Universal Traveller* (London, 1779).

Chakrabarti, Pratik, *Materials and Medicine: Trade, Conquest and Therapeutics in the Eighteenth Century* (Manchester: Manchester UP., 2010).

Chen, Wei, Prabhu Balan, and David G. Popovich, "Ginsenosides analysis of New Zealand-grown forest Panax ginseng by LC-QTOF-MS/MS," Journal of Ginseng Research 44 (2020).

Clarke, John James, *Oriental Enlightenment: The Encounter between Asian and Western Thought* (London: Routledge, 1997).

Cocks, Richard, *Diary of Richard Cocks* (London: The Hakluyt Society, 1883).

Collins, Jackie, *Hollywood Wives* (New York: Pocket Books, 1994).

*Consular Reports: Commerce, Manufactures, Etc.*, Vol. 60 (Washington D.C.: Government Printing Office, 1897).

Cook Harold J., and Timothy D. Walker, "Circulation of Medicine in the Early Modern Atlantic World," *Social History of Medicine* 26 (2013).

Cook, Alexandra, "Linnaeus and Chinese plants: A test of the linguistic imperialism thesis," *Notes and Records of the Royal Society of London* 64 (2010).

Cook, Harold J., "Testing the Effects of Jesuit's Bark in the Chinese Emperor's Court," *Journal of the Royal Society of Medicine* 107 (2014).

Coxe, John Redman, *The Philadelphia Medical Dictionary* (Philadelphia: Thomas Dobson, 1808).

Croker, Temple Henry, Thomas Williams and Samuel Clark et al., *The Complete Dictionary of Arts and Sciences*, Vol. 2 (London, 1765).

Cullen, William, *Lectures on the Materia Medica* (London, 1772).

Cullen, William, *A Catalogue of the British, Medicinal, Culinary, and Agricultural Plants, Cultivated in the London Botanic Garden* (London, 1783).

Cullen, William, *A Treatise of the Materia Medica*, Vol. 2 (Edinburgh, 1789).

Damrosch, Leo, *Jean-Jacques Rousseau: Restless Genius* (Boston: Houghton Mifflin Company, 2007).

Darlington, William, ed., *Memorials of John Bartram and Humphrey Marshall* (Philadelphia: Lindsay & Blakiston, 1849).

Davis, Jeanine, and W. Scott Persons, *Growing and Marketing Ginseng, Goldenseal and other Woodland Medicinals* (Gabriola Island: New Society Publisher, 2014).

Demos, John, *The Unredeemed Captive: A Family Story from Early America* (New York: Alfred A. Knopf, 1994).

Devlin, Michael, *Pillula Salutaris; Or, the Justly Celebrated Dr. Anthony's Irish Pills* (London, 1790).

Diderot, Denis, and Jean le Rond d'Alembert, eds., *Encyclopédie, ou dictionnaire raisonné des sciences, des arts et des métiers* (Chicago: Univ. of Chicago Press, 2008).

Dillwyn, L. W., ed., *Hortus Collinsonianus: An Account of the Plants Cultivated by the Late Peter Collinson* (Swansea: Printed by W. C. Murray and D. Rees, 1843).

Dodsley, Robert, *The General Contents of the British Museum* (London, 1762).

Du Halde, Jean-Baptiste, *Description Geographique, Historique, Chronologique, Politique, et Physique de l'Empire de la Chine et de la Tartarie Chinoise*, 4 Vols. (Paris, 1735).

Du Hamel, Jean-Baptist, *Regiae Scientiarum Academiae Historia* [1698] Rev. ed. (Paris, 1701).

Dunglison, Robley, *New Dictionary of Medical Science and Literature*, Vol. 1 (Boston: Charles Bowen, 1833).

East India Company, *First, Second, and Third Reports of the Select Committee, appointed by the Court of Directors of the East India Company* (London, 1793).

Edmonds, Richard, "The Willow Palisade," *Annals of the Association of American Geographers* 69 (1979).

Elibank, Patrick Murray, *Thoughts on Money, Circulation, and Paper Currency* (Edinburgh, 1758).

Elliot, John, *The Medical Pocket-Book* (London, 1791).

Evans, Brian L., "Ginseng: Root of Chinese-Canadian Relations," *Canadian Historical Review* 66 (1985).

Ewell, James, *The Medical Companion, or Family Physician* (Washington D.C.: the Proprietors, 1827).

Federman, Adam, "Digging the Root," *Adirondack Life*, Sept/Oct (2012).

Fenton, William N., "Contacts between Iroquois Herbalism and Colonial Medicine," in *Annual Report of the Smithsonian Institute* (Washington D.C.: Smithsonian Institute, 1941).

Flannery, Michael A., "The Medicine and Medicinal Plants of C. S. Rafinesque," *Economic Botany* 52 (1998).

Flaumenhaft, Eugene, and Mrs. Eugene Flaumenhaft, "Asian Medicinal Plants in Seventeenth Century French Literature," *Economic Botany* 36 (1982).

Floris, Peter, *His Voyage to the East Indies in the Globe, 1611~1615* (London: Hakluyt Society, 1934).

Folliot de Saint-Vast, Lucas Augustin, et Jacobus Franciscus Vandermonde, *Resp. Quaestio medica, An infirmis à morbo viribus reparandis Gin Seng?*, Prads. F. Vandermonde (Paris, 1736).

Fontenoy, Paul E., "Ginseng, Otter Skins, and Sandalwood: The Conundrum of the China Trade," *The Northern Mariner* 7 (1997).

Foster, Steven, "Ginseng Adulteration: the Tangled Web of Names, History, Trade, and Perception," *ABC-AHP-NCNPR Botanical Adulterants Program* (2016).

Fox, R. Hingston, *Dr. John Fothergill and His Friends: Chapters in Eighteenth-century Life* (London: Macmillan and Co. Ltd., 1919).

Foyster, William, ed., *Letters Received by the East India Company*, Vol. 5 [1617: January to June] (London: Sampson Low, Marston & Co., 1901).

François-Xavier de Charlevoix, Pierre, *Journal d'un voyage fait par ordre du Roi dans l'Amérique septentrionale*, ed. Pierre Berthiaume, Vol. 2 (Montreal: Presses de l'Université de Montréal, 1994).

Frank, Andre Gunder and Barry Gills, eds., *The World System: 500 Years of 5,000?* (Lanham, MD: Routledge, 1996).

Frank, Andre Gunder, *Reorient: Global Economy in the Asian Age* (Berkeley Univ. of California Press, 1998).

Franquet, Louis, *Voyages et mémoires sur le Canada en 1752~1753* (Montreal: Editions Elysée, 1974).

Games, Alison, *The Web of Empire: English Cosmopolitans in an Age of Expansion, 1560~1660* (New York: Oxford UP., 2008).

Garrigues, Samuel S., "Chemical Investigations on Radix Ginseng Americana, Oleum Chenopodii Anthelmintici and Oleum Menthae Viridis," Ph.D. Dissertation, University of Göttingen, 1854.

Geyer, W. A. R., Janke, C. K. Barden and E. Carey, "Ginseng and Goldenseal Trials in Eastern Kansas," *Transactions of the Kansas Academy of Science* 111 (2008).

Goldsmith, Oliver, *A History of the Earth and Animated Nature, together with the Elements of Botany by G. F. Shaw* (London: R. Edwards, 1819).

Goldsmith, Oliver, *The Citizen of the World; or Letters from a Chinese Philosopher, residing in London, to his Friends in the East*, Vol. 1 (London, 1762).

Gordon, J., T. Dermer, and A. Thomson, *A Catalogue of Trees, Shrubs, Plants, Flower Roots, Seeds, &c. Sold by Gorden, Dermer, and Thomson* (London, 1783).

Grau, Shirley Ann, *The Keepers of the House* [1964] (Barton Rouge: Louisiana State UP., 1995).

Hale, Nathan, *The American System, or the Effects of High Duties on Imports* (Boston: Nathan Hale's Press, 1826).

Hanbury, William, *A Complete Body of Planting and Gardening*, Vol. 1 (London, 1773).

Hansen, Carlo, and Anne Fox Maule, "Pehr Osbeck's Collections and Linnaeus's Species Plantarum (1753)," *Botanical Journal of the Linnaean Society* 67 (1973).

Hanson, Marta, and Gianna Pomata, "Medicinal Formulas and Experiential Knowledge in the Seventeenth-Century Epistemic Exchange between China and Europe," *Isis* 108 (2017).

Harding, Arthur R., *Ginseng and Other Medicinal Plants* (Columbus: A. R. Harding Publishing Co., 1908).

Harris, Steven J., "Jesuit Scientific Activity in the Overseas Missions, 1540~1773," *Isis* 96 (2005).

Hechter, Michael, *Internal Colonialism* (Berkeley: Univ. of California Press, 1975).

Hildreth, R., *Letter to His Excellency Marcus Morton on Banking and the Currency* (Boston: Kidder & Wright, 1840).

Hill, John, *History of the Materia Medica* (London, 1751).

Hill, John, *The Vegetable System*, Vol. 5 (London, 1759).

Hill, John, *Valerian. or, the Virtues of that Root in Nervous Disorders* (London, 1758).

Hobbs, Christopher, "The Medical Botany of John Bartram," *Pharmacy in History* 33 (1991).

Hocking, G. M., "A Chronology of Ginseng," *Quarterly Journal of Crude Drug Research*

14 (1976).

Hook, M., Van *Diseases of Ginseng, Bulletin* 219 (New York: Agricultural Experiment Station, 1904).

Hu, Shiu Ying, "The Genus Panax (Ginseng) in Chinese Medicine," *Economic Botany* 30 (1976).

Huc, Evrariste-Régis, "Mémorial du père Thomas," *Le christianisme en Chine, en Tartatie et au Thibet*, Tome 3 (Paris, 1857~1858).

Hufford, Mary, "Knowing Ginseng: The Social Life of an Appalachian Root," *Cahiers de Littérature Orale* 53/54 (2003).

Hufford, Mary, "Review of Appalachian Outlaws," *Journal of Appalachian Studies* 20 (2014).

Humphrey, Seth K., *Following the Prairie Frontier* (Minneapolis: Univ. of Minnesota Press, 1931).

Huxham, John, *Observations on the Air, and Epidemic diseases*, Vol. 2 (London, 1767).

Iannini, Christopher P., *Fatal Revolutions: Natural History, West Indian Slavery, and the Routes of American Literature* (Chapel Hill: Univ. of North Carolina Press, 2013).

Jackson, Donald, and Dorothy Twohig, eds., *The Papers of George Washington: Diaries*, Vol. 4 (Charlottesville: Univ. Press of Virginia, 1976).

James, H. E. M., *The Long White Mountain; Or A Journey in Manchuria: With Some Account of The History, People, Administration And Religion of That Country* (London: Longmans, Green, and Company, 1888).

Jartoux, Pierre, "The Description of a Tartarian Plant, Call'd Gin-seng, with an Account of Its Virtues. In a Letter from Father Jartoux to the Procurator General of the Missions of India and China," *Philosophical Transactions* 28 (1713).

Jenner, Mark S. R., and Patrick Wallis eds., Medicine and the Market in England and Its Colonies, c.1450~c.1850 (Basingstoke: Palgrave Macmillan, 2007).

*Jesuits Lettres edifiantes et curieuses, ecrites des missions etrangeres, par quelques missionnaires de la Compagnie de Jesus*, X. recueil (Paris, 1713).

Johnstone, Charles, *The History of John Juniper, Esq.*, Vol. 2 (London, 1781).

*Jordan's Parliamentary Journal, for the year MDCCXCIII*, Vol. 2 (London, 1793).

Kämpfer, Engelbert, *Amoenitatum Exoticarum politico-physico-medicarum fasciculi V* (Lemgo, 1712).

Kains, Maurice Grenville, *Ginseng: Its Cultivation, Harvesting, Marketing And Market Value* (New York: Orange Judd Company, 1901).

Kalm, Peter, *Travels into North America*, trans. John Reinhold Forster, Vol. 3 (London, 1770).

Kazui, Tashiro, "Exports of Japan's Silver to China via Korea and Changes in the Tokugawa Monetary System during the Seventeenth and Eighteenth Centuries," in Eddy H. G. Van Cauwenberghe, ed., *Precious Metals, Coinage and the Changes of Monetary Structures in Latin-America, Europe and Asia* (Leuven: Leuven UP., 1989).

Kenneth, Dewhurst, *John Locke(1632~1704), Physician and Philosopher: A Medical Bibliography with an Edition of the Medical Notes in his Journals* (London: The Wellcome Historical Medical Library, 1963).

Kim, Seonmin, *Ginseng and Borderland: Territorial Boundaries and Political Relations Between Qing China and Choson Korea, 1636~1912* (Okland, CA: Univ. of California Press, 2017).

Koehler, John Henry, *Ginseng and Goldenseal Growers Handbook* (Wausau, WI: P. F. Stolze, 1912).

Koehler, John Henry, *To the Ginseng Growers of America* (Wausau, WI: J. H. Koehler, 1917).

L'Académie royale des sciences, "Sur le Gin-Seng," *Histoire de l'Académie royale des sciences* (Paris, 1718).

Lach, Donald F., "China and the Era of the Enlightenment," *The Journal of Modern History* 14 (1942).

Lach, Donald F., *The Preface to Leibniz' Novissima Sinica* (Honolulu: Univ. of Hawaii Press, 1957).

Lafitau, Joseph-François, "Le Genseng, Plante si précieuse à la Chine, découverte dans le Canada," *Mémoires pour l'Histoire Des Sciences & des beaux Arts*, January (1717).

Lafitau, Joseph-François, *Mémoire presenté a son altesse royale Monseigneur le duc d'Orléans, regent du royaume de France: Concernant la précieuse plante du gin-seng de Tartarie, découverte en Canada par le P. Joseph François Lafitau, de la Compagnie de Jesus, missionnaire des Iroquois du Sault Saint Louis* (Paris, 1718).

Lass, Willam E., "Ginseng Rush in Minnesota," *Minnesota History* 41 (1969).

LaTourette, Guy, "Ginseng and its Diggers," *The Pharmaceutical Journal and Transactions*, Vol. 7 (London: J & A Churchill, 1882).

Le Comte, Louis Daniel, *Nouveau mémoire sur l'état présent de la Chine*, Tome 1 (Paris, 1696).

Lee, Sharon Wai-Seung, "Evolution of the "Shang" (American ginseng) Industry in Marathon County, Wisconsin," MA Thesis, University of Wisconsin, Madison, 1998.

Leibniz, G. W., *Sämtliche Schriften und Briefe*, Seris IV (Darmstad: Otto Reichl Verlag, 1931).

Leibniz, Gottfried W., *Der Briefwechsel mit den Jesuiten in China (1689~1714)*, eds., Rita Widmaier and Malte L Babin (Hamburg: Felix Meiner Verlag, 2006).

*Letters of the Missionary Jesuits* (Paris, 1713).

Leupp, Gary P., *Interracial Intimacy in Japan: Western Men and Japanese Women, 1543~1900* (London: Continuum, 2003).

Lewis, William, *An Experimental History of the Materia Medica*, Vol. 1 (Dublin, 1769).

Lewis, William, *The Edinburgh New Dispensatory*, 5th edn. (Edinburgh, 1797).

Lewis, William, *The New Dispensatory* (Dublin, 1782).

Linnæi, Caroli, *Species Plantarum, exhibentes plantas rite cognitas ad genera relatas, cum differentiis specificis, nominibus trivialibus, synonymis selectis, locis natalibus, secundum systema sexuale digestas*, Tomus II (Holmiæ [Stockholm], 1753).

Linnaeus, Carolus, *Hortus Cliffortianus* (Amsterdam, 1737).

Linnaeus, Carolus, *Materia Medica, liber I. de plantis* (Stockholm, 1749).

Loskiel, George Henry, *History of the Mission of the United Brethren among the Indians in*

*North America*, trans. Christian Ignatius La Trobe (London, 1794).

MacLeitch, Gail D., "'Red' Labor: Iroquois Participation in the Atlantic Economy," *Labor: Studies in Working-Class History of the Americas* 1 (2004).

MacLeitch, Gail D., *Imperial Entanglements: Iroquois Change and Persistence on the Frontiers of Empire* (Philadelphia: Univ. of Pennsylvania Press, 2011).

Manget, Luke, "Ginseng, China, and the Transformation of the Ohio Valley, 1783~1840," *Ohio Valley History* 17 (2017).

Manget, Luke, "Nature's Emporium: The Botanical Drug Trade and the Commons Tradition in Southern Appalachia, 1847-1917," *Environmental History* 21 (2016).

Manget, Luke, "Sangin'io the Mountains: The Ginseng Economy of the Southern Appalachians, 1865~1900," Appalachian Journal 40 (2012).

Martini, Martino, *Bellum Tartaricum, or The conquest of the great and most renowned empire of China, by the invasion of the Tartars* (London, 1654).

Mathew Carey, *The American Museum, or Repository of Ancient and Modern Fugitive Pieces, &c.*, Vol. 2 (Philadelphia, 1787).

Maurice, Thomas, *Indian Antiquities, or Dissertations*, Vol. 7 (London, 1800).

Mavor, William, *Historical Account of the Most Celebrated Voyages, Travels, and Discoveries*, Vol. 15 (London, 1797).

Meares, John, *Voyages Made in the Years 1788 and 1789, from China to the North West Coast of America* (London, 1790).

Michaux, F. A., *Travels to the West of the Alleghany Mountains* (London: Printed for R. Phillips, 1805).

Mickle, William Julius, *The Lusiad; or, the Discovery of India* (Oxford, 1776).

Millar, James, *A New Course of Chemistry* (London, 1754).

Miller, Philip, *The Gardener's Kalendar*, 11th edn. (London, 1757).

Millspaugh, Charles F., *American Medicinal Plants* (Philadelphia: Boericke & Tafle, 1887).

Mooney, Steve, "Ginseng and Appalachian Culture: Settlement to Contemporary Times," *Appalachian Heritage* 18 (1990).

Morse, Hosea Ballou, *The Chronicles of the East India Company Trading to China 1635~1834*, Vol. 2 (Cambridge, MA: Harvard UP., 1926).

Morse, Jedidah, *Geography Made Easy, Being an Abridgement of the American Geography* (Boston, 1790).

Morton, Oren Frederic, *A History of Monroe County, West Virginia* (Dayton, VA: Ruebush-Elkins, 1916).

Moseley, Benjamin, *A Treatise on Sugar* (London: Printed by John Nichols, for G. G. and J. Robinson, 1800).

Munro, Donald, *A Treatise on Medical and Pharmaceutical Chymistry, and the Materia Medica*, Vol. 3 (London, 1788).

Murray, Lady Charlotte, *The British Garden. A Descriptive Catalogue of Hardy Plants, Indigenous, or Cultivated in the Climate of Great-Britain* (Bath, 1799).

Naderson, William, *The London Commercial Dictionary and Sea-Port Gazetteer* (London: Printed for E. Wilson, 1819).

Nash, George V., *American Ginseng: Its Commercial History, Protection and Cultivation* [1895], U.S. Department of Agriculture Division of Botany Bulletin No. 16-Revised Edition (Washington D.C.: Government Printing Office, 1898).

Nees von Esenbeck, Theodor Friedrich Ludwig, *Plantae Medicinales* (Düsseldorf: Arnz & Co., 1833).

Nehemiah Grew, *Musaeum Regalis Societatis* (London, 1681).

Nieuhof, Johannes, *L'Ambassade de la Compagnie Orientale des Provinces Unies vers l'Empereur de la Chine, ou Grand Cam de Tartarie* (Leyde, 1665).

Nott, John, *A Posologic Companion to the London Pharmacopoeia* (London, 1794).

Osbeck, Pehr, *A Voyage to China and the East Indies*, trans. John Reinhold Forster, Vol. 2 (London, 1771).

Parsons, Christopher M., "The Natural History of Colonial Science: Joseph-François Lafitau's Discovery of Ginseng and its Afterlives," *William & Mary Quarterly* 73 (2016).

Payne, John, *Geographical Extracts, Forming a General View of Earth and Nature* (London,

1796).

Persons, W. Scott, "Growing American Ginseng in its Native Woodland Habitat," [Paper presented at the North American Conference on Enterprise Development through Agoforestry, Minneapolis, MN, Oct. 4-7, 1998].

*Philosophical Transactions* 28 (1713).

Pinkerton, Katherene, *Bright with Silver* (New York: William Sloane Associates, Inc., 1947).

Polczinski, Len C., "Ginseng (Panax quinquefolius L.) Culture in Marathon County, Wisconsin: Historical growth, distribution, soils inventory," MS Thesis, University of Wisconsin, Stevens Point, 1982.

Pomeranz Kenneth, and Steven Topik, *The World That Trade Created: Society, Culture, and the World Economy, 1400 to the Present* (Armonk, NY: M. E. Sharpe, 1999).

Pomeranz, Kenneth, *The Great Divergence: China, Europe, and the Making of the Modern World Economy* (Princeton, NJ: Princeton. University Press, 2000).

Pomet, Pierre, *General History of Drugs* (London, 1748).

Preston, David L., *The Texture of Contact: European and Indian Settler Communities on the Frontiers of Iroquoia, 1667~1783* (Lincoln: Univ. of Nebraska Press, 2009).

Qi, Lian-Wen, Chong-Zhi Wang, and Chun-Su Yuan, "Ginsenosides from American Ginseng: Chemical and Pharmacological Diversity," *Phytochemistry* 72 (2011).

Quincy, John, *Pharmacopoeia Officinalis or a Complete English Dispensatory* (London, 1782).

Rafinesque, C. S., *Medical Flora; or Manual of the Medical Botany of the United States of North America*, Vol. 2 (Philadelphia: S. C. Atkinson, 1830).

Ray, John, *Historia Plantarum*, Vol. 2 (London, 1688).

Rhind, William, *A History of the Vegetable Kingdom* (Glasgow: Blackie & Son, 1841).

Rochon, Abbé Alexis, *A Voyage to Madagascar and the East Indies*, trans. Joseph Trapp (London, 1793).

Roos, Anna Marie, "Naturalia: The History of Natural History and Medicine in the Seventeenth Century," *Notes and Records of the Royal Society of London* 66 (2012).

Root, Charles Marvin, *What is Ginseng?: An Account of the History and Cultivation of Ginseng* (Omaha, NE: J. M. Roueek, 1905).

Rost, Thomas L., and Maureen L. Sandler, "The Common History and Popular Uses of Roots," *The American Biology Teacher* 40 (1978).

Rowbotham, Arnold H., "The Jesuit Figurists and Eighteenth-Century Religious Thought," *Journal of the History of Ideas* 17 (1956).

Rutty, John, *Observations on the London and Edinburgh Dispensatories* (London, 1776).

Salmon, Thomas, *Modern History: or, the Present State of All Nations*, Vol. 1 [1724] (London, 1739).

Salmon, Thomas, *Modern History: or, the Present State of All Nations*, Vol. 27 (London, 1735).

Schlesinger, Jonathan, "The Qing Invention of Nature: Environment and Identity in Northeast China and Mongolia, 1750~1850," Ph.D. Dissertation, Harvard University, 2012.

Schorger, A. W., "Ginseng: A Pioneer Resource," *Transactions of the Wisconsin Academy of Science, Art and Letters* 57 (1969).

Schwediauer, Franz, *Practical Observations on the More Obstinate and Inveterate Venereal Complaints* (London, 1784).

Schwemmer, Ulrike, *Wunderdroge Ginseng. Vom Einzug einer mythischen Heilpflanze in die moderne Medizin* (Wien-München: Franz Deuticke Verlag, 1998).

*Scientific American* 64 (1891).

Semedo, Alvaro, *Relatione della grande monarchia della Cina* (Rome, 1643).

Shannon, Timothy J., "Dressing for Success on the Mohawk Frontier: Hendrick, William Johnson, and the Indian Fashion," *William and Mary Quarterly* 53 (1996).

Shaw, Samuel, *The Journals of Major Samuel Shaw* (Taipei: Ch'eng-Wen Publishing Co., 1968).

Shteir, Ann B., "Gender and "Modern" Botany in Victorian England," *Osiris* 12 (1997).

Simpson, William, *Some Observations Made Upon the Root called Nean, or Ninsing, Imported from the East-Indies* (London, 1680).

Sims, John, *Curtis's Botanical Magazine, or, Flower-Garden Displayed* 33 (1811).

Sloane, Hans, *A Voyage to the Islands Madera, Barbados, Nieves, S. Christophers and Jamaica*, 2 Vols. (London, 1707, 1725).

Smedley, Edward, Hugh James Rose and Henry John Rose eds., *Encyclopaedia Metropolitana*, Vol. 19 (London, 1845).

Smith, Philip Chadwick Foster, *The Empress of China* (Philadelphia: Philadelphia Maritime Museum, 1984).

Smithies, Michael, ed. and trans., *The Discourses at Versailles of the First Siamese Ambassadors to France, 1686~1687* (Bankok: The Siam Society, 1986).

Smollet, T., M. D., T. Francklin, M. A. and Others, *The works of M. de Voltaire: translated from the French. With notes, historical and critical*, Vol. 12 (London, 1761).

Smollett, Tobias, *Humphry Clinker* [1771] (London: G. Routledge & Co., 1857).

Smollett, Tobias, *The Present State of All Nations*, Vol. 8 (London, 1769).

Smyth, J. F. D., *A Tour in the United States of America*, Vol. 1 (Dublin, 1784).

Sonnedecker, Glenn, "The Founding Period of the U. S. Pharmacopeia: I. European Antecedents," *Pharmacy in History* 35 (1993).

*St. Nicholas: An Illustrated Magazine for Young Folks* 15 (1888).

Stearn, William T., "The Influence of Leyden on Botany in the Seventeenth and Eighteenth Centuries," *The British Journal for the History of Science* 1 (1962).

Stearns, Samuel, *The American Oracle, comprehending an Account of Recent Discoveries* (London, 1791).

Stillingfleet, Benjamin, trans and ed., *Miscellaneous Tracts Relating to Natural History, Husbandry, and Physick* (London, 1759).

Stuart, Jesse, *The Good Spirit of Laurel Ridge* (New York: McGraw-Hill, 1953).

Sun, Insu, "Über die echte Ginsengwurzel (Panax Ginseng, Song-Sam)," in *Naunyn Schmiedebergs Archiv für experimentelle Pathologie und Pharmakologie* 170 (1933).

Swann, John P., "The Evolution of the American Pharmaceutical Industry," *Pharmacy in History* 37 (1995).

Talarigo, Jeff, *The Ginseng Hunter* (New York: Anchor Books, 2009).

Taylor, David A., "Getting to the Root of Ginseng," *Smithsonian Magazine*, 2002 (Online)[https://www.smithsonianmag.com/science-nature/getting-to-the-root-of-ginseng-65654374].

*The American Farmer's Encyclopedia* (New York: A. O. Moore, Agricultural Book Publisher, 1860).

*The British Garden: A Descriptive Catalogue of Hardy Plants*, Vol. 1 (London, 1799).

*The Chemical Gazette, or, Journal of Practical Chemistry* 1 (1843).

The College of Physicians in London, *Medical Transactions* 3 (1785).

*The General Contents of the British Museum with Remarks Serving as a Directory in Viewing that Noble Cabinet* (London, 1762).

*The Gentleman's Magazine* 23 (1753).

*The London Encyclopaedia, or Universal Dictionary of Science, Art, Literature, and Practical Mechanics*, Vol. 16 (London: Thomas Tegg, 1829).

*The London Practice of Physic* (London, 1769).

The National Institute for the Promotion of Science, *Fourth Bulletin of the National Institute for the Promotion of Science, February 1845 to November 1846* (Washington D.C.: W. Q. Force, 1846).

*The New Annual Register, or General Repository of History, Politics and Literature for the Year 1792* (London, 1793).

*The Pennsylvania Gazette*, January 3 to December 28 (1738).

*The Pharmacopœia of the United States of America*, 6th decennial revision (New York: W. Wood, 1882).

*The Quarterly Journal of Agriculture* 11 (1840~1841).

The Royal College of Physicians of London, *Medical Transactions* 3 (1775).

The Royal College of Physicians of London, *The New Pharmacopoeia of the Royal College of Physicians of London*, trans. Thomas Healdes, 3rd edn. (London, 1788).

*The Rural Magazine and Literary Evening Fire-side* 1 (1820).

*The Weekly Entertainer; or Agreeable and Instructive Repository* 1 (1783).

Thévenot, Melchisedec, "Relations de divers voyages curieux (Paris, 1655)," *Philosophical Transactions* 1 (1665~1666).

Tinling, Marion, ed., *The Correspondence of the Three William Byrds of Westover, Virginia*, Vol. 2 (Charlottesville, VA: Virginia Historical Society Documents, 1977).

Titford, W. J., *Hortus Botanicus Americanus* (London: C. Stower, 1811).

Touwaide, Alain, "Nature's Medicine Cabinet: Notes on Botanical Therapeutics at the Birth of the New World," *Journal of the Washington Academy of Science* 89 (2003).

*United States Magazine and Democratic Review* 26 (1850).

Vaillant, Sébastien, "A New Genus of Plants, call'd Aralistrum, of which the famous Nin-zin or Ginseng of the Chinese, is a Species," *Philosophical Transactions* 30 (1717).

Vallée, Arthur, *Un Biologiste Canadien: Michel Sarrazin*, 1659~1735 (Quebec: Le Quotidien, 1927).

Wallerstein, Immanuel, *The Modern World-System I: Capitalist Agriculture and the Origins of the European World-Economy in the Sixteenth Century* (New York: Academic Press, 1974).

Wallerstein, Immanuel, *World-Systems Analysis: An Introduction* (Durham & London: Duke UP., 2004).

Wallis, George, ed., *The Works of Thomas Sydenham, M. D. on Acute and Chronic Diseases*, Vol. 2 (London, 1778).

Wallis, George, *Annual Oration, Delivered March 8th, 1790 before the Medical Society* (London, 1790).

Wallis, Patrick, "Exotic drugs and English medicine: England's drug trade, c.1550~c.1800," *Social History of Medicine* 25 (2012).

Wang, Dave, "Chinese Civilization and the United States: Tea, Ginseng, Porcelain Ware and Silk in Colonial America," *Virginia Review of Asian Studies* 13 (2011).

Whetzel, H. H., and J. Rosenbaum, *The Diseases of Ginseng and Their Control* [U.S. Department of Agriculture Bureau of Plant Industry Bulletin No. 250, Issued April. 30 1912] (Washington: Government Printing Office, 1912).

Whitney, Peter, *The History of the County of Worcester in the Commonwealth of*

*Massachusetts* (Worcester, 1793).

Willich, A. F. M. and James Mease, *The Domestic Encyclopaedia; or, A Dictionary of Facts, and Useful Knowledge*, Vol. 3 (Philadelphia: William Young Birch, 1804).

Wilson, Fairbank, & Co., *Interesting History of the Panax (Quinquefolium) of Linnaeus: The Ginseng of the Chinese from the Archives of History and Medical Science* (Boston: White & Potter, 1851).

Wilson, Renate, "The Traffic in Eighteenth-Century Medicines and Medical Ideas and the "Medicina Pennsylvania" of George de Benneville," *Pharmacy in History* 44 (2002).

Wilson, Renate, "Trading in Drugs through Philadelphia in the Eighteenth Century: A Transatlantic Enterprise," *Social History of Medicine* 26 (2013).

Winterbottom, Anna E., "Of the China Toot: A Case Study of the Early Modern Circulation of Materia Medica," *Social History of Medicine* 28 (2014).

Woodville, William, *Medical Botany*, 2 Vols. (London: William Phillips, 1792, 1810).

Wright, Louis B., ed., *The Prose Works of William Byrd* (Cambridge, MA: Harvard UP., 1966).

Youngman, Anna, "The Fortune of John Jacob Astor," *Journal of Political Economy* 16 (1908).

# 찾아보기

ㅂ



ㅅ

ㅊ



ㅋ · ㅌ



ㅍ

ㅎ

# 인삼의 세계사

## 서양이 은폐한 '세계상품' 인삼을 찾아서

설혜심 지음

1판 1쇄 발행일 2020년 2월 17일
1판 2쇄 발행일 2020년 4월 6일

발행인 | 김학원
편집주간 | 김민기 황서현
기획 | 문성환 김보희 김나윤 전두현 최인영 김소정 김주원 이문경 임재희 하빛 이화령
디자인 | 김태형 유주현 박인규 한예슬
마케팅 | 김창규 김한밀 윤민영 김규빈 송희진 김수아
제작 | 이정수
저자 · 독자서비스 | 조다영 윤경희 이현주 이령은(humanist@humanistbooks.com)
조판 | 홍영사
용지 | 화인페이퍼
인쇄 | 삼조인쇄
제본 | 정민문화사

발행처 | (주)휴머니스트출판그룹
출판등록 | 제313-2007-000007호(2007년 1월 5일)
주소 | (03991) 서울시 마포구 동교로23길 76(연남동)
전화 | 02-335-4422 팩스 | 02-334-3427
홈페이지 | www.humanistbooks.com



ISBN 979-11-6080-323-5 93900

• 이 도서의 국립중앙도서관 출판예정도서목록(CIP)은 서지정보유통지원시스템 홈페이지(http://seoji.nl.go.kr)와 국가자료공동목록시스템(http://www.nl.go.kr/kolisnet)에서 이용하실 수 있습니다.
(CIP제어번호: CIP2020005027)

만든 사람들

편집주간 | 황서현
기획 | 최인영(iy2001@humanistbooks.com)
편집 | 엄귀영 이영란
디자인 | 박인규